コピーしてすぐ使える

3分 5分 10分 で できる 算数まるごと3年

わかる喜び学ぶ楽しさを創造する教育研究所
略称 喜楽研

本書の特色と使い方

算数まるごとファックス資料集の初版は，2003 年 4 月に発刊されました。以来，17 年間に 1 年〜 6 年あわせて 21 万部超が発行され，多くの学校現場で活用されました。近年，たくさんの先生方から，「もっと短い時間でできるものを発行してほしい」との声が寄せられ，「コピーしてすぐ使える 3 分 5 分 10 分でできる算数まるごと 1 年〜 6 年」を発刊する運びとなりました。

本書の作成にあたり，2020 年度新学習指導要領の主旨にあわせて，「対話して解決する問題」のシートや，「プログラミング学習」のシートや，「ふりかえり」のシートも掲載しました。また「早くできた児童用の裏刷りプリント」も掲載しています。おいそがしい先生方の一助になることを，切に願っています。

3 分練習シート
計算問題なら，難易度にあわせて，約 4 問〜 10 問程度を掲載しています。

5 分練習シート
計算問題なら，難易度にあわせて，約 6 問〜 15 問程度を掲載しています。

10 分練習シート
計算問題なら，難易度にあわせて，約 10 問〜 20 問程度を掲載しています。

※　文章題や，図形や，量と測定などは，難易度にあわせて，問題数をかえています。
※　時間はおおよその目安です。児童の実態にあわせて，3 分・5 分・10 分にとらわれずご活用下さい。

ふりかえりシート
約 10 分〜 20 分ぐらいでできる「ふりかえりシート」をできる限りどの単元にも掲載しました。

各単元のテスト
『各単元の練習』で学習したことを「テスト」として掲載しました。観点別に分かれています。50 点満点として合計 100 点にして掲載しました。

各単元の算数あそび
迷路など，楽しい遊びのページをたくさん掲載しました。楽しく学習しているうちに，力がぐんぐんついてきます。

対話して解決する問題
新学習指導要領の「主体的・対話的・深い学び」の主旨にあわせて、グループで話し合って，学びを深めたり、学びをひろげたりする問題を掲載しました。授業の展開にあわせてご活用下さい。

早くできた児童用の裏刷りプリント
練習問題をするとき，早くできる児童と，ゆっくり取りくむ児童の時間の差があります。「計算にチャレンジ」「迷路にチャレンジ」というタイトルで掲載しました。

縮小ページ
「141％拡大」と書かれているページは縮小されていますので，B5 サイズを B4 サイズに拡大してご使用下さい。

目　次

ぼうグラフと表

対話して解決する問題

プログラミング

早くできた児童用の裏刷りプリント

迷路にチャレンジ

計算にチャレンジ

解答

※ シートの時間は，あくまで目安の時間です。児童の学びの進度や習熟度に合わせて，使用される先生の方でお決め下さい。

月　日

九九表とかけ算（1）

名前

1 下の九九表《ひょう》の一部《いちぶ》を見て，□にあてはまる数を書きましょう。

		かける数								
		1	2	3	4	5	6	7	8	9
かけられる数	3	3	6	9	12	15	18	21	24	27
	4	4	8	12	16	20	24	28	32	36
	5	5	10	15	20	25	30	35	40	45
	6	6	12	18	24	30	36	42	48	54

① 4のだんでは，かける数が1つふえるごとに答えは□ずつ大きくなります。

② 3×6の答えは，3×5の答えより□大きい。

③ 3×6の答えは，3×7の答えより□小さい。

④ 5×3＝5×2＋□　⑤ 5×4＝5×5－□

⑥ 6×8＝6×7＋□　⑦ 6×7＝6×8－□

2 □にあてはまる数を書きましょう。

① 2×9＝9×□　② 8×3＝3×□

③ 7×5＝□×7　④ 9×6＝□×9

月　日

九九表とかけ算（2）

名前

1 ●は全部《ぜんぶ》で何こありますか。
□にあてはまる数を書いて
8×7の答えをもとめましょう。

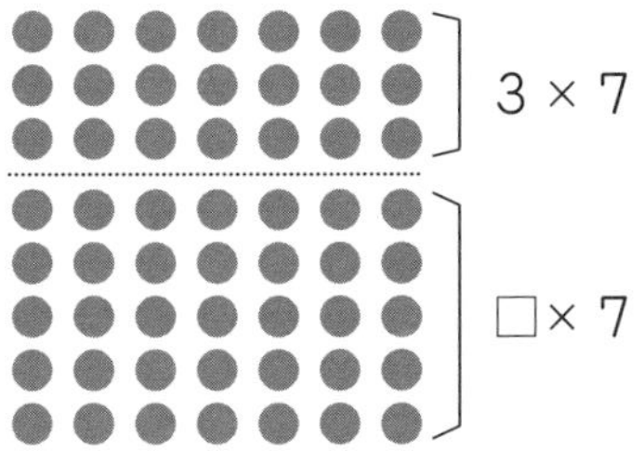

8×7〈 3　×7＝□
　　　 □×7＝□
あわせて□

2 ●は全部で何こありますか。
□にあてはまる数を書いて
8×7の答えをもとめましょう。

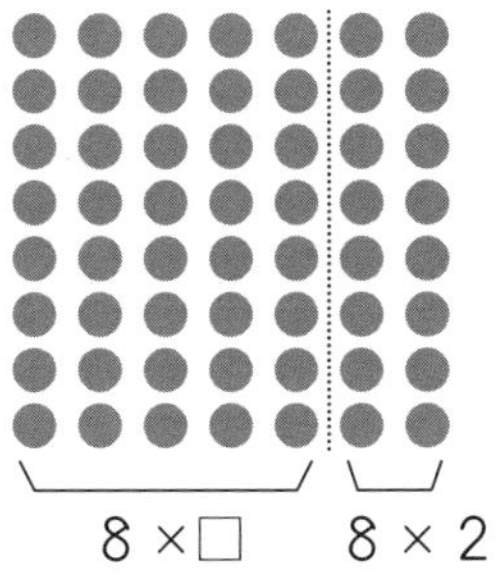

8×7〈 8×□＝□
　　　 8×2＝□
あわせて□

3 □にあてはまる数を書きましょう。

① 9×3〈 4　×3＝□
　　　　 □×3＝□
あわせて□

② 8×4〈 4　×4＝□
　　　　 □×4＝□
あわせて□

（141%に拡大してご使用ください。）

九九表とかけ算（3）

月　日　名前

1 8のだんの九九の答えのならび方を見て，□に
あてはまる数を書きましょう。

8のだん

	1	2	3	4	5	6	7	8	9
8	8	16	24	32	40	□	56	64	72

① 8 × 6の答えは，8 × 5の答えより □ 大きい。

② 8 × 6の答えは，8 × 7の答えより □ 小さい。

③ 8 × 6 = 8 × 5 + □　　④ 8 × 6 = 8 × 7 − □

2 □にあてはまる数を書きましょう。

① 7 × 3の答えは，7 × 2の答えより □ 大きい。

② 6 × 5の答えは，6 × 6の答えより □ 小さい。

③ 3 × 9 = 3 × 8 + □　　④ 5 × 6 = 5 × 5 + □

3 □にあてはまる数を書きましょう。

① 2 × 3 = 3 × □　　② 5 × 2 = 2 × □

③ 6 × 4 = □ × 6　　④ 3 × 9 = □ × 3

九九表とかけ算（4）

月　日　名前

1 ●は全部《ぜんぶ》で何こありますか。
□にあてはまる数を書いて，7 × 6の答えをもとめましょう。

① 7 × 6 ＜ 5 × 6 = □ ／ □ × 6 = □
あわせて □

② 7 × 6 ＜ 7 × □ = □ ／ 7 × 3 = □
あわせて □

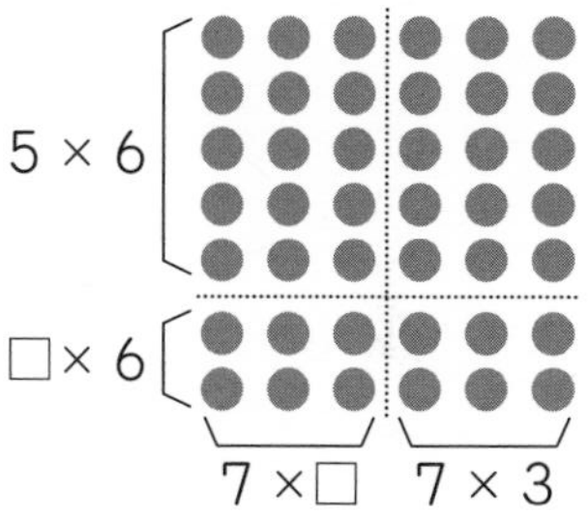

2 □にあてはまる数を書きましょう。

① 5 × 7 ＜ 3 × 7 = □ ／ □ × 7 = □
あわせて □

② 7 × 9 ＜ 7 × □ = □ ／ 7 × 4 = □
あわせて □

3 下の①，②，③は，九九の表《ひょう》の一部《いちぶ》です。
あいているところにあてはまる数を書きましょう。

①

20	24	28
25	30	35
30	□	42

②

□	21	24
24	28	32
30	35	40

③

14	□	28
16	24	32
18	27	36

月　日

九九表とかけ算（5）

名前

1　右のおはじきの数を㋐と㋑の２つの式《しき》でもとめます。□ にあてはまる数を書きましょう。

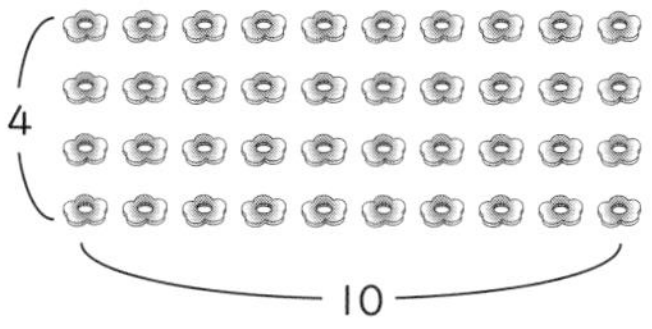

㋐　4 × 10

4 × 10 = 4 × 9 + □

= □

㋑　10 × 4

10 × 4 ＜ 5 × 4 = □
□ × 4 = □

あわせて □

2　計算をしましょう。

① 7 × 10 =　② 6 × 10 =　③ 3 × 10 =

④ 10 × 5 =　⑤ 10 × 2 =　⑥ 10 × 8 =

3　1 パック 10 こ入りのたまごが 9 パックあります。たまごは，全部《ぜんぶ》で何こありますか。

式《しき》

答え ________

月　日

九九表とかけ算（6）

名前

1　まみさんがおはじき入れをすると，右のようになりました。とく点を調《しら》べましょう。

	入ったところ	入った数		とく点
3点	3 ×	4	=	□
5点	5 ×	0	=	□
8点	8 ×	□	=	□
10点	10 ×	□	=	□
0点	0 ×	□	=	□

あわせて □ 点

どんな数に 0 をかけても答えは 0。
0 にどんな数をかけても答えは 0 だね。

2　計算をしましょう。

① 8 × 0 = □　② 4 × 0 = □

③ 0 × 10 = □　④ 0 × 9 = □

3　□ にあてはまる数を書きましょう。

① 9 × □ = 54　② 7 × □ = 49

③ □ × 4 = 32　④ □ × 5 = 45

10分

月　日

九九表とかけ算（7）

名前

1 右の図の● は全部《ぜんぶ》で何こありますか。
□ にあてはまる数を書きましょう。

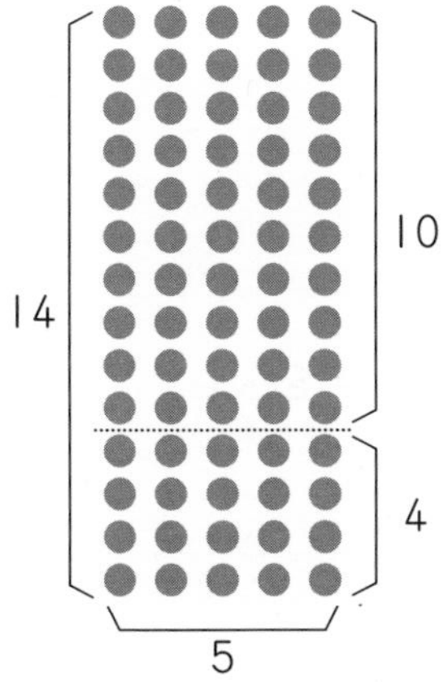

14 × 5 ＜ □ × 5 = □ ／ □ × 5 = □

あわせて □

答え □ こ

2 □ にあてはまる数を書きましょう。

① 12 × 6 ＜ 10 × 6 = □ ／ □ × 6 = □　あわせて □

② 13 × 4 ＜ 3 × 4 = □ ／ □ × 4 = □　あわせて □

③ 15 × 3 ＜ □ × 3 = □ ／ 5 × □ = □　あわせて □

④ 5 × 17 ＜ 5 × 10 = □ ／ 5 × □ = □　あわせて □

⑤ 4 × 16 ＜ 4 × 6 = □ ／ 4 × □ = □　あわせて □

⑥ 2 × 18 ＜ 2 × □ = □ ／ 2 × 8 = □　あわせて □

月　日

九九表とかけ算（8）

名前

1 右の図の● は全部《ぜんぶ》で何こありますか。
□ にあてはまる数を書きましょう。

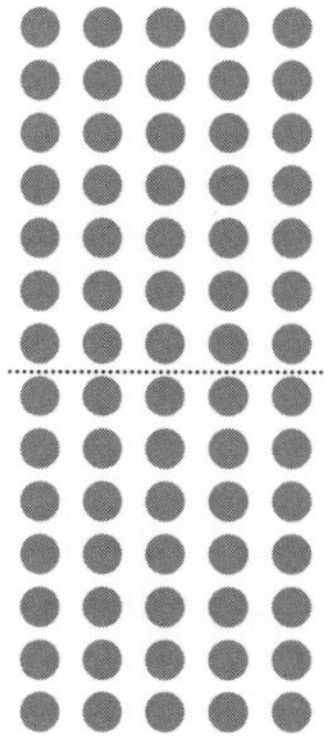

14 × 5 ＜ □ × 5 = □ ／ 7 × 5 = □

あわせて □

答え □ こ

2 □ にあてはまる数を書きましょう。

① 12 × 2 ＜ 6 × 2 = □ ／ □ × 2 = □　あわせて □

② 3 × 13 ＜ 3 × 6 = □ ／ 3 × □ = □　あわせて □

3 6 × 16の答えをいろいろなしかたでもとめましょう。

① 6 × 16 ＜ 6 × □ = □ ／ 6 × □ = □　あわせて □

② 6 × 16 ＜ 6 × □ = □ ／ 6 × □ = □　あわせて □

5分

（141%に拡大してご使用ください。）

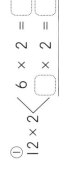

月　日

ふりかえり
九九表とかけ算

名前

1 □にあてはまる数を書きましょう。

① 6 × 5 = 6 × 4 + □　② 9 × 6 = 9 × 5 + □

③ 7 × 8 = 7 × 9 − □　④ 4 × 7 = 4 × 8 − □

⑤ 5 × 9 = □ × 5　⑥ 3 × 2 = □ × 3

⑦ 8 × 4 = 4 × □　⑧ 2 × 9 = 9 × □

⑨ 6 × □ = 48　⑩ 3 × □ = 27

⑪ □ × 3 = 12　⑫ □ × 5 = 25

2 計算をしましょう。

① 10 × 5 =　② 10 × 10 =　③ 2 × 10 =

④ 0 × 10 =　⑤ 7 × 0 =　⑥ 0 × 0 =

3 □にあてはまる数を書きましょう。

① 8 × 5 ＜ 8 × 3 = □ / □ × 2 = □　あわせて □

② 4 × 9 ＜ 4 × □ = □ / 4 × 4 = □　あわせて □

4 □にあてはまる数を書きましょう。

① 15 × 4 ＜ 10 × 4 = □ / □ × 4 = □　あわせて □

② 17 × 3 ＜ 8 × 3 = □ / □ × 3 = □　あわせて □

③ 16 × 5 ＜ 6 × 5 = □ / □ × 5 = □　あわせて □

④ 14 × 7 ＜ 7 × 7 = □ / □ × 7 = □　あわせて □

⑤ 5 × 12 ＜ 5 × 6 = □ / 5 × □ = □　あわせて □

⑥ 4 × 19 ＜ 4 × 10 = □ / 4 × □ = □　あわせて □

⑦ 9 × 11 ＜ 9 × 1 = □ / 9 × □ = □　あわせて □

⑧ 2 × 13 ＜ 2 × 6 = □ / 2 × □ = □　あわせて □

5 □にあてはまる数を書きましょう。

① 13 × 7 ＜ □ × 7 = □ / □ × 7 = □　あわせて □

② 8 × 12 ＜ 8 × □ = □ / 8 × □ = □　あわせて □

（141％に拡大してご使用ください。）

月　　日

九九表とかけ算（テスト）

名前

【知識・技能】

1　下の(1)と(2)は，九九表の一部です。
㋐，㋑にあてはまる数を書きましょう。(5×2)

(1)

㋐	14	16
18	21	24
24	28	32

㋐ □

(2)

42	㋑	56
48	56	64
54	63	72

㋑ □

2　□にあてはまる数を書きましょう。(5×8)

(1)　4×7は，4×6よりも□だけ大きい。

(2)　6×8は，6×9よりも□だけ小さい。

(3)　7×7＝7×6＋□

(4)　9×6＝9×7－□

(5)　5×8＝8×□

(6)　3×7＝□×3

(7)　□×2＝0

(8)　5×□＝50

【思考・判断・表現】

3　1箱《はこ》にキャラメルが10こ入っています。
そのキャラメルが7箱あると，
キャラメルは全部《ぜんぶ》で何こになりますか。(5×2)

式

答え

4　1まい8円のおり紙を10まい買いました。
100円をはらうと，おつりは何円ですか。
(5×2)

式

答え

5　右図のように，箱に■と▲のチョコレートが入っています。
みきさんは，■と▲を分けて考えました。
□にあてはまる数を書きましょう。(5×3)

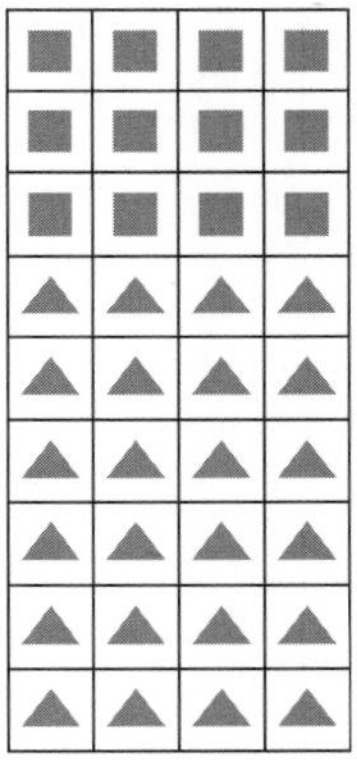

3　×　□　＝　□
□　×　4　＝　□
あわせて　□

6　右の図の●の数は全部で何こあるでしょうか。
右図のように線をひいて，線の上と下に分けて考えました。
□にあてはまる数を書きましょう。(5×3)

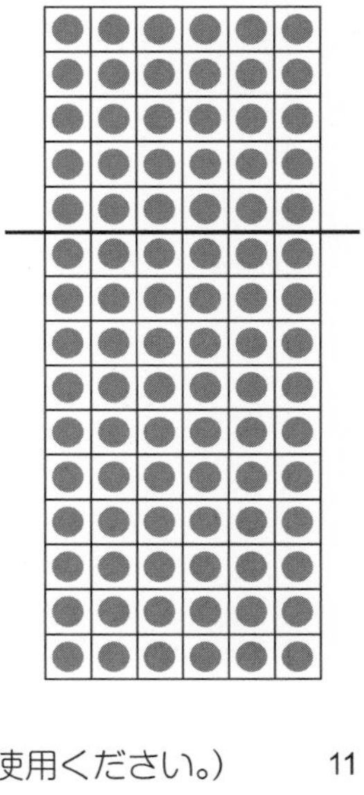

□　×　6　＝　□
10　×　□　＝　□
あわせて　□

（141%に拡大してご使用ください。）

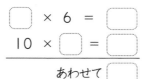

時こくと時間（1）

名前　　　　月　　日

● 次《つぎ》の時こくを□に書きましょう。また，右の時計にその時こくになるように，長いはりもかきましょう。

(1) 3時35分から30分後の時こく

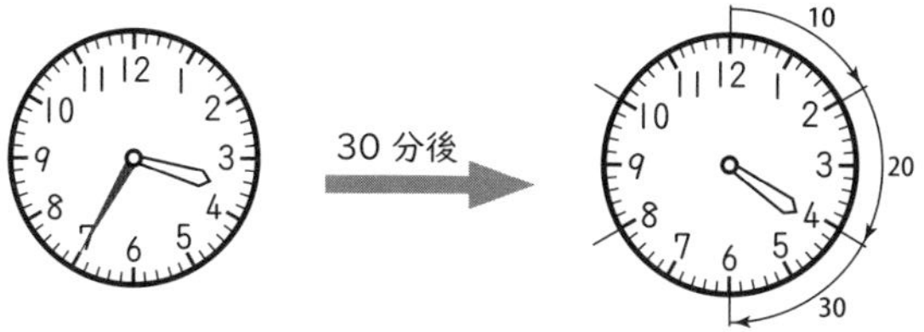

□時□分

(2) 5時50分から20分後の時こく

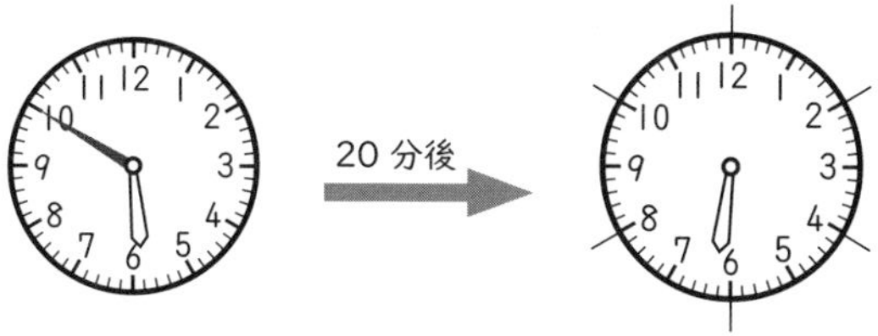

□時□分

(3) 10時40分から45分後の時こく

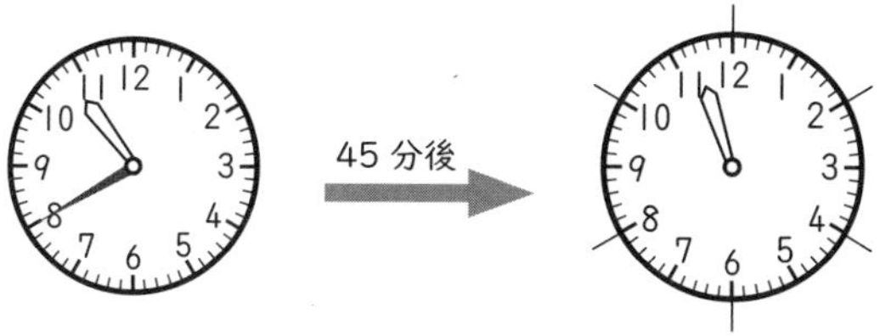

□時□分

時こくと時間（2）

名前　　　　月　　日

● 次《つぎ》の時こくを□に書きましょう。また，右の時計にその時こくになるように，長いはりもかきましょう。

(1) 7時15分から30分前の時こく

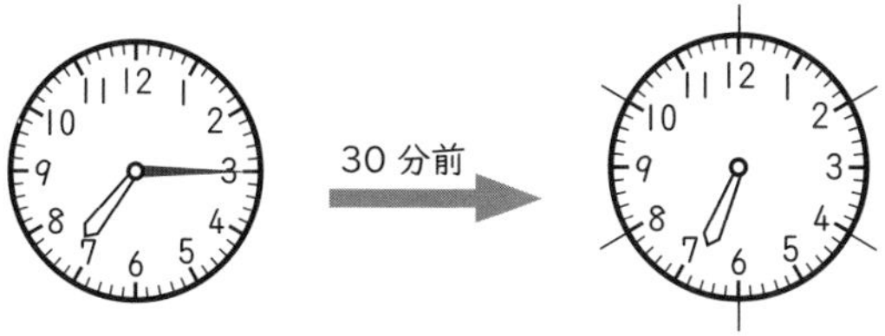

□時□分

(2) 4時5分から15分前の時こく

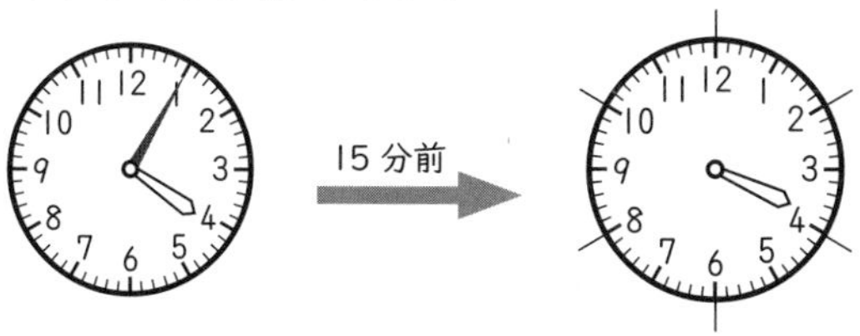

□時□分

(3) 11時10分から40分前の時こく

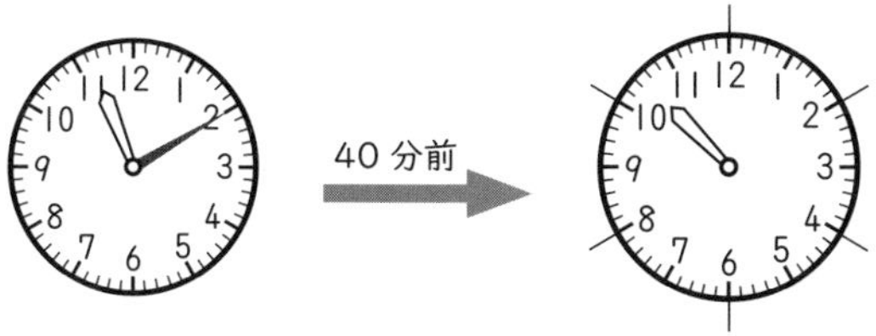

□時□分

（141%に拡大してご使用ください。）

時こくと時間 (3)

月　日

名前

● 次《つぎ》の時こくを□に書きましょう。また，右の時計に
その時こくになるように，長いはりもかきましょう。

(1) 8時55分から15分後の時こく

□時□分

(2) 2時45分から50分後の時こく

□時□分

(3) 4時30分から35分後の時こく

□時□分

(4) 5時10分から20分前の時こく

□時□分

(5) 11時20分から45分前の時こく

□時□分

時こくと時間 (4)

月　日

名前

● 次《つぎ》の時こくを□に書きましょう。また，右の時計に
その時こくになるように，長いはりもかきましょう。

(1) 6時20分から55分後の時こく

□時□分

(2) 3時55分から10分後の時こく

□時□分

(3) 8時15分から25分前の時こく

□時□分

(4) 10時30分から50分前の時こく

□時□分

(5) 1時25分から35分前の時こく

□時□分

5分

時こくと時間 (5)

名前　　　　月　　日

1 家を7時45分に出て，20分歩くと学校に着《つ》きました。着いた時こくは何時何分ですか。

2 次《つぎ》の時こくをもとめましょう。

(1) 5時50分から30分後の時こく

(2) 2時40分から45分後の時こく

(3) 6時50分から15分後の時こく

(4) 10時20分から50分後の時こく

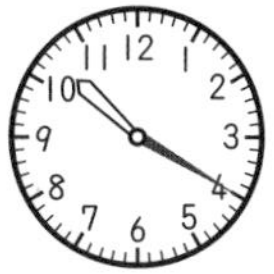

3 次の時こくをもとめましょう。

(1) 8時50分から25分後の時こく

(2) 11時45分から40分後の時こく

時こくと時間 (6)

名前　　　　月　　日

1 電車に50分乗《の》って，水族館《すいぞくかん》に10時20分に着《つ》きました。電車に乗った時こくは何時何分ですか。

2 次《つぎ》の時こくをもとめましょう。

(1) 9時5分の10分前の時こく

(2) 4時10分の35分前の時こく

(3) 6時15分の20分前の時こく

(4) 3時30分の40分前の時こく

3 次の時こくをもとめましょう。

(1) 2時20分の30分前の時こく

(2) 5時10分の15分前の時こく

(141%に拡大してご使用ください。)

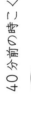

月　　日

時こくと時間（7）

名前

□1 動物園《どうぶつえん》は午前 9 時 30 分に開園《かい》し，午後 5 時にへい園します。
動物園が開《あ》いている時間はどれだけですか。

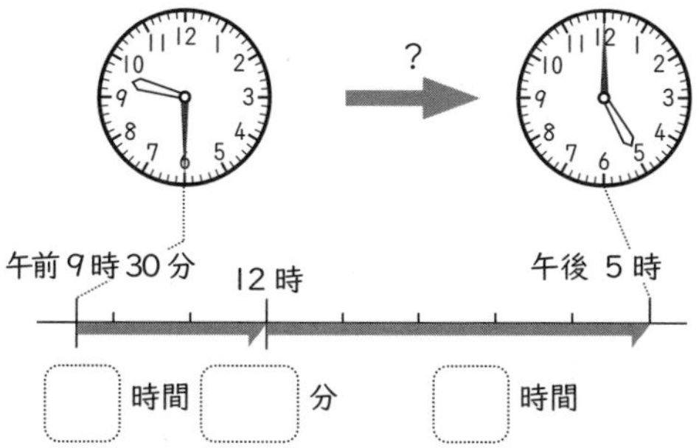

□2 次《つぎ》の時間をもとめましょう。

(1) 午前 5 時 10 分から午前 5 時 50 分までの時間

(2) 午前 10 時 40 分から午前 11 時 15 分までの時間

(3) 午前 8 時 15 分から午後 3 時までの時間

月　　日

時こくと時間（8）

名前

□1 次《つぎ》の時間は，それぞれ何時間何分ですか。

(1) 50 分と 40 分をあわせた時間

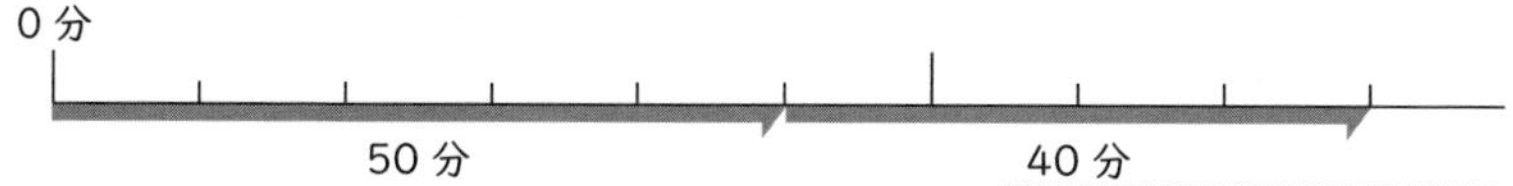

(2) 30 分と 45 分をあわせた時間

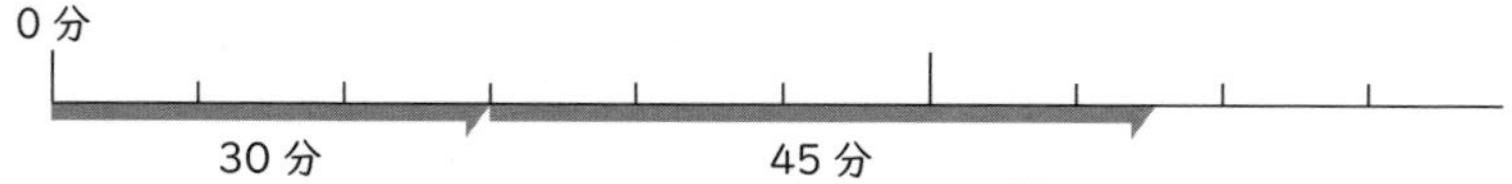

(3) 1 時間 30 分と 40 分をあわせた時間

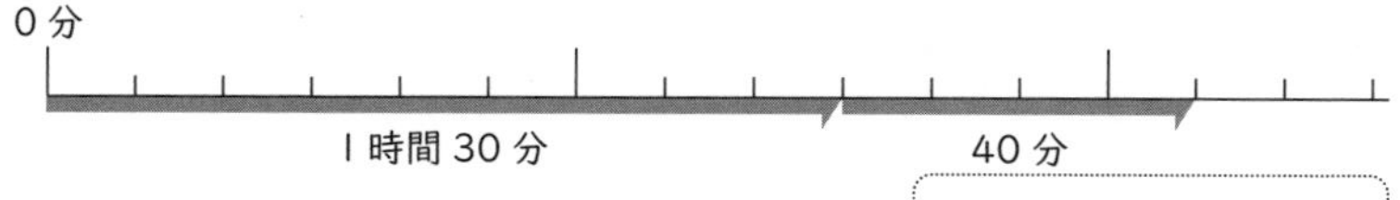

□2 ペンギンパレードの時間は 40 分で，うさぎふれあいタイムは 45 分です。あわせて何時間何分ですか。

□3 さやかさんは，おばあちゃんの家まで電車とバスで行きました。
まず，電車に 1 時間 40 分乗《の》り，その後，バスに 35 分乗りました。
乗り物に乗った時間は，あわせて何時間何分ですか。

月　日

時こくと時間（9）

名前

1 午後2時45分に家を出て，図書館《としょかん》に行きます。
図書館までは35分かかります。
図書館に着《つ》くのは午後何時何分ですか。

答え ＿＿＿＿＿＿

2 家から駅《えき》まで20分かかります。午前10時15分発《はつ》の電車に乗《の》るためには，午前何時何分までに家を出ればよいですか。

答え ＿＿＿＿＿＿

3 京都《きょうと》駅を午後1時10分に発車する新かん線に乗ると，広島《ひろしま》駅に午後2時50分に着きます。
京都駅から広島駅まで何時間何分かかりますか。

答え ＿＿＿＿＿＿

4 りくとさんは，プールで35分，公園で50分遊《あそ》びました。
遊んだ時間はあわせて何時間何分ですか。

答え ＿＿＿＿＿＿

月　日

時こくと時間（10）

名前

1 □にあてはまる数を書きましょう。

① 1分＝□秒　② 1時間＝□分

③ 75秒＝□分□秒　④ 82秒＝□分□秒

⑤ 1分35秒＝□秒　⑥ 1分54秒＝□秒

⑦ 80分＝□時間□分　⑧ 1時間40分＝□分

2 どちらの時間が長いですか。長い方の時間に○をつけましょう。

① （1分35秒 ，110秒）　② （70秒 ，1分25秒）

3 □にあてはまる時間のたんいを書きましょう。

① 50m走るのにかかった時間 ………… 10□

② おふろに入っている時間 ………… 25□

③ すいみん時間 ………… 9□

④ きゅう食の時間 ………… 30□

（141%に拡大してご使用ください。）

月　日

ふりかえり
時こくと時間

名前

1 次《つぎ》の時こくをもとめましょう。

(1) 午前８時35分から40分後の時こく

(2) 午後３時50分から25分後の時こく

(3) 午後11時20分の35分前の時こく

(4) 午後６時15分の１時間55分前の時こく

2 次の時間をもとめましょう。

(1) 午前10時５分から午前10時55分までの時間

(2) 午前11時40分から午後２時までの時間

(3) 午前９時25分から午後４時30分までの時間

(4) 35分と50分をあわせた時間

(5) １時間20分と25分をあわせた時間

3 学校を出て20分歩いて，家に午後４時15分に着《つ》きました。学校を出たのは午後何時何分ですか。

4 さとしさんは，午後９時10分にねて，午前６時に起《お》きました。ねていた時間は何時間何分ですか。

5 □にあてはまる数を書きましょう。

① 70秒＝□分□秒　② 110秒＝□分□秒

③ １分45秒＝□秒　④ １分25秒＝□秒

⑤ １時間５分＝□分　⑥ 100分＝□時間□分

6 □にあてはまる時間のたんいを書きましょう。

① 朝ごはんを食べる時間 ………… 25□

② プールにもぐっている時間 ………… 7□

③ 新かん線に乗《の》った時間 ………… 3□

（141%に拡大してご使用ください。）

月　　日

時こくと時間（テスト）

名前

【知識・技能】

1 時計を見て，つぎの時こくを□に書きましょう。(5×5)

(1) 30分後の時こく

□時□分

(2) 40分後の時こく

□時□分

(3) 50分後の時こく

□時□分

(4) 30分前の時こく

□時□分

(5) 40分前の時こく

□時□分

2 □にあてはまる時間のたんい（秒《びょう》，分，時）を書きましょう。(5×3)

(1) 夜のすいみん時間 ………… 9□間

(2) 学校の昼休みの時間 ……… 30□間

(3) 80mを走るのにかかった時間 20□間

3 □にあてはまる数を書きましょう。(5×2)

(1) 110秒 ＝ □分□秒

(2) 1分10秒 ＝ □秒

【思考・判断・表現】

4 家を7時50分に出て15分間で駅《えき》に着《つ》きました。

駅に着いた時こくは何時何分ですか。(10)

□時□分

5 家から40分自動車《じどうしゃ》に乗《の》って，10時15分に動物園《どうぶつえん》に着きました。

家を出たのは，何時何分だったのでしょうか。(10)

□時□分

6 家を午前8時に出て，午後1時半までピクニックに行きました。

ピクニックに行っていた時間は何時間何分ですか。(10)

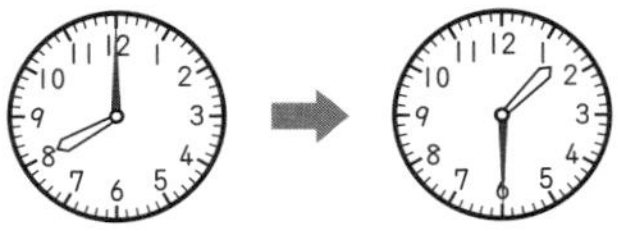

□時間□分

7 3時10分にみんなで公園に集《あつ》まって遊《あそ》ぶやくそくをしました。家から公園までは，25分かかります。

何時何分に家を出れば間にあいますか。(10)

□時□分

8 おばあさんの家まで45分間電車に乗って，それから，バスに35分乗って行きます。

あわせて何時間何分になりますか。(10)

□時間□分

（141％に拡大してご使用ください。）

月　　日

算数あそび

時こくと時間

名前

● 遊園地《ゆうえんち》に遊《あそ》びに行きました。それぞれのアトラクションの待《ま》ち時間はどれだけですか。

わり算（1）

1人分の数 ①

月　日　名前

● ビスケットが８まいあります。
２人で同じ数ずつ下の○の中に分けましょう。

1人分は □ まいになります。

わり算（2）

1人分の数 ②

月　日　名前

● 絵を使《つか》って答えをもとめ，わり算の式《しき》に表《あらわ》しましょう。

みかんが全部《ぜんぶ》で12こあります。
３人で同じ数ずつ下の ___ に分けます。
1人分は何こになりますか。

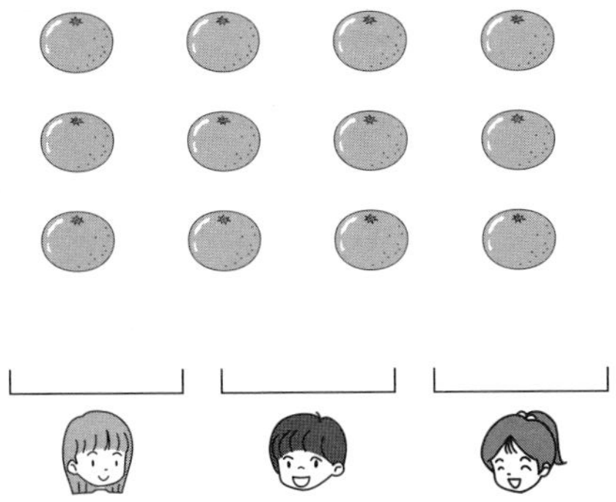

式 □ ÷ □ = □（全部の数 ÷ 人数 = 1人分の数）

答え □ こ

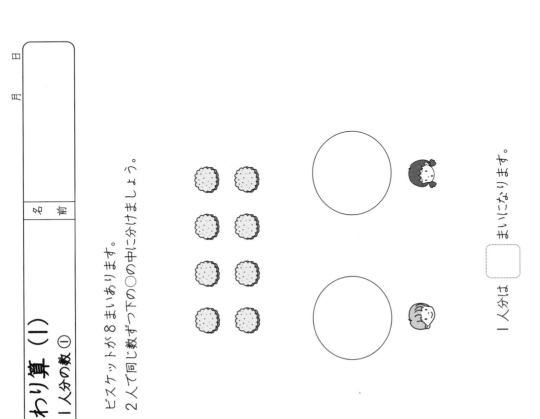

月　日

わり算（3）

1 人分の数 ③

名前

● 絵を使《つか》って答えをもとめ，わり算の式《しき》に表《あらわ》しましょう。

(1) あめが 15 こあります。
3 人で同じ数ずつ分けると，1 人分は何こになりますか。

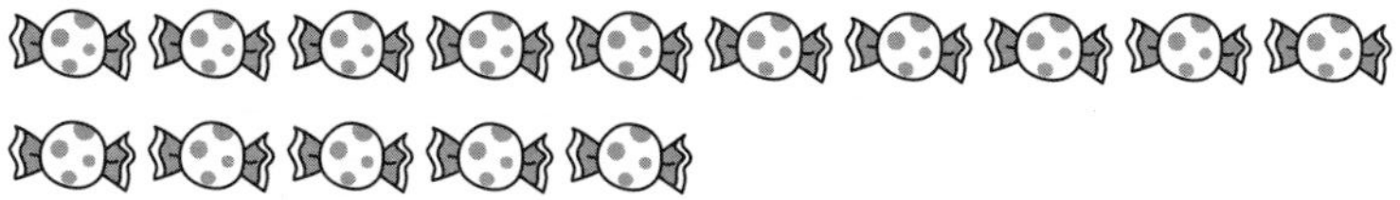

式　［全《ぜん》部《ぶ》の数］÷［人数］＝［1 人分の数］

答え　□ こ

(2) おにぎりが 12 こあります。
4 人で同じ数ずつ分けると，1 人分は何こになりますか。

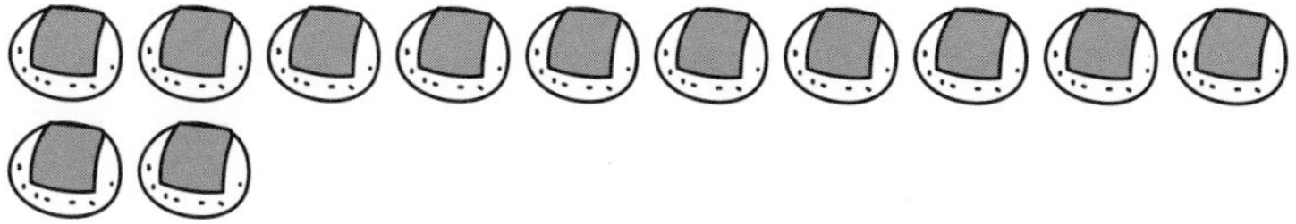

式　［全部の数］÷［人数］＝［1 人分の数］

答え　□ こ

月　日

わり算（4）

1 人分の数 ④

名前

● 絵を使《つか》って答えをもとめ，わり算の式《しき》に表《あらわ》しましょう。

(1) ノートが 14 さつあります。
7 人で同じ数ずつ分けると，1 人分は何さつになりますか。

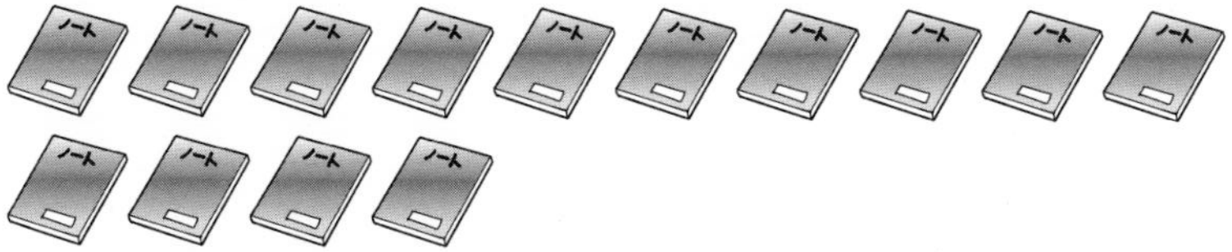

式　［全《ぜん》部《ぶ》の数］÷［人数］＝［1 人分の数］

答え　□ さつ

(2) ジュースが 20 本あります。
5 人で同じ数ずつ分けると，1 人分は何本になりますか。

式　［全部の数］÷［人数］＝［1 人分の数］

答え　□ 本

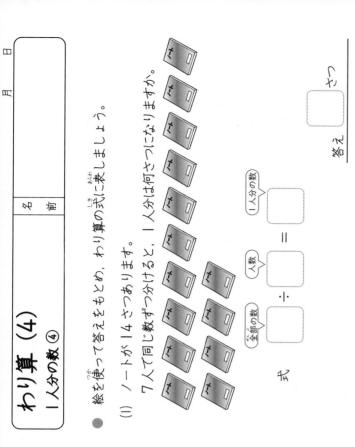

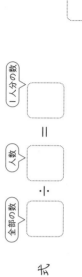

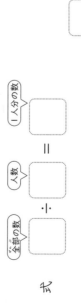

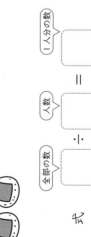

月　日

わり算 (5)

九九を使って（1人分の数）①

名前

1　トマトが18こあります。
3人で同じ数ずつ分けると，1人分は何こになりますか。

3 × 1 ＝ 3
3 × 2 ＝ 6
3 × 3 ＝ 9
3 × 4 ＝ 12
3 × 5 ＝ 15
3 × □ ＝ 18
……

式《しき》　全部《ぜんぶ》の数 18 ÷ 人数 3 ＝ 1人分の数 □

答え ＿＿＿＿

2　えんぴつが32本あります。
8人で同じ数ずつ分けると，1人分は何本になりますか。

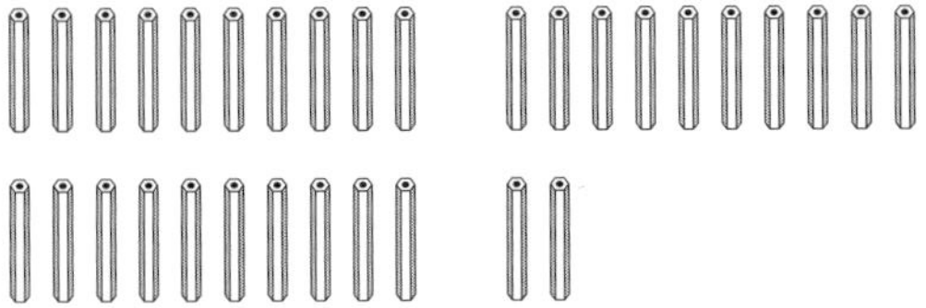

8 × 1 ＝ 8
8 × 2 ＝ 16
8 × 3 ＝ 24
8 × □ ＝ 32
……

式　全部の数 □ ÷ 人数 □ ＝ 1人分の数 □

答え ＿＿＿＿

月　日

わり算 (6)

九九を使って（1つ分の数）②

名前

1　ドーナツが12こあります。6まいのお皿《さら》に同じ数ずつ分けると，
1まいのお皿のドーナツは何こになりますか。

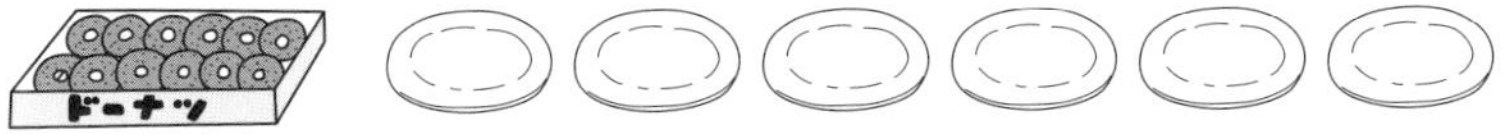

式《しき》　全部《ぜんぶ》の数 □ ÷ お皿の数 □ ＝ 1まい分の数 □

答え ＿＿＿＿

2　メダカが28ぴきいます。4つの水そうに同じ数ずつ入れると，
1つの水そうに入れるメダカは何びきになりますか。

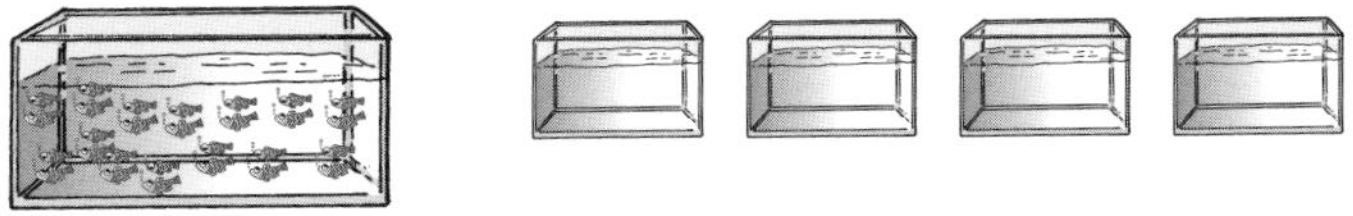

式　全部の数 □ ÷ 水そうの数 □ ＝ 1つ分の数 □

答え ＿＿＿＿

3　ボールが21こあります。7つのかごに同じ数ずつ入れると，
1つのかごに入れるボールは何こになりますか。

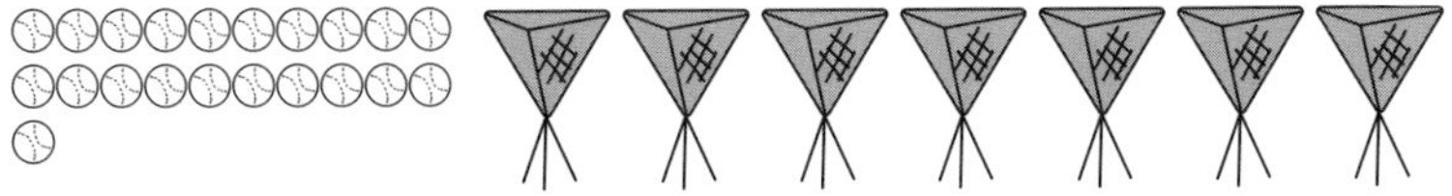

式　全部の数 □ ÷ かごの数 □ ＝ 1つ分の数 □

答え ＿＿＿＿

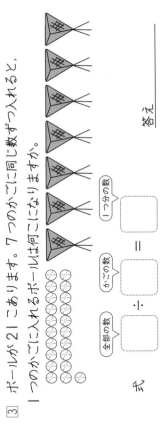

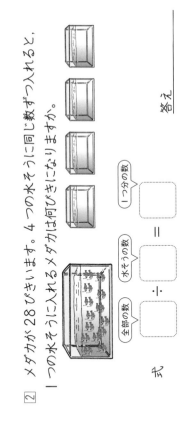

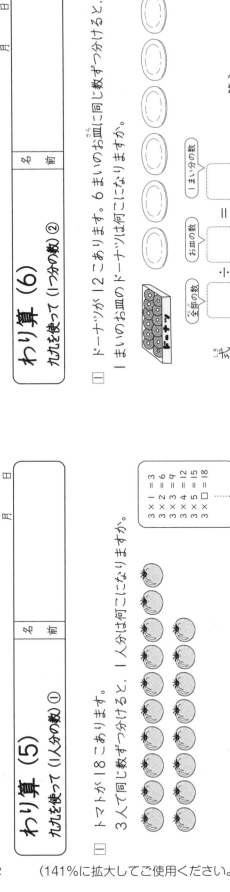

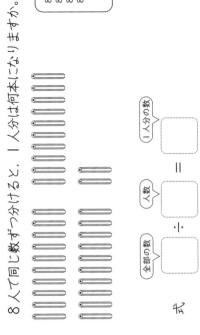

月　日

わり算 (7)

九九を使って（1人分の数）③

名前

1　からあげが 30 こあります。6 人で同じ数ずつ分けると，1 人分は何こになりますか。

全部《ぜんぶ》の数　人数　1 人分の数

式《しき》 □ ÷ □ = □

わる数のだんの九九の答えを見つけよう。

答え ＿＿＿＿

2　おり紙が 48 まいあります。8 人で同じ数ずつ分けると，1 人分は何まいになりますか。

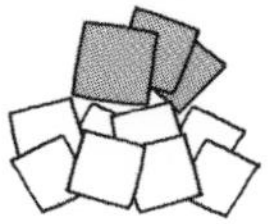

式 □ ÷ □ = □

答え ＿＿＿＿

3　風船が 10 こあります。5 人で同じ数ずつ分けると，1 人分は何こになりますか。

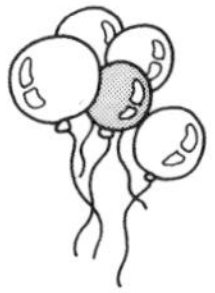

式 □ ÷ □ = □

答え ＿＿＿＿

月　日

わり算 (8)

九九を使って（1つ分の数）④

名前

1　パンが 28 こあります。7 つのふくろに同じ数ずつ分けると，1 ふくろ分は何こになりますか。

全部《ぜんぶ》の数　いくつ分　1 つ分の数

式《しき》 □ ÷ □ = □

わる数のだんの九九の答えを見つけよう。

答え ＿＿＿＿

2　お茶が 18dL あります。9 このコップに同じかさずつ入れると，1 このコップは何 dL になりますか。

式 □ ÷ □ = □

答え ＿＿＿＿

3　毛糸が 36cm あります。同じ長さに 4 本に分けると，1 本分は何 cm になりますか。

式 □ ÷ □ = □

答え ＿＿＿＿

5分

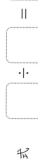

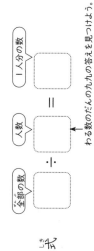

月　日

わり算（9）
何人に分けられるか ①

名前

● 絵を使《つか》って答えをもとめ，わり算の式《しき》に表《あらわ》しましょう。

クッキーが全部《ぜんぶ》で 18 まいあります。1 人に 6 まいずつ分けます。何人に分けられますか。
下の ⎵ に○でかきましょう

式　全部の数 □ ÷ 1 人分の数 □ ＝ 人数 □

答え □ 人

月　日

わり算（10）
何人に分けられるか ②

名前

● 絵を使《つか》って答えをもとめ，わり算の式《しき》に表《あらわ》しましょう。

キャラメルが全部《ぜんぶ》で 16 こあります。
1 人に 2 こずつ分けます。
何人に分けられますか。

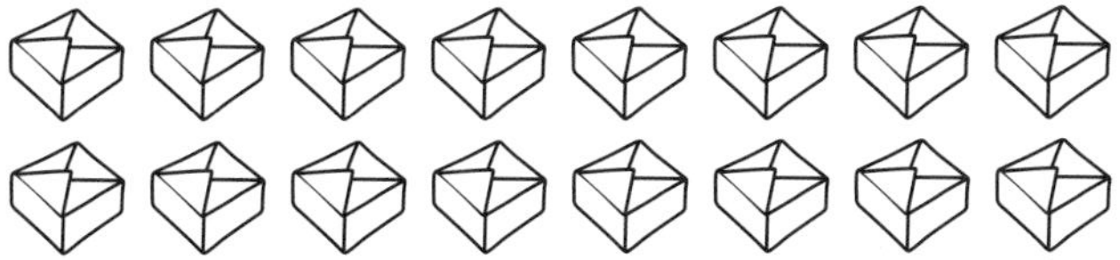

式　全部の数 □ ÷ 1 人分の数 □ ＝ 人数 □

答え □ 人

（141％に拡大してご使用ください。）

月　日

わり算（11）

何人に分けられるか ③

名前

● 絵を使《つか》って答えをもとめ，わり算の式《しき》に表《あらわ》しましょう。

(1) バナナが 15 本あります。
1 人に 5 本ずつ分けると，何人に分けられますか。

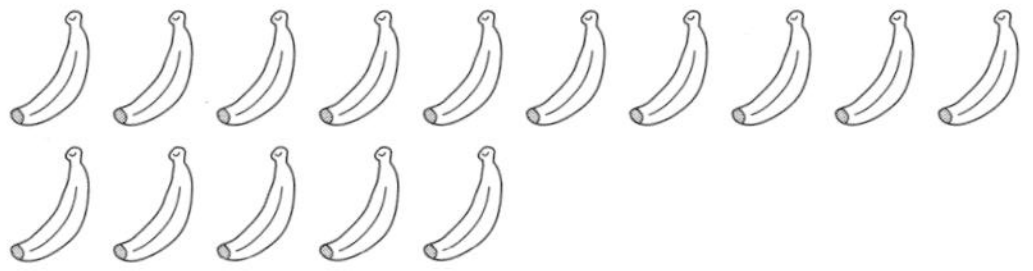

全部《ぜんぶ》の数　1 人分の数　人数

式 □ ÷ □ ＝ □

答え ＿＿＿＿＿＿

(2) おはじきが 24 こあります。
1 人に 6 こずつ分けると，何人に分けられますか。

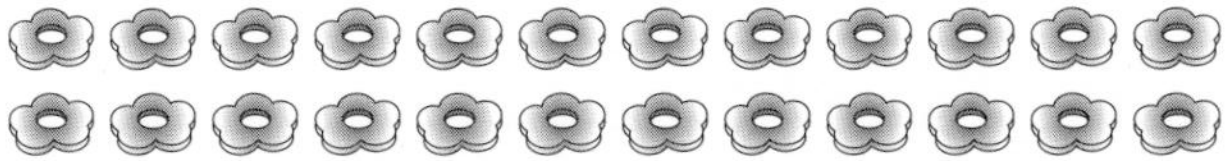

全部の数　1 人分の数　人数

式 □ ÷ □ ＝ □

答え ＿＿＿＿＿＿

月　日

わり算（12）

いくつ分

名前

● 絵を使《つか》って答えをもとめ，わり算の式《しき》に表《あらわ》しましょう。

(1) 子どもが 9 人います。
1 台の車に 3 人ずつ乗《の》ると，車は何台いりますか。

全部《ぜんぶ》の数　1 台分の数　車の数

式 □ ÷ □ ＝ □

答え ＿＿＿＿＿＿

(2) ケーキが 20 こあります。
1 箱《はこ》に 4 こずつ入れると，箱はいくついりますか。

全部の数　1 箱分の数　箱の数

式 □ ÷ □ ＝ □

答え ＿＿＿＿＿＿

3分

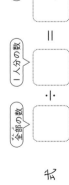

月　　日

わり算（13）
九九を使って（何人分）①

名前

1 ひまわりのたねが 56 こあります。
1 人に 7 こずつ分けると，何人に分けられますか。

7 × 1 ＝7
7 × 2 ＝14
7 × 3 ＝21
7 × 4 ＝28
7 × 5 ＝35
7 × 6 ＝42
7 × 7 ＝49
7 × □ ＝56
⋮

式《しき》　（全部《ぜんぶ》の数）56 ÷（1 人分の数）7 ＝（人数）□

答え ＿＿＿＿＿

2 シールが 24 まいあります。
1 人に 4 まいずつ分けると，何人に分けられますか。

4 × 1 ＝4
4 × 2 ＝8
4 × 3 ＝12
4 × 4 ＝16
4 × 5 ＝20
4 × □ ＝24
⋮

式　（全部の数）□ ÷（1 人分の数）□ ＝（人数）□

答え ＿＿＿＿＿

月　　日

わり算（14）
九九を使って（いくつ分）②

名前

1 36cm のテープがあります。
9cm ずつ切っていくと，テープは何本できますか。

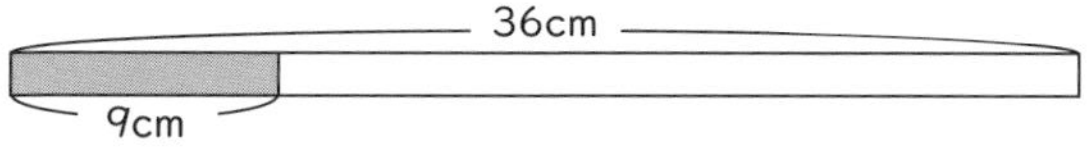

式《しき》　（全部《ぜんぶ》の長さ）□ ÷（1 本分の長さ）□ ＝（テープの本数）□

答え ＿＿＿＿＿

2 バラが 24 本あります。
8 本ずつ花たばにしていくと，花たばは何たばできますか。

式　（全部の数）□ ÷（1 たば分の数）□ ＝（花たばの数）□

答え ＿＿＿＿＿

3 ペットボトルにジュースが 18dL 入っています。
2dL ずつコップに入れていくと，コップは何こいりますか。

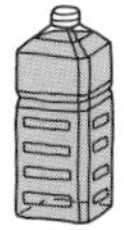

式　（全部のかさ）□ ÷（1 つ分のかさ）□ ＝（コップの数）□

答え ＿＿＿＿＿

　（141％に拡大してご使用ください。）

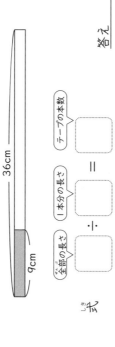

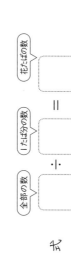

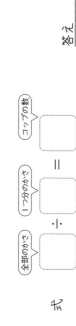

月　日

わり算（15）

九九を使って（何人分）③

名前

1 カードが30まいあります。1人に5まいずつ分けると，何人に分けられますか。

式《しき》 [全部《ぜんぶ》の数] ÷ [1人分の数] ＝ [人数]

↑わる数のだんの九九の答えを見つけよう。

答え

2 りんごが27こあります。1人に3こずつ分けると，何人に分けられますか。

式 □ ÷ □ ＝ □

答え

3 ゼリーが35こあります。1人に7こずつ分けると，何人に分けられますか。

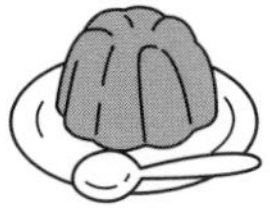

式 □ ÷ □ ＝ □

答え

月　日

わり算（16）

九九を使って（いくつ分）④

名前

1 はり金が56mあります。8mずつ切っていくと，8mのはり金は何本できますか。

式《しき》 [全部《ぜんぶ》の数] ÷ [1つ分の数] ＝ [いくつ分]

↑わる数のだんの九九の答えを見つけよう。

答え

2 子どもが45人います。1つの長いすに9人ずつすわると，長いすは何きゃくいりますか。

式 □ ÷ □ ＝ □

答え

3 プリンが32こあります。1箱《はこ》に4こずつ入れると，箱は何こいりますか。

式 □ ÷ □ ＝ □

答え

5分

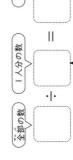

月　日

わり算（17）

○÷2

名前

● 次《つぎ》の計算をしましょう。

① 12 ÷ 2 ＝ □

② 16 ÷ 2 ＝ □

③ 8 ÷ 2 ＝ □

④ 14 ÷ 2 ＝ □

⑤ 6 ÷ 2 ＝ □

⑥ 10 ÷ 2 ＝ □

⑦ 2 ÷ 2 ＝ □

⑧ 18 ÷ 2 ＝ □

⑨ 4 ÷ 2 ＝ □

月　日

わり算（18）

○÷3

名前

● 次《つぎ》の計算をしましょう。

① 21 ÷ 3 ＝ □

② 3 ÷ 3 ＝ □

③ 27 ÷ 3 ＝ □

④ 18 ÷ 3 ＝ □

⑤ 24 ÷ 3 ＝ □

⑥ 9 ÷ 3 ＝ □

⑦ 6 ÷ 3 ＝ □

⑧ 15 ÷ 3 ＝ □

⑨ 12 ÷ 3 ＝ □

（141%に拡大してご使用ください。）

月　日

わり算（19）

○÷ 4

名前	

● 次《つぎ》の計算をしましょう。

① $8 \div 4 =$ □

② $16 \div 4 =$ □

③ $32 \div 4 =$ □

④ $20 \div 4 =$ □

⑤ $4 \div 4 =$ □

⑥ $36 \div 4 =$ □

⑦ $28 \div 4 =$ □

⑧ $12 \div 4 =$ □

⑨ $24 \div 4 =$ □

月　日

わり算（20）

○÷ 5

名前	

● 次《つぎ》の計算をしましょう。

① $35 \div 5 =$ □

② $10 \div 5 =$ □

③ $40 \div 5 =$ □

④ $5 \div 5 =$ □

⑤ $30 \div 5 =$ □

⑥ $45 \div 5 =$ □

⑦ $15 \div 5 =$ □

⑧ $25 \div 5 =$ □

⑨ $20 \div 5 =$ □

3分

（141%に拡大してご使用ください。）

月　日

わり算（21）

○÷2～○÷5 ①

名前

① 12 ÷ 3 =　② 30 ÷ 5 =　③ 36 ÷ 4 =

④ 27 ÷ 3 =　⑤ 25 ÷ 5 =　⑥ 4 ÷ 2 =

⑦ 18 ÷ 3 =　⑧ 20 ÷ 5 =　⑨ 21 ÷ 3 =

⑩ 16 ÷ 2 =　⑪ 28 ÷ 4 =　⑫ 8 ÷ 4 =

⑬ 6 ÷ 2 =　⑭ 3 ÷ 3 =　⑮ 15 ÷ 5 =

⑯ 24 ÷ 4 =　⑰ 4 ÷ 4 =　⑱ 45 ÷ 5 =

⑲ 18 ÷ 2 =　⑳ 12 ÷ 2 =

月　日

わり算（22）

○÷2～○÷5 ②

名前

① 32 ÷ 4 =　② 6 ÷ 3 =　③ 10 ÷ 5 =

④ 12 ÷ 4 =　⑤ 2 ÷ 2 =　⑥ 16 ÷ 4 =

⑦ 35 ÷ 5 =　⑧ 8 ÷ 2 =　⑨ 18 ÷ 2 =

⑩ 15 ÷ 3 =　⑪ 14 ÷ 2 =　⑫ 20 ÷ 4 =

⑬ 21 ÷ 3 =　⑭ 5 ÷ 5 =　⑮ 30 ÷ 5 =

⑯ 10 ÷ 2 =　⑰ 9 ÷ 3 =　⑱ 24 ÷ 3 =

⑲ 36 ÷ 4 =　⑳ 40 ÷ 5 =

（141％に拡大してご使用ください。）

月　日

ふりかえり

わり算①（÷2～÷5）

名前

① 8 ÷ 2 =	② 3 ÷ 3 =	③ 20 ÷ 5 =
④ 12 ÷ 4 =	⑤ 21 ÷ 3 =	⑥ 10 ÷ 5 =
⑦ 10 ÷ 2 =	⑧ 6 ÷ 2 =	⑨ 28 ÷ 4 =
⑩ 15 ÷ 3 =	⑪ 35 ÷ 5 =	⑫ 24 ÷ 4 =
⑬ 16 ÷ 2 =	⑭ 45 ÷ 5 =	⑮ 12 ÷ 3 =
⑯ 8 ÷ 4 =	⑰ 30 ÷ 5 =	⑱ 2 ÷ 2 =
⑲ 24 ÷ 3 =	⑳ 36 ÷ 4 =	㉑ 15 ÷ 5 =
㉒ 9 ÷ 3 =	㉓ 4 ÷ 2 =	㉔ 5 ÷ 5 =
㉕ 18 ÷ 3 =	㉖ 16 ÷ 4 =	㉗ 32 ÷ 4 =
㉘ 18 ÷ 2 =	㉙ 14 ÷ 2 =	㉚ 27 ÷ 3 =
㉛ 4 ÷ 4 =	㉜ 40 ÷ 5 =	㉝ 6 ÷ 3 =
㉞ 25 ÷ 5 =	㉟ 20 ÷ 4 =	㊱ 12 ÷ 2 =

月　日

ふりかえり

わり算②（÷2～÷5）

名前

① 15 ÷ 5 =	② 16 ÷ 2 =	③ 2 ÷ 2 =
④ 27 ÷ 3 =	⑤ 9 ÷ 3 =	⑥ 35 ÷ 5 =
⑦ 12 ÷ 4 =	⑧ 28 ÷ 4 =	⑨ 24 ÷ 3 =
⑩ 12 ÷ 2 =	⑪ 32 ÷ 4 =	⑫ 21 ÷ 3 =
⑬ 10 ÷ 2 =	⑭ 6 ÷ 3 =	⑮ 25 ÷ 5 =
⑯ 8 ÷ 4 =	⑰ 12 ÷ 3 =	⑱ 5 ÷ 5 =
⑲ 45 ÷ 5 =	⑳ 24 ÷ 4 =	㉑ 14 ÷ 2 =
㉒ 20 ÷ 5 =	㉓ 20 ÷ 4 =	㉔ 6 ÷ 2 =
㉕ 4 ÷ 4 =	㉖ 40 ÷ 5 =	㉗ 3 ÷ 3 =
㉘ 18 ÷ 3 =	㉙ 18 ÷ 2 =	㉚ 30 ÷ 5 =
㉛ 36 ÷ 4 =	㉜ 16 ÷ 4 =	㉝ 10 ÷ 5 =
㉞ 4 ÷ 2 =	㉟ 8 ÷ 2 =	㊱ 15 ÷ 3 =

（141%に拡大してご使用ください。）

月　日

わり算 (23)

○÷6

名前

● 次《つぎ》の計算をしましょう。

① $30 \div 6 =$ □

② $12 \div 6 =$ □

③ $6 \div 6 =$ □

④ $18 \div 6 =$ □

⑤ $54 \div 6 =$ □

⑥ $42 \div 6 =$ □

⑦ $36 \div 6 =$ □

⑧ $48 \div 6 =$ □

⑨ $24 \div 6 =$ □

月　日

わり算 (24)

○÷7

名前

● 次《つぎ》の計算をしましょう。

① $63 \div 7 =$ □

② $21 \div 7 =$ □

③ $42 \div 7 =$ □

④ $7 \div 7 =$ □

⑤ $49 \div 7 =$ □

⑥ $14 \div 7 =$ □

⑦ $56 \div 7 =$ □

⑧ $35 \div 7 =$ □

⑨ $28 \div 7 =$ □

（141％に拡大してご使用ください。）

わり算 (25)

○÷ 8

名前 　　　月　日

● 次《つぎ》の計算をしましょう。

① 8 ÷ 8 = □

② 72 ÷ 8 = □

③ 56 ÷ 8 = □

④ 16 ÷ 8 = □

⑤ 40 ÷ 8 = □

⑥ 64 ÷ 8 = □

⑦ 48 ÷ 8 = □

⑧ 24 ÷ 8 = □

⑨ 32 ÷ 8 = □

わり算 (26)

○÷ 9

名前 　　　月　日

● 次《つぎ》の計算をしましょう。

① 27 ÷ 9 = □

② 81 ÷ 9 = □

③ 9 ÷ 9 = □

④ 72 ÷ 9 = □

⑤ 18 ÷ 9 = □

⑥ 36 ÷ 9 = □

⑦ 54 ÷ 9 = □

⑧ 63 ÷ 9 = □

⑨ 45 ÷ 9 = □

3分

(141%に拡大してご使用ください。)

わり算（27）

○÷6〜○÷9 ①

名前　　　　月　　日

① 21 ÷ 7 =	② 27 ÷ 9 =	③ 48 ÷ 8 =
④ 16 ÷ 8 =	⑤ 9 ÷ 9 =	⑥ 6 ÷ 6 =
⑦ 81 ÷ 9 =	⑧ 56 ÷ 8 =	⑨ 48 ÷ 6 =
⑩ 24 ÷ 6 =	⑪ 63 ÷ 7 =	⑫ 54 ÷ 9 =
⑬ 32 ÷ 8 =	⑭ 35 ÷ 7 =	⑮ 72 ÷ 9 =
⑯ 64 ÷ 8 =	⑰ 30 ÷ 6 =	⑱ 42 ÷ 7 =
⑲ 28 ÷ 7 =	⑳ 36 ÷ 6 =	

わり算（28）

○÷6〜○÷9 ②

名前　　　　月　　日

① 14 ÷ 7 =	② 42 ÷ 6 =	③ 24 ÷ 8 =
④ 18 ÷ 9 =	⑤ 63 ÷ 9 =	⑥ 48 ÷ 8 =
⑦ 7 ÷ 7 =	⑧ 36 ÷ 9 =	⑨ 40 ÷ 8 =
⑩ 48 ÷ 6 =	⑪ 12 ÷ 6 =	⑫ 8 ÷ 8 =
⑬ 45 ÷ 9 =	⑭ 28 ÷ 7 =	⑮ 54 ÷ 6 =
⑯ 49 ÷ 7 =	⑰ 81 ÷ 9 =	⑱ 18 ÷ 6 =
⑲ 56 ÷ 7 =	⑳ 72 ÷ 8 =	

（141%に拡大してご使用ください。）

月　日

ふりかえり
わり算③（÷6～÷9）

名前

① 56÷7＝	② 16÷8＝	③ 27÷9＝
④ 12÷6＝	⑤ 81÷9＝	⑥ 7÷7＝
⑦ 72÷9＝	⑧ 21÷7＝	⑨ 18÷6＝
⑩ 40÷8＝	⑪ 36÷9＝	⑫ 56÷8＝
⑬ 35÷7＝	⑭ 48÷6＝	⑮ 9÷9＝
⑯ 54÷9＝	⑰ 49÷7＝	⑱ 36÷6＝
⑲ 24÷6＝	⑳ 24÷8＝	㉑ 32÷8＝
㉒ 8÷8＝	㉓ 42÷6＝	㉔ 42÷7＝
㉕ 18÷9＝	㉖ 63÷7＝	㉗ 54÷6＝
㉘ 30÷6＝	㉙ 72÷8＝	㉚ 45÷9＝
㉛ 64÷8＝	㉜ 63÷9＝	㉝ 14÷7＝
㉞ 28÷7＝	㉟ 6÷6＝	㊱ 48÷8＝

月　日

ふりかえり
わり算④（÷6～÷9）

名前

① 27÷9＝	② 63÷7＝	③ 54÷6＝
④ 8÷8＝	⑤ 72÷9＝	⑥ 42÷7＝
⑦ 18÷6＝	⑧ 56÷8＝	⑨ 63÷9＝
⑩ 14÷7＝	⑪ 48÷6＝	⑫ 64÷8＝
⑬ 30÷6＝	⑭ 49÷7＝	⑮ 45÷9＝
⑯ 9÷9＝	⑰ 16÷8＝	⑱ 72÷8＝
⑲ 48÷8＝	⑳ 54÷9＝	㉑ 7÷7＝
㉒ 35÷7＝	㉓ 42÷6＝	㉔ 32÷8＝
㉕ 40÷8＝	㉖ 24÷8＝	㉗ 36÷6＝
㉘ 21÷7＝	㉙ 24÷6＝	㉚ 18÷9＝
㉛ 6÷6＝	㉜ 81÷9＝	㉝ 28÷7＝
㉞ 36÷9＝	㉟ 56÷7＝	㊱ 12÷6＝

（141%に拡大してご使用ください。）

わり算（29）

○÷2～○÷9 ①

月　日　名前

① 16÷4＝	② 25÷5＝	③ 16÷2＝
④ 54÷6＝	⑤ 36÷9＝	⑥ 24÷8＝
⑦ 72÷8＝	⑧ 12÷4＝	⑨ 56÷7＝
⑩ 6÷2＝	⑪ 72÷9＝	⑫ 56÷8＝
⑬ 7÷7＝	⑭ 12÷6＝	⑮ 15÷3＝
⑯ 54÷9＝	⑰ 14÷2＝	⑱ 28÷4＝
⑲ 36÷4＝	⑳ 21÷3＝	㉑ 45÷5＝
㉒ 18÷9＝	㉓ 5÷5＝	㉔ 4÷2＝
㉕ 12÷3＝	㉖ 14÷7＝	㉗ 36÷6＝
㉘ 40÷5＝	㉙ 64÷8＝	㉚ 35÷7＝
㉛ 48÷6＝	㉜ 8÷2＝	㉝ 35÷5＝
㉞ 3÷3＝	㉟ 48÷8＝	㊱ 20÷4＝

わり算（30）

○÷2～○÷9 ②

月　日　名前

① 63÷7＝	② 16÷8＝	③ 27÷9＝
④ 8÷4＝	⑤ 6÷6＝	⑥ 9÷3＝
⑦ 45÷9＝	⑧ 27÷3＝	⑨ 18÷6＝
⑩ 8÷8＝	⑪ 4÷4＝	⑫ 2÷2＝
⑬ 10÷2＝	⑭ 81÷9＝	⑮ 20÷5＝
⑯ 63÷9＝	⑰ 24÷3＝	⑱ 32÷4＝
⑲ 10÷5＝	⑳ 30÷6＝	㉑ 21÷7＝
㉒ 28÷7＝	㉓ 42÷7＝	㉔ 32÷8＝
㉕ 18÷3＝	㉖ 12÷2＝	㉗ 9÷9＝
㉘ 42÷6＝	㉙ 15÷5＝	㉚ 24÷6＝
㉛ 40÷8＝	㉜ 6÷3＝	㉝ 18÷2＝
㉞ 24÷4＝	㉟ 49÷7＝	㊱ 30÷5＝

（141％に拡大してご使用ください。）

わり算（31）

○÷2～○÷9 ③

名前　　　　月　　日

①　16÷8＝　②　8÷4＝　③　35÷5＝

④　21÷3＝　⑤　32÷8＝　⑥　36÷4＝

⑦　45÷9＝　⑧　14÷7＝　⑨　9÷9＝

⑩　30÷5＝　⑪　2÷2＝　⑫　24÷6＝

⑬　4÷4＝　⑭　63÷7＝　⑮　8÷8＝

⑯　27÷9＝　⑰　42÷7＝　⑱　12÷3＝

⑲　8÷2＝　⑳　9÷3＝　㉑　48÷6＝

㉒　42÷6＝　㉓　20÷5＝　㉔　3÷3＝

㉕　7÷7＝　㉖　30÷6＝　㉗　45÷5＝

㉘　12÷6＝　㉙　24÷4＝　㉚　12÷2＝

㉛　15÷3＝　㉜　18÷9＝　㉝　56÷8＝

㉞　12÷4＝　㉟　14÷2＝　㊱　24÷3＝

わり算（32）

○÷2～○÷9 ④

名前　　　　月　　日

①　27÷3＝　②　10÷2＝　③　72÷8＝

④　35÷7＝　⑤　81÷9＝　⑥　6÷6＝

⑦　15÷5＝　⑧　6÷3＝　⑨　28÷7＝

⑩　64÷8＝　⑪　36÷6＝　⑫　40÷8＝

⑬　4÷2＝　⑭　28÷4＝　⑮　16÷2＝

⑯　56÷7＝　⑰　21÷7＝　⑱　10÷5＝

⑲　20÷4＝　⑳　36÷9＝　㉑　18÷6＝

㉒　48÷8＝　㉓　40÷5＝　㉔　63÷9＝

㉕　6÷2＝　㉖　24÷8＝　㉗　16÷4＝

㉘　54÷9＝　㉙　18÷2＝　㉚　54÷6＝

㉛　25÷5＝　㉜　5÷5＝　㉝　18÷3＝

㉞　72÷9＝　㉟　49÷7＝　㊱　32÷4＝

10分

（141%に拡大してご使用ください。）

月　日

ふりかえり

わり算⑤（○÷２～○÷９）

名前

① 48÷6＝	⑬ 56÷7＝	㉕ 36÷9＝	㊲ 63÷9＝	㊾ 40÷8＝	(61) 5÷5＝
② 15÷3＝	⑭ 18÷6＝	㉖ 16÷4＝	㊳ 12÷2＝	㊿ 20÷5＝	(62) 64÷8＝
③ 21÷7＝	⑮ 48÷8＝	㉗ 81÷9＝	㊴ 21÷3＝	(51) 36÷6＝	(63) 20÷4＝
④ 16÷8＝	⑯ 6÷2＝	㉘ 35÷5＝	㊵ 4÷4＝	(52) 18÷2＝	(64) 54÷6＝
⑤ 24÷4＝	⑰ 25÷5＝	㉙ 9÷3＝	㊶ 49÷7＝	(53) 72÷9＝	(65) 24÷8＝
⑥ 72÷8＝	⑱ 45÷9＝	㉚ 32÷4＝	㊷ 12÷6＝	(54) 6÷3＝	(66) 36÷4＝
⑦ 40÷5＝	⑲ 42÷6＝	㉛ 18÷9＝	㊸ 12÷3＝	(55) 7÷7＝	(67) 27÷9＝
⑧ 9÷9＝	⑳ 18÷3＝	㉜ 8÷2＝	㊹ 15÷5＝	(56) 24÷6＝	(68) 2÷2＝
⑨ 30÷6＝	㉑ 12÷4＝	㉝ 27÷3＝	㊺ 56÷8＝	(57) 8÷4＝	(69) 63÷7＝
⑩ 4÷2＝	㉒ 28÷7＝	㉞ 32÷8＝	㊻ 14÷2＝	(58) 30÷5＝	(70) 45÷5＝
⑪ 42÷7＝	㉓ 8÷8＝	㉟ 10÷5＝	㊼ 3÷3＝	(59) 24÷3＝	(71) 16÷2＝
⑫ 6÷6＝	㉔ 10÷2＝	㊱ 14÷7＝	㊽ 28÷4＝	(60) 35÷7＝	(72) 54÷9＝

（141％に拡大してご使用ください。）

わり算（33）

名前　　　　月　　日

● 次《つぎ》の㋐，㋑の 2 つの問題《もんだい》の答えをもとめましょう。

(1)

㋐ チョコレートが 20 こあります。
4 人で同じ数ずつ分けると，
1 人分は何こになりますか。

㋑ チョコレートが 20 こあります。
1 人に 4 こずつ分けると，
何人に分けられますか。

㋐ 式《しき》　□（全部《ぜんぶ》の数）÷ □（人数）＝ □（1 人分の数）

答え ＿＿＿＿

㋑ 式　□（全部の数）÷ □（1 人分の数）＝ □（人数）

答え ＿＿＿＿

(2)

㋐ ビー玉が 18 こあります。
6 人で同じ数ずつ分けると，
1 人分は何こになりますか。

㋑ ビー玉が 18 こあります。
1 人に 6 こずつ分けると，
何人に分けられますか。

㋐ 式　□（全部の数）÷ □（人数）＝ □（1 人分の数）

答え ＿＿＿＿

㋑ 式　□（全部の数）÷ □（1 人分の数）＝ □（人数）

答え ＿＿＿＿

わり算（34）

名前　　　　月　　日

● 次《つぎ》の㋐，㋑の 2 つの問題の答えをもとめましょう。

(1)

㋐ いちごが 15 こあります。
5 つのお皿《さら》に同じ数ずつ入れると，
1 皿は何こになりますか。

㋑ いちごが 15 こあります。
1 皿に 5 こずつ入れると，
何皿に分けられますか。

㋐ 式《しき》　□（全部《ぜんぶ》の数）÷ □（いくつ分）＝ □（1 つ分の数）

答え ＿＿＿＿

㋑ 式　□（全部の数）÷ □（1 つ分の数）＝ □（いくつ分）

答え ＿＿＿＿

(2)

㋐ 24cm のひもがあります。
同じ長さに 3 本に切ると，
1 本分は何 cm になりますか。

㋑ 24cm のひもがあります。
3cm ずつに切ると，
ひもは何本できますか。

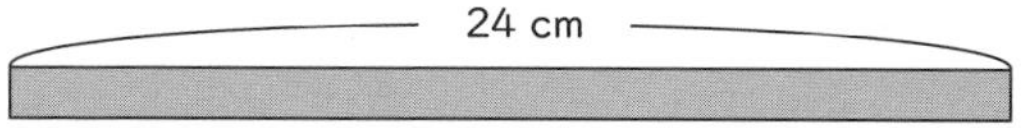

㋐ 式　□（全部の数）÷ □（いくつ分）＝ □（1 つ分の数）

答え ＿＿＿＿

㋑ 式　□（全部の数）÷ □（1 つ分の数）＝ □（いくつ分）

答え ＿＿＿＿

5分

（141%に拡大してご使用ください。）

わり算 (35)

月　　日

名前

1 28 ÷ 7 の式《しき》になる問題《もんだい》を 2 つ作りましょう。

㋐
さくらんぼが □ こあります。
□ 人で同じ数ずつ分けると，
1 人分は何 □ になりますか。

㋑
さくらんぼが □ こあります。
1 人に □ こずつ分けると，
何 □ に分けられますか。

2 16 ÷ 8 の式になる問題を 2 つ作りましょう。

㋐
□ が □
あります。□ 人で同じ数ずつ
分けると，□ は
何 □ になりますか。

㋑
□ が □
あります。1 人に □
ずつ分けると，何 □ に
分けられますか。

わり算 (36)

月　　日

名前

● 30cm のリボンがあります。30 ÷ 6 の式になる問題を 2 つ（1 つ分の数をもとめる，いくつ分をもとめる）作りましょう。

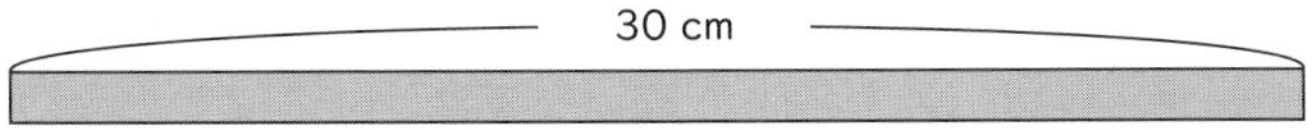

㋐

㋑

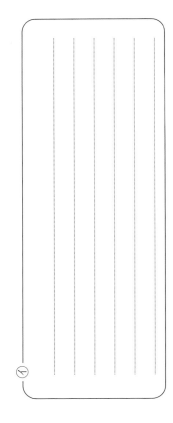

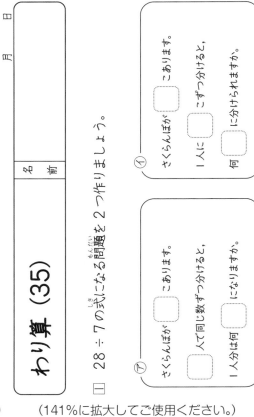

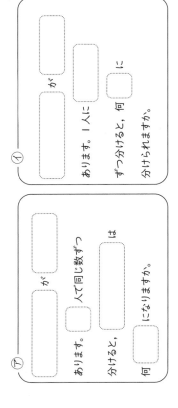

月　日

わり算 (37)

0や1のわり算

名前

1 かごに入っているかきを3人で同じ数ずつ分けます。
1人分は何こになりますか。

① 6こ

□ ÷ 3 = □

答え □ こ

② 3こ

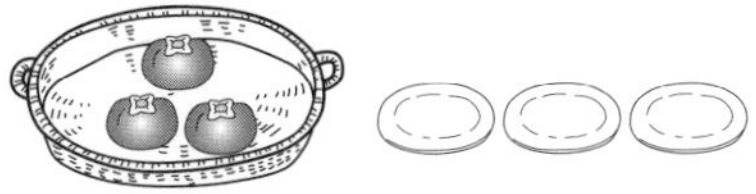

□ ÷ 3 = □

答え □ こ

③ 0こ

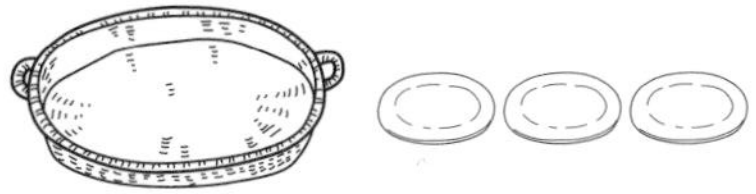

□ ÷ 3 = □

答え □ こ

2 計算をしましょう。

① 0 ÷ 6　② 7 ÷ 1　③ 0 ÷ 9

④ 1 ÷ 1　⑤ 4 ÷ 1　⑥ 0 ÷ 4

⑦ 5 ÷ 1　⑧ 0 ÷ 3　⑨ 3 ÷ 1

⑩ 0 ÷ 1　⑪ 0 ÷ 8　⑫ 9 ÷ 1

⑬ 2 ÷ 1　⑭ 8 ÷ 1　⑮ 0 ÷ 2

⑯ 0 ÷ 5　⑰ 0 ÷ 7　⑱ 6 ÷ 1

月　日

わり算 (38)

名前

① 0 ÷ 3 =　② 7 ÷ 7 =　③ 8 ÷ 8 =

④ 2 ÷ 1 =　⑤ 6 ÷ 1 =　⑥ 0 ÷ 6 =

⑦ 3 ÷ 3 =　⑧ 9 ÷ 1 =　⑨ 0 ÷ 4 =

⑩ 7 ÷ 1 =　⑪ 1 ÷ 1 =　⑫ 0 ÷ 2 =

⑬ 2 ÷ 2 =　⑭ 5 ÷ 1 =　⑮ 0 ÷ 7 =

⑯ 6 ÷ 6 =　⑰ 9 ÷ 9 =　⑱ 0 ÷ 8 =

⑲ 3 ÷ 1 =　⑳ 4 ÷ 4 =　㉑ 0 ÷ 1 =

㉒ 0 ÷ 9 =　㉓ 5 ÷ 5 =　㉔ 8 ÷ 1 =

㉕ 4 ÷ 1 =　㉖ 0 ÷ 5 =

5分

月　　日

ふりかえり

わり算⑥

名前

① 30 ÷ 6 =	⑯ 7 ÷ 7 =	㉛ 36 ÷ 4 =	㊻ 20 ÷ 5 =	㉑ 63 ÷ 9 =	76 45 ÷ 5 =
② 10 ÷ 5 =	⑰ 54 ÷ 9 =	㉜ 63 ÷ 7 =	㊼ 9 ÷ 1 =	62 3 ÷ 1 =	77 24 ÷ 6 =
③ 14 ÷ 2 =	⑱ 5 ÷ 1 =	㉝ 21 ÷ 3 =	㊽ 45 ÷ 9 =	63 28 ÷ 7 =	78 0 ÷ 5 =
④ 40 ÷ 8 =	⑲ 24 ÷ 4 =	㉞ 8 ÷ 8 =	㊾ 8 ÷ 2 =	64 16 ÷ 4 =	79 18 ÷ 3 =
⑤ 0 ÷ 7 =	⑳ 9 ÷ 9 =	㉟ 0 ÷ 9 =	㊿ 12 ÷ 3 =	65 32 ÷ 8 =	80 18 ÷ 2 =
⑥ 54 ÷ 6 =	㉑ 6 ÷ 2 =	㊱ 12 ÷ 6 =	51 35 ÷ 5 =	66 0 ÷ 2 =	81 4 ÷ 4 =
⑦ 9 ÷ 3 =	㉒ 48 ÷ 8 =	㊲ 42 ÷ 6 =	52 2 ÷ 2 =	67 27 ÷ 3 =	82 8 ÷ 1 =
⑧ 56 ÷ 7 =	㉓ 40 ÷ 5 =	㊳ 16 ÷ 2 =	53 49 ÷ 7 =	68 16 ÷ 8 =	83 10 ÷ 2 =
⑨ 7 ÷ 1 =	㉔ 0 ÷ 3 =	㊴ 8 ÷ 4 =	54 72 ÷ 9 =	69 1 ÷ 1 =	84 6 ÷ 6 =
⑩ 18 ÷ 9 =	㉕ 21 ÷ 7 =	㊵ 2 ÷ 1 =	55 20 ÷ 4 =	70 15 ÷ 5 =	85 0 ÷ 8 =
⑪ 30 ÷ 5 =	㉖ 6 ÷ 3 =	㊶ 35 ÷ 7 =	56 64 ÷ 8 =	71 28 ÷ 4 =	86 48 ÷ 6 =
⑫ 0 ÷ 6 =	㉗ 12 ÷ 4 =	㊷ 12 ÷ 2 =	57 0 ÷ 1 =	72 4 ÷ 2 =	87 4 ÷ 1 =
⑬ 56 ÷ 8 =	㉘ 25 ÷ 5 =	㊸ 24 ÷ 8 =	58 14 ÷ 7 =	73 36 ÷ 6 =	88 42 ÷ 7 =
⑭ 36 ÷ 9 =	㉙ 6 ÷ 1 =	㊹ 15 ÷ 3 =	59 24 ÷ 3 =	74 81 ÷ 9 =	89 3 ÷ 3 =
⑮ 72 ÷ 8 =	㉚ 5 ÷ 5 =	㊺ 0 ÷ 4 =	60 18 ÷ 6 =	75 27 ÷ 9 =	90 32 ÷ 4 =

（141％に拡大してご使用ください。）

月　日

わり算（39）
大きな数のわり算

名前

□1 計算のしかたを考えましょう。

(1) 60 ÷ 3

60は　10が6こ

60 ÷ 3は　10が(6 ÷ 3)こ

60 ÷ 3 = □

(2) 48 ÷ 4

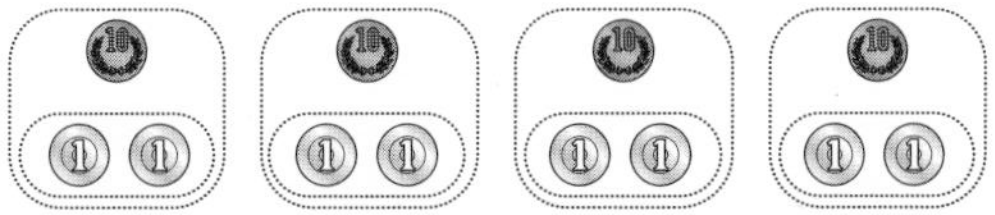

48 ÷ 4 〈 40 ÷ 4 = □ ／ 8 ÷ 4 = □ 〉 □

□2 わり算をしましょう。

① 90 ÷ 3　② 20 ÷ 2　③ 40 ÷ 2

□3 わり算をしましょう。

① 42 ÷ 2　② 96 ÷ 3　③ 36 ÷ 3

月　日

わり算（40）

名前

□1 わり算をしましょう。

① 30 ÷ 3　② 80 ÷ 2　③ 50 ÷ 5

④ 60 ÷ 2　⑤ 80 ÷ 4

□2 わり算をしましょう。

① 44 ÷ 2　② 84 ÷ 4　③ 33 ÷ 3

④ 63 ÷ 3　⑤ 24 ÷ 2

5分

月　　日

わり算（41）

文章題①

名前	

1 子どもが35人います。
5人ずつでグループを作ると，
グループはいくつできますか。

式《しき》

答え

2 牛にゅうが24dLあります。
8このコップに同じかさずつ分けます。
1このコップには何dLの牛にゅうが入りますか。

式

答え

月　　日

わり算（42）

文章題②

名前	

1 画用紙が54まいあります。
1人に6まいずつ分けると，
何人に分けられますか。

式《しき》

答え

2 子どもが32人います。
同じ人数ずつ4チームに分けると，
1チームは何人になりますか。

式

答え

月　日

わり算（43）

文章題③

名前

1 カステラが28切れあります。
7まいのお皿《さら》に分けると，1皿は何切れになりますか。

式《しき》

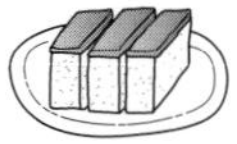

答え

2 カーネーションが45本あります。
9本ずつたばにすると，花たばはいくつできますか。

式

答え

3 たまごが18こあります。
1日に3こずつ使《つか》うと，何日でなくなりますか。

式

答え

4 72ページの本があります。毎日同じページずつ読んで，8日で全部《ぜんぶ》読み終《お》わるには，1日に何ページずつ読めばよいですか。

式

答え

月　日

わり算（44）

文章題④

名前

1 毛糸が40cmあります。
1本5cmずつに切ると，5cmの毛糸は何本できますか。

式《しき》

答え

2 花のたねが12こあります。4つの植木《うえき》ばちに同じ数ずつまきます。
植木ばち1つ分のたねは何こになりますか。

式

答え

3 さつまいもを42本ほりました。
6人で同じ数ずつ分けると，1人分は何本になりますか。

式

答え

4 シュークリームが27こあります。
3こずつ箱《はこ》に入れるには，箱は何箱いりますか。

式

答え

5分

（141%に拡大してご使用ください。）

月　日

わり算（45）

かけ算かな わり算かな ①

名前

1　1まい9円のシールを4まい買いました。
全部《ぜんぶ》でいくらですか。

式《しき》

答え

2　子どもが30人います。
1列《れつ》に6人ずつならぶと，何列できますか。

式

答え

3　計算問題《もんだい》が56問あります。
1日に何問ずつすると，7日で終《お》わりますか。

式

答え

4　6人でジュースを飲《の》みます。
1人2dLずつ飲むと，全部でジュースは何dLいりますか。

式

答え

月　日

わり算（46）

かけ算かな わり算かな ②

名前

1　アイスクリームが4こずつ入ったふくろが，5ふくろあります。
アイスクリームは，全部《ぜんぶ》で何こありますか。

式《しき》

答え

2　花火が48本あります。
1人に8本ずつ分けると，何人に分けられますか。

式

答え

3　長いす1きゃくに7人ずつすわることができます。
9きゃくでは，何人がすわれますか。

式

答え

4　だんごが15こあります。5本のくしに同じ数ずつさすと，
1本のくしにさすだんごは何こになりますか。

式

答え

（141%に拡大してご使用ください。）

月　日

ふりかえり
わり算⑦

名前

1 次《つぎ》の問題《もんだい》を読んで，式《しき》と答えを書きましょう。
また，9 ÷ 3になる問題に○をつけましょう。

① □ ドーナツが9こあります。3人が1こずつ食べると，のこりは何こですか。

式

答え＿＿＿＿

② □ 1箱《はこ》に9まい入りのクッキーが3箱あります。クッキーは全部《ぜんぶ》で何まいありますか。

式

答え＿＿＿＿

③ □ ももが9こあります。1人に3こずつ分けると，何人に分けられますか。

式

答え＿＿＿＿

④ □ 9人の子どもにジュースを1本ずつ配《くば》ると，3本のこりました。はじめにジュースは何本ありましたか。

式

答え＿＿＿＿

⑤ □ クロワッサンが9こあります。3つのふくろに同じ数ずつ入れると，1ふくろは何こになりますか。

式

答え＿＿＿＿

2 次の問題の答えをもとめる式を下の □ からえらんで書きましょう。

① あつさ8mmの本を4さつつみました。全体の高さは何mmですか。 □

② 8cmのリボンを4cmずつに切ります。4cmのリボンは，何本できますか。 □

③ 赤色のおり紙が8まい，黄色のおり紙が4まいあります。あわせて何まいありますか。 □

④ 子どもが8人います。4台のゴーカートに同じ人数ずつ乗《の》るには，1台に何人ずつ乗ればよいですか。 □

⑤ 男の子が8人，女の子が4人います。男の子は，女の子より何人多いですか。 □

8 + 4　・　8 − 4　・　8 × 4　・　8 ÷ 4

(141%に拡大してご使用ください。)

月　　日

わり算（テスト①）

名前

【知識・技能】

1 12このあめを4人で同じ数ずつ分けます。
1人に何こずつ分けることができますか。(5×3)

(1) 上の文の答えになるように分けているのはどちらですか。□に○をつけましょう。

□ 

□ 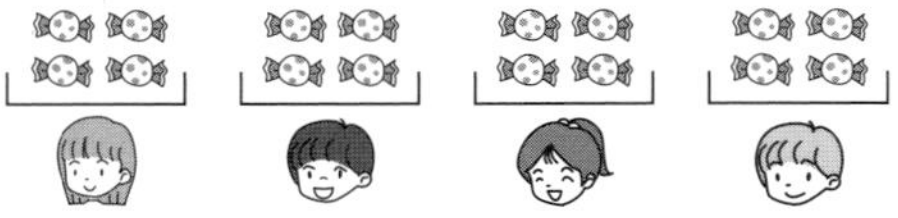

(2) 式と答えを書きましょう。

式

答え ________

2 12このあめを1人に4こずつ分けます。
何人に分けることができますか。(5×3)

(1) 上の文の答えになるように分けているのはどちらですか。□に○をつけましょう。

□ 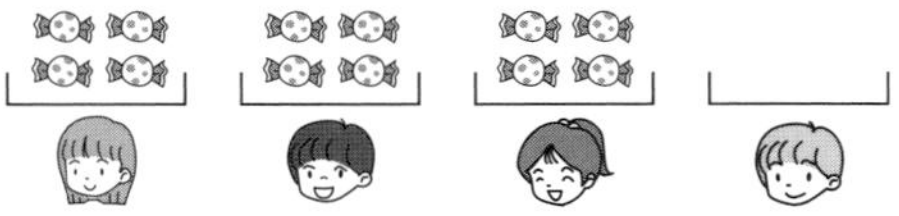

□ 

(2) 式と答えを書きましょう。

式

答え ________

3 わり算の計算をしましょう。(2×10)

① 16 ÷ 4　　② 20 ÷ 5

③ 18 ÷ 6　　④ 24 ÷ 3

⑤ 42 ÷ 7　　⑥ 56 ÷ 8

⑦ 32 ÷ 4　　⑧ 63 ÷ 9

⑨ 7 ÷ 1　　⑩ 0 ÷ 5

【思考・判断・表現】

4 24このウインナーを同じ数ずつ8皿《さら》に分けます。
1皿分は何こになりますか。(5×2)

式

答え ________

5 40本のきゅうりを5本ずつふくろに入れます。
何ふくろできますか。(5×2)

式

答え ________

6 72cmのリボンを8cmずつ切ります。
8cmのリボンは，何本できますか。(5×2)

式

答え ________

7 キャラメルが36こあります。(5×4)

(1) 6人で同じ数ずつ分けるます。
1人に何こずつになりますか。

式

答え ________

(2) 1人に4こずつ分けると，何人に分けることができますか。

式

答え ________

（141％に拡大してご使用ください。）

月　　日

わり算（テスト②）

名前

【知識・技能】

1 □に数字を入れて式《しき》をかんせいさせましょう。(5×4)

(1) 6こを3人に分けます。
1人分は何こでしょうか。

6 ÷ □ = □

(2) 3こを3人に分けます。
1人分は何こでしょうか。

□ ÷ 3 = □

(3) 3こを1人に分けます。
1人分は何こでしょうか。

3 ÷ □ = □

(4) 1こもありません。3人に分けます。
1人分は何こでしょうか。

□ ÷ 3 = □

2 わり算の計算をしましょう。(2×15)

① 24 ÷ 4　　② 40 ÷ 5
③ 21 ÷ 7　　④ 72 ÷ 9
⑤ 45 ÷ 5　　⑥ 56 ÷ 7
⑦ 30 ÷ 6　　⑧ 63 ÷ 7
⑨ 5 ÷ 5　　⑩ 0 ÷ 6
⑪ 9 ÷ 1　　⑫ 90 ÷ 3
⑬ 80 ÷ 4　　⑭ 39 ÷ 3
⑮ 48 ÷ 4

【思考・判断・表現】

3 28人の子どもたちが7つのグループにわかれます。
1つのグループは何人になりますか。(5×2)

式

答え

4 24dLの牛にゅうを8この入れ物に同じずつ分けて入れます。
1この入れ物には何dLになりますか。(5×2)

式

答え

5 30 mのロープがあります。それから5 mのロープが何本できますか。(5×2)

式

答え

6 8まい色紙を買って72円はらいました。
色紙1まいのねだんは，いくらだったのでしょうか。(5×2)

式

答え

7 絵や言葉《ことば》を見て12 ÷ 3になる問題《もんだい》文を作りましょう。(10)

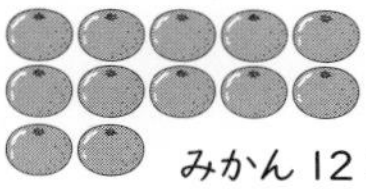

みかん12こ

3人で同じ数ずつ分けます。

月　　日

算数あそび

わり算 ①

名前

● 答えの大きい方を通って，ゴールまで行きましょう。

月　日

算数あそび

わり算 ②

名前

さあ，めいろです。答えが 1，3，5，7，9 のところを通り，たべもののところを通ってゴールまで行きましょう。

おばけ，へび，くものところは通れません。

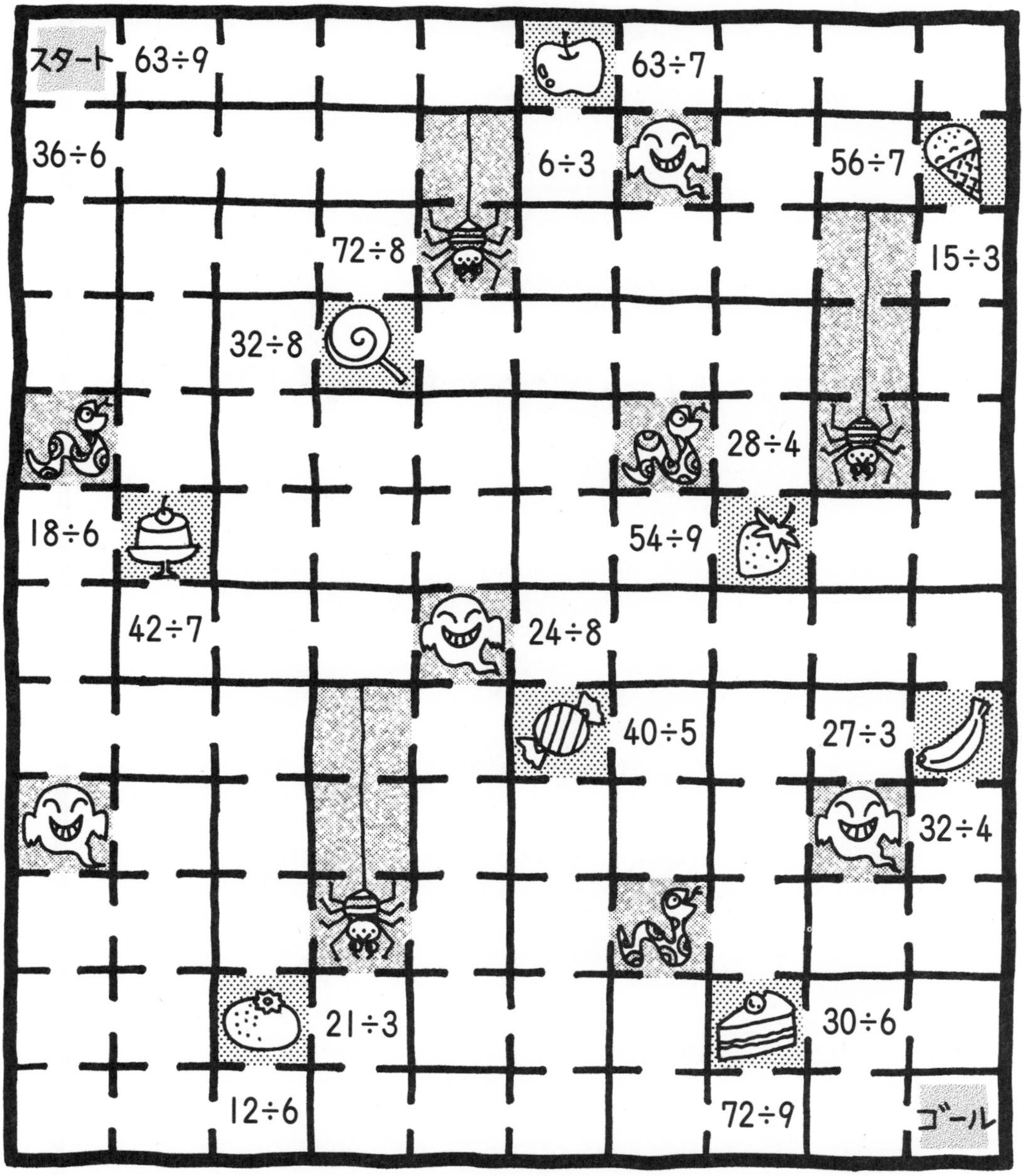

月　日

3けたのたし算（1）

くり上がりなし①

名前

● 筆《ひっ》算をしましょう。

①

	6	8	0
+	2	1	9

②

	1	1	4
+	5	3	2

③

	8	5	3
+	1	4	6

④

	4	0	1
+	1	2	3

⑤

	1	4	1
+	2	5	5

⑥

	2	0	2
+		3	7

月　日

3けたのたし算（2）

くり上がりなし②

名前

● 筆《ひっ》算をしましょう。

① 703 + 192

② 670 + 127

③ 863 + 132

④ 528 + 101

⑤ 818 + 141

⑥ 54 + 322

月　日

3けたのたし算（3）
くり上がり１回①

名前

● 筆算《ひっ》をしましょう。

①
```
  148
+ 325
```

②
```
  627
+ 238
```

③
```
  419
+ 107
```

④
```
  703
+ 168
```

⑤
```
  332
+  59
```

月　日

3けたのたし算（4）
くり上がり１回②

名前

● 筆算《ひっ》をしましょう。

① 383＋142

② 573＋264

③ 791＋154

④ 392＋587

⑤ 29＋341

3分

3けたのたし算 (5)

くり上がりなし・あり１回①

名前　　　　月　　日

● 筆算《ひっ》をしましょう。

① 412 + 193

② 828 + 135

③ 142 + 326

④ 336 + 207

⑤ 690 + 185

⑥ 551 + 387

⑦ 205 + 465

⑧ 81 + 314

3けたのたし算 (6)

くり上がりなし・あり１回②

名前　　　　月　　日

● 筆算《ひっ》をしましょう。

① 818 + 153

② 122 + 93

③ 775 + 115

④ 664 + 223

⑤ 327 + 214

⑥ 345 + 182

⑦ 478 + 441

⑧ 579 + 216

月　日

3けたのたし算（7）
くり上がり２回①

名前

● 筆《ひっ》算をしましょう。

①

	6	7	7
+	1	8	3

②

	5	6	5
+	1	4	9

③

	3	4	2
+	4	8	9

④

	5	3	8
+		9	9

⑤

	3	6	2
+	2	7	8

月　日

3けたのたし算（8）
くり上がり２回②

名前

● 筆《ひっ》算をしましょう。

① 148 + 565

② 291 + 349

③ 173 + 657

④ 442 + 369

⑤ 55 + 368

3分

3けたのたし算（9）

くり上がり２回（和の十の位０）①

月　　日　名前

筆《ひっ》算をしましょう。

①
```
  1 5 7
+ 7 4 9
-------
```

②
```
  1 8 9
+ 5 1 4
-------
```

③
```
  6 4 6
+ 2 5 4
-------
```

④
```
  2 1 8
+ 3 8 5
-------
```

⑤
```
    3 6
+ 1 6 7
-------
```

3けたのたし算（10）

くり上がり２回（和の十の位０）②

月　　日　名前

筆《ひっ》算をしましょう。

① 447＋258

② 321＋479

③ 165＋235

④ 264＋538

⑤ 578＋29

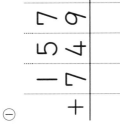

3けたのたし算（11）
くり上がり１回・２回①

名前　　　　月　日

● 筆《ひっ》算をしましょう。

① 296 + 499
② 415 + 289
③ 328 + 117
④ 435 + 271
⑤ 79 + 745
⑥ 236 + 467
⑦ 567 + 289
⑧ 628 + 175

3けたのたし算（12）
くり上がり１回・２回②

名前　　　　月　日

● 筆《ひっ》算をしましょう。

① 274 + 529
② 385 + 116
③ 524 + 289
④ 447 + 53
⑤ 499 + 234
⑥ 136 + 769
⑦ 662 + 183
⑧ 375 + 396

5分

（141%に拡大してご使用ください。）

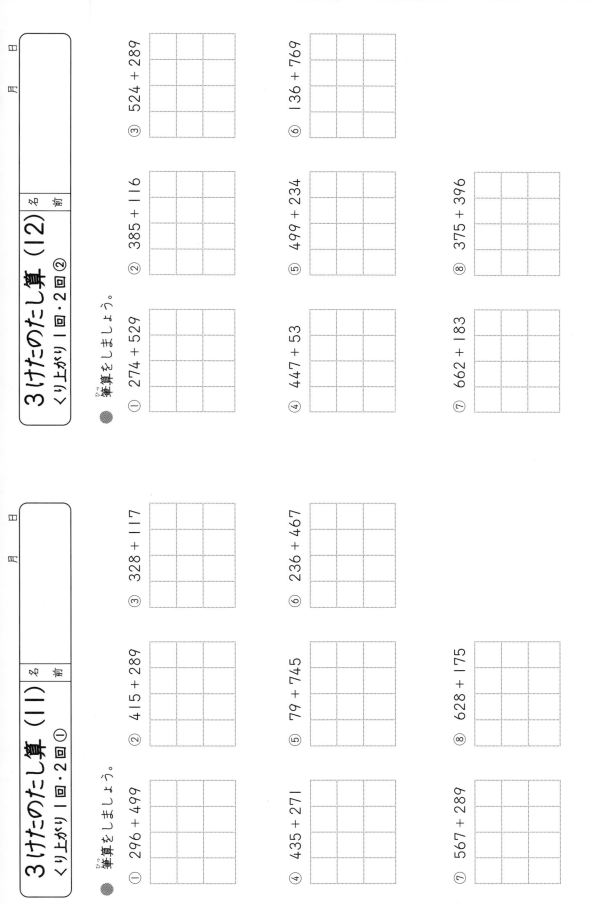

月　　日

3けたのたし算（13）

3けた＋3けた＝4けた ①

名前

● 筆算《ひっ》をしましょう。

①

$$\begin{array}{r} 721 \\ +795 \\ \hline \end{array}$$

②

$$\begin{array}{r} 676 \\ +598 \\ \hline \end{array}$$

③

$$\begin{array}{r} 129 \\ +874 \\ \hline \end{array}$$

④

$$\begin{array}{r} 832 \\ +549 \\ \hline \end{array}$$

⑤

$$\begin{array}{r} 193 \\ +928 \\ \hline \end{array}$$

月　　日

3けたのたし算（14）

3けた＋3けた＝4けた ②

名前

● 筆算《ひっ》をしましょう。

① 549 + 628

② 459 + 751

③ 195 + 937

④ 347 + 653

⑤ 824 + 179

（141%に拡大してご使用ください。）

月　　日

3けたのたし算（15）

3けた＋3けた＝4けた ③

名前

● 筆算《ひっ》をしましょう。

① 634＋671　② 785＋293　③ 138＋984

④ 179＋824　⑤ 537＋467　⑥ 472＋856

⑦ 380＋628　⑧ 765＋348

月　　日

3けたのたし算（16）

3けた＋3けた＝4けた ④

名前

● 筆算《ひっ》をしましょう。

① 394＋852　② 786＋216　③ 235＋985

④ 673＋438　⑤ 731＋475　⑥ 834＋392

⑨ 428＋579　⑩ 451＋551

5分

（141％に拡大してご使用ください。）

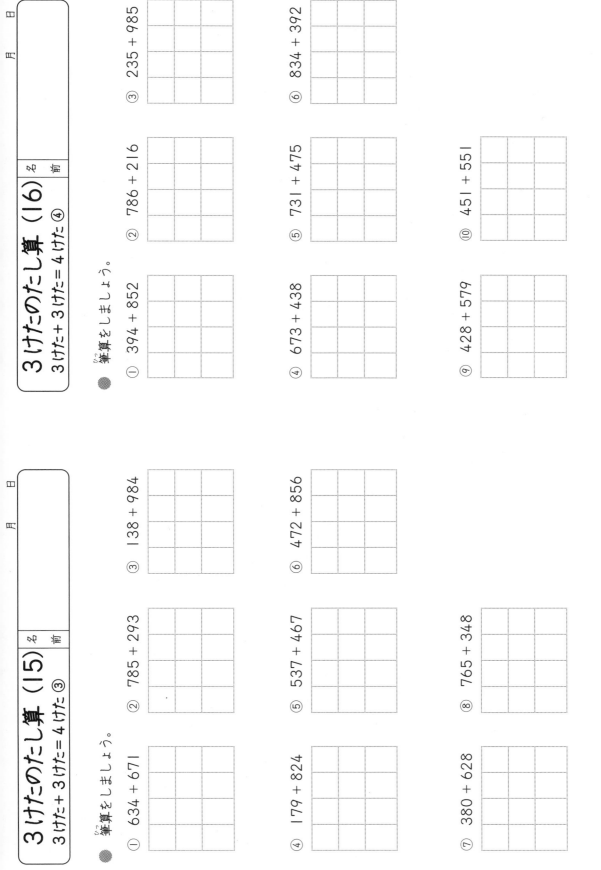

月　　日

ふりかえり
3けたのたし算

名前

● 筆《ひっ》算をしましょう。

① 564 + 784

② 628 + 295

③ 685 + 117

④ 282 + 395

⑤ 197 + 185

⑥ 628 + 279

⑦ 359 + 337

⑧ 325 + 144

⑨ 386 + 448

⑩ 443 + 258

⑪ 146 + 263

⑫ 842 + 468

⑬ 385 + 449

⑭ 186 + 816

⑮ 729 + 147

⑯ 568 + 796

⑰ 681 + 216

⑱ 457 + 271

⑲ 653 + 847

⑳ 336 + 669

（141%に拡大してご使用ください。）

月　日

3けたのたし算（17）

文章題①

名前

1 電車に586人乗《の》っています。次《つぎ》の駅《えき》で184人乗りました。
全部《ぜんぶ》で何人になりましたか。

式《しき》

答え

2 みさきさんは先週計算問題《もんだい》を252問しました。今週は，先週より48問多くする予定《よてい》です。今週は，計算問題を何問する予定ですか。

式

答え

3 運動《うんどう》会でお茶を652本配《くば》ると，160本のこりました。
はじめにお茶は何本ありましたか。

式

答え

月　日

3けたのたし算（18）

文章題②

名前

1 お父さんは，本だなに本を395さつ持《も》っています。
お母さんは，お父さんより126さつ多く持っています。
お母さんは本を何さつ持っていますか。

式《しき》

答え

2 きのう，図書室で本をかりた子どもは196人でした。
今日は，きのうより65人多くいました。
今日，図書室で本をかりた子どもは何人ですか。

式

答え

3 おこづかいを持って買いものに行きました。
648円使《つか》うと，395円のこりました。
はじめに何円持っていましたか。

式

答え

5分

月　日

算数あそび

3けたのたし算

名前

◎ 答えの大きい方へすすみましょう。

月　日

3けたのひき算（1）

くり下がりなし ①

名前

● 筆算《ひっ》をしましょう。

①

	4	6	5
−	3	2	1

②

	8	5	3
−	6	3	2

③

	9	8	4
−	2	1	3

④

	5	2	6
−	1	1	4

⑤

	7	7	9
−		2	3

月　日

3けたのひき算（2）

くり下がりなし ②

名前

● 筆算《ひっ》をしましょう。

① 914 − 702

② 542 − 111

③ 648 − 326

④ 704 − 101

⑤ 963 − 50

3分

月　日

3けたのひき算（3）

くり下がり１回（十の位から）①

名前

● 筆《ひっ》算をしましょう。

①

	6	5	4
−	1	2	8

②

	3	2	2
−	1	1	9

③

	9	8	1
−	7	2	5

④

	8	8	1
−	2	2	9

⑤

	5	8	0
−	4	0	7

月　日

3けたのひき算（4）

くり下がり１回（十の位から）②

名前

● 筆《ひっ》算をしましょう。

① 682 − 573

② 862 − 235

③ 993 − 369

④ 431 − 126

⑤ 380 − 36

（141％に拡大してご使用ください。）

月　日

3けたのひき算 (5)

くり下がり１回（百の位から）①

名前

● 筆《ひっ》算をしましょう。

①

$$\begin{array}{r} 926 \\ -\ 730 \\ \hline \end{array}$$

②

$$\begin{array}{r} 816 \\ -\ 432 \\ \hline \end{array}$$

③

$$\begin{array}{r} 625 \\ -\ 172 \\ \hline \end{array}$$

④

$$\begin{array}{r} 344 \\ -\ 261 \\ \hline \end{array}$$

⑤

$$\begin{array}{r} 116 \\ -\ 82 \\ \hline \end{array}$$

月　日

3けたのひき算 (6)

くり下がり１回（百の位から）①

名前

● 筆《ひっ》算をしましょう。

① 513 − 192

② 625 − 394

③ 735 − 241

④ 459 − 362

⑤ 827 − 36

3分

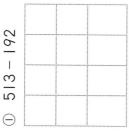

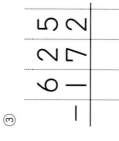

月　日

3けたのひき算（7）

くり下がりなし・あり

名前

● 筆《ひっ》算をしましょう。

① 666 − 358

② 987 − 654

③ 735 − 282

④ 423 − 381

⑤ 235 − 19

⑥ 827 − 119

⑦ 470 − 134

⑧ 726 − 580

月　日

3けたのひき算（8）

くり下がりなし・あり

名前

● 筆《ひっ》算をしましょう。

① 593 − 184

② 642 − 511

③ 216 − 84

④ 941 − 816

⑤ 429 − 192

⑥ 873 − 563

⑦ 659 − 468

⑧ 732 − 215

（141%に拡大してご使用ください。）

3けたのひき算（9）

くり下がり２回①

月　　日　　名前

● 筆《ひっ》算をしましょう。

①

	8	2	6
−	1	3	9

②

	9	5	3
−	2	6	5

③

	6	3	1
−	4	3	4

④

	5	1	2
−	3	9	3

⑤

	7	2	3
−		6	8

3けたのひき算（10）

くり下がり２回①

月　　日　　名前

● 筆《ひっ》算をしましょう。

① 913 − 724

② 811 − 575

③ 637 − 488

④ 330 − 191

⑤ 316 − 28

月　日

3けたのひき算 (11)
くり下がり1回 (十の位が0) ①

名前

● 筆《ひっ》算をしましょう。

①
```
   3 0 4
 - 1 2 1
 -------
```

②
```
   6 0 3
 - 5 1 2
 -------
```

③
```
   9 0 8
 - 5 7 2
 -------
```

④
```
   7 0 3
 - 2 8 1
 -------
```

⑤
```
   8 0 1
 -   9 0
 -------
```

月　日

3けたのひき算 (12)
くり下がり1回 (十の位が0) ②

名前

● 筆《ひっ》算をしましょう。

① 506 − 162

② 606 − 285

③ 805 − 334

④ 709 − 139

⑤ 308 − 24

(141%に拡大してご使用ください。)

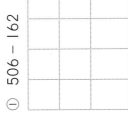

3けたのひき算 (13)

くり下がり2回 (一の位・十の位が0) ①

名前　　　　月　日

● 筆《ひっ》算をしましょう。

①
	2	0	0
−	1	1	2

②
	4	0	0
−	1	3	8

③
	9	0	0
−	6	5	1

④
	7	0	0
−	2	1	9

⑤
	1	0	0
−		6	8

3けたのひき算 (14)

くり下がり2回 (一の位・十の位が0) ②

名前　　　　月　日

● 筆《ひっ》算をしましょう。

① 300 − 119

② 500 − 238

③ 600 − 515

④ 700 − 625

⑤ 400 − 78

3分

(141%に拡大してご使用ください。)

5分

3けたのひき算（15）
くり下がり２回

名前　　　　月　　日

● 筆算《ひっ》をしましょう。

① 300 − 26

② 348 − 169

③ 714 − 76

④ 652 − 359

⑤ 703 − 116

⑥ 826 − 189

⑦ 500 − 157

⑩ 901 − 108

3けたのひき算（16）
くり下がり２回

名前　　　　月　　日

● 筆算《ひっ》をしましょう。

① 524 − 138

② 400 − 61

③ 683 − 194

④ 925 − 36

⑤ 803 − 54

⑥ 220 − 168

⑦ 600 − 437

⑧ 354 − 189

（141％に拡大してご使用ください。）

3けたのひき算（17）
4けたからのひき算 ①

月　　日　名前

● 筆算《ひっ》をしましょう。

① $\begin{array}{r} 1000 \\ -\ 205 \\ \hline \end{array}$

② $\begin{array}{r} 1005 \\ -\ 296 \\ \hline \end{array}$

③ $\begin{array}{r} 1000 \\ -\ 372 \\ \hline \end{array}$

④ $\begin{array}{r} 1007 \\ -\ 9 \\ \hline \end{array}$

⑤ $\begin{array}{r} 1000 \\ -\ 506 \\ \hline \end{array}$

⑥ $\begin{array}{r} 1009 \\ -\ 673 \\ \hline \end{array}$

⑦ $\begin{array}{r} 1002 \\ -\ 893 \\ \hline \end{array}$

⑧ $\begin{array}{r} 1000 \\ -\ 13 \\ \hline \end{array}$

3けたのひき算（18）
4けたからのひき算 ②

月　　日　名前

5分

● 筆算《ひっ》をしましょう。

① 1000 − 632

② 1002 − 308

③ 1000 − 441

④ 1003 − 6

⑤ 1000 − 302

⑥ 1006 − 112

⑦ 1001 − 992

⑧ 1000 − 29

（141％に拡大してご使用ください。）

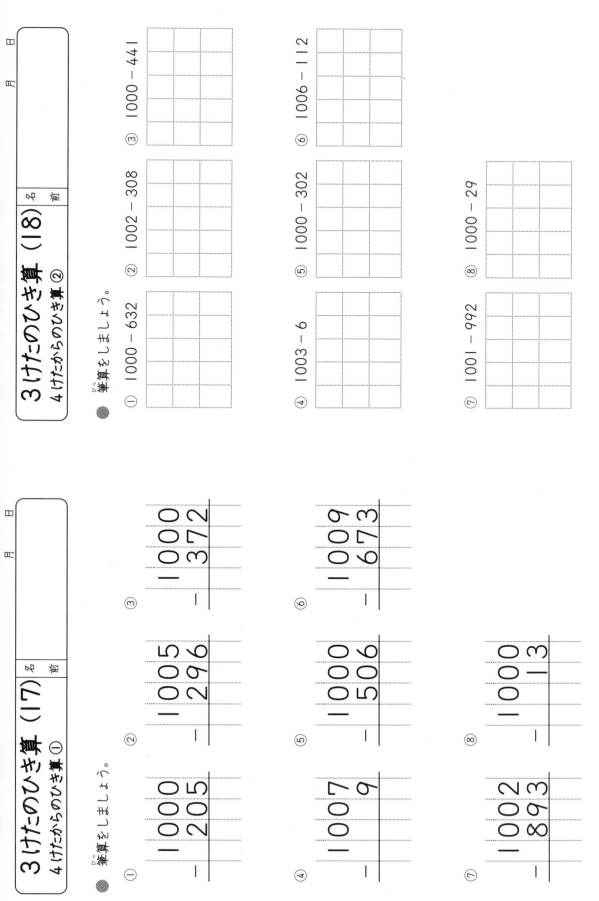

月　　日

ふりかえり
3けたのひき算

名前

筆算《ひっ》をしましょう。

① 715 − 126

② 863 − 152

③ 834 − 548

④ 1000 − 382

⑤ 562 − 415

⑥ 500 − 123

⑦ 836 − 423

⑧ 806 − 512

⑨ 874 − 29

⑩ 769 − 364

⑪ 1005 − 406

⑫ 749 − 275

⑬ 410 − 227

⑭ 975 − 79

⑮ 328 − 119

⑯ 201 − 130

⑰ 921 − 338

⑱ 1001 − 7

⑲ 700 − 128

⑳ 1002 − 38

（141%に拡大してご使用ください。）

月　日

3けたのひき算（19）

文章題①

名前

1 あるお店では，さけのおにぎりを 360 こ，うめぼしのおにぎりを 272 こ売っています。どちらのおにぎりが何こ多いですか。

式《しき》

答え

2 りくさんの住《す》んでいる県《けん》では，コンビニが 10 年前から 462 けんふえて，1002 けんになりました。10 年前は何けんありましたか。

式

答え

3 ありささんのおこづかいは，お姉さんより 560 円少ないです。
お姉さんのおこづかいは 1000 円です。
ありささんのおこづかいは，いくらですか。

式

答え

月　日

3けたのひき算（20）

文章題②

名前

1 あずみさんは，今日，階《かい》だんを 368 だんのぼりました。
これは，きのうよりも 189 だん多いです。
きのうは，何だんのぼりましたか。

式《しき》

答え

2 800 円持《も》って，買いものに行きました。
ケーキを買うと，のこりは 368 円でした。
ケーキはいくらですか。

式

答え

3 公園で，どんぐりをあきさんは 262 こ，はるさんは 320 こ拾《ひろ》いました。
どちらがどれだけ多く拾いましたか。

式

答え

5分

(141%に拡大してご使用ください。)

月　　日

算数あそび

3けたのひき算

名前

● 答えの大きい方へすすみましょう。

月　日

4けたのたし算（1）

名前

● 筆《ひっ》算をしましょう。

①

$$\begin{array}{r} 4325 \\ +\ 1693 \\ \hline \end{array}$$

②

$$\begin{array}{r} 3788 \\ +\ 3429 \\ \hline \end{array}$$

③

$$\begin{array}{r} 8540 \\ +\ 990 \\ \hline \end{array}$$

④

$$\begin{array}{r} 2516 \\ +\ 5484 \\ \hline \end{array}$$

⑤

$$\begin{array}{r} 25 \\ +\ 1688 \\ \hline \end{array}$$

⑥

$$\begin{array}{r} 6524 \\ +\ 2019 \\ \hline \end{array}$$

月　日

4けたのたし算（2）

名前

5分

● 筆《ひっ》算をしましょう。

① 7143＋1289

② 2235＋4916

③ 6123＋2877

④ 5456＋2795

⑤ 169＋9342

⑥ 8435＋85

（141％に拡大してご使用ください。）

月　日

4けたのたし算（3）

名前

● 筆《ひっ》算をしましょう。

① $\begin{array}{r} 2278 \\ +4567 \\ \hline \end{array}$

② $\begin{array}{r} 5293 \\ +3507 \\ \hline \end{array}$

③ $\begin{array}{r} 7549 \\ +62 \\ \hline \end{array}$

④ $\begin{array}{r} 385 \\ +1614 \\ \hline \end{array}$

⑤ $\begin{array}{r} 3825 \\ +1695 \\ \hline \end{array}$

⑥ $\begin{array}{r} 4301 \\ +1699 \\ \hline \end{array}$

⑦ $\begin{array}{r} 6806 \\ +1096 \\ \hline \end{array}$

⑧ $\begin{array}{r} 7020 \\ +1999 \\ \hline \end{array}$

⑨ $\begin{array}{r} 3075 \\ +1958 \\ \hline \end{array}$

⑩ $\begin{array}{r} 4005 \\ +1997 \\ \hline \end{array}$

月　日

4けたのたし算（4）

名前

● 筆《ひっ》算をしましょう。

① 9642＋78

② 8643＋357

③ 1124＋1987

④ 5269＋1734

⑤ 2357＋4955

⑥ 4235＋2769

⑦ 3838＋4190

⑧ 5085＋2927

⑨ 2395＋4108

⑩ 6074＋2927

（141%に拡大してご使用ください。）

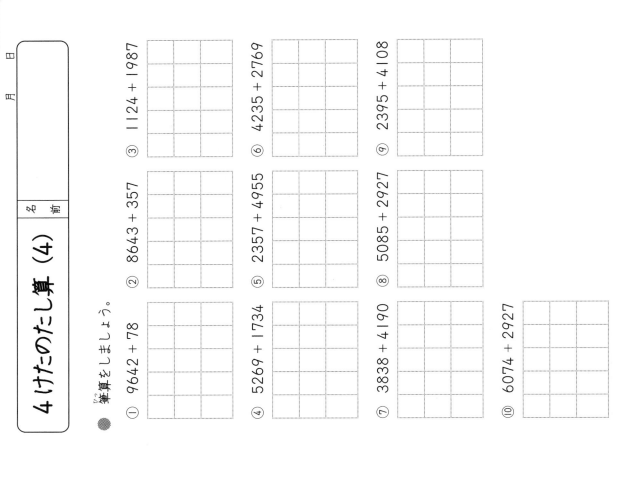

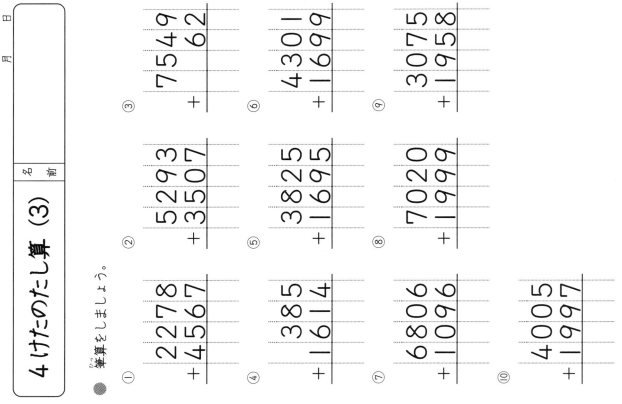

月　日

4けたのひき算（1）

名前

● 筆《ひっ》算をしましょう。

①
```
  2863
- 1499
```

②
```
  6320
- 2781
```

③
```
  9024
- 7195
```

④
```
  8020
- 1432
```

⑤
```
  5105
-   28
```

⑥
```
  4310
-  688
```

月　日

4けたのひき算（2）

名前

● 筆《ひっ》算をしましょう。

① 8311 − 2943

② 5008 − 1234

③ 6209 − 316

④ 4220 − 99

⑤ 7660 − 1894

⑥ 9024 − 1836

5分

（141％に拡大してご使用ください。）

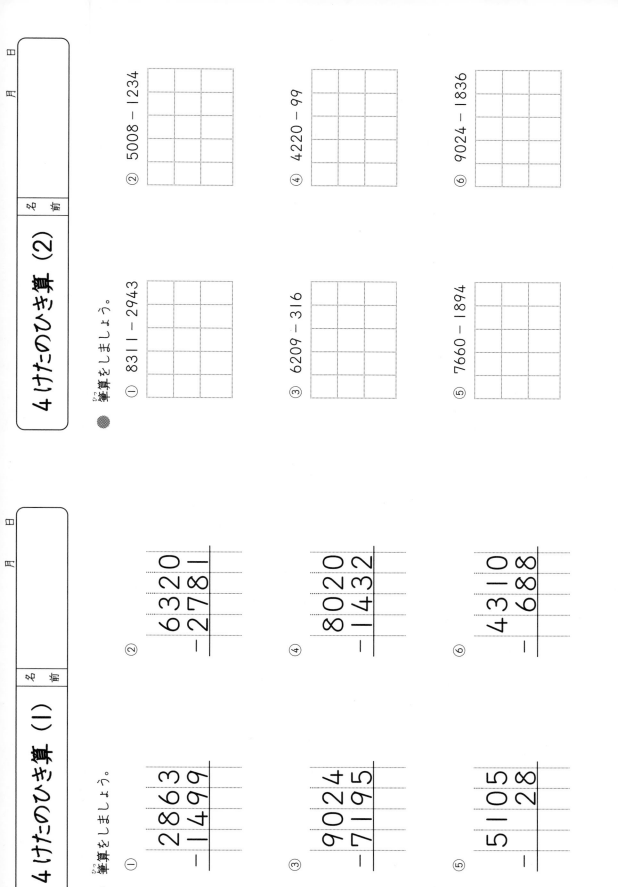

月　　日

4けたのひき算（3）

名前

● 筆《ひっ》算をしましょう。

①
$$\begin{array}{r} 3623 \\ -\ 1849 \\ \hline \end{array}$$

②
$$\begin{array}{r} 4005 \\ -\ 2346 \\ \hline \end{array}$$

③
$$\begin{array}{r} 5022 \\ -\ 1864 \\ \hline \end{array}$$

④
$$\begin{array}{r} 8560 \\ -\ 1628 \\ \hline \end{array}$$

⑤
$$\begin{array}{r} 6600 \\ -\ 3983 \\ \hline \end{array}$$

⑥
$$\begin{array}{r} 7351 \\ -\ 1666 \\ \hline \end{array}$$

⑦
$$\begin{array}{r} 8244 \\ -\ 2658 \\ \hline \end{array}$$

⑧
$$\begin{array}{r} 9090 \\ -\ 1234 \\ \hline \end{array}$$

⑨
$$\begin{array}{r} 7702 \\ -\ 1993 \\ \hline \end{array}$$

⑩
$$\begin{array}{r} 5000 \\ -\ 1246 \\ \hline \end{array}$$

月　　日

4けたのひき算（4）

名前

● 筆《ひっ》算をしましょう。

① 6870 − 1991　② 8060 − 1864　③ 2935 − 1449

④ 4623 − 1735　⑤ 5609 − 2821　⑥ 8022 − 1223

⑦ 4000 − 2559　⑧ 3692 − 2808　⑨ 3500 − 1612

⑩ 6002 − 1014

（141%に拡大してご使用ください。）

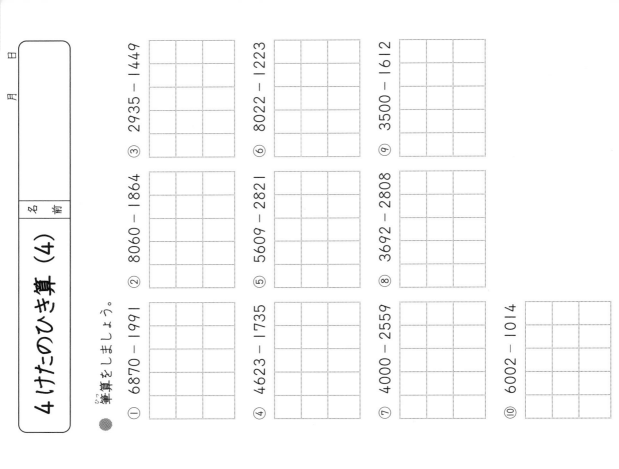

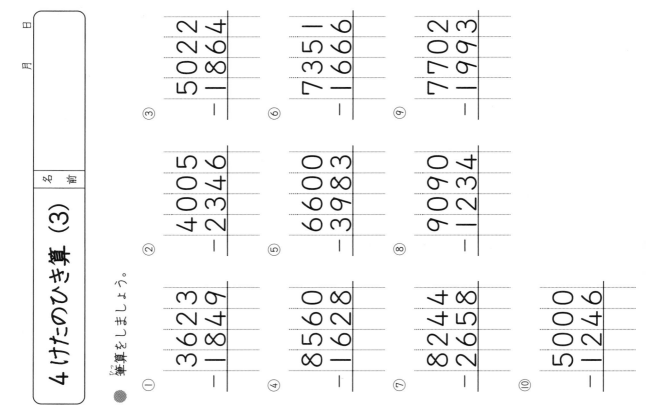

月　　日

算数あそび

4けたのたし算・ひき算

名前

答えの大きい方へすすみましょう。　は通れません。

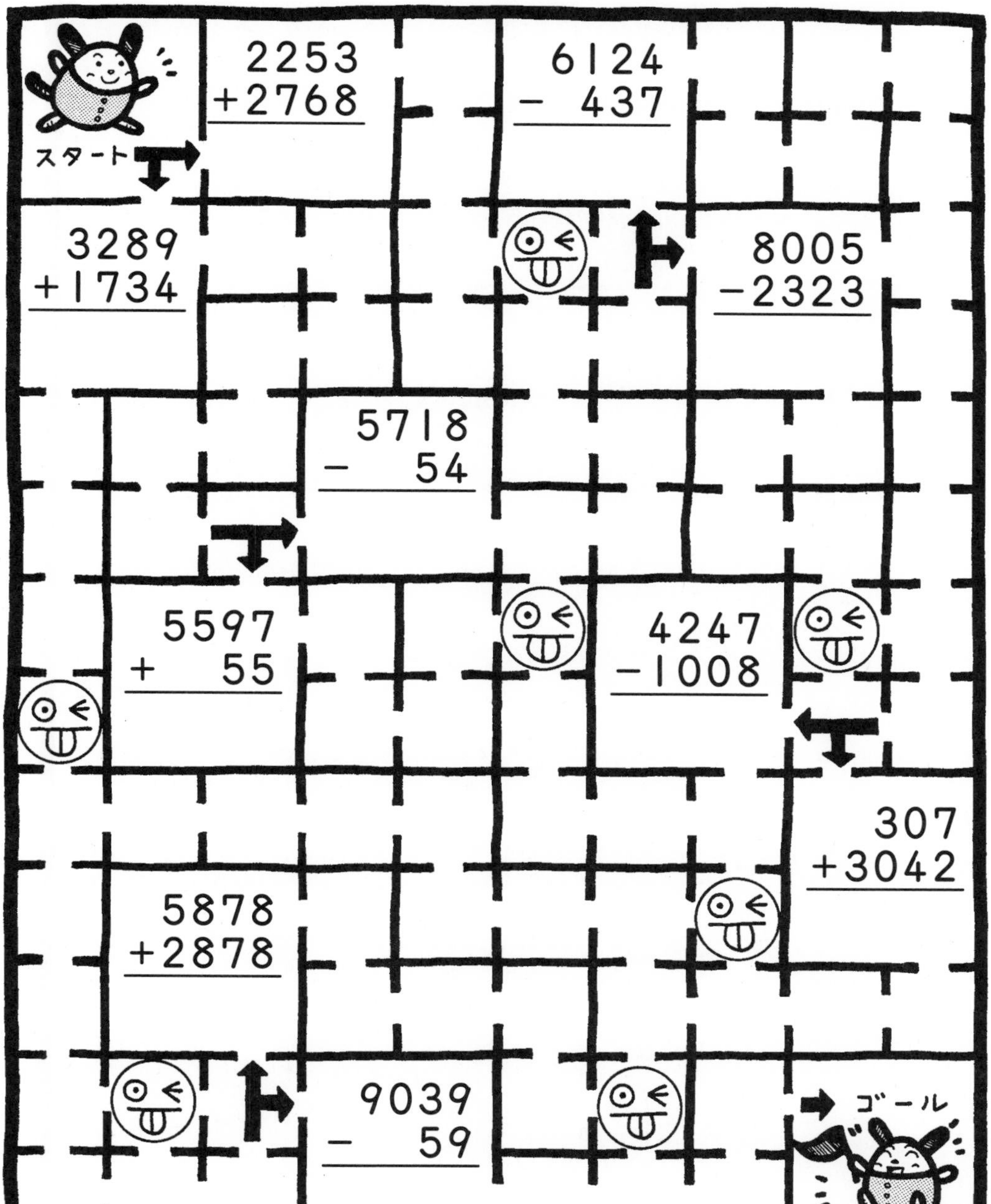

月　　日

3けたと4けたのたし算とひき算 (1)
文章題 ①

名前

1 山にイチョウの木が468本あります。スギの木はイチョウの木より537本多いです。スギは何本ありますか。

式《しき》

答え

2 ある球場《きゅうじょう》のきのうの入場者《にゅうじょうしゃ》数は763人でした。今日はきのうより185人少ないです。今日の入場者数は何人ですか。

式

答え

3 ぶどうが698円，ももが399円です。
どちらがどれだけ安《やす》いですか。

式

答え

4 かなさんは，おり紙でつるを328羽おりました。お姉さんのおったつるとあわせると，ちょうど1000羽になりました。お姉さんは，つるを何羽おりましたか。

式

答え

5 676円の本を買うと，985円のこりました。
はじめにいくら持《も》っていましたか。

式

答え

月　　日

3けたと4けたのたし算とひき算 (2)
文章題 ②

名前

1 2560円持《も》って花たばを買いに行くと，585円足りませんでした。
花たばはいくらですか。

式《しき》

答え

2 まいさんのマンションには5320人住《す》んでいます。これはあかりさんのマンションに住んでいる人より4875人多いです。あかりさんのマンションには何人住んでいますか。

式

答え

3 お兄さんのちょ金が7628円，弟のちょ金は4699円です。
どちらが何円多くちょ金していますか。

式

答え

4 お米を3966g使《つか》いました。5540gのこっています。
はじめにお米は何gありましたか。

式

答え

5 3864円もらうと，7000円になりました。
はじめにいくら持っていましたか。

式

答え

3けたと4けたのたし算とひき算 (3)
問題作り ①

月　日　名前

● 802と270の数字を使《つか》って，たし算とひき算の文章題《ぶんしょうだい》を作りましょう。

① たし算（802 + 270）

② ひき算（802 − 270）

3けたと4けたのたし算とひき算 (4)
問題作り ②

月　日　名前

1 0，1，2，…9 の10まいのカードがあります。
そのカードを使《つか》って，答えが1000になるたし算の式《しき》を作りましょう。

答え □□□ + □□□ = 1000

2 706 + 95 の計算のまちがいを見つけて，まちがいをせつ明しましょう。また，正しく計算しましょう。

706 + 95

	7	0	6
+		9	5
	7	9	1

せつ明

正しい計算

3 □ にあてはまる数を書きましょう。

①

	2	□	5
+	□	2	□
	8	4	1

②

		8	□	□
+		□	2	4
	1	0	5	3

③

	7	2	□
−	2	□	6
	4	3	0

④

	9	□	□
−	□	2	3
		6	8

10分

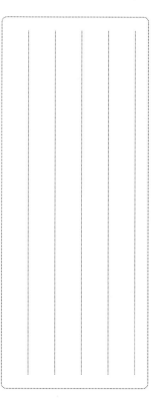

月　　日

3けたと4けたのたし算・ひき算 ①（テスト）

名前

【知識・技能】

1 筆《ひっ》算で計算をしましょう。(5×8)

(1) 674 + 234　(2) 367 + 265

(3) 409 + 91　(4) 743 + 828

(5) 862 − 215　(6) 645 − 582

(7) 523 − 65　(8) 402 − 177

2 計算をしましょう。(5×2)

(1)

	5	2	6	8
+	3	9	2	7

(2)

	7	2	6	1
−	6	7	2	8

【思考・判断・表現】

3 □にあてはまる数を書きましょう。(5×2)

	6	9	□
+	□	0	6
	9	□	4

	□	7	□
−	2	□	6
	2	7	5

4 みんなでおりづるをおりました。
1組は287羽，2組は324羽おりました。
あわせて何羽おったのでしょうか。(5×2)

式

答え

5 お茶が500mLあります。
ゆうじさんが185mL飲《の》みました。
お茶は，何mLのこっていますか。(5×2)

式

答え

6 れなさんのおこづかいは838円でした。
お母さんに，525円もらいました。
れなさんのおこづかいは，いくらになりましたか。(5×2)

式

答え

7 あずみさんの身長は146cmです。
あずみさんのお兄さんの身長は，182cmです。
身長のちがいは，何cmですか。(5×2)

式

答え

（141%に拡大してご使用ください。）

月　　日

3けたと4けたのたし算・ひき算 ②（テスト）

名前

【知識・技能】

1 筆《ひっ》算で計算をしましょう。(5×6)

(1) 537＋263　(2) 786＋914

(3) 98＋936　(4) 302－295

(5) 700－73　(6) 1000－268

2 計算をしましょう。(5×4)

(1)
	2	8	3	7
＋	6	8	4	5

(2)
	7	2	9	1
＋	5	7	2	8

(3)
	9	2	6	1
－	5	3	5	8

(4)
	8	0	0	4
－	7	6	9	6

【思考・判断・表現】

3 計算のまちがいを見つけて，まちがいを説明しましょう。
また，正しく計算しましょう。(5×4)

(1)
	2	9	9
＋	4	0	6
	6	0	5

説明

正しい計算
	2	9	9
＋	4	0	6

(2)
	9	0	7
－	2	5	9
	7	4	8

説明

正しい計算
	9	0	7
－	2	5	9

4 絵筆《ふで》と絵の具《ぐ》を買いました。絵筆は398円でした。絵の具は，絵筆よりも425円高かったそうです。
絵の具は何円だったでしょうか。(5×2)

式

答え

5 サッカーのし合を721人が見に来ています。
そのうち男の人は379人です。
女の人は，何人見に来ているでしょうか。(5×2)

式

答え

6 みほさんは今日，276回なわとびをしました。
これで，あわせて1000回とんだことになりました。みほさんは，これまでに何回とんでいたのでしょうか。(5×2)

式

答え

（141％に拡大してご使用ください。）

月　日

算数あそび
3けたと4けたのたし算・ひき算 ①

名前

● 答えの大きい方へ進みましょう。

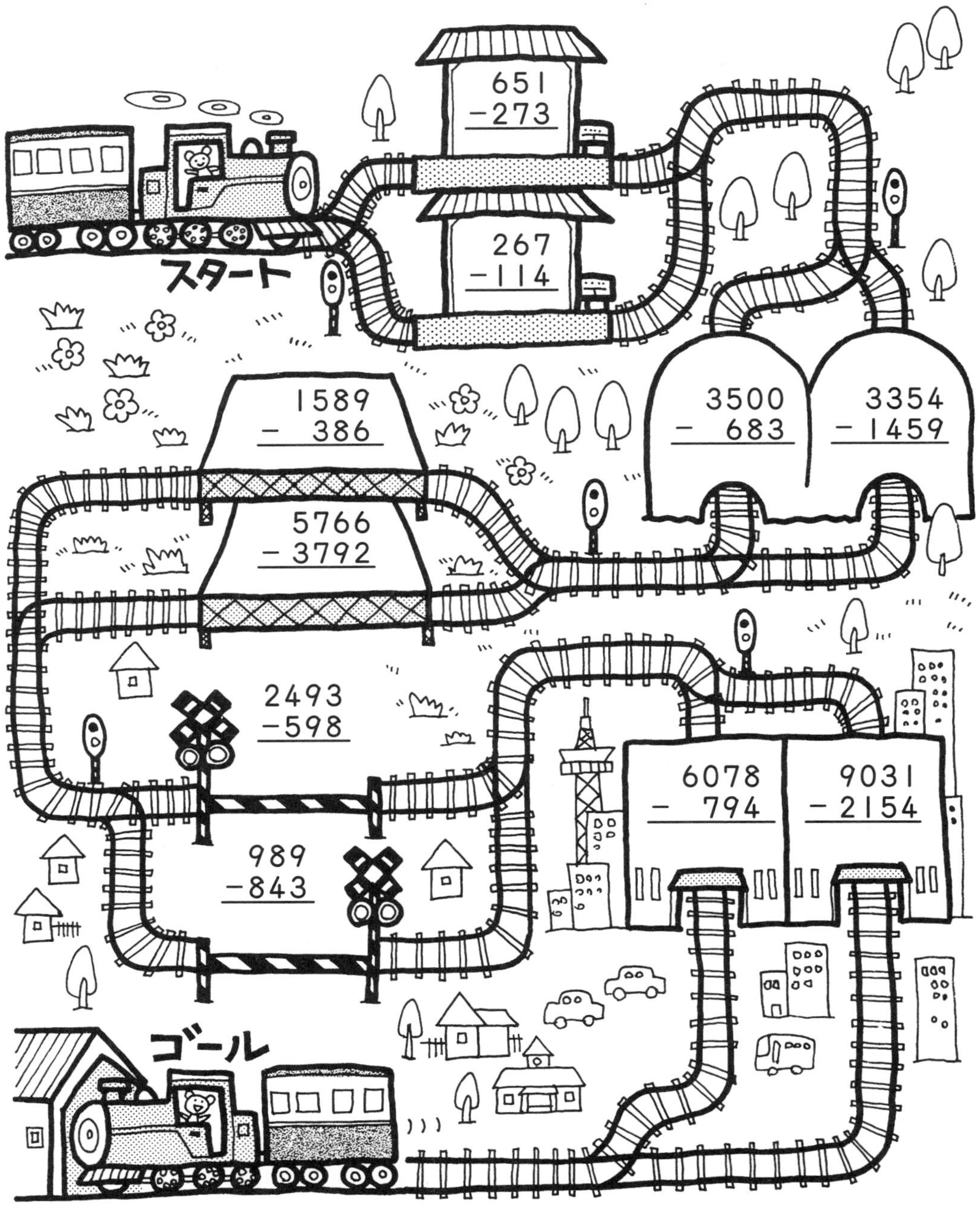

月　　日

算数あそび

3けたと4けたのたし算・ひき算 ②

名前	

● 答えの小さい方へ進みましょう。

月　　日

長い長さ（1）

名前

1 あかねさん，ひろとさん，あつきさんの３人が紙ひこうきをとばしました。
それぞれのめもりが表《あらわ》す長さを書きましょう。

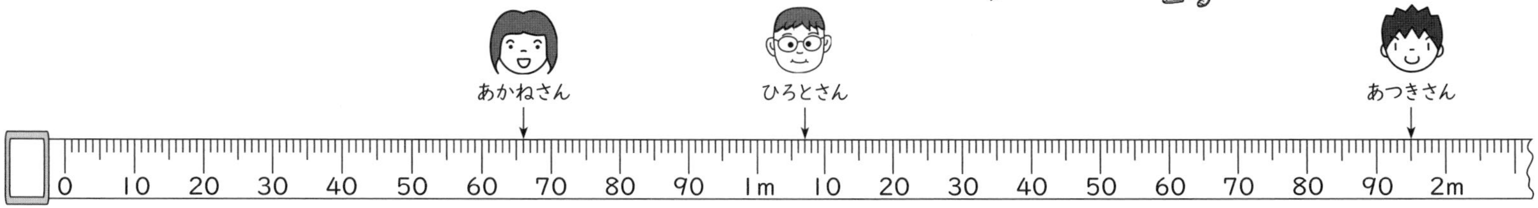

あかねさん □cm

ひろとさん □m □cm

あつきさん □m □cm

2 次《つぎ》のまきじゃくで，↓のめもりが表す長さを□に書きましょう。

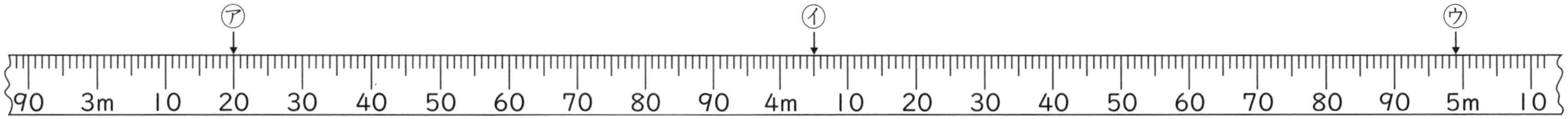

㋐ □m □cm　　㋑ □m □cm　　㋒ □m □cm

（141%に拡大してご使用ください。）

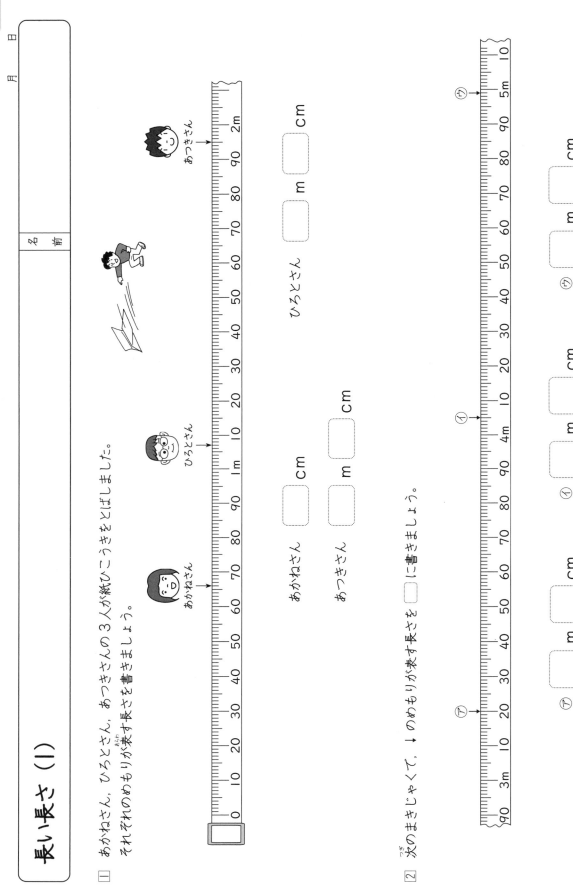

月　日

長い長さ (2)

名前

5分

1 次《つぎ》のまきじゃくで，㋐～㋓の長さを表《あらわ》すめもりに ↓ を書《か》きましょう。

㋐ 9m20cm　　㋑ 9m85cm　　㋒ 10m40cm　　㋓ 11m5cm

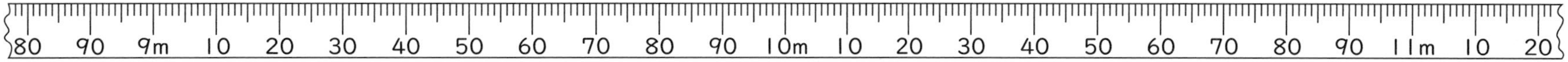

2 次のまきじゃくで，㋐～㋓の長さを表すめもりに ↓ を書きましょう。

㋐ 26m30cm　　㋑ 26m95cm　　㋒ 27m60cm　　㋓ 28m10cm

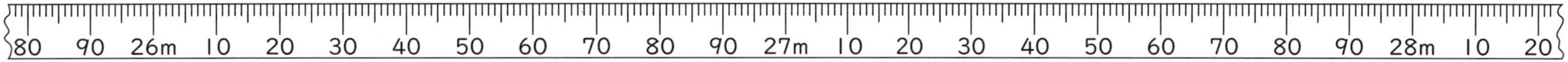

(141%に拡大してご使用ください。)

月　日

長い長さ（3）

名前

1 次《つぎ》のものをはかるのに使《つか》うとべんりなものを線でむすびましょう。

① 教室のたての長さ　・　　・ 30cmのものさし

② ノートの横《よこ》の長さ　・　　・ 1mのまきじゃく

③ バケツのまわりの長さ　・　　・ 10mのまきじゃく

④ 体育館《たいいくかん》のたての長さ　・　　・ 50mのまきじゃく

2 まきじゃくを使うと，どんな長さをはかれるところがべんりなのですか。考えて書きましょう。

月　日

長い長さ（4）

名前

1 □にあてはまる数を書きましょう。

① 1km = □ m

② 5km 400m = □ m

③ 2km 60m = □ m

④ 3000m = □ km

⑤ 1700m = □ km □ m

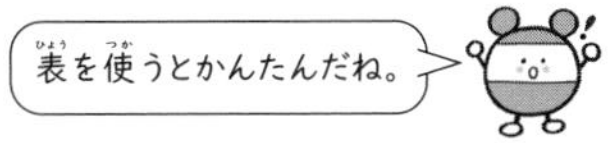

km			m
1	0	0	0

2 道のりときょりについて調《しら》べましょう。

□にあてはまることばを書きましょう。

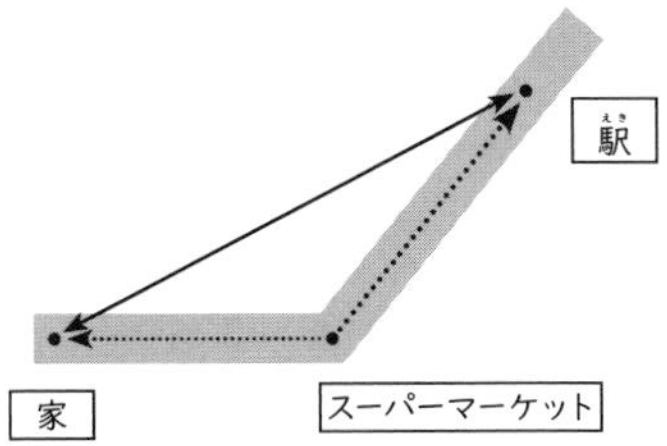

まっすぐにはかった長さ ←→ を，□といいます。

道にそってはかった長さ ←‥‥→ を，□といいます。

5分

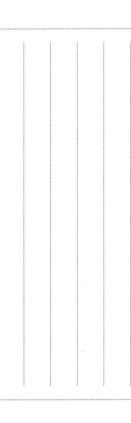

月　日

長い長さ (5)

名前

● 右の図を見て答えましょう。

(1) りなさんの家から公園までのきょりはどれだけですか。

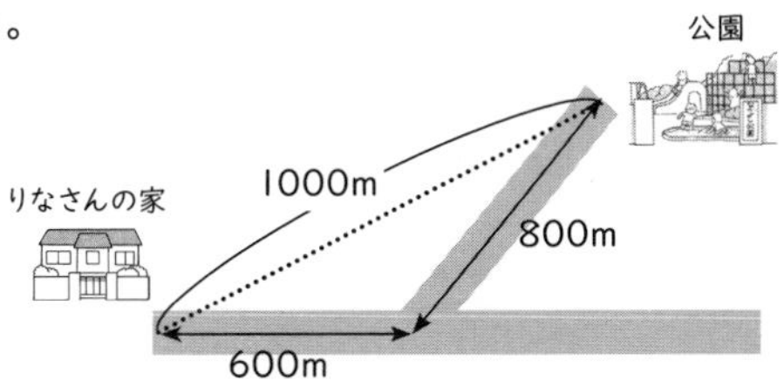

答え ☐ m，☐ km

(2) りなさんの家から公園までの道のりはどれだけですか。

式《しき》

答え ☐ m，☐ km ☐ m

(3) きょりと道のりはどちらが何m長いですか。

式

答え ☐ が ☐ m 長い。

月　日

長い長さ (6)

名前

1 次《つぎ》の計算をしましょう。

① 1km 500m + 200m =

② 2km 500m + 500m =

③ 1km 200m − 1km =

④ 1km − 400m =

2 次の長さを，長い方からじゅんにならべましょう。

4km ， 400m ， 4040m ， 4km 400m

☐ ➡ ☐ ➡ ☐ ➡ ☐

3 ☐ にあてはまる長さのたんい (km, m, cm, mm) を書きましょう。

① マラソン大会で走るきょり …… 2 ☐

② 計算ドリルのたての長さ …… 27 ☐

③ 教科書のあつさ …… 5 ☐

④ プールの長さ …… 25 ☐

5分

(141%に拡大してご使用ください。)

月　　日

ふりかえり
長い長さ

名前

1 下のまきじゃくを見て答えましょう。

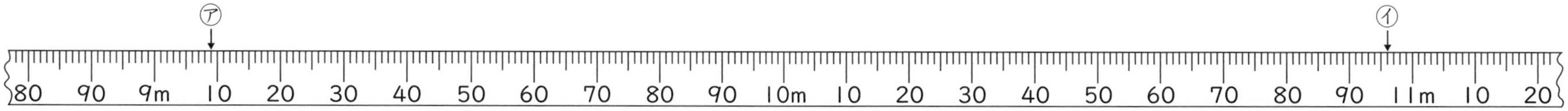

(1) ㋐と㋑のめもりが表《あらわ》す長さを書きましょう。

㋐ [　　　]　　㋑ [　　　]

(2) 次《つぎ》の㋒と㋓の長さを表《あらわ》すめもりに↓をかき入れましょう。

㋒ 9m 80cm　　㋓ 10m 58cm

2 次の[　]にあてはまる数を書きましょう。

① 1km = [　　　] m

② 2km 300m = [　　　] m

③ 5km 50m = [　　　] m

④ 3400m = [　] km [　　　] m

3 次の長さを，長い方からじゅんにならべましょう。

600m ， 6km 60m ， 6km ， 6006m

[　　　] ➡ [　　　] ➡ [　　　] ➡ [　　　]

4 右の地図を見て問題《もんだい》に答えましょう。

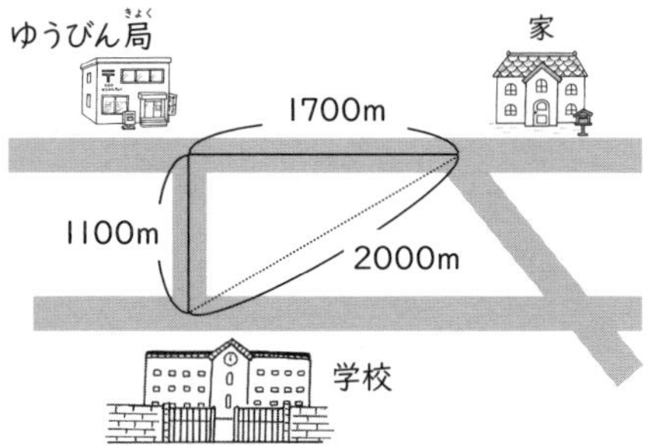

(1) 家から学校までのきょりはどれだけですか。

[　　　] m， [　] km

(2) 家からゆうびん局の前を通って学校まで行くときの道のりは何mですか。また，それは何km何mですか。

式《しき》

答え [　　　] m， [　] km [　　　] m

(3) 家から学校までの道のりときょりのちがいは何mですか。

式

答え [　　　] m

（141%に拡大してご使用ください。）

月　日

長い長さ（テスト）

名前

【知識・技能】

1 □ にあてはまる長さのたんいを書きましょう。長さのたんい（mm,cm,m,km）

(5 × 4)

① 遠足で歩く長さ ………… 4 □

② えんぴつの長さ ………… 18 □

③ 学校のろうかの長さ ………… 20 □

④ ノートのあつさ ………… 5 □

2 下のまきじゃくの ↓ のところの目もりは，何m何cmですか。(5 × 2)

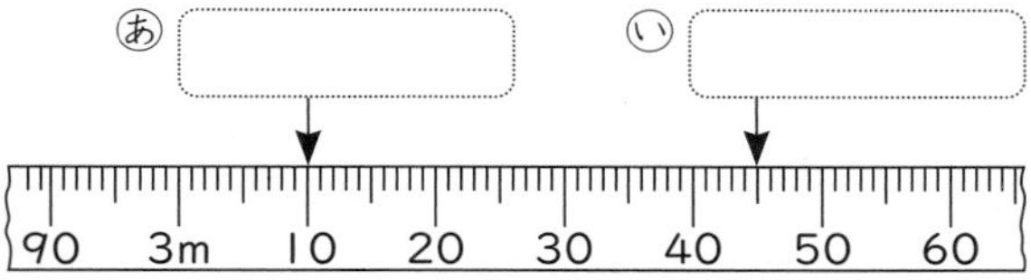

3 下のまきじゃくの①，② の長さを表す目もりに ↓ をかきましょう。(5 × 2)

① 7 m 85 cm　　② 8 m 20 cm

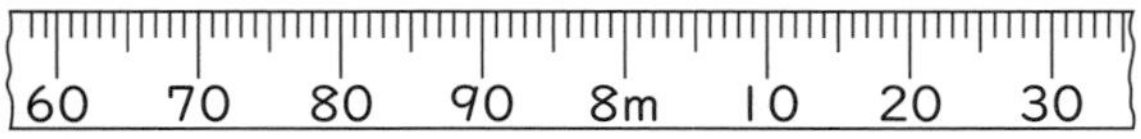

4 □ にあてはまる数を書きましょう。(5 × 2)

① 3km 200 m ＝ □ m

② 1080 m ＝ □ km □ m

【思考・判断・表現】

5 家から学校までの道のりは何 m ですか。また，何 km 何 m ですか。(5 × 3)

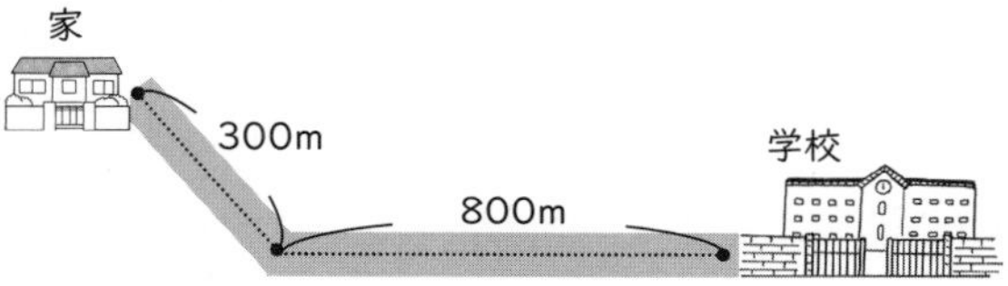

式

答え □ m，□ km □ m

6 家から公園までの道のりを調《しら》べましょう。

(5 × 7)

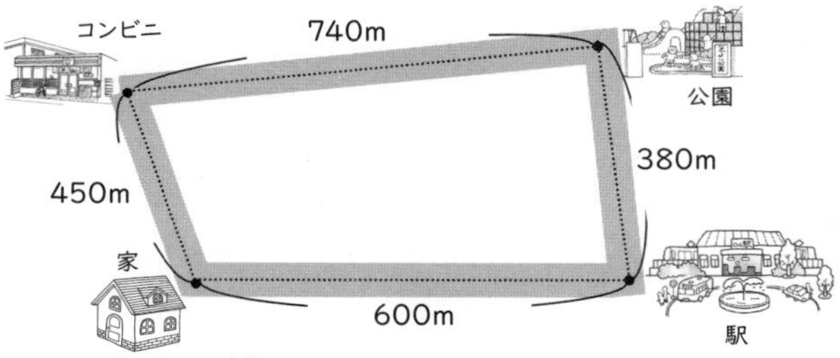

(1) 家から駅《えき》の前を通って公園へ行くと何mですか。

式

答え □ m

(2) 家からコンビニの前を通って公園へ行くと何mですか。また，何 km 何mですか。

式

答え □ m，□ km □ m

(3) どちらの前を通って行った方が，どれだけ近いですか。

式

答え　　　を通った方が □ m近い。

（141％に拡大してご使用ください。）

月　日

算数あそび
長い長さ①

名前	

● りゅうたさんは，家から学校まで行くのに，1400 m歩きました。
どの道を通ったでしょうか。通った道に線をひきましょう。

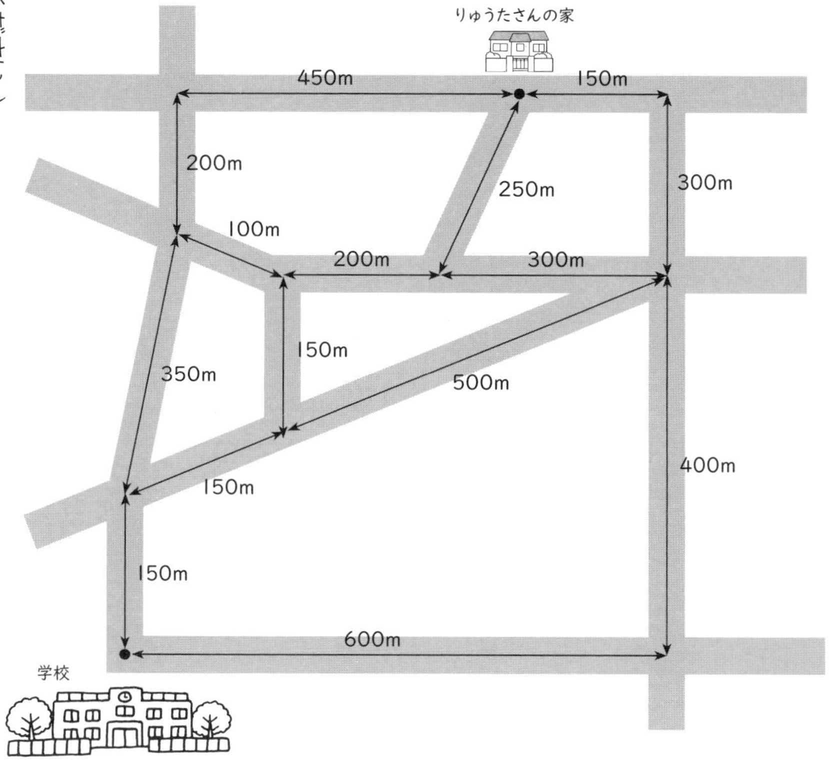

月　日

算数あそび
長い長さ②

名前	

● 家からコンビニまで1km100 mでした。
どの道を通ったでしょうか。通った道に線をひきましょう。

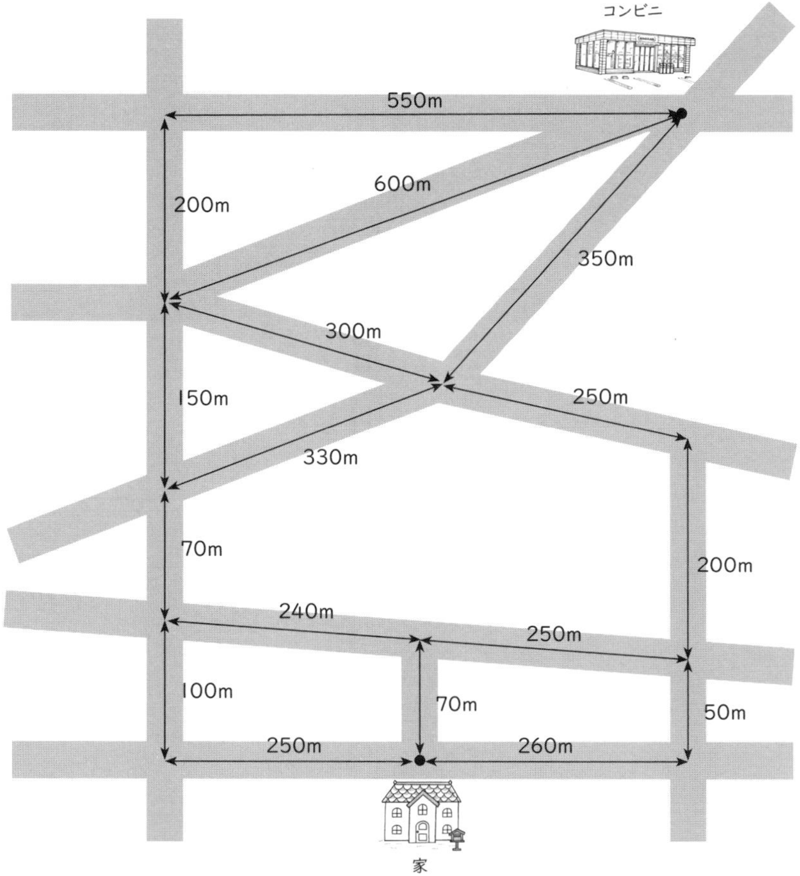

（141%に拡大してご使用ください。）

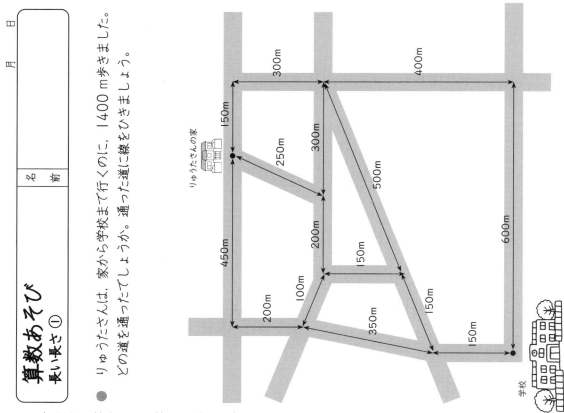

月　日

あまりのあるわり算（1）
いくつ分とあまりをもとめる ①

名前

● 絵を使《つか》って答えをもとめ，わり算の式《しき》に表《あらわ》しましょう。

(1) チョコレートが 10 こあります。
1 人に 3 こずつ分けます。
何人に分けられて，何こあまりますか。

式 □ ÷ □ ＝ □ あまり □
（全部《ぜんぶ》の数）（1 つ分の数）（いくつ分）

答え □ 人に分けられて，□ こあまる。

(2) きゅうりが 12 本あります。
1 ふくろに 5 本ずつ入れます。
何ふくろできて，何本あまりますか。

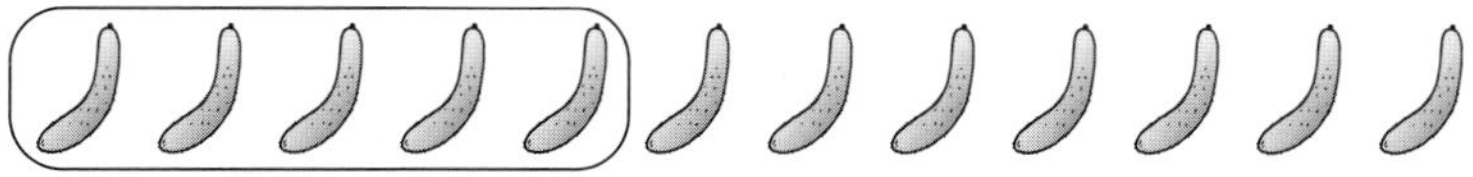

式 □ ÷ □ ＝ □ あまり □

答え □ ふくろできて，□ 本あまる。

月　日

あまりのあるわり算（2）
いくつ分とあまりをもとめる ②

名前

● 絵を使《つか》って答えをもとめ，わり算の式《しき》に表《あらわ》しましょう。

(1) おり紙が 18 まいあります。
1 人に 4 まいずつ分けると，何人に分けられて，
何まいあまりますか。

式 □ ÷ □ ＝ □ あまり □

答え □ 人に分けられて，□ まいあまる。

(2) いちごが 16 こあります。
1 皿《さら》に 3 こずつのせると，何皿できて，何このこりますか。

式 □ ÷ □ ＝ □ あまり □

答え □ 皿できて，□ こあまる。

3分

（141％に拡大してご使用ください。）

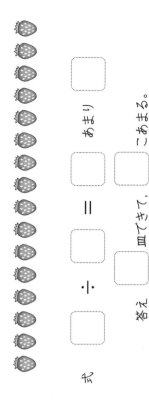

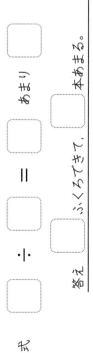

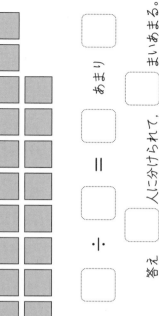

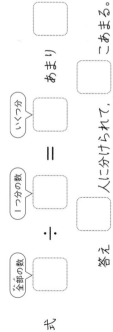

月　日

あまりのあるわり算 (3)
Ｉつ分の数とあまりをもとめる ①

名前

● 絵を使《つか》って答えをもとめ，わり算の式《しき》に表《あらわ》しましょう。

(1) あめが７こあります。３人で同じ数ずつ分けます。
Ｉ人分は何こになって，何こあまりますか。

３つのお皿《さら》に分けましょう。

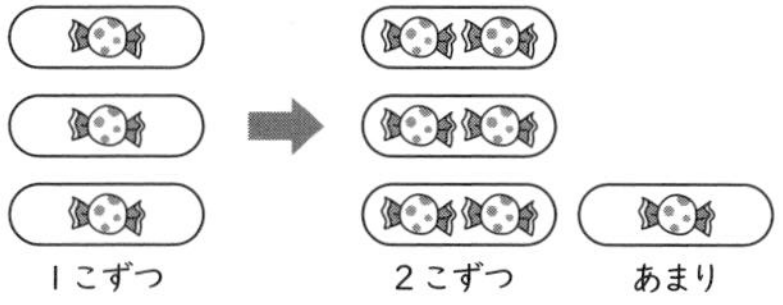

全部《ぜんぶ》の数　いくつ分　Ｉつ分の数

式　□ ÷ □ ＝ □ あまり □

答え　Ｉ人分は□こになって，□こあまる。

(2) みかんがＩ４こあります。４つのふくろに同じ数ずつ入れます。
Ｉふくろは何こになって，何こあまりますか。

４つのふくろに分けましょう。

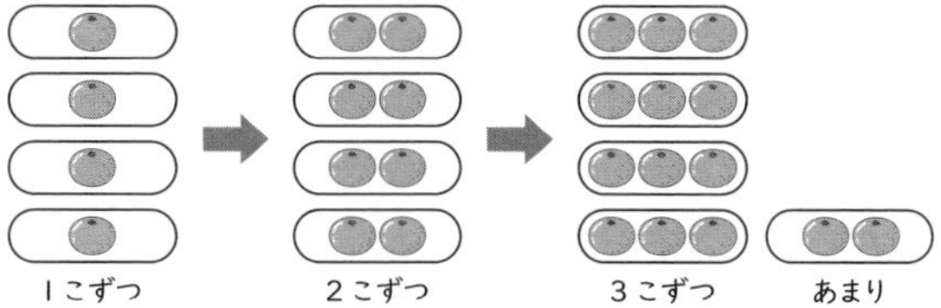

式　□ ÷ □ ＝ □ あまり □

答え　Ｉふくろは□こになって，□こあまる。

月　日

あまりのあるわり算 (4)
Ｉつ分の数とあまりをもとめる ②

名前

● 絵を使《つか》って答えをもとめ，わり算の式《しき》に表《あらわ》しましょう。

(1) ジュースがＩ５本あります。
６人で同じ数ずつ分けます。
Ｉ人分は何本になって，何本あまりますか。

式　□ ÷ □ ＝ □ あまり □

答え　Ｉ人分は□本になって，□本あまる。

(2) クッキーが２２まいあります。
５つのお皿《さら》に同じ数ずつ入れます。
Ｉ皿分は何まいになって，何まいあまりますか。

式　□ ÷ □ ＝ □ あまり □

答え　Ｉ皿分は□まいになって，□まいあまる。

（141%に拡大してご使用ください。）

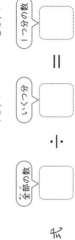

月　日

あまりのあるわり算 (5)

九九を使って答えをもとめる ①

名前

● ゼリーが 20 こあります。1 人に 3 こずつ分けます。
何人に分けられて，何こあまりますか。

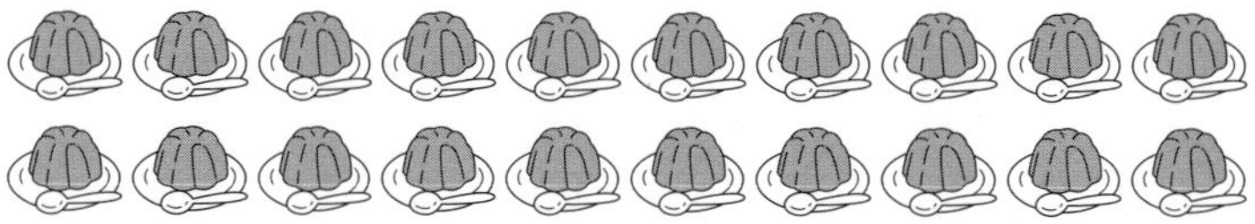

式《しき》 [全部《ぜんぶ》の数] ÷ [1 つ分の数] ＝ [いくつ分] あまり [ ]

3 のだんんの九九を使《つか》って考えよう。

あまりの数がわる数より小さくなっているかたしかめよう。

答えが 20 になる九九はないよ。
① **20 より小さい数**
② **20 にいちばん近い数で**
さがしてみよう。

3 × 1 ＝ 3
3 × 2 ＝ 6
3 × 3 ＝ 9
3 × 4 ＝ 12
3 × 5 ＝ 15
3 × [6] ＝ (18)
3 × 7 ＝ 21
3 × 8 ＝ 24
3 × 9 ＝ 27

答え [ ] 人に分けられて，[ ] こあまる。

月　日

あまりのあるわり算 (6)

九九を使って答えをもとめる ②

名前

● あまりの大きさに気をつけて答えをもとめましょう。

(1) シールが 24 まいあります。
1 人に 5 まいずつ分けます。
何人に分けられて，何まいあまりますか。

5 × 1 ＝ 5
5 × 2 ＝ 10
5 × 3 ＝ 15
5 × 4 ＝ 20
5 × 5 ＝ 25
……

式《しき》 [ ] ÷ [ ] ＝ [ ] あまり [ ]

答え [ ] 人に分けられて，[ ] まいあまる。

(2) えんぴつが 45 本あります。
6 人に同じ数ずつ分けます。
1 人分は何本になって，何本あまりますか。

6 × 1 ＝ 6
6 × 2 ＝ 12
6 × 3 ＝ 18
6 × 4 ＝ 24
6 × 5 ＝ 30
6 × 6 ＝ 36
6 × 7 ＝ 42
6 × 8 ＝ 48
……

式 [ ] ÷ [ ] ＝ [ ] あまり [ ]

答え 1 人分は [ ] 本になって，[ ] 本あまる。

3分

月　日

あまりのあるわり算 (7)

○÷2～○÷3

名前

● □にあてはまる数を書きましょう。

○÷2

① 7 ÷ 2 ＝ 3 あまり 1
　 7 − 6 (2×3) ＝ 1

② 3 ÷ 2 ＝ □ あまり □

③ 5 ÷ 2 ＝ □ あまり □

④ 11 ÷ 2 ＝ □ あまり □

⑤ 17 ÷ 2 ＝ □ あまり □

⑥ 13 ÷ 2 ＝ □ あまり □

⑦ 9 ÷ 2 ＝ □ あまり □

⑧ 15 ÷ 2 ＝ □ あまり □

○÷3

① 17 ÷ 3 ＝ 5 あまり 2
　 17 − 15 (3×5) ＝ 2

② 16 ÷ 3 ＝ □ あまり □

③ 22 ÷ 3 ＝ □ あまり □

④ 8 ÷ 3 ＝ □ あまり □

⑤ 29 ÷ 3 ＝ □ あまり □

⑥ 25 ÷ 3 ＝ □ あまり □

⑦ 14 ÷ 3 ＝ □ あまり □

⑧ 10 ÷ 3 ＝ □ あまり □

月　日

あまりのあるわり算 (8)

○÷4～○÷5

名前

● 次《つぎ》の計算をしましょう。

○÷4

① 17 ÷ 4 ＝ □ あまり □

② 22 ÷ 4 ＝ □ あまり □

③ 27 ÷ 4 ＝ □ あまり □

④ 33 ÷ 4 ＝ □ あまり □

⑤ 35 ÷ 4 ＝ □ あまり □

⑥ 9 ÷ 4 ＝ □ あまり □

⑦ 26 ÷ 4 ＝ □ あまり □

⑧ 19 ÷ 4 ＝ □ あまり □

○÷5

① 16 ÷ 5 ＝ □ あまり □

② 22 ÷ 5 ＝ □ あまり □

③ 33 ÷ 5 ＝ □ あまり □

④ 44 ÷ 5 ＝ □ あまり □

⑤ 8 ÷ 5 ＝ □ あまり □

⑥ 47 ÷ 5 ＝ □ あまり □

⑦ 26 ÷ 5 ＝ □ あまり □

⑧ 34 ÷ 5 ＝ □ あまり □

あまりのあるわり算 (9)

○ ÷ 2 〜○ ÷ 5 ①

名前

月　日

● 次《つぎ》の計算をしましょう。

① 15 ÷ 2 ＝ □ あまり □	② 4 ÷ 3 ＝ □ あまり □
③ 19 ÷ 3 ＝ □ あまり □	④ 5 ÷ 2 ＝ □ あまり □
⑤ 14 ÷ 4 ＝ □ あまり □	⑥ 11 ÷ 5 ＝ □ あまり □
⑦ 43 ÷ 5 ＝ □ あまり □	⑧ 23 ÷ 4 ＝ □ あまり □
⑨ 29 ÷ 3 ＝ □ あまり □	⑩ 18 ÷ 4 ＝ □ あまり □
⑪ 9 ÷ 2 ＝ □ あまり □	⑫ 34 ÷ 5 ＝ □ あまり □
⑬ 14 ÷ 5 ＝ □ あまり □	⑭ 17 ÷ 2 ＝ □ あまり □
⑮ 7 ÷ 4 ＝ □ あまり □	⑯ 22 ÷ 3 ＝ □ あまり □
⑰ 17 ÷ 3 ＝ □ あまり □	⑱ 34 ÷ 4 ＝ □ あまり □
⑲ 33 ÷ 4 ＝ □ あまり □	⑳ 48 ÷ 5 ＝ □ あまり □

あまりのあるわり算 (10)

○ ÷ 2 〜○ ÷ 5 ②

名前

月　日

● 次《つぎ》の計算をしましょう。

① 19 ÷ 2 ＝ □ あまり □	② 20 ÷ 3 ＝ □ あまり □
③ 23 ÷ 3 ＝ □ あまり □	④ 13 ÷ 2 ＝ □ あまり □
⑤ 29 ÷ 4 ＝ □ あまり □	⑥ 18 ÷ 5 ＝ □ あまり □
⑦ 26 ÷ 5 ＝ □ あまり □	⑧ 29 ÷ 4 ＝ □ あまり □
⑨ 7 ÷ 3 ＝ □ あまり □	⑩ 26 ÷ 4 ＝ □ あまり □
⑪ 7 ÷ 2 ＝ □ あまり □	⑫ 29 ÷ 5 ＝ □ あまり □
⑬ 22 ÷ 5 ＝ □ あまり □	⑭ 11 ÷ 2 ＝ □ あまり □
⑮ 22 ÷ 4 ＝ □ あまり □	⑯ 25 ÷ 3 ＝ □ あまり □
⑰ 16 ÷ 3 ＝ □ あまり □	⑱ 39 ÷ 4 ＝ □ あまり □
⑲ 19 ÷ 4 ＝ □ あまり □	⑳ 17 ÷ 5 ＝ □ あまり □

10分

(141%に拡大してご使用ください。)

10分

月　日

あまりのあるわり算（11）
○÷6～○÷7

名前

● 次《つぎ》の計算をしましょう。

○÷6

① 25÷6 ＝ □ あまり □

② 50÷6 ＝ □ あまり □

③ 9÷6 ＝ □ あまり □

④ 40÷6 ＝ □ あまり □

⑤ 23÷6 ＝ □ あまり □

⑥ 16÷6 ＝ □ あまり □

⑦ 33÷6 ＝ □ あまり □

⑧ 44÷6 ＝ □ あまり □

○÷7

① 8÷7 ＝ □ あまり □

② 65÷7 ＝ □ あまり □

③ 31÷7 ＝ □ あまり □

④ 18÷7 ＝ □ あまり □

⑤ 40÷7 ＝ □ あまり □

⑥ 27÷7 ＝ □ あまり □

⑦ 46÷7 ＝ □ あまり □

⑧ 55÷7 ＝ □ あまり □

月　日

あまりのあるわり算（12）
○÷8～○÷9

名前

● 次《つぎ》の計算をしましょう。

○÷8

① 65÷8 ＝ □ あまり □

② 10÷8 ＝ □ あまり □

③ 75÷8 ＝ □ あまり □

④ 28÷8 ＝ □ あまり □

⑤ 21÷8 ＝ □ あまり □

⑥ 46÷8 ＝ □ あまり □

⑦ 39÷8 ＝ □ あまり □

⑧ 53÷8 ＝ □ あまり □

○÷9

① 28÷9 ＝ □ あまり □

② 38÷9 ＝ □ あまり □

③ 48÷9 ＝ □ あまり □

④ 13÷9 ＝ □ あまり □

⑤ 23÷9 ＝ □ あまり □

⑥ 78÷9 ＝ □ あまり □

⑦ 88÷9 ＝ □ あまり □

⑧ 71÷9 ＝ □ あまり □

（141%に拡大してご使用ください。）

あまりのあるわり算（13）

○÷6～○÷9①

月　日　名前

● 次《つぎ》の計算をしましょう。

① 38÷6 ＝ □ あまり □　② 18÷7 ＝ □ あまり □

③ 46÷9 ＝ □ あまり □　④ 73÷8 ＝ □ あまり □

⑤ 66÷7 ＝ □ あまり □　⑥ 56÷9 ＝ □ あまり □

⑦ 55÷8 ＝ □ あまり □　⑧ 33÷6 ＝ □ あまり □

⑨ 39÷9 ＝ □ あまり □　⑩ 47÷7 ＝ □ あまり □

⑪ 17÷6 ＝ □ あまり □　⑫ 18÷8 ＝ □ あまり □

⑬ 46÷8 ＝ □ あまり □　⑭ 76÷9 ＝ □ あまり □

⑮ 58÷6 ＝ □ あまり □　⑯ 13÷8 ＝ □ あまり □

⑰ 23÷9 ＝ □ あまり □　⑱ 58÷7 ＝ □ あまり □

⑲ 22÷7 ＝ □ あまり □　⑳ 49÷6 ＝ □ あまり □

あまりのあるわり算（14）

○÷6～○÷9②

月　日　名前

● 次《つぎ》の計算をしましょう。

① 42÷9 ＝ □ あまり □　② 63÷8 ＝ □ あまり □

③ 51÷6 ＝ □ あまり □　④ 79÷9 ＝ □ あまり □

⑤ 29÷8 ＝ □ あまり □　⑥ 38÷7 ＝ □ あまり □

⑦ 44÷7 ＝ □ あまり □　⑧ 20÷6 ＝ □ あまり □

⑨ 43÷6 ＝ □ あまり □　⑩ 26÷9 ＝ □ あまり □

⑪ 22÷9 ＝ □ あまり □　⑫ 30÷8 ＝ □ あまり □

⑬ 39÷7 ＝ □ あまり □　⑭ 28÷6 ＝ □ あまり □

⑮ 35÷8 ＝ □ あまり □　⑯ 75÷9 ＝ □ あまり □

⑰ 12÷7 ＝ □ あまり □　⑱ 53÷6 ＝ □ あまり □

⑲ 76÷8 ＝ □ あまり □　⑳ 69÷7 ＝ □ あまり □

10分

(141%に拡大してご使用ください。)

月　日

あまりのあるわり算（15）

○÷2〜○÷9 ③

名前

● 次《つぎ》の計算をしましょう。

① 26 ÷ 8 = □ あまり □　② 19 ÷ 4 = □ あまり □

③ 7 ÷ 2 = □ あまり □　④ 49 ÷ 5 = □ あまり □

⑤ 18 ÷ 7 = □ あまり □　⑥ 34 ÷ 9 = □ あまり □

⑦ 4 ÷ 3 = □ あまり □　⑧ 11 ÷ 6 = □ あまり □

⑨ 62 ÷ 9 = □ あまり □　⑩ 38 ÷ 5 = □ あまり □

⑪ 69 ÷ 7 = □ あまり □　⑫ 19 ÷ 8 = □ あまり □

⑬ 32 ÷ 6 = □ あまり □　⑭ 22 ÷ 7 = □ あまり □

⑮ 46 ÷ 8 = □ あまり □　⑯ 22 ÷ 6 = □ あまり □

⑰ 29 ÷ 4 = □ あまり □　⑱ 11 ÷ 3 = □ あまり □

⑲ 39 ÷ 7 = □ あまり □　⑳ 31 ÷ 9 = □ あまり □

㉑ 31 ÷ 5 = □ あまり □　㉒ 47 ÷ 7 = □ あまり □

㉓ 52 ÷ 6 = □ あまり □　㉔ 12 ÷ 8 = □ あまり □

㉕ 65 ÷ 9 = □ あまり □

月　日

あまりのあるわり算（16）

○÷2〜○÷9 ④

名前

● 次《つぎ》の計算をしましょう。

① 43 ÷ 6 = □ あまり □　② 54 ÷ 8 = □ あまり □

③ 44 ÷ 5 = □ あまり □　④ 89 ÷ 9 = □ あまり □

⑤ 46 ÷ 7 = □ あまり □　⑥ 19 ÷ 3 = □ あまり □

⑦ 34 ÷ 4 = □ あまり □　⑧ 23 ÷ 9 = □ あまり □

⑨ 23 ÷ 8 = □ あまり □　⑩ 27 ÷ 6 = □ あまり □

⑪ 25 ÷ 6 = □ あまり □　⑫ 70 ÷ 8 = □ あまり □

⑬ 52 ÷ 9 = □ あまり □　⑭ 7 ÷ 4 = □ あまり □

⑮ 11 ÷ 2 = □ あまり □　⑯ 67 ÷ 7 = □ あまり □

⑰ 26 ÷ 4 = □ あまり □　⑱ 21 ÷ 9 = □ あまり □

⑲ 29 ÷ 8 = □ あまり □　⑳ 47 ÷ 6 = □ あまり □

㉑ 16 ÷ 7 = □ あまり □　㉒ 17 ÷ 5 = □ あまり □

㉓ 15 ÷ 9 = □ あまり □　㉔ 58 ÷ 7 = □ あまり □

㉕ 73 ÷ 8 = □ あまり □

（141％に拡大してご使用ください。）

月　日

ふりかえり（1）
あまりのあるわり算 ①

名前

10分

● 次《つぎ》の計算をしましょう。

① 61 ÷ 7 ＝ □ あまり □	② 5 ÷ 2 ＝ □ あまり □	③ 41 ÷ 6 ＝ □ あまり □	④ 27 ÷ 7 ＝ □ あまり □
⑤ 77 ÷ 8 ＝ □ あまり □	⑥ 80 ÷ 9 ＝ □ あまり □	⑦ 13 ÷ 9 ＝ □ あまり □	⑧ 18 ÷ 4 ＝ □ あまり □
⑨ 27 ÷ 4 ＝ □ あまり □	⑩ 52 ÷ 7 ＝ □ あまり □	⑪ 20 ÷ 8 ＝ □ あまり □	⑫ 74 ÷ 9 ＝ □ あまり □
⑬ 70 ÷ 9 ＝ □ あまり □	⑭ 42 ÷ 8 ＝ □ あまり □	⑮ 37 ÷ 6 ＝ □ あまり □	⑯ 14 ÷ 3 ＝ □ あまり □
⑰ 6 ÷ 5 ＝ □ あまり □	⑱ 14 ÷ 4 ＝ □ あまり □	⑲ 84 ÷ 9 ＝ □ あまり □	⑳ 35 ÷ 6 ＝ □ あまり □
㉑ 71 ÷ 8 ＝ □ あまり □	㉒ 58 ÷ 6 ＝ □ あまり □	㉓ 37 ÷ 7 ＝ □ あまり □	㉔ 28 ÷ 5 ＝ □ あまり □
㉕ 14 ÷ 6 ＝ □ あまり □	㉖ 28 ÷ 3 ＝ □ あまり □	㉗ 39 ÷ 4 ＝ □ あまり □	㉘ 33 ÷ 8 ＝ □ あまり □
㉙ 29 ÷ 5 ＝ □ あまり □	㉚ 43 ÷ 9 ＝ □ あまり □	㉛ 37 ÷ 8 ＝ □ あまり □	㉜ 32 ÷ 7 ＝ □ あまり □
㉝ 8 ÷ 3 ＝ □ あまり □	㉞ 10 ÷ 7 ＝ □ あまり □	㉟ 17 ÷ 2 ＝ □ あまり □	㊱ 15 ÷ 6 ＝ □ あまり □
㊲ 54 ÷ 7 ＝ □ あまり □	㊳ 52 ÷ 8 ＝ □ あまり □	㊴ 12 ÷ 5 ＝ □ あまり □	㊵ 29 ÷ 7 ＝ □ あまり □
㊶ 69 ÷ 9 ＝ □ あまり □	㊷ 23 ÷ 5 ＝ □ あまり □	㊸ 55 ÷ 9 ＝ □ あまり □	㊹ 9 ÷ 4 ＝ □ あまり □
㊺ 9 ÷ 6 ＝ □ あまり □	㊻ 41 ÷ 9 ＝ □ あまり □	㊼ 20 ÷ 6 ＝ □ あまり □	㊽ 15 ÷ 8 ＝ □ あまり □
㊾ 41 ÷ 7 ＝ □ あまり □	㊿ 62 ÷ 8 ＝ □ あまり □		

（141％に拡大してご使用ください。）

あまりのあるわり算（17）

月　日　名前

1　22 ÷ 4 = 5 あまり 2 になりました。
このわり算の答えが正しいかどうかたしかめましょう。

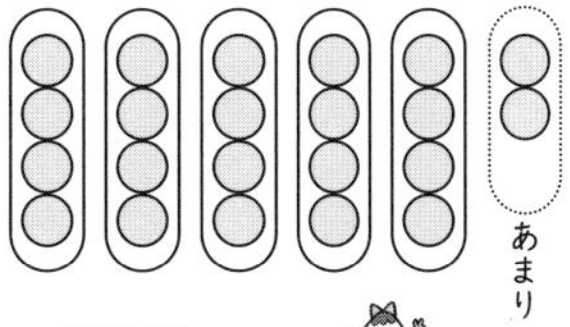

式《しき》　22 ÷ 4 = 5 あまり 2

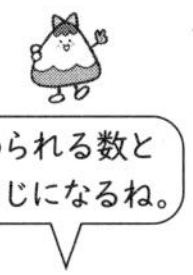

□ × □ + □ = □

2　次《つぎ》の計算の答えをもとめ，たしかめもしましょう。

(1) 30 ÷ 7 = □ あまり □
たしかめ □ × □ + □ = □

(2) 53 ÷ 6 = □ あまり □
たしかめ

(3) 43 ÷ 5 = □ あまり □
たしかめ

(4) 36 ÷ 8 = □ あまり □
たしかめ

あまりのあるわり算（18）

月　日　名前

1　次《つぎ》のわり算の答えが正しいかどうか，(　)の中にたしかめの式を書いて，まちがいがあれば正しい答えを □ の中に書きましょう。

(1) 18 ÷ 4 = 4 あまり 3
たしかめ (　　)
答え □

(2) 56 ÷ 6 = 9 あまり 1
たしかめ (　　)
答え □

(3) 27 ÷ 7 = 4 あまり 1
たしかめ (　　)
答え □

(4) 38 ÷ 5 = 7 あまり 2
たしかめ (　　)
答え □

2　次のわり算で，わり切れる計算には○を，わり切れない計算には△を □ にかきましょう。

(1) 28 ÷ 5 □　(2) 32 ÷ 4 □　(3) 60 ÷ 9 □

(4) 43 ÷ 6 □　(5) 30 ÷ 6 □　(6) 56 ÷ 8 □

(7) 52 ÷ 7 □　(8) 72 ÷ 9 □　(9) 24 ÷ 3 □

(10) 16 ÷ 3 □

（141％に拡大してご使用ください。）

月　日

あまりのあるわり算 (19)

筆算 ①

名前

● 筆算《ひっさん》で計算してみましょう。

① 53 ÷ 8

たてる ⟶ かける ⟶ ひく

$$8\overline{)53}\;\to\;6$$

8 × 5 = 40
8 × 6 = 48
8 × 7 = 56
6がたちます。

8 × 6 = 48

53 − 48 = 5

53 ÷ 8 = 6　あまり 5

8) 5 3

② 4) 1 1

③ 7) 3 0

④ 6) 2 1

月　日

あまりのあるわり算 (20)

筆算 ②

名前

● 筆算《ひっさん》で計算してみましょう。

① 62 ÷ 9　② 33 ÷ 8　③ 41 ÷ 7

④ 26 ÷ 9　⑤ 34 ÷ 6　⑥ 20 ÷ 7

⑦ 31 ÷ 4　⑧ 22 ÷ 6

3分

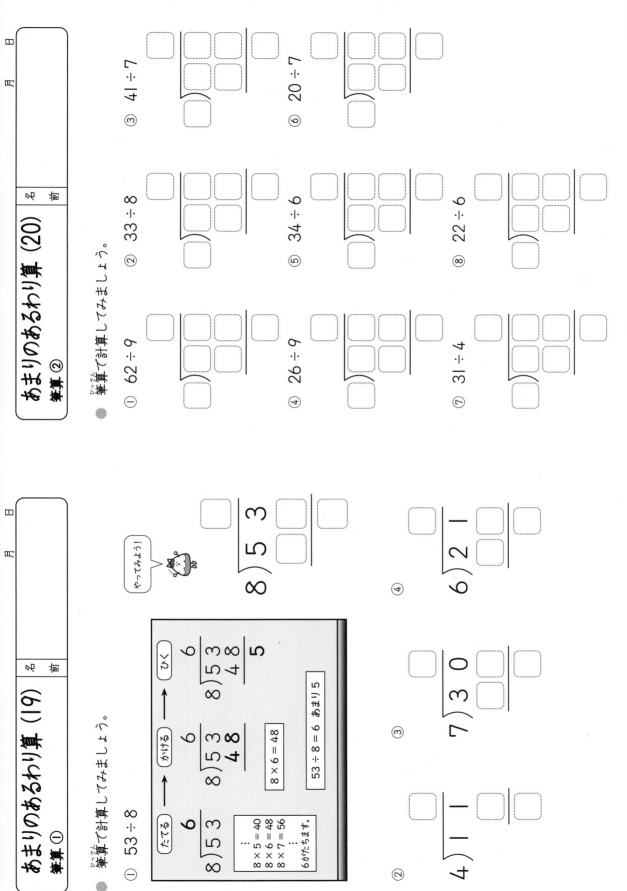

月　日

あまりのあるわり算 (21)

筆算 ③

名前

● 次《つぎ》の計算をしましょう。

① 12 ÷ 5　② 20 ÷ 9　③ 31 ÷ 8　④ 41 ÷ 6

⑤ 33 ÷ 7　⑥ 11 ÷ 2　⑦ 52 ÷ 9　⑧ 13 ÷ 6

⑨ 21 ÷ 4　⑩ 42 ÷ 9　⑪ 50 ÷ 7　⑫ 10 ÷ 3

⑬ 23 ÷ 8　⑭ 30 ÷ 4　⑮ 52 ÷ 7

月　日

あまりのあるわり算 (22)

筆算 ④

名前

● 次《つぎ》の計算をしましょう。

① 31 ÷ 4　② 23 ÷ 6　③ 46 ÷ 9　④ 40 ÷ 7

⑤ 15 ÷ 2　⑥ 62 ÷ 7　⑦ 80 ÷ 9　⑧ 62 ÷ 8

⑨ 71 ÷ 9　⑩ 20 ÷ 3　⑪ 20 ÷ 7　⑫ 28 ÷ 3

⑬ 49 ÷ 8　⑭ 53 ÷ 8　⑮ 26 ÷ 3

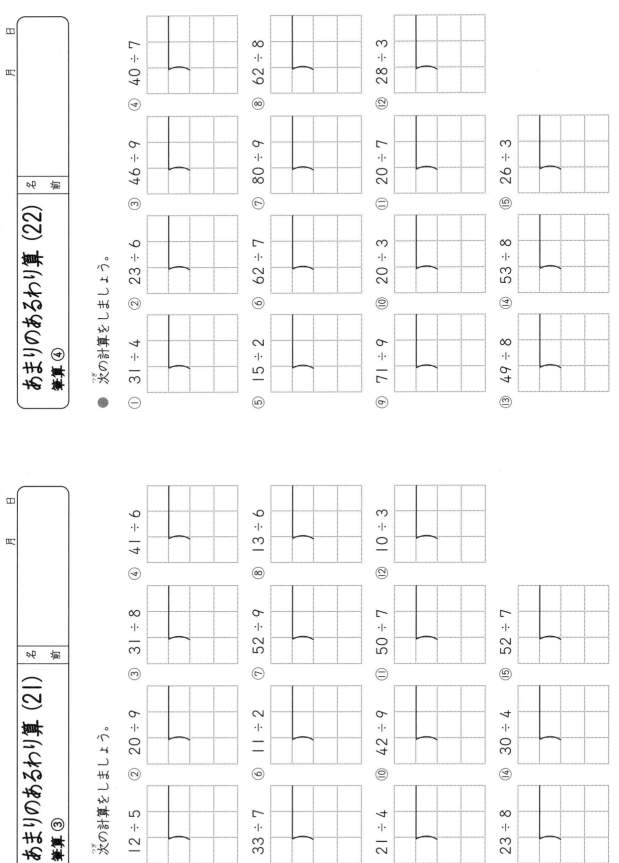

月　日

あまりのあるわり算（23）

文章題

名前

1 34cmのリボンを7cmずつ切りました。
7cmのリボンは，何本できて，何cmあまりますか。

式《しき》

答え

2 いちごが62こあります。9このケーキの上に同じ数ずつのせると，1このケーキの上に何こずつのせられて，何こあまりますか。

式

答え

3 20cmのロールケーキがあります。1人3cmずつに切ると，何人に分けられて，何cmあまりますか。

式

答え

4 70このクッキーを8人で同じ数ずつ分けます。
1人何こずつで，何こあまりますか。

式

答え

月　日

あまりのあるわり算（24）

あまりを考える①

名前

1 りんごが40こあります。
1箱《はこ》に6こずつ入れると，箱は何箱いりますか。

式《しき》

答え

2 7人で1台のテーブルを使います。
41人いるとき，テーブルは何台いりますか。

式

答え

3 77問《もん》の問題《もんだい》があります。
毎日9問ずつとくと，全部《ぜんぶ》終《お》わるのに何日かかりますか。

式

答え

4 15きゃくのいすを1回に2きゃくずつ運《はこ》ぶと，全部運び終わるまでに何回かかりますか。

式

答え

10分

10分

月　日

あまりのあるわり算 (25)

あまりを考える ②

名前

1 39 このみかんを 4 こずつふくろに入れます。
4 こ入りのふくろは何ふくろできますか。

式

答え

2 オムレツを 1 つ作るのにたまごを 2 つ使《つか》います。
たまごが 15 こあるとき，オムレツはいくつできますか。

式

答え

3 お金を 62 円持《も》っています。
1 こ 9 円のガムは，何こ買えますか。

式

答え

4 横《よこ》の長さが 17cm の本だながあります。
3cm の本を立てていくとき，本は何さつ立てられますか。

式

答え

月　日

あまりのあるわり算 (26)

あまりを考える ③

名前

1 70 ページの本を，1 日に 8 ページずつ読みます。
全部《ぜんぶ》読み終《お》わるまでに何日かかりますか。

式

答え

2 バラが 26 本あります。このバラを 6 本ずつたばにして，
花たばを作ります。6 本ずつの花たばは，何たばできますか。

式

答え

3 シールが 44 まいあります。このシールを 5 まい使《つか》って，
1 まいのカードを作ります。カードは何まいできますか。

式

答え

4 荷物《にもつ》が 19 こあります。1 回に 7 こずつ運《はこ》びます。
全部運び終わるまでに何回かかりますか。

式

答え

（141％に拡大してご使用ください。）

月　日

ふりかえり
あまりのあるわり算②

名前

1 次《つぎ》のわり算の答えの，たしかめをしましょう。

(1) 30 ÷ 8 = 3 あまり 6

たしかめ □ × □ + □ = □

(2) 61 ÷ 7 = 8 あまり 5

たしかめ □ × □ + □ = □

2 次のわり算の答えが正しいかどうか，(　)の中にたしかめの式《しき》を書いて，まちがいがあれば正しい答えを □ の中に書きましょう。

(1) 41 ÷ 6 = 6 あまり 4

たしかめ (　　　　)

答え □

(2) 23 ÷ 4 = 6 あまり 1

たしかめ (　　　　)

答え □

3 次のわり算で，わり切れる計算には○を，わり切れない計算には△を □ にかきましょう。

(1) 32 ÷ 7 □　(2) 42 ÷ 6 □　(3) 55 ÷ 6 □

(4) 71 ÷ 9 □　(5) 61 ÷ 8 □　(6) 81 ÷ 9 □

4 リボンが 52cm あります。1 まいのしおりを作るのに，このリボンを 8cm 使《つか》います。しおりは何まいできますか。

式

答え ＿＿＿＿＿＿

5 3 年 1 組の人数は 32 人です。7 人ずつではんを作ります。7 人のはんはいくつできて，何人あまりますか。

式

答え ＿＿＿＿＿＿

6 子どもが 43 人います。遊園地《ゆうえんち》で 1 台のコーヒーカップに 5 人ずつ乗《の》ると，全員《ぜんいん》乗るのにコーヒーカップが何台いりますか。

式

答え ＿＿＿＿＿＿

10分 ふりかえり

月　　日

あまりのあるわり算（テスト）

名前

【知識・技能】

1　わり算をしましょう。(5×8)

(1)　8 ÷ 3

(2)　17 ÷ 5

(3)　27 ÷ 8

(4)　77 ÷ 8

(5)　30 ÷ 9

(6)　52 ÷ 6

(7)　40 ÷ 7

(8)　3 ÷ 4

2　次《つぎ》のわり算のたしかめをしましょう。(5×2)

(1)　19 ÷ 5 = 3 あまり 4

(2)　51 ÷ 8 = 6 あまり 3

【思考・判断・表現】

3　プチトマト 15 こを 4 人で同じ数ずつ皿《さら》に分けます。
1 人分は何こで，何こあまりますか。(5×2)

式

答え

4　バラの花が 32 本あります。
7 本で 1 たばにします。
花たばは，何たばできて何本あまりますか。(5×2)

式

答え

5　50cm のリボンを 8cm ずつ切ります。
8cm のリボンは，何本できますか。(5×2)

式

答え

6　荷物《にもつ》が，30 こあります。
1 回に 4 こずつ運《はこ》ぶことができます。
何回で全部《ぜんぶ》を運ぶことができますか。(5×2)

式

答え

7　はばが 52cm の本立てに，あつさが 7cm のじてんを立ててならべます。
何さつならべることができますか。(5×2)

式

答え

　（141%に拡大してご使用ください。）

月　　日

算数あそび

あまりのあるわり算 ①

名前

● 答えのあまりが３になる方を通ってゴールまで行きましょう。

月　　日

算数あそび
あまりのあるわり算 ②

名前

● 風船に色をぬりましょう。
　答えのあまりが２には赤，４には黄，６には青，０には緑をぬりましょう。

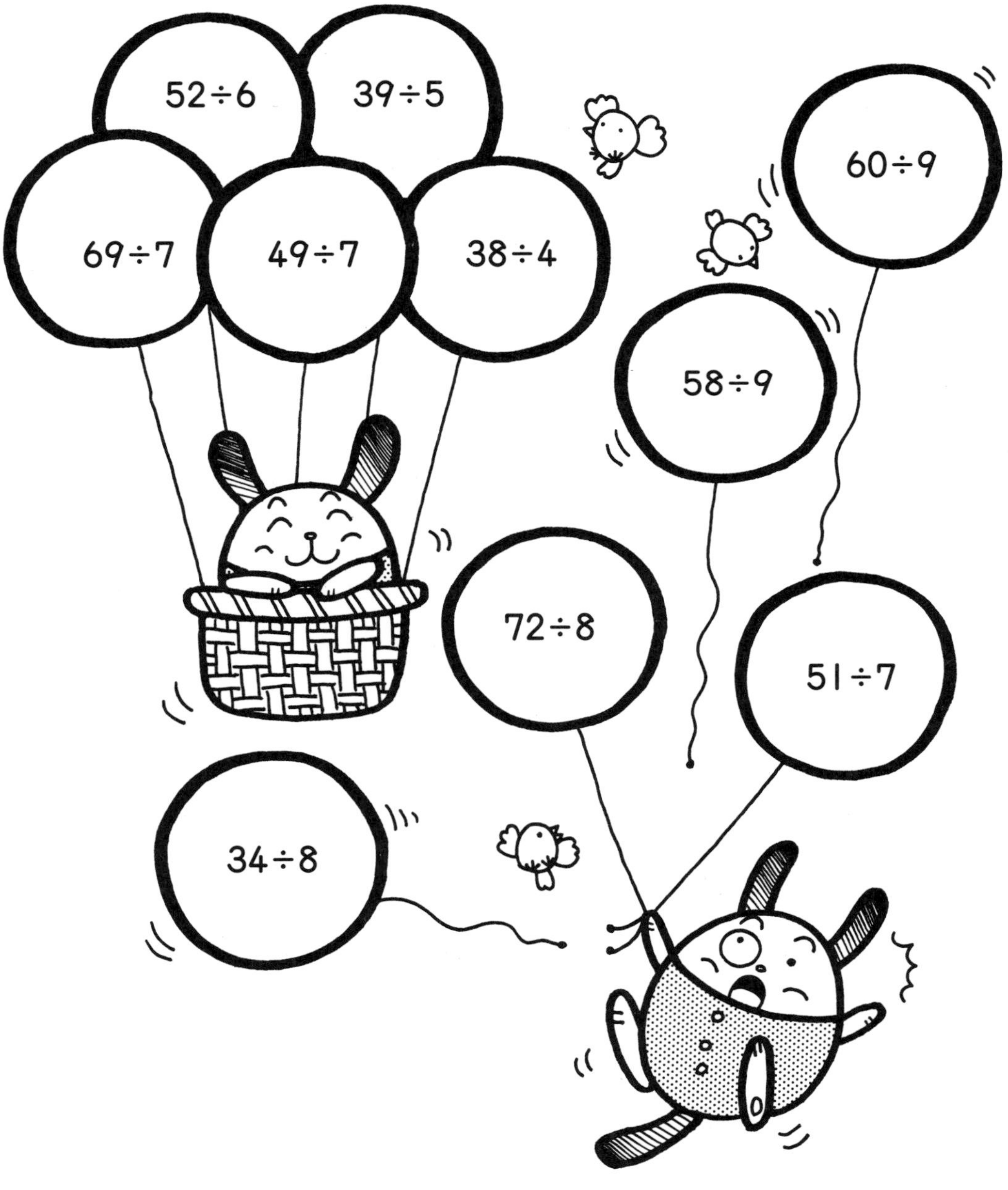

10000より大きい数 (1)

一万の位までの数 ①

名前

● 紙は全部《ぜんぶ》で何まいですか。

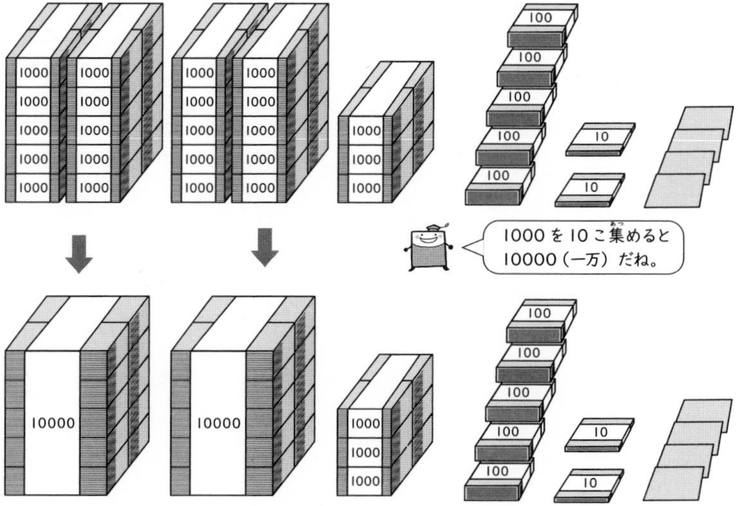

(1) 1万のたばはいくつできますか。 [　　] たば

(2) 紙のまい数を右の表《ひょう》に表《あらわ》しましょう。

一万の位《くらい》	千の位	百の位	十の位	一の位

まい

(2) 一万を2こ，千を3こ，百を5こ，十を2こ，一を4こ

あわせた数を [　　] と書き，

[　　] と読みます。

10000より大きい数 (2)

一万の位までの数 ②

名前

● 次《つぎ》の数を [　] に書きましょう。

10000 1000 100 10 1 がそれぞれいくつあるかな。

(1)

一万の位《くらい》	千の位	百の位	十の位	一の位
10000 10000 10000 10000 10000 10000	1000 1000	100 100 100 100 100	10 10 10 10	1 1 1
6	2	5	4	3

(2)

一万の位	千の位	百の位	十の位	一の位
10000 10000 10000 10000	1000 1000 1000 1000 1000		10 10 10 10 10 10 10 10	1 1 1 1 1 1 1

(3)

一万の位	千の位	百の位	十の位	一の位
10000 10000 10000 10000	1000 1000 1000			1 1 1 1 1 1 1 1 1

(4)

一万の位	千の位	百の位	十の位	一の位
10000 10000 10000 10000 10000		100 100 100 100 100 100		1

書けたら読んでみよう。

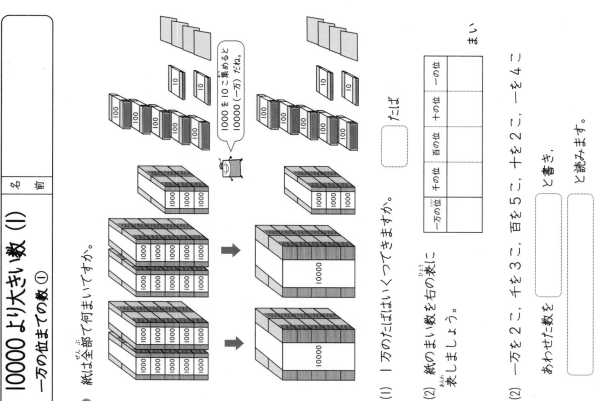

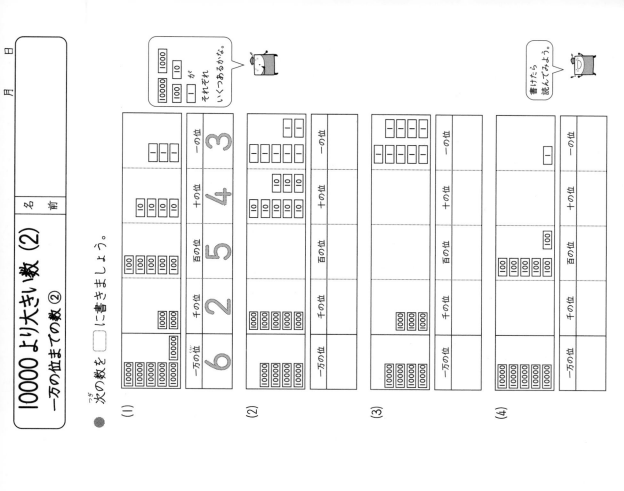

月　　日

10000より大きい数 (3)

一万の位までの数 ③

名前

● 次《つぎ》の数を数字で書きましょう。

(1) 八万四千二百十五

一万	千	百	十	一

(2) 三万七千百三十三

一万	千	百	十	一

(3) 四万五千六百九

一万	千	百	十	一

(4) 六万四百九十八

一万	千	百	十	一

(5) 九万五百六

一万	千	百	十	一

(6) 二万二千一

一万	千	百	十	一

(7) 七万八百十

一万	千	百	十	一

(8) 五万八千四十

一万	千	百	十	一

(9) 三万五十

一万	千	百	十	一

(10) 二万七

一万	千	百	十	一

月　　日

10000より大きい数 (4)

一万の位までの数 ④

名前

1 次《つぎ》の数を □ に書きましょう。

(1) 一万を４こ，千を６こ，百を８こ，十を２こあわせた数 □

(2) 一万を６こ，百を７こあわせた数 □

(3) 10000を５こ，1000を３こあわせた数 □

(4) 10000を１こ，100を９こ，１を４こあわせた数 □

2 次の □ にあてはまる数を書きましょう。

(1) 39075は，一万を □ こ，千を □ こ，十を □ こ，一を □ こあわせた数です。

(2) 80029は，一万を □ こ，十を □ こ，一を □ こあわせた数です。

(3) 46302の一万の位の数字は □ で，十の位の数字は □ です。

（141%に拡大してご使用ください。）

10000より大きい数 (5)
千万の位までの数

名前　　　　月　日

1 次《つぎ》の □ にあてはまる数を書き，右の表《ひょう》に数字を書きましょう。

(1) 千が　10こで 一万

(2) 一万が　10こで □

(3) 十万が　10こで □

(4) 百万が　10こで □

			1	0	0	0	0

10 集《あつ》める
10 集める
10 集める

2 次の数を右の表に数字で書きましょう。

(1) 千万を3こ，百万を4こ，十万を6こ，一万を8こあわせた数

(2) 千万を5こ，十万を2こ，一万を9こあわせた数

(3) 千万を8こ，一万を7こあわせた数

	千万	百万	十万	一万	千	百	十	一
(1)								
(2)								
(3)								

3 次の □ にあてはまる数を書きましょう。

(1) 40630000は，千万を □ こ，十万を □ こ，一万を □ こあわせた数です。

(2) 20905000は，千万を □ こ，十万を □ こ，千を □ こあわせた数です。

10000より大きい数 (6)

名前　　　　月　日

1 次《つぎ》の数を数字で書きましょう。

(1) 1000を20こ集《あつ》めた数はいくつですか。 □

(2) 1000を43こ集めた数はいくつですか。 □

(3) 1000を60こ集めた数はいくつですか。 □

(4) 1000を57こ集めた数はいくつですか。 □

(5) 1000を98こ集めた数はいくつですか。 □

2 次の数を数字で書きましょう。

(1) 34000は，1000を何こ集めた数ですか。 □ こ

(2) 72000は，1000を何こ集めた数ですか。 □ こ

(3) 91000は，1000を何こ集めた数ですか。 □ こ

(4) 45000は，1000を何こ集めた数ですか。 □ こ

5分

10000より大きい数 (7)

月　日　名前

● □にあてはまる数を書きましょう。

(1) 400000は，10000を□こ集《あつ》めた数です。

また，1000を□こ集めた数です。

(2) 280000は，10000を□こ集めた数です。

また，1000を□こ集めた数です。

(3) 630000は，10000を□こ集めた数です。

また，1000を□こ集めた数です。

(4) 900000は，10000を□こ集めた数です。

また，1000を□こ集めた数です。

(5) 310000は，10000を□こ集めた数です。

また，1000を□こ集めた数です。

10000より大きい数 (8)

月　日　名前

1 □にあてはまる数を書きましょう。

(1) 590万 − □ − □ − 620万 − 630万

(2) 700万 − □ − 900万 − □ − 1100万

2 下の数直線で1めもりの数と，㋐〜㋕にあてはまる数を書きましょう。

(1)

1めもり □

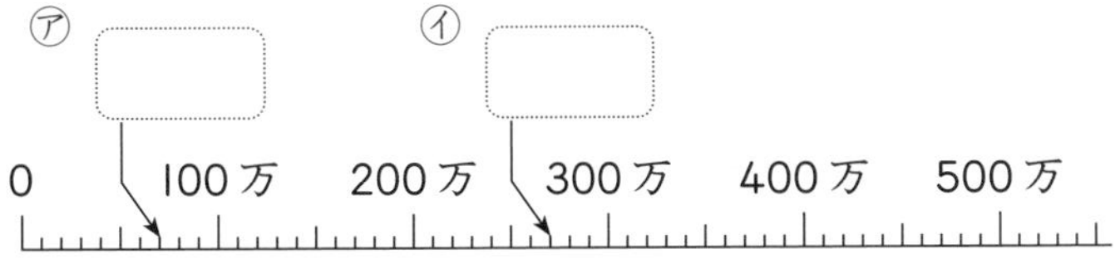

(2)

1めもり □

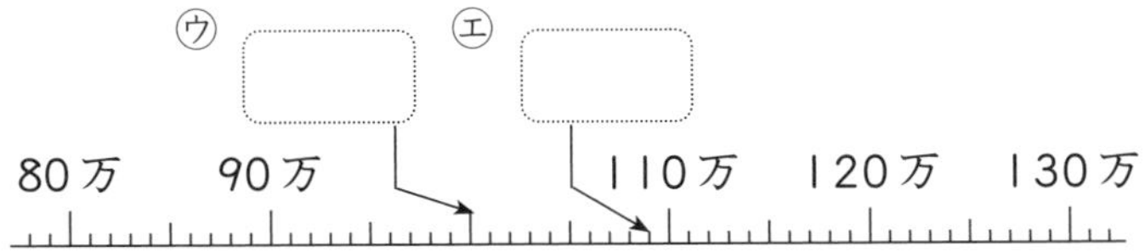

(3)

1めもり □

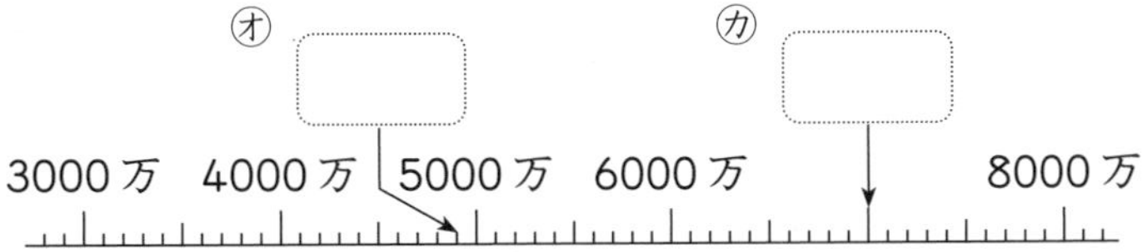

（141％に拡大してご使用ください。）

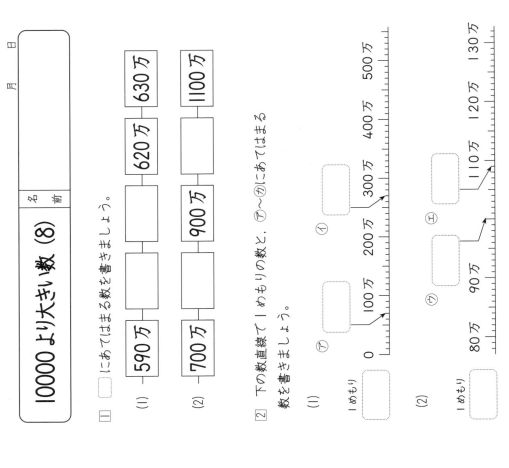

10000より大きい数 (9)

月　　日

名前

□1 下の数直線について答えましょう。

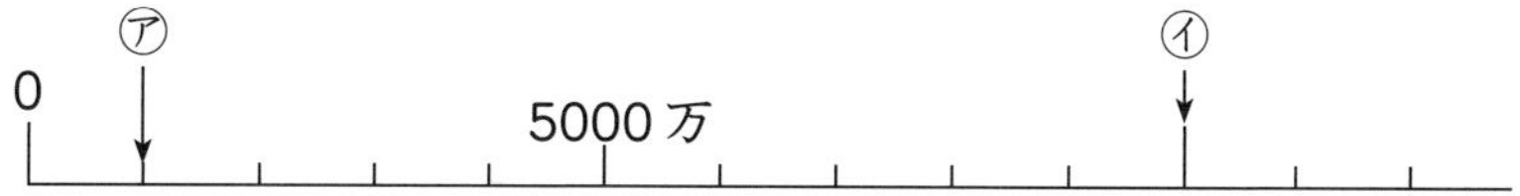

(1) ㋐のめもりが表《あらわ》す数はいくつですか。

(2) ㋑のめもりが表す数はいくつですか。

(3) 1000万を10こ集《あつ》めた数を数字で書きましょう。

10こ集めた数

	1	0	0	0	0	0	0	0

(4) 1億《おく》(100000000)は，99999999よりいくつ大きいですか。

□2 □にあてはまる不等号《ふとうごう》を書きましょう。

(1) 49999 □ 50000

(2) 11000 □ 100000

(3) 21000 □ 20909

(4) 301000 □ 300099

(5) 9000万 □ 1億

10000より大きい数 (10)

月　　日

名前

□1 下の数直線で，㋐～㋗にあてはまる数を書きましょう。

(1)

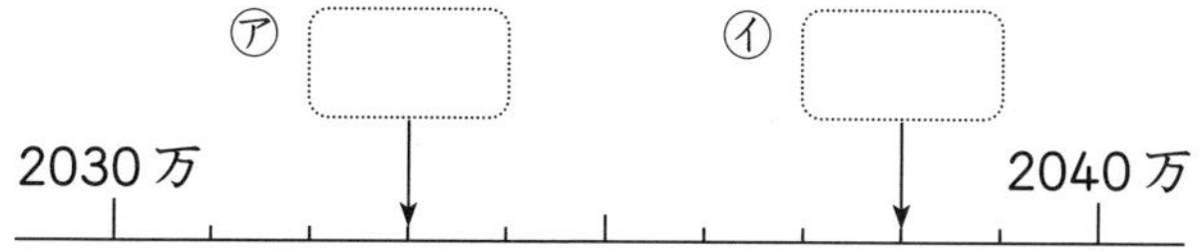

(2)

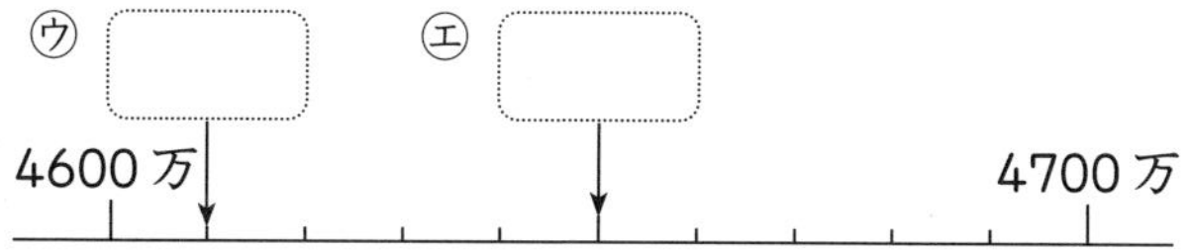

(3)

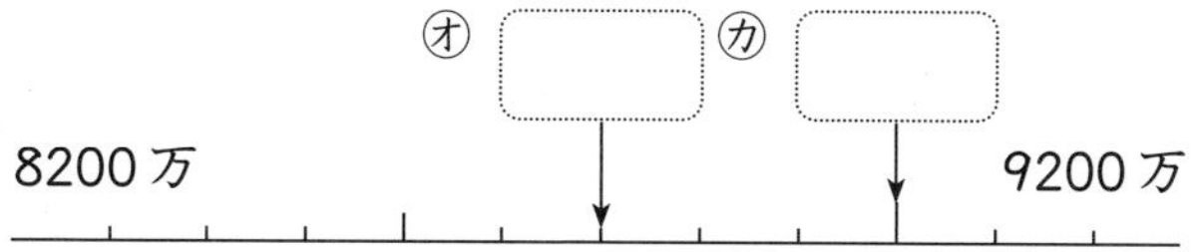

(4)

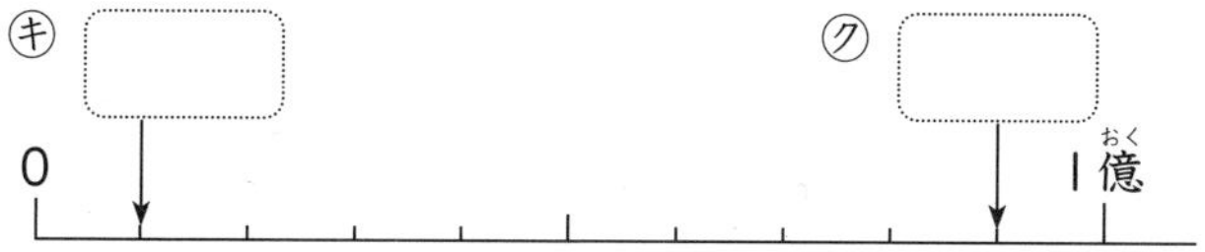

□2 下の数直線で，㋐90万，㋑210万はどこですか。↑を書きましょう。

5分

10分

10000より大きい数（11）

名前　　　　月　　日

1 右の表《ひょう》は，ある競技場《きょうぎじょう》の土曜日と日曜日の入場者《にゅうじょうしゃ》数です。

土曜日	8000人
日曜日	11000人

次《つぎ》の問《と》いに答えましょう。

(1) あわせて何人ですか。

1000をもとにして
考えると
8+11になるね。

式《しき》

答え

(2) ちがいは何人ですか。

式

答え

2 次の計算をしましょう。

① 34000 + 8000　　② 53000 − 6000

③ 28万 + 4万　　④ 40万 − 13万

⑤ 5千 + 9千　　⑥ 12万5千 − 3千

3 □にあてはまる等号《とうごう》，不等号《ふとうごう》を書きましょう。

(1) 600万 − 50万 □ 500万

(2) 28000 □ 340000 − 70000

10000より大きい数（12）

名前　　　　月　　日

1 次《つぎ》の数を10倍《ばい》，100倍，1000倍した数はいくつですか。

	数	10倍した数	100倍した数	1000倍した数
①	70			
②	670			
③	2000			
④	900			

2 次の数を10でわった数はいくつですか。

① 10 □　　② 400 □

③ 770 □　　④ 3000 □

⑤ 9500 □　　⑥ 6830 □

月　　日

ふりかえり
10000より大きい数

名前

1 次《つぎ》の数を数字で書きましょう。

① 五万三千百七十四 [　　]　② 九万四千八十 [　　]

③ 二千十一万六十五 [　　]　④ 千六万千百一 [　　]

2 [　]にあてはまる数を書きましょう。

(1) 一万を４こ，百を１こ，十を８こあわせた数は [　　] です。

(2) 67203は，一万を [　] こ，千を [　] こ，百を [　] こ，一を [　] こあわせた数です。

(3) 千万を８こ，百万を９こ，十万を１こ，一万を６こ，千を４こ，百を２こ，一を７こあわせた数は [　　] です。

(4) 10230955は，千万を [　] こ，十万を [　] こ，一万を [　] こ，百を [　] こ，十を [　] こ，一を [　] こあわせた数です。

(5) 1000を96こ集《あつ》めた数は [　　] です。

(6) 820000は，1000を [　　] こ集めた数です。

(7) 1000万を10こ集めた数は [　　] です。

3 次の数を10倍《ばい》，100倍，1000倍した数と10でわった数はいくつですか。

	数	10倍した数	100倍した数	1000倍した数	10でわった数
①	80				
②	530				

4 下の数直線で１めもりの数と，㋐〜㋕にあてはまる数を書きましょう。

(1)

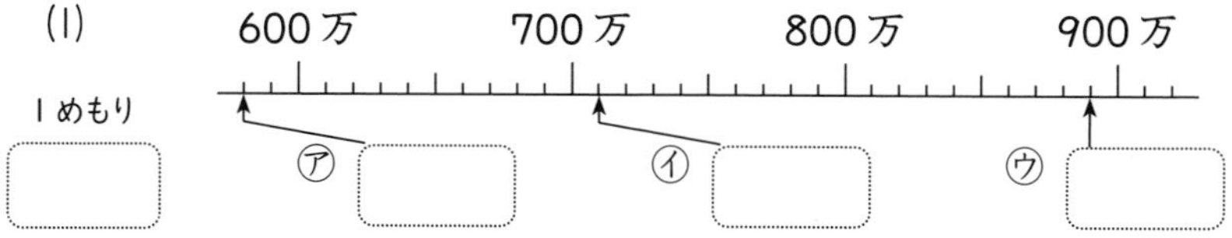

(2)

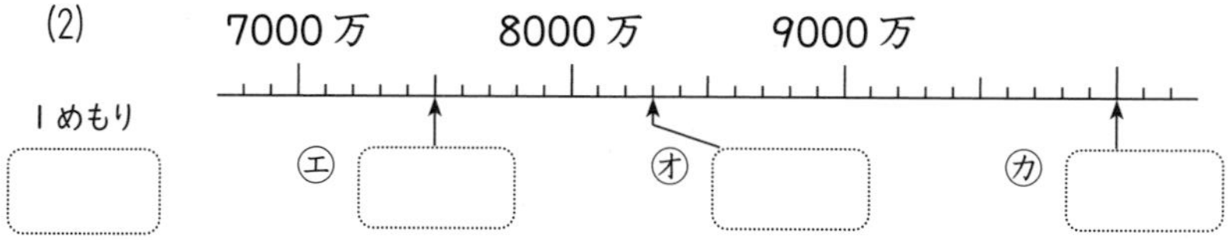

5 [　]にあてはまる不等号《ふとうごう》を書きましょう。

① 49851010 [　] 49850999　② 9900000 [　] 100000000

6 次の計算をしましょう。

① 360万＋350万　② 9000＋5000

③ 63万－25万　④ 13000－5000

10分 ふりかえり

(141%に拡大してご使用ください。)

月　日

10000より大きい数（テスト）

名前

【知識・技能】

1　次《つぎ》の数について答えましょう。(5×2)

５３７０６８９２

(1)　１０万の位《くらい》の数を書きましょう。 [　]

(2)　いちばん左の５は何の位の数字ですか。 [　　　]

2　次の数を数字で書きましょう。(5×2)

(1)　百万を７こ，十万を５こ，一万を３こ合《あ》わせた数 [　　　]

(2)　千七百六万 [　　　]

3　次の [　] にあてはまる数を書きましょう。(5×2)

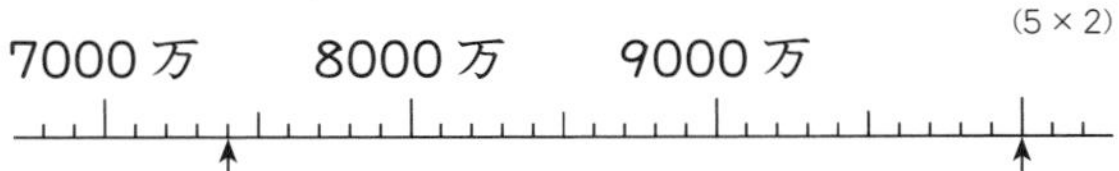

㋐ [　　　]　㋑ [　　　]

4　[　] にあてはまる不等号《ふとうごう》を書きましょう。(5×2)

(1)　281000 [　] 279000

(2)　4910000 [　] 4909999

5　次の計算をしましょう。(5×2)

(1)　568000 － 59000

(2)　26万 ＋ 38万

【思考・判断・表現】

6　次の数について [　] にあてはまる数を書きましょう。(5×6)

(1)　18000

㋐　18000は，1000を [　] こ集《あつ》めた数です。

㋑　18000は，10000と [　] をあわせた数です。

㋒　18000は，20000から [　] をひいた数です。

(2)　960000

㋐　960000は，10000を [　] こ集めた数です。

㋑　960000は，1000を [　] こ集めた数です。

㋒　960000に40000をあわせると [　　　] になります。

7　次の数を10倍，100倍するとどうなりますか。表に書きましょう。(5×2)

千万	百万	十万	一万	千	百	十	一	
				5	4	0	0	
								10倍
								100倍

8　次の数を10でわるとどうなりますか。表に数を書きましょう。(10)

千	百	十	一	
				10でわると
5	4	0	0	

　（141%に拡大してご使用ください。）

月　　日

算数あそび

10000より大きい数

名前

● 数の大きい方を通ってゴールまで行きましょう。

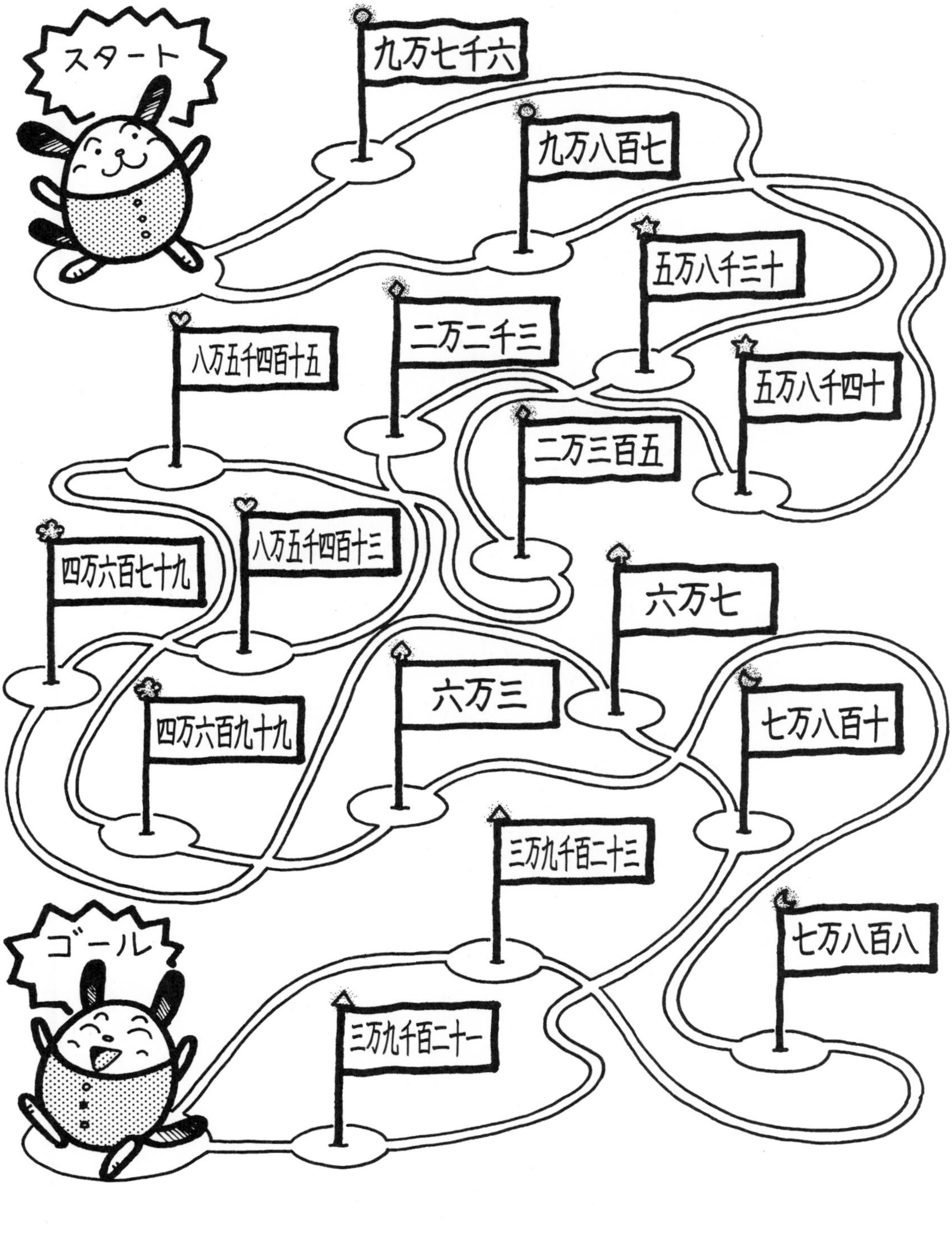

月　　日

かけ算・かける1けたの筆算 (1)
何十・何百のかけ算

名前

● 次の計算をしましょう。

① 10 × 8　　② 30 × 6

③ 70 × 7　　④ 80 × 5

⑤ 50 × 9　　⑥ 200 × 4

⑦ 400 × 5　　⑧ 600 × 3

⑨ 900 × 8　　⑩ 300 × 4

月　　日

かけ算・かける1けたの筆算 (2)
くり上がりなし

名前

● 次の計算をしましょう。

①
$$\begin{array}{r} 12 \\ \times \quad 4 \\ \hline \end{array}$$

②
$$\begin{array}{r} 32 \\ \times \quad 3 \\ \hline \end{array}$$

③
$$\begin{array}{r} 40 \\ \times \quad 2 \\ \hline \end{array}$$

④
$$\begin{array}{r} 11 \\ \times \quad 6 \\ \hline \end{array}$$

⑤ 13 × 3　　⑥ 43 × 2　　⑦ 22 × 4　　⑧ 30 × 3

⑨ 11 × 9　　⑩ 21 × 4

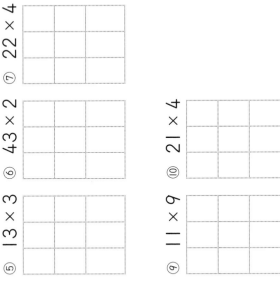

月　日

かけ算・かける1けたの筆算 (3)
2けた×1けた（くり上がり1回／十の位へ）①

名前

● 次の計算をしましょう。

① $\begin{array}{r} 16 \\ \times\ \ 5 \\ \hline \end{array}$

② $\begin{array}{r} 23 \\ \times\ \ 4 \\ \hline \end{array}$

③ $\begin{array}{r} 18 \\ \times\ \ 3 \\ \hline \end{array}$

④ $\begin{array}{r} 49 \\ \times\ \ 2 \\ \hline \end{array}$

⑤ $\begin{array}{r} 13 \\ \times\ \ 7 \\ \hline \end{array}$

⑥ $\begin{array}{r} 12 \\ \times\ \ 8 \\ \hline \end{array}$

月　日

かけ算・かける1けたの筆算 (4)
2けた×1けた（くり上がり1回／十の位へ）②

名前

● 次の計算をしましょう。

① 15 × 4

② 37 × 2

③ 19 × 3

④ 47 × 2

⑤ 26 × 2

⑥ 14 × 5

3分

【5分】

月　日

かけ算・かける1けたの筆算 (5)

2けた×1けた（くり上がり1回／十の位へ）③

名前

● 次の計算をしましょう。

① 16×4

② 39×2

③ 13×4

④ 24×4

⑤ 45×2

⑥ 14×6

⑦ 26×3

⑧ 15×3

⑨ 29×2

⑩ 36×2

月　日

かけ算・かける1けたの筆算 (6)

2けた×1けた（くり上がり1回／十の位へ）④

名前

● 次の計算をしましょう。

① 18 × 5　② 25 × 2　③ 16 × 6　④ 46 × 2

⑤ 38 × 2　⑥ 17 × 5　⑦ 27 × 2　⑧ 19 × 4

⑨ 17 × 3　⑩ 15 × 4

（141%に拡大してご使用ください。）

月　日

かけ算・かける1けたの筆算 (7)

2けた×1けた（くり上がり1回／百の位へ）①

名前

● 次の計算をしましょう。

① 52×3

② 64×2

③ 20×6

④ 71×6

⑤ 62×4

⑥ 81×9

⑦ 30×5

⑧ 54×2

月　日

かけ算・かける1けたの筆算 (8)

2けた×1けた（くり上がり1回／百の位へ）②

名前

● 次の計算をしましょう。

① 42 × 3

② 41 × 7

③ 52 × 2

④ 71 × 5

⑤ 61 × 6

⑥ 51 × 9

⑦ 31 × 8

⑧ 82 × 4

（141%に拡大してご使用ください。）

月　　日

かけ算・かける1けたの筆算 (9)
2けた×1けた（くり上がり1回／百の位へ）③

名前

● 次の計算をしましょう。

① 42×4

② 91×2

③ 71×9

④ 51×6

⑤ 82×2

⑥ 21×8

⑦ 43×3

⑧ 61×7

⑨ 92×4

⑩ 32×4

月　　日

かけ算・かける1けたの筆算 (10)
2けた×1けた（くり上がり1回／百の位へ）④

名前

● 次の計算をしましょう。

① 31 × 9　② 62 × 3　③ 81 × 8　④ 91 × 7

⑤ 53 × 3　⑥ 72 × 2　⑦ 41 × 8　⑧ 63 × 3

⑨ 84 × 2　⑩ 52 × 4

（141%に拡大してご使用ください。）

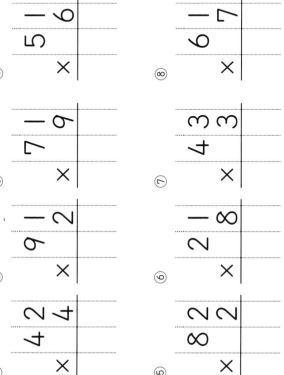

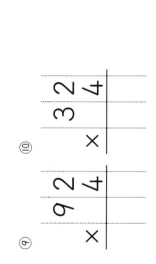

月　日

かけ算・かける1けたの筆算 (11)
2けた×1けた (くり上がり2回) ①

名前	

● 次の計算をしましょう。

① 25×7

② 66×3

③ 57×6

④ 74×4

⑤ 84×8

⑥ 96×7

月　日

かけ算・かける1けたの筆算 (12)
2けた×1けた (くり上がり2回) ②

名前	

● 次の計算をしましょう。

① 22 × 6

② 39 × 4

③ 55 × 9

④ 46 × 5

⑤ 64 × 7

⑥ 82 × 6

月　日

かけ算・かける1けたの筆算（13）

2けた×1けた（くり上がり2回）③

名前

● 次の計算をしましょう。

① 83×6

② 22×5

③ 56×8

④ 38×7

⑤ 48×5

⑥ 79×2

⑦ 47×3

⑧ 59×2

⑨ 95×4

⑩ 87×8

月　日

かけ算・かける1けたの筆算（14）

2けた×1けた（くり上がり2回）④

名前

● 次の計算をしましょう。

① 63 × 6　② 24 × 8　③ 93 × 6　④ 73 × 8

⑤ 64 × 3　⑥ 53 × 7　⑦ 37 × 4　⑧ 65 × 5

⑨ 85 × 9　⑩ 28 × 5

（141％に拡大してご使用ください。）

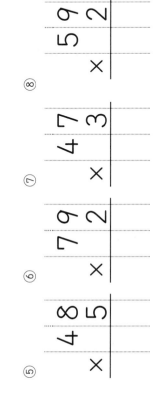

月　日

かけ算・かける1けたの筆算 (15)

2けた×1けた（くり上がり2回/たし算でもくり上がる）①

名前

● 次の計算をしましょう。

① 84×6

② 16×9

③ 23×9

④ 45×7

⑤ 87×7

⑥ 67×8

月　日

かけ算・かける1けたの筆算 (16)

2けた×1けた（くり上がり2回/たし算でもくり上がる）①

名前

● 次の計算をしましょう。

① 56×9

② 85×6

③ 79×4

④ 17×7

⑤ 34×9

⑥ 27×8

3分

（141%に拡大してご使用ください。）

5分

月　日

かけ算・かける1けたの筆算 (17)

2けた×1けた（くり上がり2回/たし算でもくり上がる）③

名前

● 次の計算をしましょう。

① 86×6

② 78×7

③ 49×9

④ 64×8

⑤ 39×8

⑥ 18×9

⑦ 86×6

⑧ 46×7

⑨ 76×4

⑩ 68×3

月　日

かけ算・かける1けたの筆算 (18)

2けた×1けた（くり上がり2回/たし算でもくり上がる）④

名前

● 次の計算をしましょう。

① 87 × 6　② 47 × 9　③ 27 × 8　④ 28 × 9

⑤ 64 × 8　⑥ 19 × 6　⑦ 69 × 3　⑧ 88 × 7

⑨ 37 × 9　⑩ 79 × 7

（141%に拡大してご使用ください。）

かけ算・かける1けたの筆算 (19)

2けた×1けた（くり上がり2回／たし算でもくり上がる）⑤

名前　　　月　日

● 次の計算をしましょう。

① 25×9　② 48×9　③ 25×8　④ 68×6　⑤ 15×7

⑥ 67×3　⑦ 76×8　⑧ 39×8　⑨ 77×7　⑩ 35×9

⑪ 48×7　⑫ 88×6　⑬ 65×8　⑭ 38×6　⑮ 14×8

⑯ 72×7　⑰ 89×9　⑱ 67×3　⑲ 67×8　⑳ 57×9

かけ算・かける1けたの筆算 (20)

2けた×1けた（くり上がり2回／たし算でもくり上がる）⑥

名前　　　月　日

10分

● 次の計算をしましょう。

① 89×7　② 75×8　③ 58×9　④ 36×6　⑤ 24×9

⑥ 12×9　⑦ 69×8　⑧ 74×7　⑨ 26×8　⑩ 66×8

⑪ 29×4　⑫ 13×8　⑬ 26×9　⑭ 49×7　⑮ 38×6

⑯ 69×8　⑰ 78×9　⑱ 79×4　⑲ 87×7　⑳ 73×7

（141%に拡大してご使用ください。）

かけ算・かける1けたの筆算 (21)

名前　　　　月　　日

● 次の計算をしましょう。

① 94×3　② 89×9　③ 11×7　④ 87×7　⑤ 56×6

⑥ 53×4　⑦ 85×6　⑧ 21×5　⑨ 68×4　⑩ 48×2

⑪ 48×9　⑫ 19×5　⑬ 92×5　⑭ 27×9　⑮ 23×4

⑯ 51×6　⑰ 78×3　⑱ 39×8　⑲ 23×3　⑳ 42×3

かけ算・かける1けたの筆算 (22)

名前　　　　月　　日

● 次の計算をしましょう。

① 74×7　② 71×6　③ 51×3　④ 36×9　⑤ 19×3

⑥ 96×7　⑦ 45×7　⑧ 41×2　⑨ 67×7　⑩ 66×8

⑪ 16×5　⑫ 83×4　⑬ 78×7　⑭ 99×9　⑮ 42×4

⑯ 68×3　⑰ 27×3　⑱ 52×5　⑲ 34×2　⑳ 29×6

（141％に拡大してご使用ください。）

月　日

ふりかえり

かけ算・かける1けたの筆算 ①

名前

● 次の計算をしましょう。

① 59 × 8

② 11 × 9

③ 39 × 9

④ 21 × 2

⑤ 81 × 9

⑥ 63 × 6

⑦ 37 × 2

⑧ 16 × 5

⑨ 79 × 4

⑩ 41 × 3

⑪ 46 × 2

⑫ 23 × 9

⑬ 33 × 3

⑭ 82 × 5

⑮ 71 × 6

⑯ 43 × 2

⑰ 74 × 6

⑱ 38 × 2

⑲ 52 × 4

⑳ 37 × 9

10分 ふりかえり

(141%に拡大してご使用ください。)

月　　日

ふりかえり
かけ算・かける1けたの筆算 ②

名前

● 次の計算をしましょう。

① 12×4　② 33×6　③ 45×2　④ 18×2　⑤ 46×7　⑥ 31×3　⑦ 63×2

⑧ 19×3　⑨ 86×7　⑩ 38×2　⑪ 43×4　⑫ 52×3　⑬ 26×5　⑭ 69×3

⑮ 13×3　⑯ 71×5　⑰ 58×3　⑱ 42×2　⑲ 67×8　⑳ 82×2

（141％に拡大してご使用ください。）

月　　日

算数あそび

かけ算・かける1けたの筆算

名前

● まん中の数とまわりの数でかけ算をして，答えを花びらに書きましょう。

月　日

かけ算・かける1けたの筆算 (23)
3けた×1けた（くり上がりなし）①

名前

● 次の計算をしましょう。

① 421×2

② 111×6

③ 222×4

④ 213×3

⑤ 441×2

⑥ 144×2

⑦ 312×3

⑧ 121×4

月　日

かけ算・かける1けたの筆算 (24)
3けた×1けた（くり上がりなし）②

名前

● 次の計算をしましょう。

① 124 × 2

② 110 × 9

③ 332 × 3

④ 413 × 2

⑤ 112 × 4

⑥ 433 × 2

⑦ 221 × 4

⑧ 233 × 3

（141％に拡大してご使用ください。）

月　　日

かけ算・かける1けたの筆算 (25)

3けた×1けた（十の位へくり上がり）

名前

1 次の計算をしましょう。

①
$$\begin{array}{r} 427 \\ \times \quad 2 \\ \hline \end{array}$$

②
$$\begin{array}{r} 139 \\ \times \quad 2 \\ \hline \end{array}$$

③
$$\begin{array}{r} 228 \\ \times \quad 3 \\ \hline \end{array}$$

④
$$\begin{array}{r} 119 \\ \times \quad 5 \\ \hline \end{array}$$

⑤
$$\begin{array}{r} 218 \\ \times \quad 4 \\ \hline \end{array}$$

2 次の計算をしましょう。

① 113 × 5

② 229 × 3

③ 114 × 6

④ 429 × 2

⑤ 314 × 3

月　　日

かけ算・かける1けたの筆算 (26)

3けた×1けた（百の位へくり上がり）

名前

1 次の計算をしましょう。

①
$$\begin{array}{r} 353 \\ \times \quad 2 \\ \hline \end{array}$$

②
$$\begin{array}{r} 292 \\ \times \quad 3 \\ \hline \end{array}$$

③
$$\begin{array}{r} 182 \\ \times \quad 3 \\ \hline \end{array}$$

④
$$\begin{array}{r} 151 \\ \times \quad 4 \\ \hline \end{array}$$

⑤
$$\begin{array}{r} 483 \\ \times \quad 2 \\ \hline \end{array}$$

2 次の計算をしましょう。

① 393 × 2

② 151 × 5

③ 241 × 4

④ 462 × 2

⑤ 252 × 3

5分

（141%に拡大してご使用ください。）

月　　日

かけ算・かける1けたの筆算 (27)
3けた×1けた

名前

1 次の計算をしましょう。

① 211×8

② 923×3

③ 610×4

④ 720×3

⑤ 521×2

2 次の計算をしましょう。

① 312 × 4　② 410 × 5　③ 812 × 4

④ 422 × 3　⑤ 310 × 6

月　　日

かけ算・かける1けたの筆算 (28)
3けた×1けた

名前

● 次の計算をしましょう。

① 642×2　② 125×3　③ 210×7　④ 452×2

⑤ 311×9　⑥ 282×3　⑦ 138×2　⑧ 190×5

⑨ 941×2　⑩ 219×4

(141%に拡大してご使用ください。)

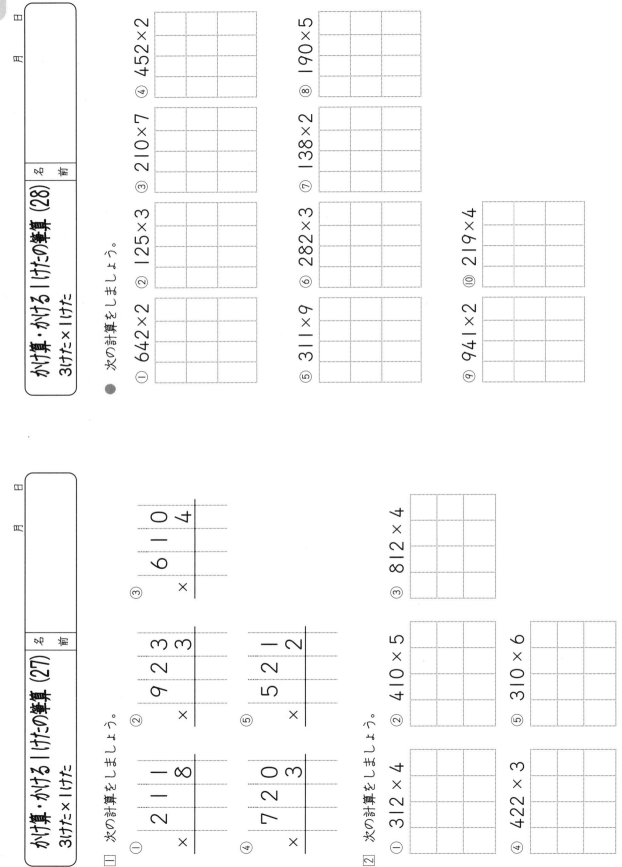

月　日

かけ算・かける1けたの筆算 (29)

3けた×1けた

名前

● 次の計算をしましょう。

① $\begin{array}{r} 916 \\ \times \quad 6 \\ \hline \end{array}$

② $\begin{array}{r} 342 \\ \times \quad 4 \\ \hline \end{array}$

③ $\begin{array}{r} 614 \\ \times \quad 5 \\ \hline \end{array}$

④ $\begin{array}{r} 551 \\ \times \quad 7 \\ \hline \end{array}$

⑤ $\begin{array}{r} 729 \\ \times \quad 3 \\ \hline \end{array}$

⑥ $\begin{array}{r} 828 \\ \times \quad 2 \\ \hline \end{array}$

⑦ $\begin{array}{r} 424 \\ \times \quad 5 \\ \hline \end{array}$

⑧ $\begin{array}{r} 541 \\ \times \quad 8 \\ \hline \end{array}$

⑨ $\begin{array}{r} 860 \\ \times \quad 9 \\ \hline \end{array}$

⑩ $\begin{array}{r} 525 \\ \times \quad 2 \\ \hline \end{array}$

月　日

かけ算・かける1けたの筆算 (30)

3けた×1けた

名前

● 次の計算をしましょう。

① 312×5　② 517×2　③ 629×2　④ 583×3

⑤ 713×4　⑥ 460×6　⑦ 268×5　⑧ 541×5

⑨ 890×7　⑩ 914×3

5分

（141%に拡大してご使用ください。）

月　日

かけ算・かける1けたの筆算 (31)
3けた×1けた (十の位が0, くり上がり2回) ①

名前

● 次の計算をしましょう。

① $\begin{array}{r} 407 \\ \times \quad 5 \\ \hline \end{array}$

② $\begin{array}{r} 607 \\ \times \quad 6 \\ \hline \end{array}$

③ $\begin{array}{r} 902 \\ \times \quad 8 \\ \hline \end{array}$

④ $\begin{array}{r} 306 \\ \times \quad 7 \\ \hline \end{array}$

⑤ $\begin{array}{r} 605 \\ \times \quad 2 \\ \hline \end{array}$

⑥ $\begin{array}{r} 409 \\ \times \quad 8 \\ \hline \end{array}$

⑦ $\begin{array}{r} 507 \\ \times \quad 3 \\ \hline \end{array}$

⑧ $\begin{array}{r} 703 \\ \times \quad 6 \\ \hline \end{array}$

⑨ $\begin{array}{r} 904 \\ \times \quad 4 \\ \hline \end{array}$

⑩ $\begin{array}{r} 806 \\ \times \quad 7 \\ \hline \end{array}$

月　日

かけ算・かける1けたの筆算 (32)
3けた×1けた (十の位が0, くり上がり2回) ②

名前

● 次の計算をしましょう。

① 403×5　② 506×7　③ 809×9　④ 308×7

⑤ 808×8　⑥ 209×5　⑦ 803×4　⑧ 905×4

⑨ 709×2　⑩ 409×3

　(141%に拡大してご使用ください。)

月　日

かけ算・かける1けたの筆算 (33)

3けた×1けた (千の位へくり上がり3回) ①

名前

● 次の計算をしましょう。

①
	4	6	9
×			3

②
	3	8	7
×			4

③
	2	6	4
×			5

④
	5	3	5
×			6

⑤
	6	7	8
×			9

月　日

かけ算・かける1けたの筆算 (34)

3けた×1けた (千の位へくり上がり3回) ②

名前

● 次の計算をしましょう。

① 896 × 2

② 236 × 7

③ 329 × 8

④ 483 × 4

⑤ 724 × 5

5分

(141%に拡大してご使用ください。)

5分

かけ算・かける１けたの筆算 (35)
3けた×１けた（千の位へくり上がり3回）③

月　日　名前

● 次の計算をしましょう。

① 867×6

② 789×7

③ 979×8

④ 698×9

⑤ 998×6

かけ算・かける１けたの筆算 (36)
3けた×１けた（千の位へくり上がり3回）④

月　日　名前

● 次の計算をしましょう。

① 767 × 7

② 886 × 8

③ 666 × 9

④ 877 × 6

⑤ 987 × 7

（141％に拡大してご使用ください。）

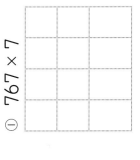

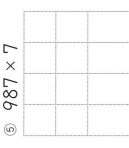

月　日

かけ算・かける1けたの筆算 (37)

3けた×1けた（千の位へくり上がり3回）⑤

名前

● 次の計算をしましょう。

① 923×8

② 476×3

③ 383×7

④ 678×9

⑤ 229×6

⑥ 876×6

⑦ 699×4

⑧ 779×8

⑨ 523×5

⑩ 468×9

月　日

かけ算・かける1けたの筆算 (38)

3けた×1けた（千の位へくり上がり3回）⑥

名前

● 次の計算をしましょう。

① 182×9　② 969×7　③ 225×8　④ 888×9

⑤ 548×3　⑥ 383×4　⑦ 676×8　⑧ 387×6

⑨ 442×5　⑩ 724×7

10分

（141％に拡大してご使用ください。）

月　日

チャレンジ

かけ算・かける１けたの筆算(39)

名前

1　2，3，4の数字を□に１つずつ入れて，次の㋐，㋑にあった問題《もんだい》を作りましょう。

㋐ 答えがいちばん大きくなる問題

㋑ 答えがいちばん小さくなる問題

2　1，3，5の数字を□に１つずつ入れて，次の㋐，㋑にあった問題を作りましょう。

㋐ 答えがいちばん大きくなる問題

㋑ 答えがいちばん小さくなる問題

3　6，7，8の数字を□に１つずつ入れて，次の㋐，㋑にあった問題を作りましょう。

㋐ 答えがいちばん大きくなる問題

㋑ 答えがいちばん小さくなる問題

4　1，2，3，4の数字を□に１つずつ入れて，次の㋐，㋑にあった問題を作りましょう。

㋐ 答えがいちばん大きくなる問題

㋑ 答えがいちばん小さくなる問題

5　2，3，4，5の数字を□に１つずつ入れて，次の㋐，㋑にあった問題を作りましょう。

㋐ 答えがいちばん大きくなる問題

㋑ 答えがいちばん小さくなる問題

月　日

ふりかえり

かけ算・かける1けたの筆算 ③

名前

● 次の計算をしましょう。

① 468 × 3

② 541 × 6

③ 357 × 6

④ 454 × 2

⑤ 823 × 3

⑥ 169 × 5

⑦ 224 × 2

⑧ 506 × 9

⑨ 126 × 3

⑩ 449 × 5

⑪ 706 × 4

⑫ 927 × 7

⑬ 818 × 9

⑭ 615 × 4

⑮ 976 × 8

（141%に拡大してご使用ください。）

月　日

かけ算・かける１けたの筆算 (40)

文章題 ①

名前

1. １こ 439 円のケーキを５こ買います。
代金《だいきん》はいくらですか。

式

答え

2. 子どもが６人います。
１人に 28 こずつあめを配《くば》ります。
あめは，全部《ぜんぶ》で何こいりますか。

式

答え

3. 箱《はこ》が９こあります。
１つの箱にみかんがちょうど 89 こずつ入っています。
みかんは，全部で何こありますか。

式

答え

月　日

かけ算・かける１けたの筆算 (41)

文章題 ②

名前

1. 84 円切手を６まい買います。
代金《だいきん》はいくらですか。

式

答え

2. お茶《ちゃ》が 675mL 入った水とうが７本あります。
お茶は，全部《ぜんぶ》で何 mL ありますか。

式

答え

3. 742cm のリボンが４本あります。
リボンの長さは，全部で何 cm ですか。

式

答え

月　日

かけ算・かける１けたの筆算 (42)
文章題 ③（3つの数の計算）

名前

1 1000円持《も》って買いものに行きました。
399円のももを2つ買いました。
何円のこっていますか。

式

答え

2 1箱《はこ》166まい入りのおり紙が3箱と，箱に入っていないおり紙が53まいあります。
おり紙は，全部《ぜんぶ》で何まいありますか。

式

答え

3 1こ85円のプリンが1箱に4こ入っています。
8箱買うと，何円になりますか。

式

答え

月　日

かけ算・かける１けたの筆算 (43)
文章題 ④（4つの数の計算）

名前

1 1ふくろ38こ入りのあめが7ふくろと，1ふくろ52こ入りのチョコレートが6ふくろあります。
どちらが何こ多いですか。

式

答え

2 遊園地《ゆうえんち》の入園りょうは，おとなが840円で，子どもが380円です。おとな4人と子ども5人で行くと，全部《ぜんぶ》で何円になりますか。

式

答え

3 1パック280mLのりんごジュースが8パックと1パック750mLのりんごジュースが3パックあります。
4000mL飲《の》むと，何mLのこりますか。

式

答え

5分

（141%に拡大してご使用ください。）

月　日

かけ算・かける１けたの筆算 (44)
文章題 ⑤

名前

1 １こ512円のケーキを６こ買います。
代金《だいきん》は何円ですか。

式

答え ＿＿＿＿＿＿

2 108円のペンを２本ずつ５人に配《くば》ります。
ペンの代金は，何円になりますか。

式

答え ＿＿＿＿＿＿

3 みかんが86こ入った箱《はこ》が３箱あります。
みかんは，全部《ぜんぶ》で何こありますか。

式

答え ＿＿＿＿＿＿

4 115cmのテープが５本あります。
テープは，全部で何cmですか。

式

答え ＿＿＿＿＿＿

5 子どもが６人います。えんぴつを１人に25本ずつ配ります。
えんぴつは，何本いりますか。

式

答え ＿＿＿＿＿＿

月　日

かけ算・かける１けたの筆算 (45)
文章題 ⑥

名前

1 121円のパンを３こと，232円のケーキを１こ買います。
代金《だいきん》は何円ですか。

式

答え ＿＿＿＿＿＿

2 １さつ698円の本を９さつ買います。
代金は何円ですか。

式

答え ＿＿＿＿＿＿

3 バスが４台とまっています。１台のバスにお客《きゃく》さんが67人ずつ乗《の》っています。お客さんは，全部《ぜんぶ》で何人乗っていますか。

式

答え ＿＿＿＿＿＿

4 ３人が，１人350円ずつお金を出して，1000円の花たばを買いました。何円のこりましたか。

式

答え ＿＿＿＿＿＿

5 毎日43ページずつ，６日間本を読みました。
何ページ読みましたか。

式

答え ＿＿＿＿＿＿

(141%に拡大してご使用ください。)

月　日

かけ算・かける1けたの筆算 (46)
問題作り ①

名前

● 次《つぎ》の式《しき》になるような問題《もんだい》を作って，答えをもとめましょう。

① 47×4

答え

② 89×6

答え

月　日

かけ算・かける1けたの筆算 (47)
問題作り ②

名前

● 次《つぎ》の式《しき》になるような問題《もんだい》を作って，答えをもとめましょう。

① 362×7

答え

② $25 \times 6 - 30$

答え

10分

月　日

ふりかえり
かけ算・かける1けたの筆算

名前

1 1こ248円のおかしを8こ，180円の箱《はこ》に入れてもらいました。
全部《ぜんぶ》で何円になりますか。

式

答え

2 125mLの牛にゅうパックが6パックあります。
牛にゅうは，全部で何mLありますか。

式

答え

3 5人でバースデーケーキを1こ買います。
1人420円ずつはらいます。
バースデーケーキは，何円ですか。

式

答え

4 63円切手を9まい買います。
代金《だいきん》は何円ですか。

式

答え

5 はり金が352cmあります。
109cmずつ3本に切って使いました。
のこりは何cmですか。

式

答え

6 1ふくろにクッキーが58まい入っています。
7ふくろでは，クッキーは何まいになりますか。

式

答え

(141%に拡大してご使用ください。)

月　日

かけ算・かける１けたの筆算（テスト）

名前

【知識・技能】

1 筆算で計算をしましょう。(5×8)

(1) 23 × 3

(2) 15 × 6

(3) 60 × 8

(4) 19 × 8

(5) 46 × 9

(6) 753 × 8

(7) 608 × 7

(8) 389 × 6

2 3，5，7，9の４つの数字を □ に１つずつ いれて，次の㋐，㋑にあった問題を作りましょう。(5×2)

㋐ 答えがいちばん大きくなる問題

□□□ × □ = □□□□

㋑ 答えがいちばん小さくなる問題

□□□ × □ = □□□□

【思考・判断・表現】

3 １こ98円のりんごを４こ買います。
代金《だいきん》はいくらになりますか。(5×2)

式

答え

ひっ算

4 １ふくろにクッキーを16こ入れます。
６ふくろ作るためには，何こクッキーがいりますか。(5×2)

式

答え

ひっ算

5 １こ138円のキウイフルーツを５こ買いました。1000円はらいました。
おつりは何円ですか。(5×2)

式

答え

ひっ算

6 500mLのジュース１本と350mLのジュースを３本買いました。
ジュースを全部で何mL買ったことになりますか。(5×2)

式

答え

ひっ算

7 はるかさんの学校は１年から３年までは95人ずつで，４年から６年までは106人ずつです。はるかさんの学校の全校人数は何人ですか。(5×2)

式

答え

ひっ算

(141%に拡大してご使用ください。)

月　日

算数あそび

かけ算・かける１けたの筆算 ①

名前

● 答えの小さい方へすすみましょう。

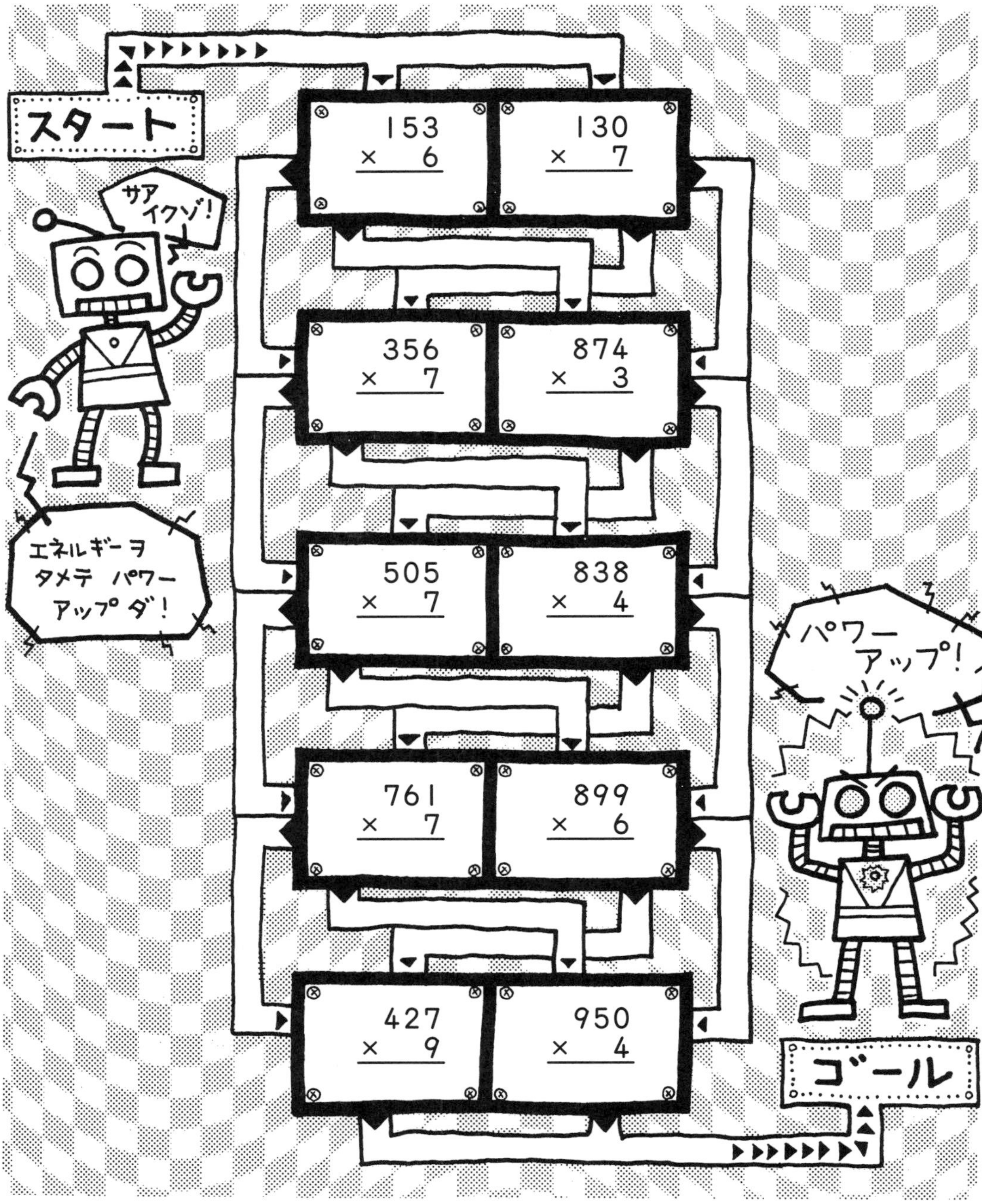

月　日

算数あそび

かけ算・かける１けたの筆算②

名前

● 答えの大きい方へすすみましょう。

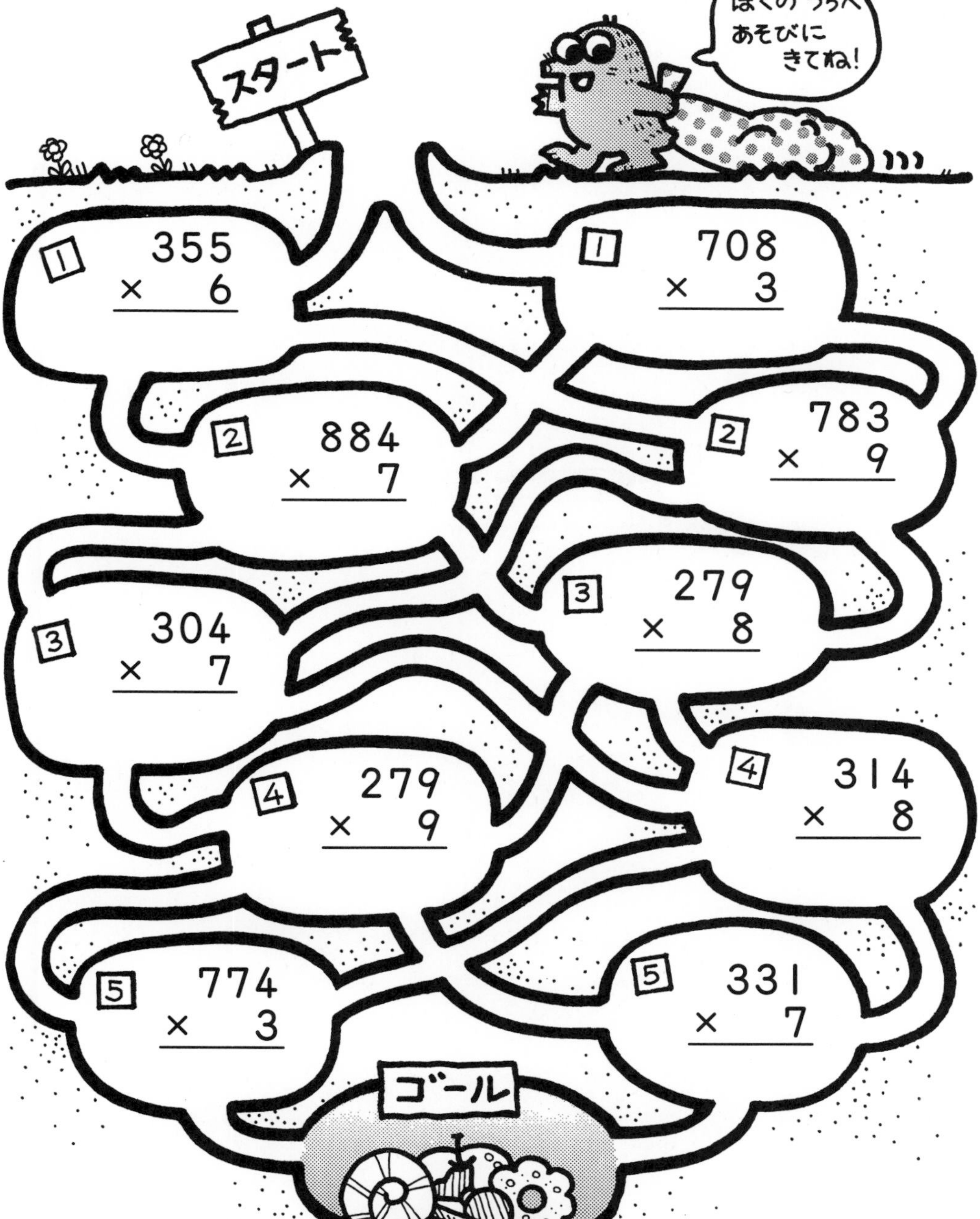

円と球（1）

名前　　　月　日

● 次《つぎ》の図を見て，▭にあうことばや数を下の▭からえらんで，書きましょう。

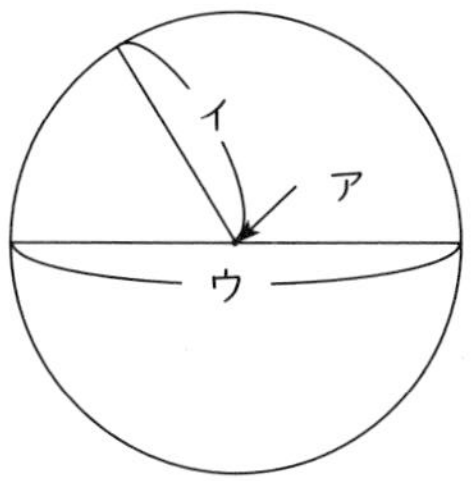

(1) 図のように，１つの点から同じ長さになるようにかいたまるい形を［　　］といいます。

(2) まん中の点アを円の［　　］といいます。

(3) まん中の点から円のまわりまでひいた直線イを［　　］といいます。

(4) まん中の点を通って，円のまわりからまわりまでひいた直線ウを［　　］といいます。

(5) 直径は，半径の［　　］倍《ばい》の長さです。

(6) 直径どうしは，円の［　　］で交わります。

(7) １つの円では，半径はみんな［　　］長さです。

中心・半径《はんけい》・直径《ちょっけい》・円
2・3・同じ・ちがう

円と球（2）

名前　　　月　日

1 下の図で，直径《ちょっけい》を表《あらわ》す線はア～ウのどれですか。

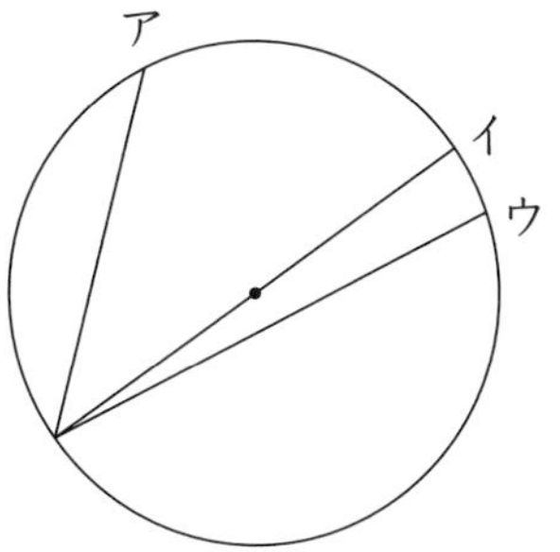

［　　］

2 次《つぎ》の円の直径と半径《はんけい》はそれぞれ何 cm ですか。

(1)

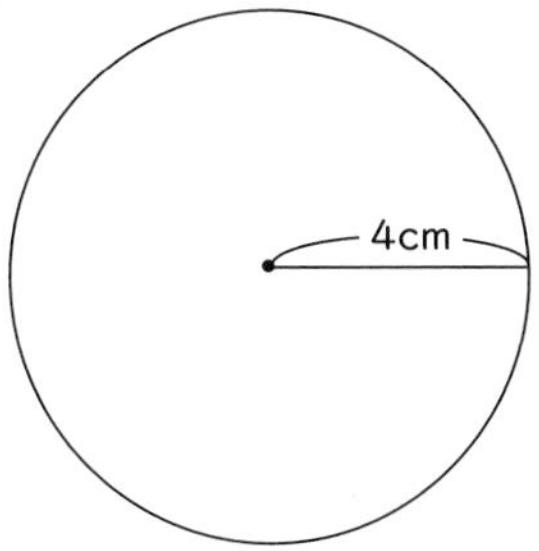

半径［　　］cm

直径［　　］cm

(2)

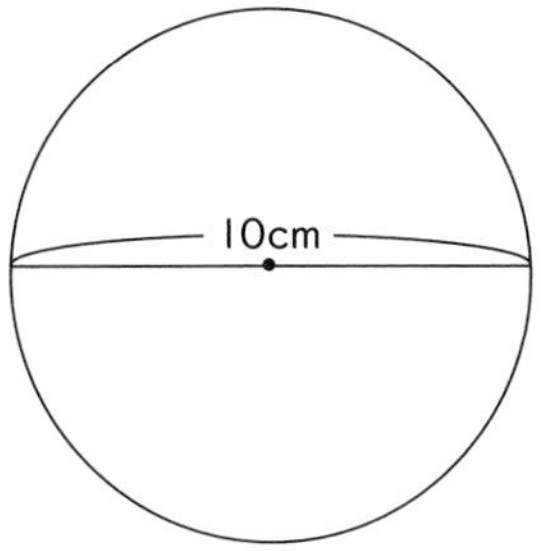

半径［　　］cm

直径［　　］cm

（141%に拡大してご使用ください。）

月　日

円と球（3）

名前

● 次《つぎ》の円の半径《はんけい》と直径《ちょっけい》は，それぞれ何 cm ですか。

(1)

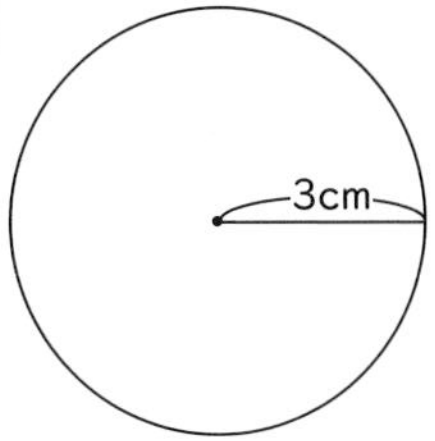

半径　[　　] cm

直径　[　　] cm

(2)

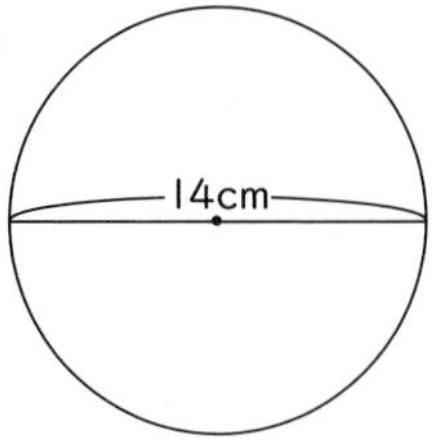

半径　[　　] cm

直径　[　　] cm

(3)

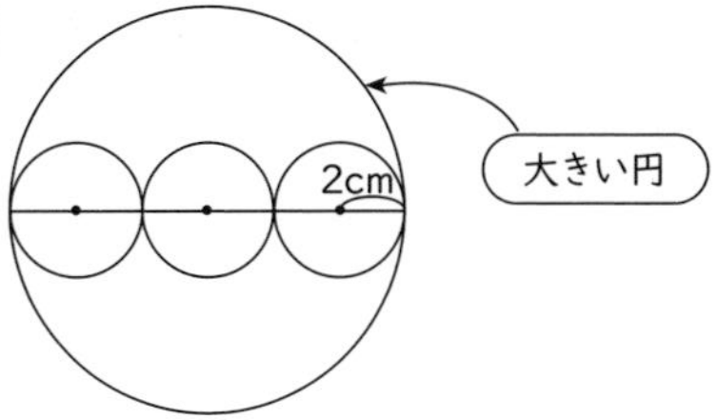

半径　[　　] cm

直径　[　　] cm

(4)

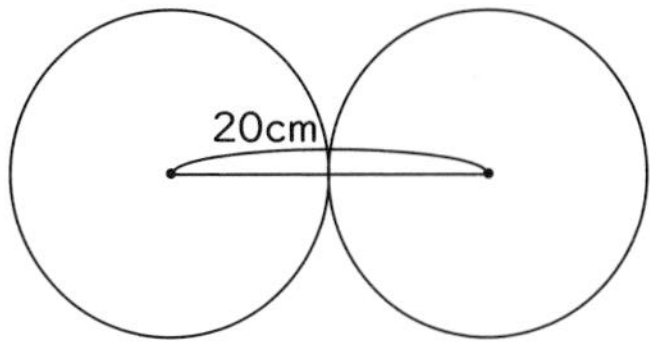

半径　[　　] cm　　直径　[　　] cm

月　日

円と球（4）

名前

5分

1 下の図のように，正方形の中に半径《はんけい》 4cm の円がぴったりと入っています。正方形の 1 つの辺《へん》の長さは何 cm ですか。

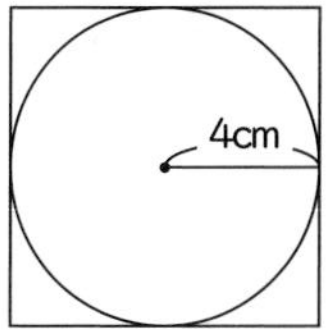

[　　] cm

2 下の図のように，大きい円の直径《ちょっけい》の上に，直径 8cm の円を 3 つならべました。

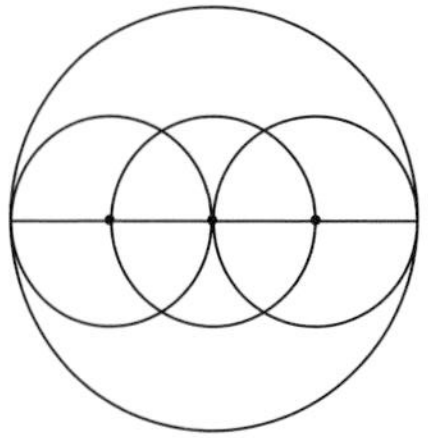

(1) 小さい円の半径は何 cm ですか。　[　　] cm

(2) 大きい円の半径は何 cm ですか。　[　　] cm

(3) 大きい円の直径は何 cm ですか。　[　　] cm

3 下の図のように，長方形の中に同じ大きさの円が 4 つ，ぴったりと入っています。

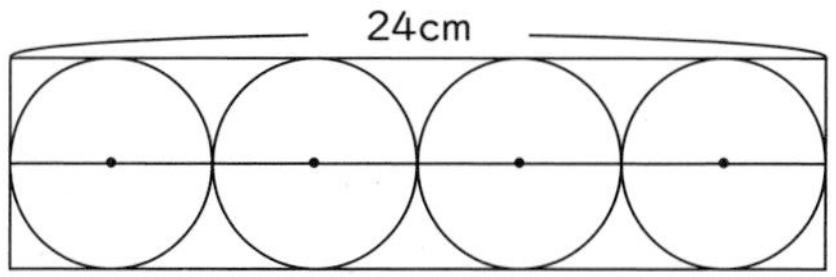

(1) 長方形のたての長さは何 cm ですか。　[　　] cm

(2) 円の半径は何 cm ですか。　[　　] cm

月　日

円と球（5）

名前

● コンパスを使《つか》って，円をかきましょう。

(1) 半径《はんけい》2 cm の円

(2) 直径《ちょっけい》6 cm の円

(3) 同じ点を中心にして
半径 4 cm と
直径 10 cm の円

月　日

円と球（6）

名前

● コンパスを使《つか》って，次《つぎ》のようなもようをかきましょう。

①

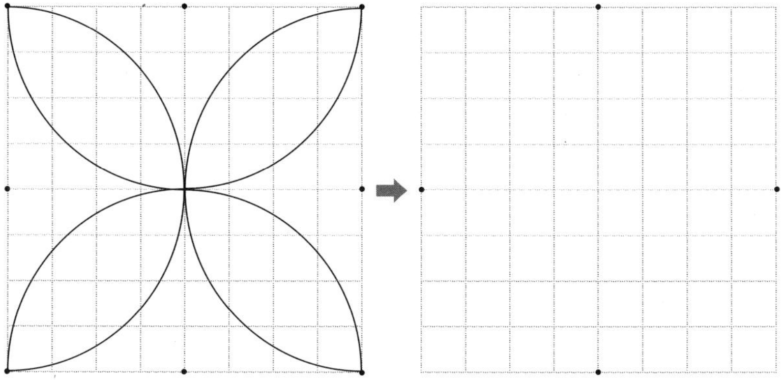

②

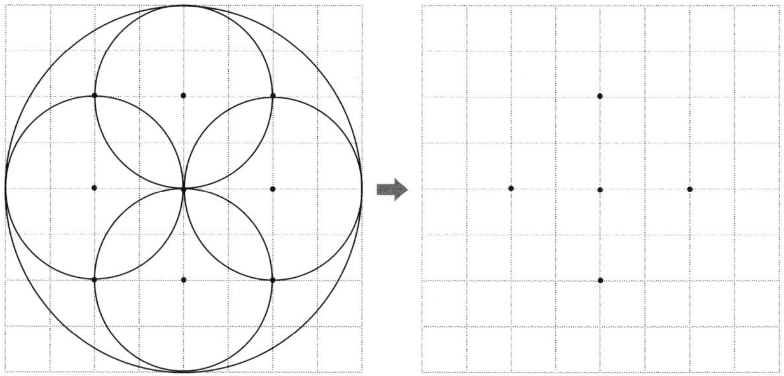

（141%に拡大してご使用ください。）

月　　日

円と球（7）

名前

□1 下の直線をコンパスを使って，2cm ずつと 3cm ずつに区《く》切《ぎ》りましょう。

① 2cm

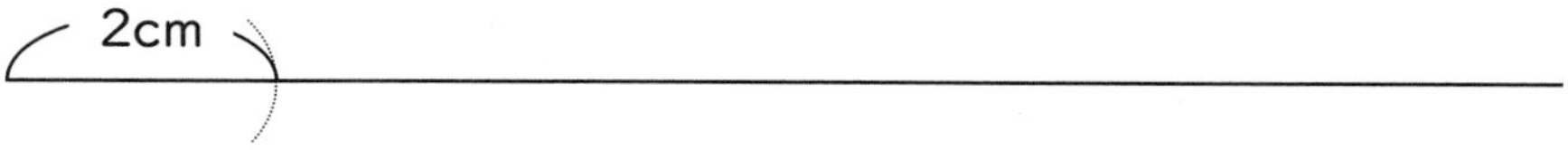

② 3cm

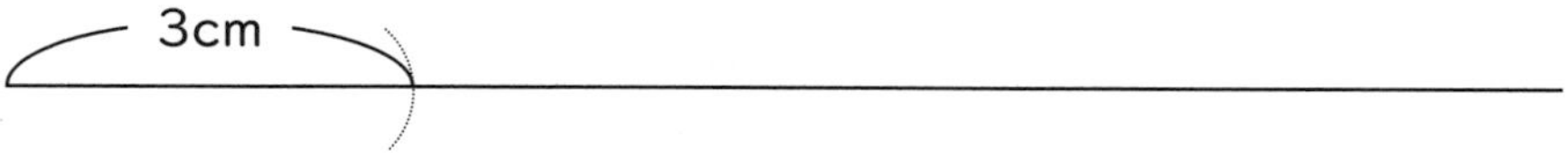

□2 植物園《しょくぶつえん》の入り口からあさがおの花だんまでと，ひまわり畑《ばたけ》までは，どちらが近いですか。コンパスを使《つか》ってそれぞれの長さを下の直線にうつしとり，長さをくらべましょう。

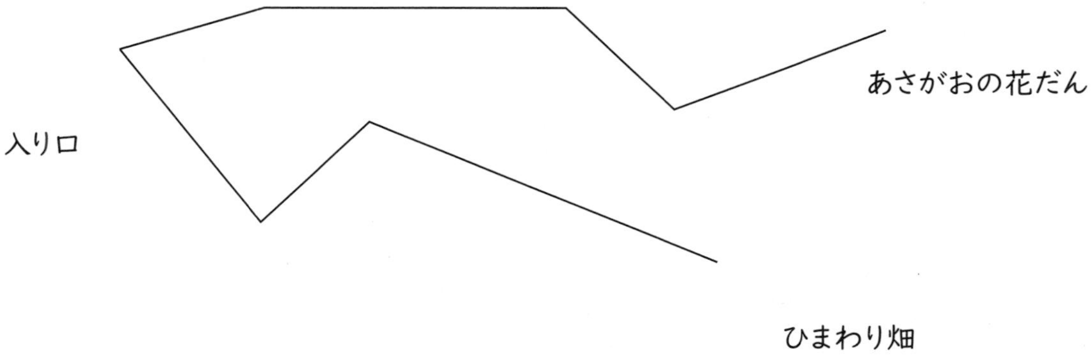

あさがおの花だん ＿＿＿＿＿＿＿＿＿＿＿＿

ひまわり畑 ＿＿＿＿＿＿＿＿＿＿＿＿

答え [　　　　　　] の方が近い

月　　日

円と球（8）

名前

1　下の図は，球《きゅう》をまん中で半分に切ったところです。
　に名前を書きましょう。

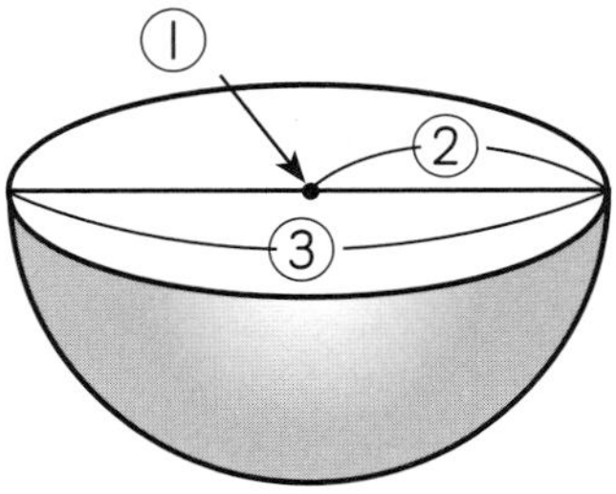

①

②

③

2　球を切った切り口の形や大きさについて調《しら》べましょう。

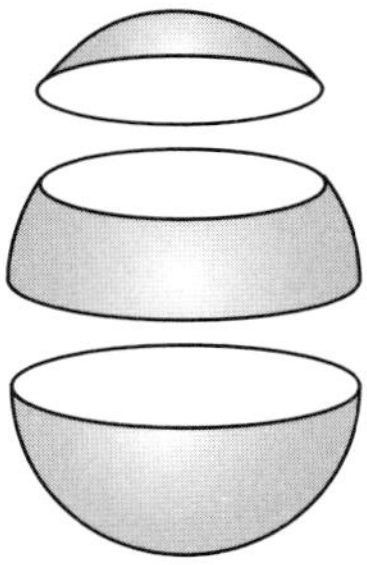

(1)　切り口はどんな形をしていますか。

(2)　切り口がいちばん大きいのは，どのように切ったときですか。
　ま２つに　　　を通って切ったとき。

3　下のように，箱《はこ》の中に同じ大きさの球が６つ，ぴったりと入っています。

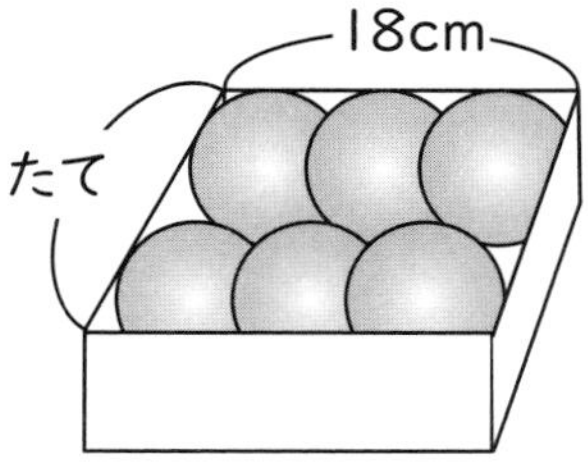

(1)　球の直径は何 cm ですか。

(2)　箱のたての長さは何 cm ですか。

チャレンジ
円と球（9）

名前

1 ア，イ，ウは3つの円のそれぞれの中心です。
いちばん大きい円の直径《ちょっけい》は18cmです。
イからウまでの長さは何cmですか。

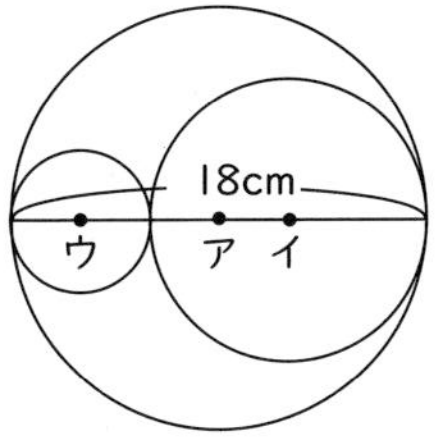

cm

2 アからウまでの長さは32cmです。
イは，いちばん大きい円の中心です。

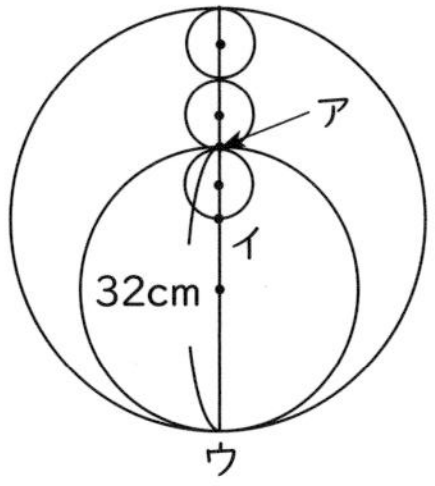

(1) いちばん小さい円の直径は何cmですか。

cm

(2) いちばん大きい円の半径《はんけい》は何cmですか。

cm

3 右のように，長さ30cmのつつの中に同じ大きさの球《きゅう》が6つ，ぴったりと入っています。球の直径をもとめましょう。

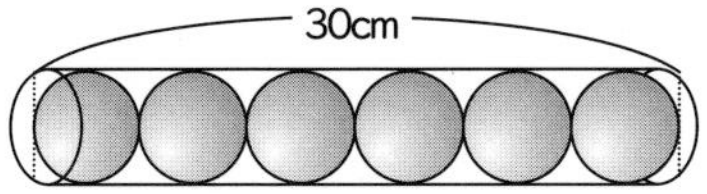

球の直径　cm

4 下の図のように，箱《はこ》の中に，半径2cmの球がぴったりと入っています。箱のたてと横《よこ》の長さはそれぞれ何cmですか。

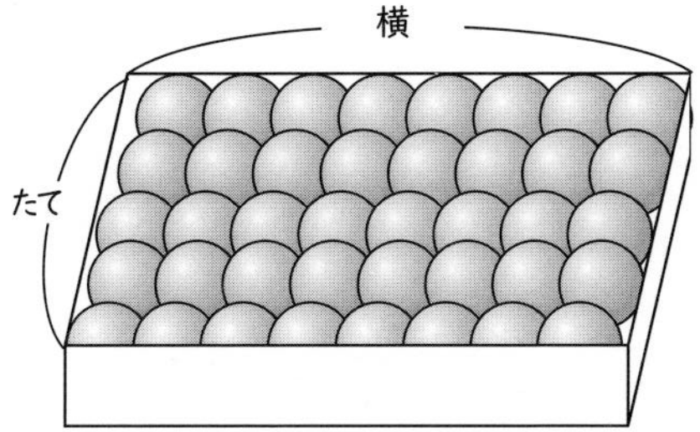

たて　cm

横　cm

5 たて54cm，横42cm，高さ6cmの箱に，直径6cmのボールがぴったり入っています。ボールは何こ入っていますか。

式《しき》

答え

月　日

ふりかえり
円と球

名前

1 図のア，イ，ウにあてはまることばを，□に書きましょう。

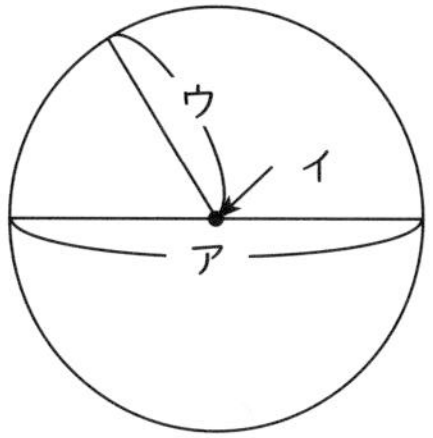

ア □
イ □
ウ □

2 コンパスを使《つか》って，直径《ちょっけい》 4cm の円をかきましょう。

3 下の円の半径《はんけい》と直径は，それぞれ何 cm ですか。

(1)

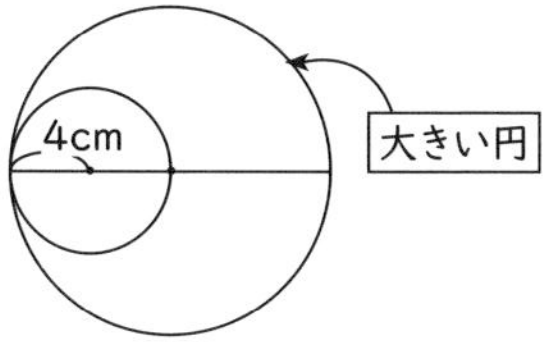

半径 □ cm
直径 □ cm

(2)

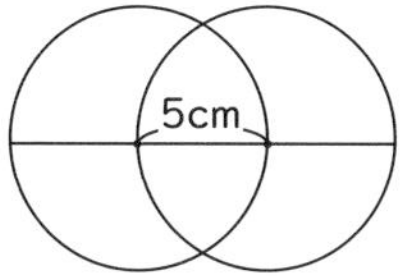

半径 □ cm
直径 □ cm

4 ㋐と㋑の線は，どちらが長いですか。
コンパスを使って調《しら》べましょう。

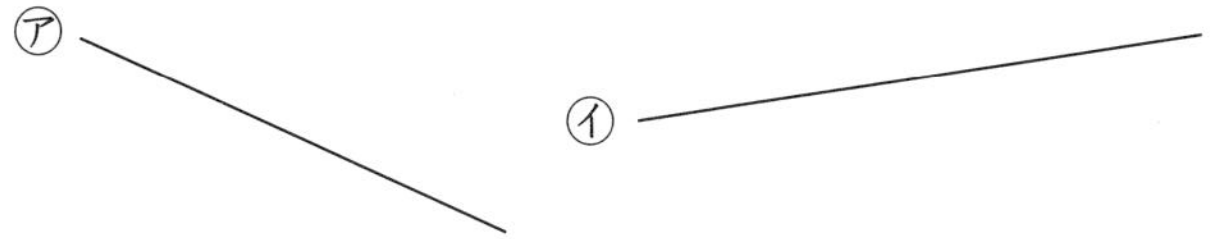

□

5 コンパスを使って，次《つぎ》のようなもようをかきましょう。

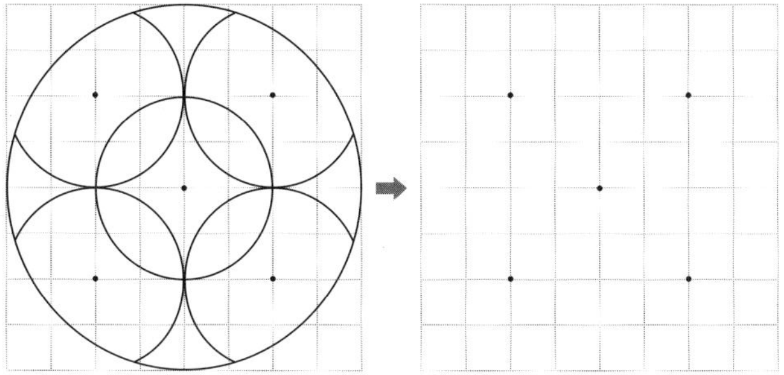

6 下の図は，球《きゅう》を真《ま》ん中で半分に切ったところです。

(1) ア，イ，ウにあてはまることばを，□に書きましょう。

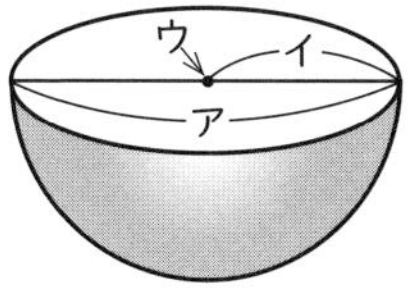

ア □　イ □
ウ □

(2) 球の切り口はどんな形をしていますか。

□

(141%に拡大してご使用ください。)

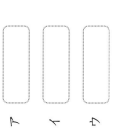

月　日

円と球（テスト）

名前

【知識・技能】

1　下の図を見て答えましょう。(5×6)

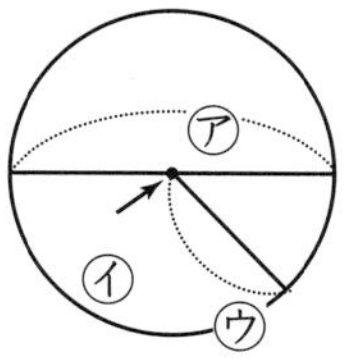

(1) ［　］にあてはまる言葉《ことば》を書きましょう。

ア［　］　イ［　］

ウ［　］

(2) アの長さは，ウの長さの何倍《ばい》ですか。［　］

(3) 直径《ちょっけい》は，かならずどこを通りますか。［　］

(4) 右の図は，球《きゅう》を切ったものです。

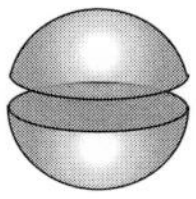

球はどこを切ってもどんな形をしていますか。［　］

2　次の円をかきましょう。(5×2)

(1) 半径《はんけい》2cmの円　(2) 直径6cmの円

3　ありからエサまでの㋐，㋑の長さをコンパスで直線にうつしとりましょう。(5×2)

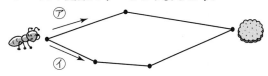

㋐ ……………………

㋑ ……………………

【思考・判断・表現】

4　次《つぎ》の長さをもとめましょう。(10×2)

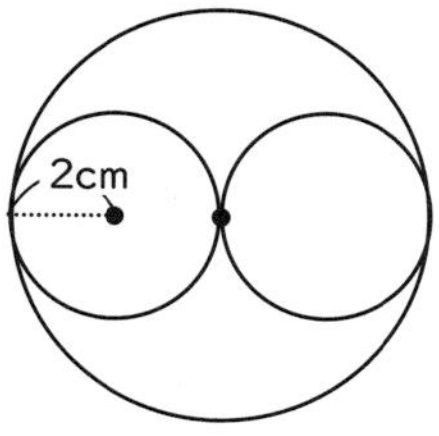

小さい円の直径［　］

大きい円の直径［　］

5　下の図の長方形の横の長さをもとめましょう。円の直径は8cmです。(10)

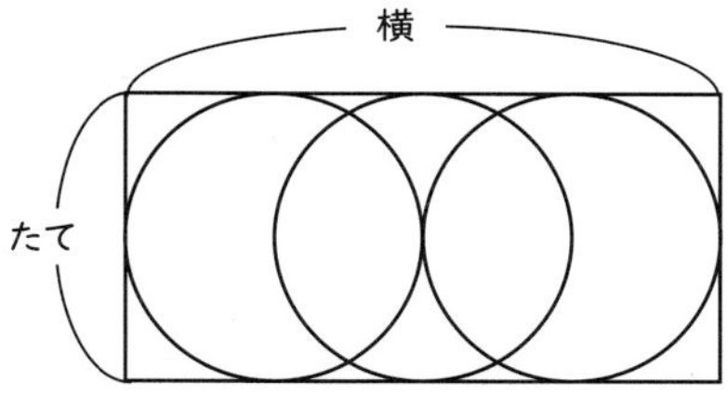

横［　］

6　下の図のようにボールが8こすき間なく箱《はこ》に入っています。次の長さは何cmでしょうか。(10×2)

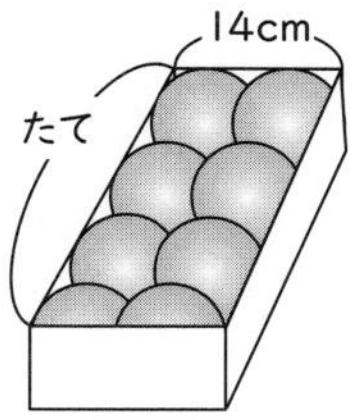

(1) ボール1この直径［　］

(2) 箱のたての長さ［　］

月　日

算数あそび
円と球

名前

● りょうたさんは，①，②，③のお店に買《か》い物《もの》に行きました。行ったお店の名前を答えましょう。

① アの点から 6cm，イの点から 3cm のところにあるお店
② ウの点から 4cm，カの点から 8cm のところにあるお店
③ エの点から 8cm，オの点から 5cm のところにあるお店

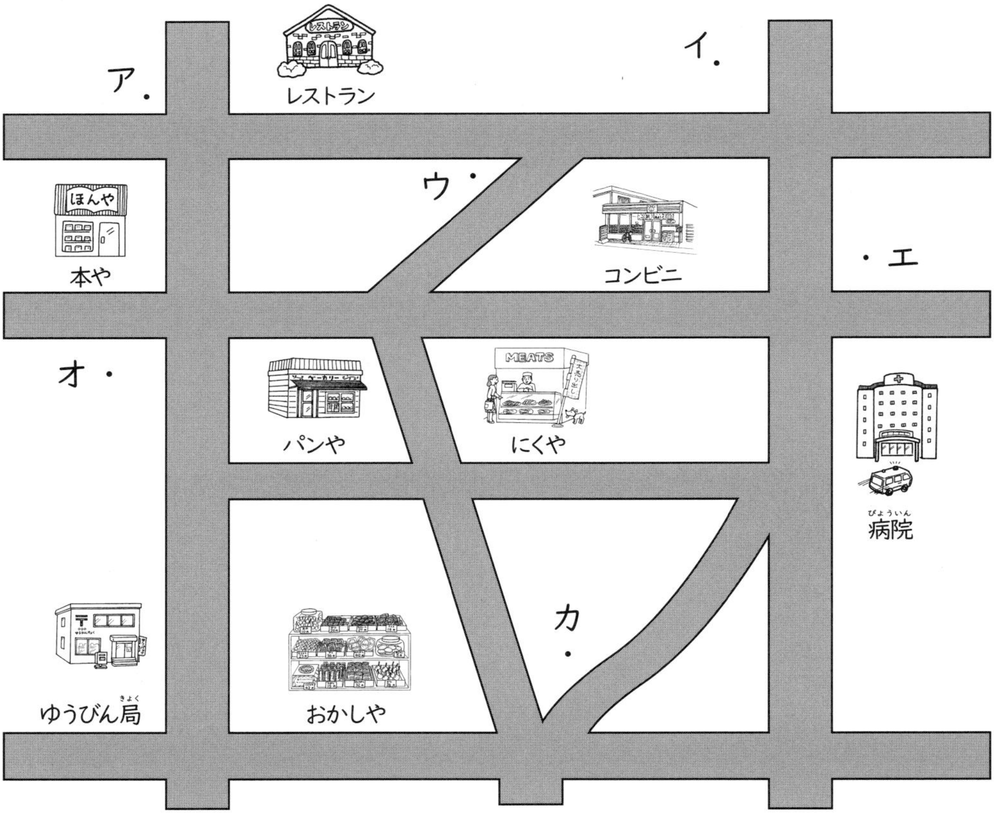

① ____　② ____　③ ____

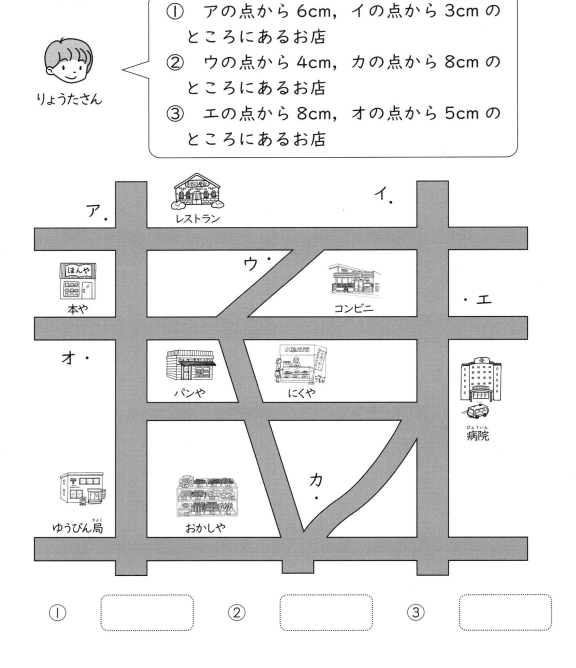

小数（1）

月　日　名前

1Lを10等分《とうぶん》した1こ分のかさを0.1Lと書きます。

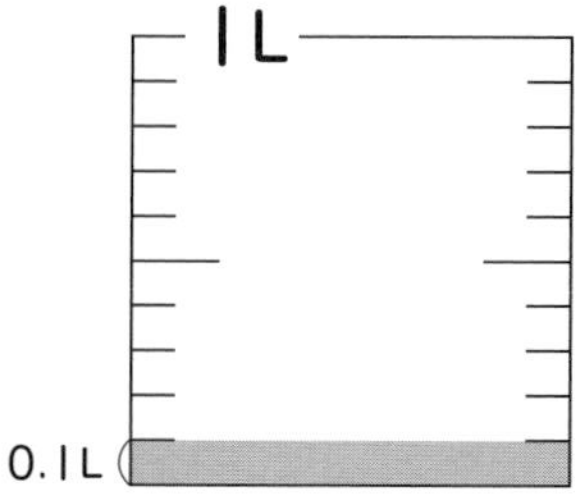

● 次《つぎ》の水のかさは，0.1Lが何こ分ですか。また，それは何Lですか。

(1)

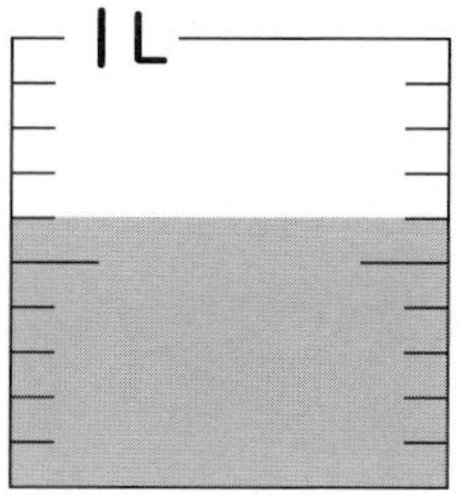

0.1Lが □ こ分で 0.6L です。

(2)

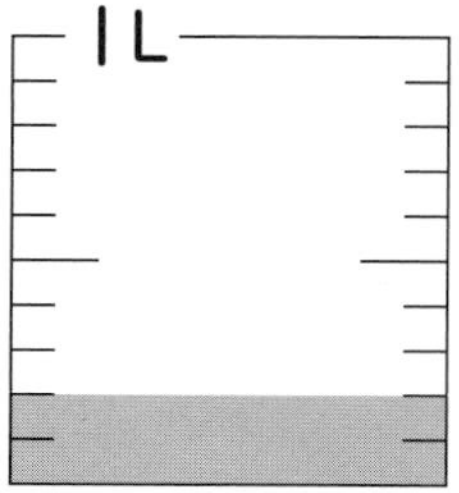

0.1Lが □ こ分で □ です。

(3)

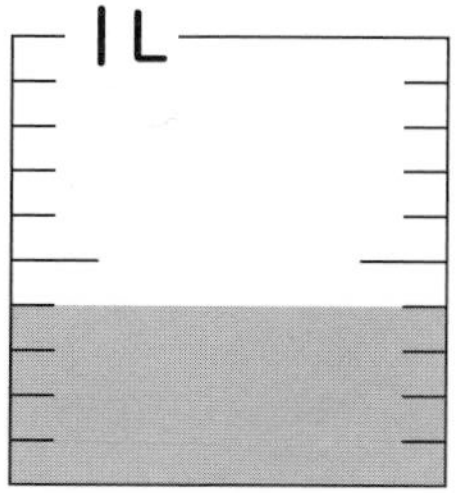

0.1Lが □ こ分で □ です。

(4)

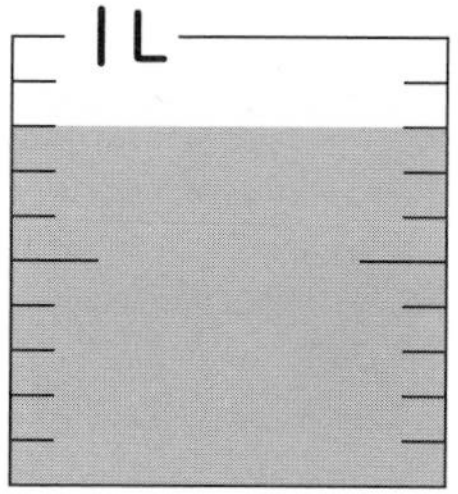

0.1Lが □ こ分で □ です。

3分

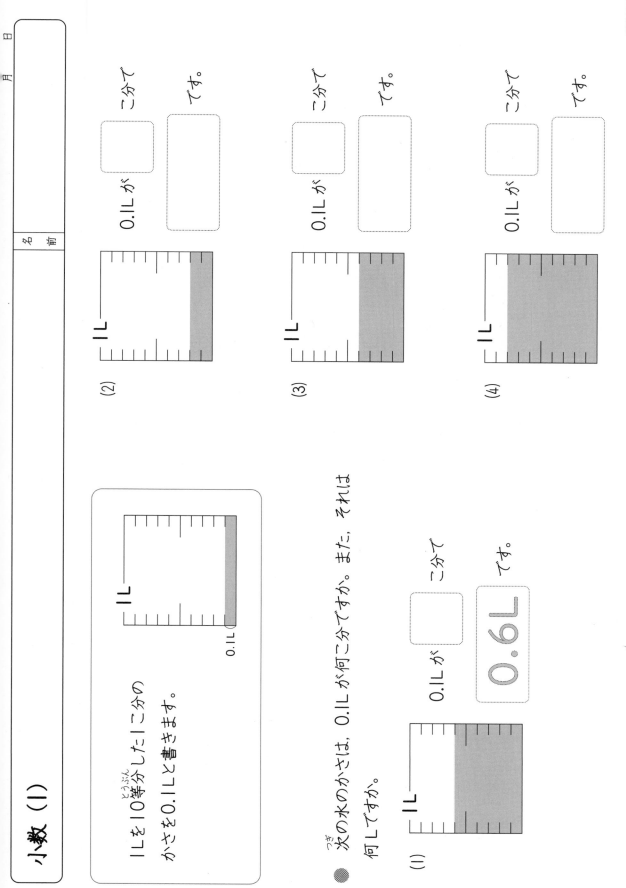

5分

月　　日

小数（2）

名前

1Lと，はしたの0.1Lをあわせたかさを

1.1L と書きます。

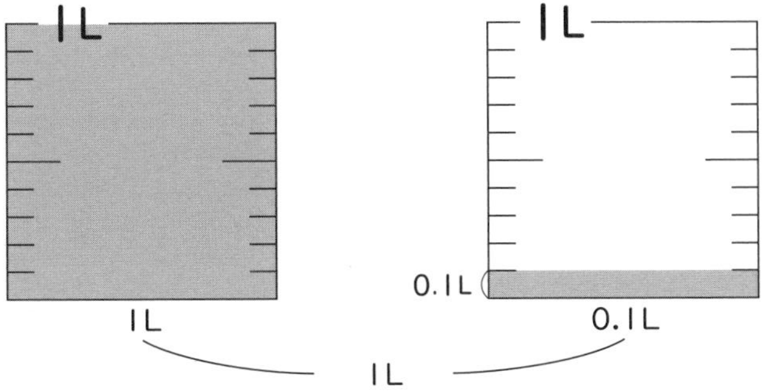

1　水のかさは何Lですか。

(1)

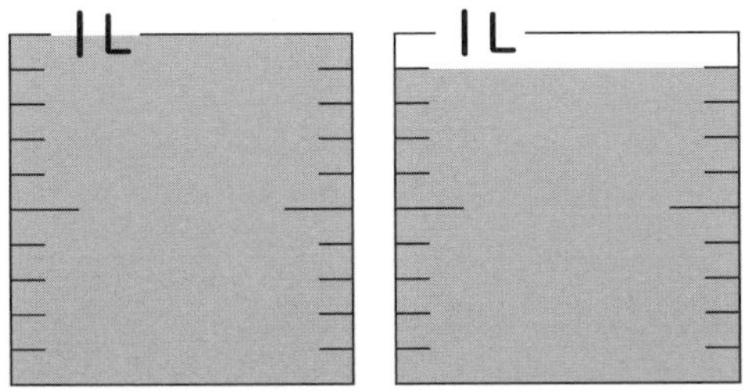

□ L

(2)

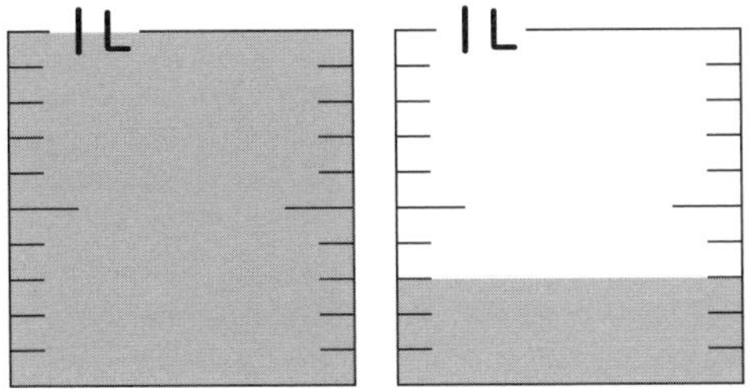

□ L

(3)

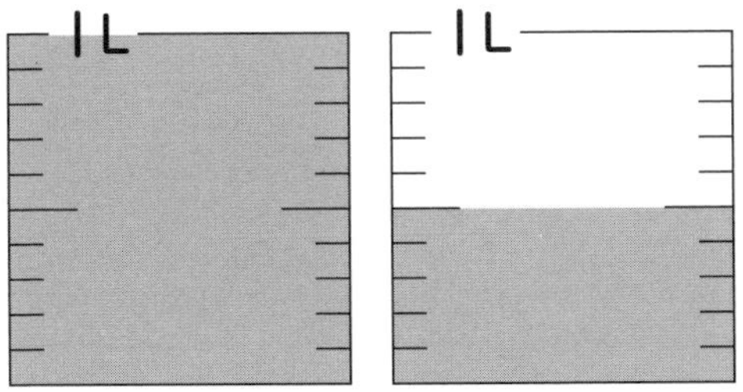

□ L

2　次《つぎ》の数を整数《せいすう》と小数に分けましょう。

㋐ 1.8　㋑ 3　㋒ 29　㋓ 0.7　㋔ 4.5

整数 □

小数 □

（141%に拡大してご使用ください。）

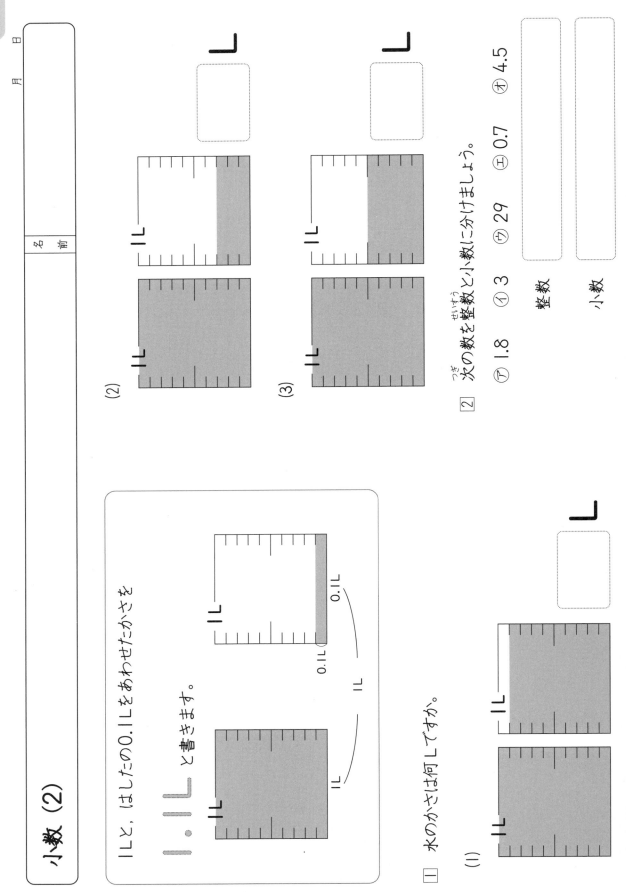

小数（3）

名前　　　　　　　　月　　日

水のかさの分だけ色をぬりましょう。

(1)　0.1L

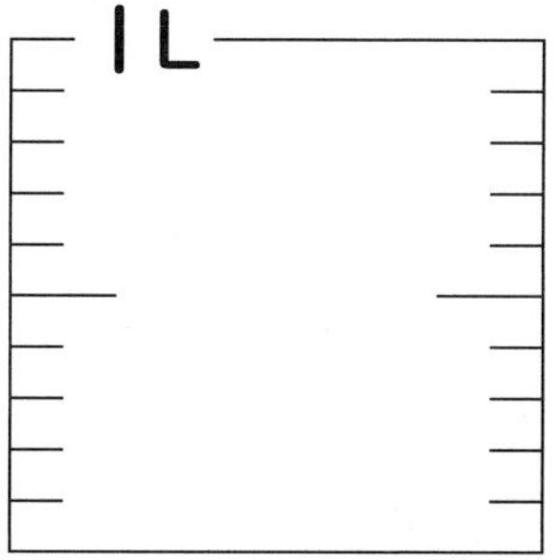

(2)　0.8L

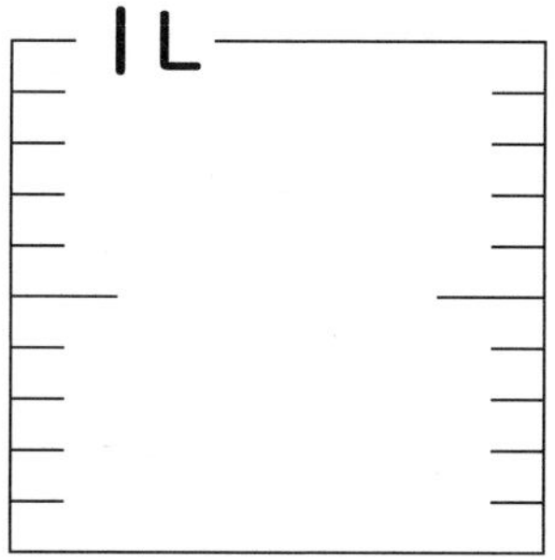

(3)　0.9L

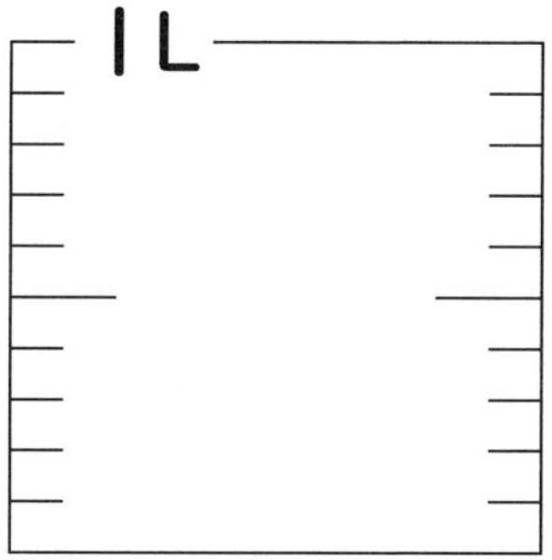

(4)　0.5L

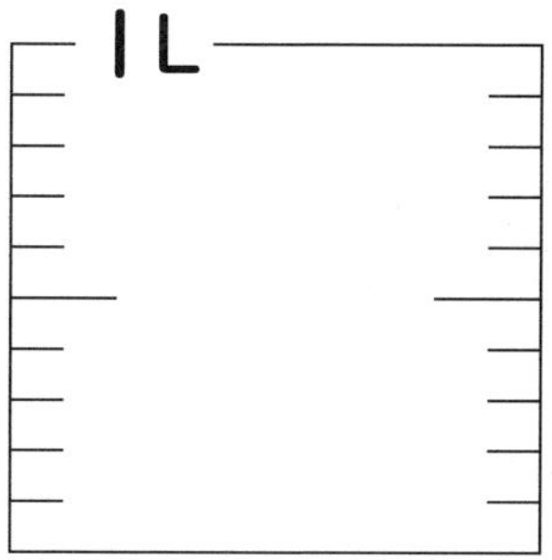

小数（4）

名前　　　　　　　　月　　日

5分

水のかさの分だけ色をぬりましょう。

(1)　1.7L

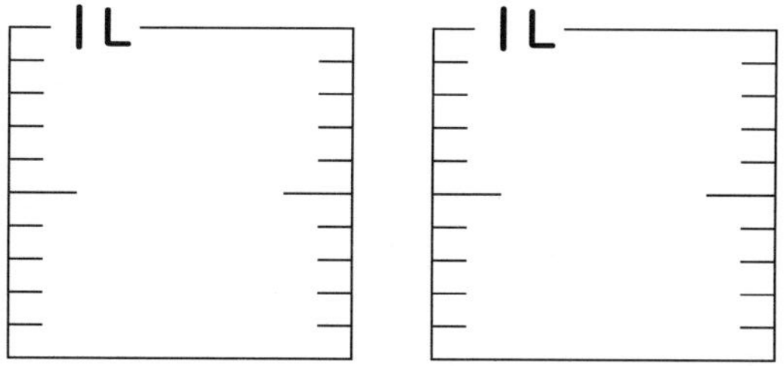

(2)　1.4L

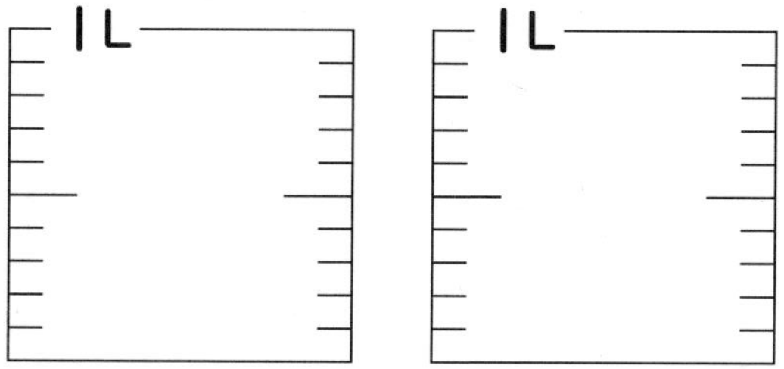

(3)　1.6L

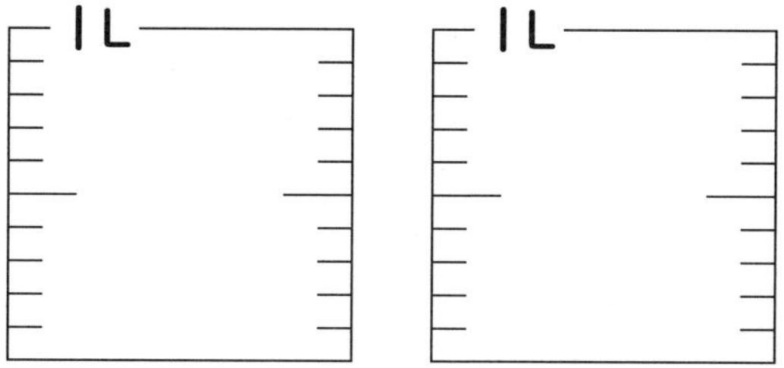

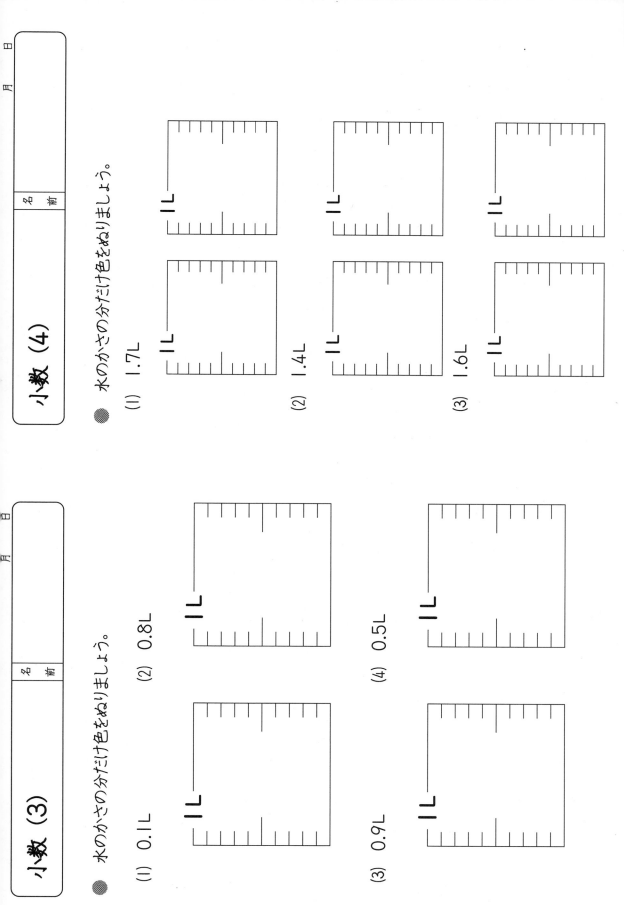

月　日

小数 (5)

名前

● ★から㋐, ㋑, ㋒, ㋓, ㋔までの長さは，それぞれ何 cm ですか。小数で答えましょう。

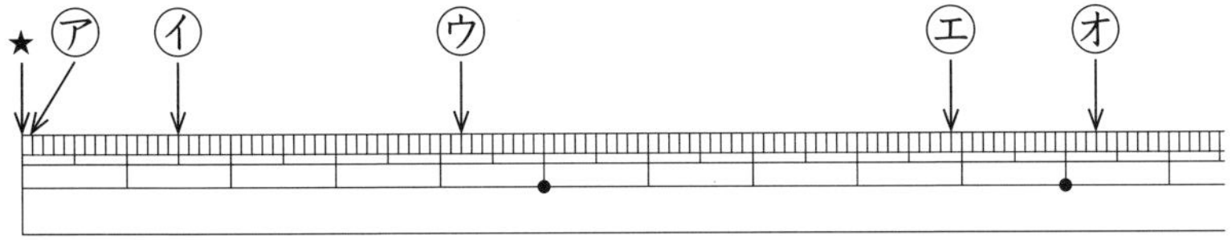

㋐ ☐ cm

㋑ ☐ cm

㋒ ☐ cm

㋓ ☐ cm

㋔ ☐ cm

月　日

小数 (6)

名前

● ★から㋐, ㋑, ㋒, ㋓, ㋔までの長さは，それぞれ何 cm ですか。小数で答えましょう。

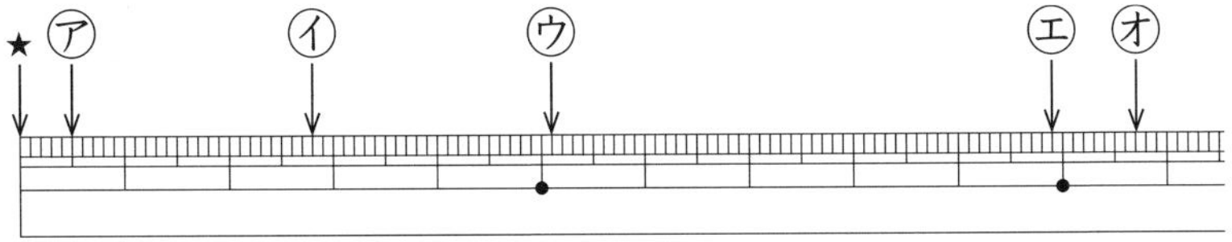

㋐ ☐ cm

㋑ ☐ cm

㋒ ☐ cm

㋓ ☐ cm

㋔ ☐ cm

（141％に拡大してご使用ください。）

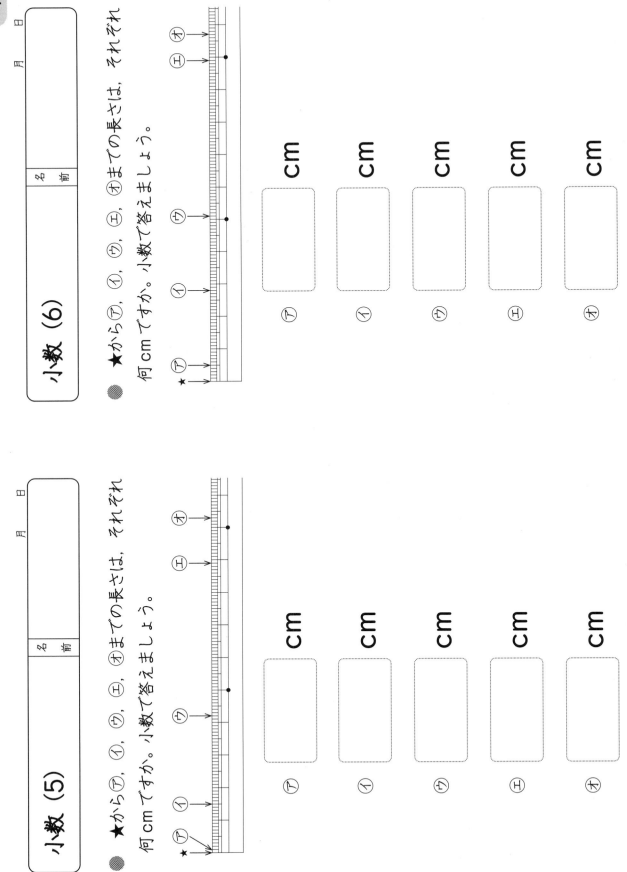

月　日

小数 (7)

名前

1 ↑の表《あらわ》している数を書きましょう。

(1)

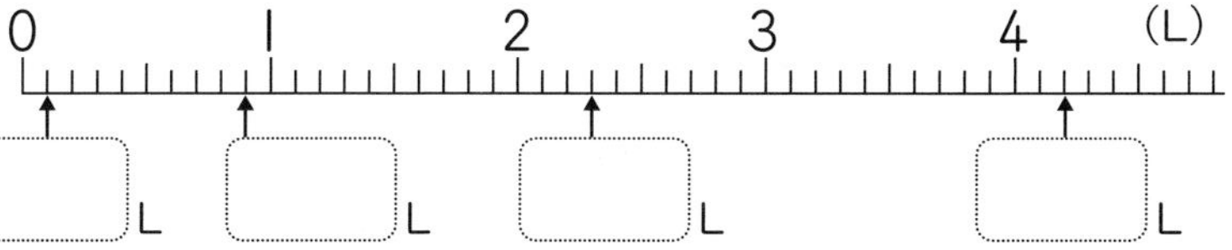

(2)

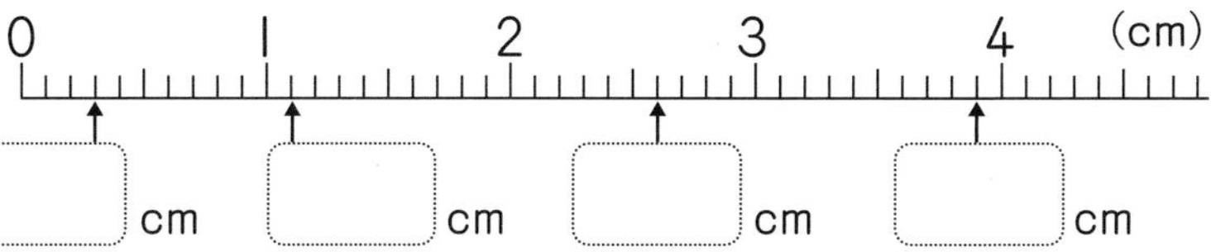

(3)

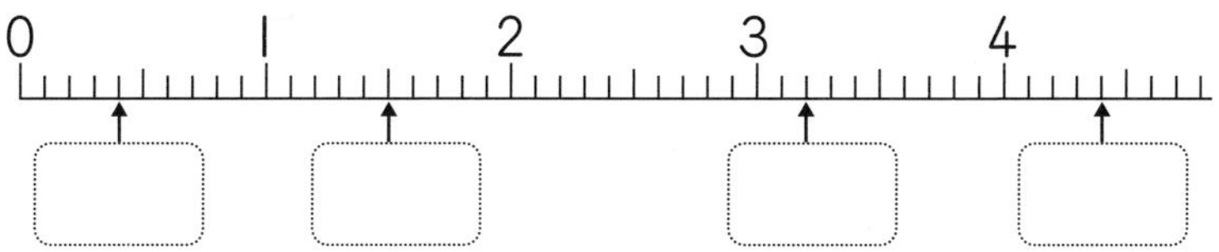

2 次《つぎ》の数を，数直線に↑で書き入れましょう。

㋐ 0.2　㋑ 0.7　㋒ 1.8　㋓ 2.5　㋔ 3.1

月　日

小数 (8)

名前

1 下の数直線を見て，□にあてはまる数を書きましょう。

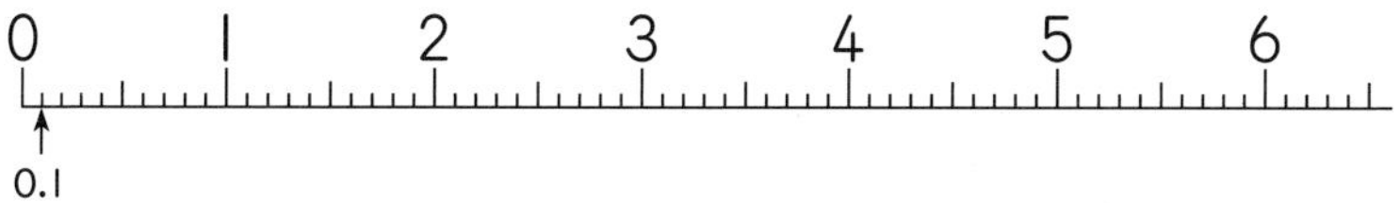

(1) 0.7は，0.1を□こ集《あつ》めた数です。

(2) 5.2は，0.1を□こ集めた数です。

(3) 0.1を6こ集めた数は□です。

(4) 0.1を41こ集めた数は□です。

2 □にあてはまる数を書きましょう。

(1) 2.8は，1を□こ，0.1を□こあわせた数です。

(2) 36.9は，10を□こ，1を□こ，0.1を□こあわせた数です。

また，36.9の小数第一位《しょうすうだいいちい》の数字は□です。

5分

小数（9）

月　日　名前

1 下の数直線を見て大きさをくらべ，□に不等号《ふとうごう》を書きましょう。

① 2.9 □ 3.1　② 2 □ 1.7

③ 1.1 □ 0.9　④ 1.2 □ 2.1

2 下の数直線を見て大きさをくらべ，□に不等号を書きましょう。

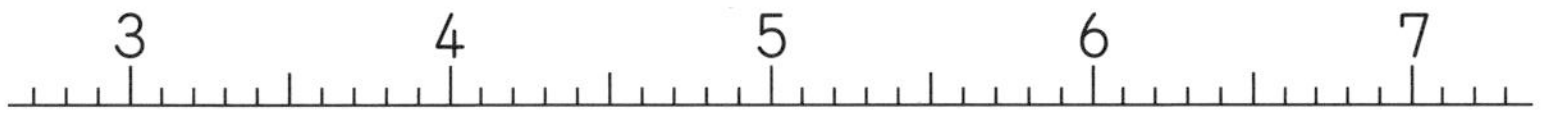

① 6.6 □ 5.9　② 4.9 □ 5

③ 5.4 □ 6.3　④ 7 □ 6.6

3 1.9 , 2.3 , 1.2 , 0.9 を，小さいじゅんにならべましょう。

□ < □ < □ < □

小数（10）

月　日　名前

1 お茶がポットに0.7L，コップに0.2L入っています。

(1) あわせて何Lですか。

式《しき》 0.7 + 0.2 = □

答え

(2) ちがいは何Lですか。

式 0.7 − 0.2 = □

答え

2 計算をしましょう。

① 0.3 + 0.5　② 0.1 + 0.8

③ 0.4 + 0.6　④ 0.7 + 0.9

3 計算をしましょう。

① 0.6 − 0.3　② 0.8 − 0.2

③ 1 − 0.4　④ 1.6 − 0.6

月　日

小数（11）
たし算①（くり上がりなし／あり）

名前

1 計算をしましょう。

① 3.2 + 4.5

② 8.3 + 1.6

③ 2.2 + 0.5

④ 4.6 + 4.2

2 計算をしましょう。

① 5.8 + 1.4

② 0.7 + 1.5

月　日

小数（12）
たし算②

名前

● 計算をしましょう。

① 4 + 2.8

② 7.2 + 3

③ 3.4 + 5.6

④ 4.3 + 5.7

⑤ 1.2 + 0.8

⑥ 3.2 + 6.8

3分

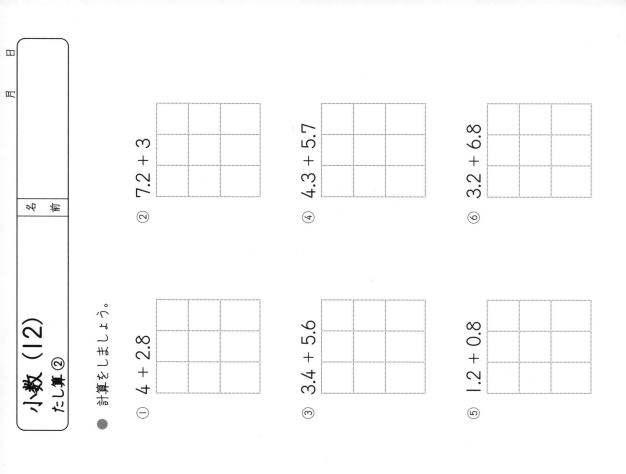

月　　日

小数（13）
たし算③（くり上がりなし）

名前

● 計算をしましょう。

① $0.2 + 2.6$　② $3.1 + 4.7$　③ $2.5 + 2.4$

④ $7.1 + 0.2$　⑤ $3.5 + 1.3$　⑥ $2.2 + 3.3$

⑦ $8.1 + 0.7$　⑧ $0.6 + 1.1$　⑨ $5.2 + 2.4$

⑩ $1.1 + 4.5$

月　　日

小数（14）
たし算③（くり上がりあり）

名前

● 計算をしましょう。

① $2.3 + 3.9$　② $4.5 + 2.9$　③ $0.7 + 3.8$

④ $5.8 + 1.5$　⑤ $3.7 + 3.7$　⑥ $4.3 + 0.8$

⑦ $0.9 + 1.4$　⑧ $3.8 + 0.8$　⑨ $6.4 + 1.7$

⑩ $5.4 + 0.7$

（141%に拡大してご使用ください。）

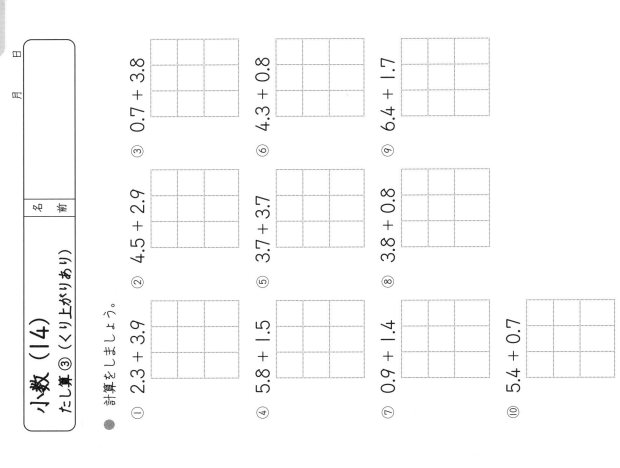

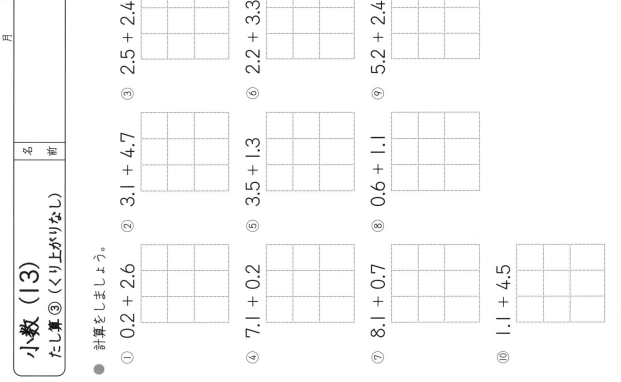

月　日

小数（15）

たし算⑤

名前

● 計算をしましょう。

① 4 + 2.7

② 0.6 + 1.4

③ 1.8 + 3

④ 1.4 + 8.6

⑤ 0.9 + 8

⑥ 3.1 + 6.9

⑦ 5.5 + 1.5

⑧ 8.2 + 0.8

⑨ 5.2 + 1

⑩ 7.3 + 2.7

月　日

小数（16）

たし算⑥

名前

● 計算をしましょう。

① 1.1 + 8.2

② 4.6 + 5.4

③ 4.3 + 3.9

④ 4.9 + 5.2

⑤ 8.2 + 0.8

⑥ 1.9 + 3.8

⑦ 5 + 0.9

⑧ 4.2 + 3.5

⑨ 3.6 + 6.8

⑩ 1.6 + 8.4

5分

（141%に拡大してご使用ください。）

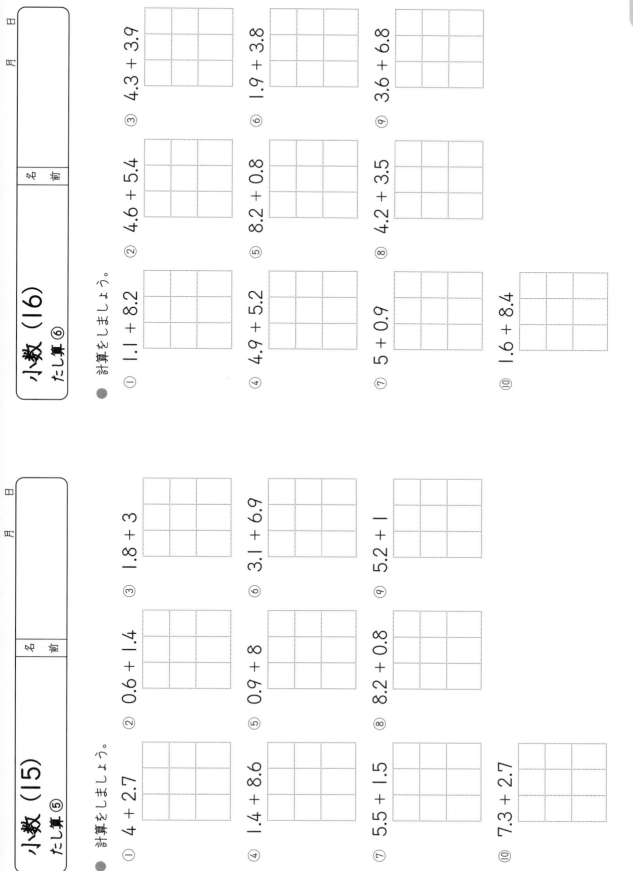

小数（17）
ひき算①（くり下がりなし／あり）

名前　　　月　日

1 計算をしましょう。

① 8.6 − 2.3

② 9.8 − 4.5

③ 7.7 − 2.6

④ 4.8 − 0.4

⑤ 9.2 − 0.8

⑥ 8.2 − 3.7

小数（18）
ひき算②

名前　　　月　日

● 計算をしましょう。

① 7 − 3.2

② 4.6 − 1

③ 5.2 − 4.6

④ 10 − 4.8

⑤ 4.8 − 2.8

⑥ 6.3 − 5.4

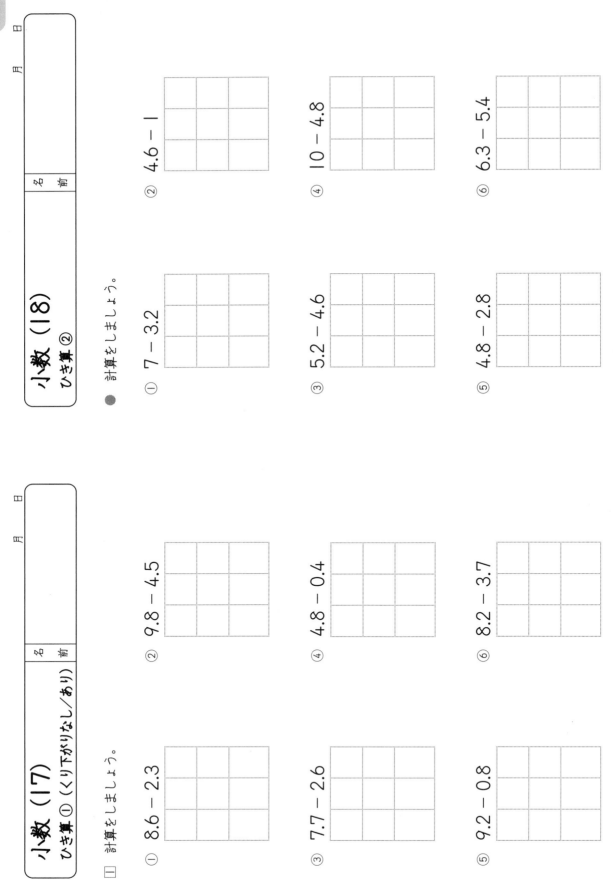

月　日

小数（19）
ひき算③（くり下がりなし）

名前

● 計算をしましょう。

① 8.3 − 5.2　② 4.8 − 3.7　③ 1.6 − 0.4

④ 0.7 − 0.2　⑤ 8.4 − 3.1　⑥ 9.8 − 1.7

⑦ 8.3 − 7.2　⑧ 5.9 − 0.4　⑨ 7.8 − 6.5

⑩ 3.6 − 2.2

月　日

小数（20）
ひき算④（くり下がりあり）

名前

● 計算をしましょう。

① 7.6 − 3.8　② 4.2 − 0.5　③ 1.1 − 0.9

④ 9.4 − 5.6　⑤ 2.2 − 0.3　⑥ 3.8 − 1.9

⑦ 8.1 − 3.9　⑧ 9.2 − 1.8　⑨ 6.6 − 2.8

⑩ 5.2 − 1.4

5分

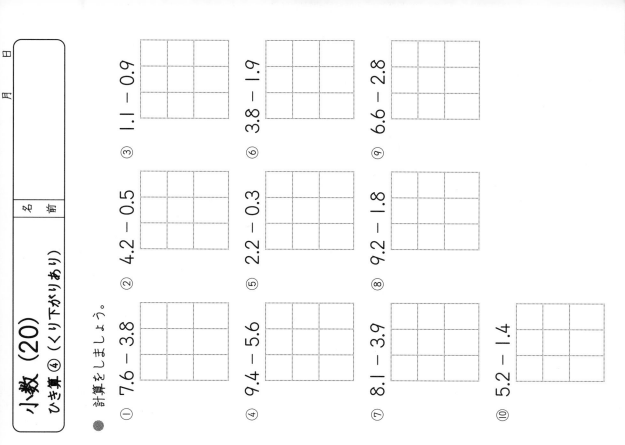

月　日

小数（21）
ひき算⑤

名前

● 計算をしましょう。

① 6 − 2.4　② 8.2 − 3.2　③ 6.4 − 5

④ 2.3 − 1.8　⑤ 10 − 4.9　⑥ 3.6 − 2.9

⑦ 1 − 0.9　⑧ 3.4 − 2.7　⑨ 7.8 − 6.9

⑩ 10 − 8.9

月　日

小数（22）
ひき算⑥

名前

● 計算をしましょう。

① 4.5 − 3.6　② 3.6 − 2.4　③ 8.2 − 8

④ 5 − 1.9　⑤ 10 − 7.8　⑥ 9.3 − 4.5

⑦ 6.6 − 1.4　⑧ 6.1 − 4.3　⑨ 8.2 − 0.4

⑩ 9 − 8.9

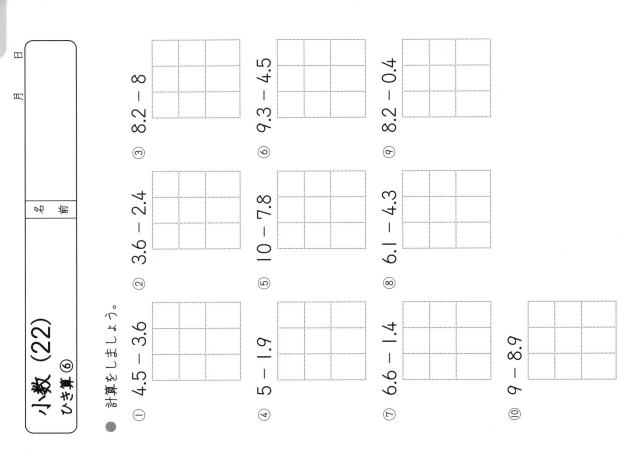

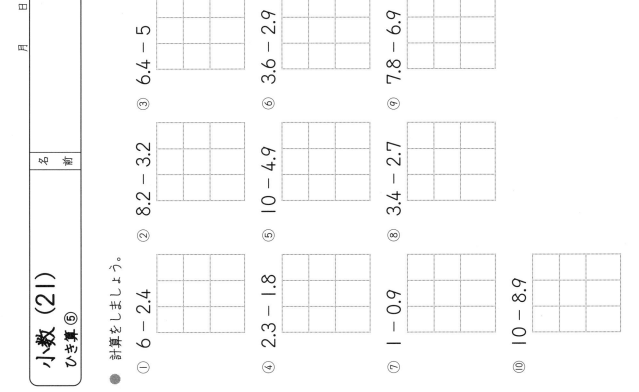

ふりかえり
小数 ①

名前

1　水のかさは，何Lですか。

(1)

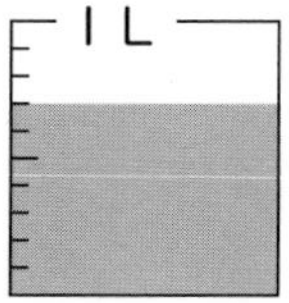

□ L

(2)

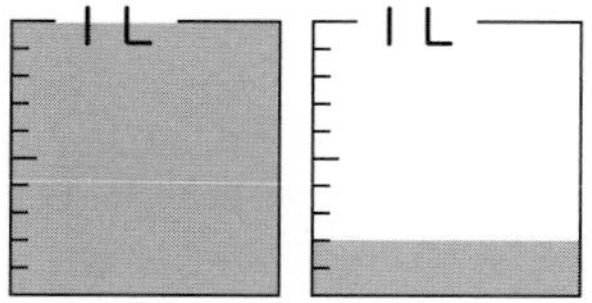

□ L

2　下のますに，小数で表《あらわ》されたかさの分だけ色をぬりましょう。

(1)　0.4L

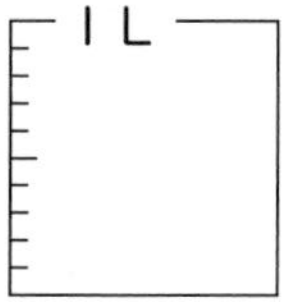

(2)　1.9L

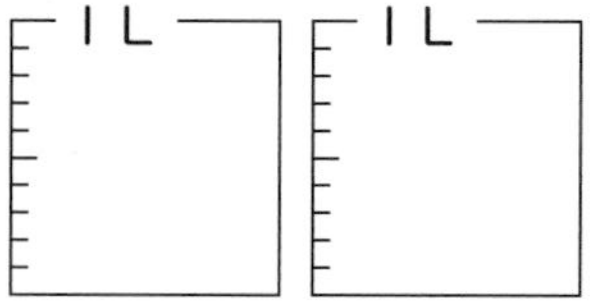

3　↑の表《あらわ》している数を書きましょう。

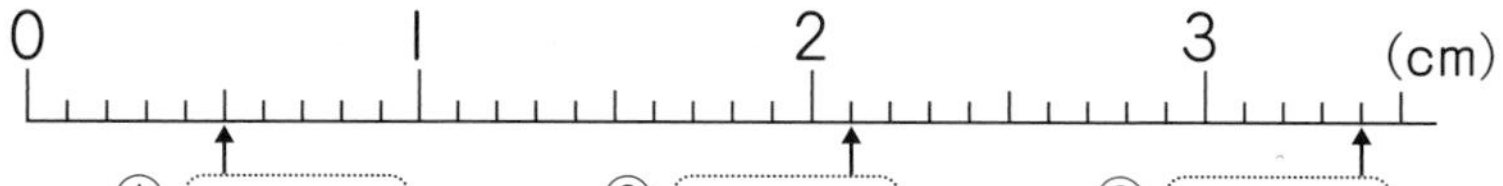

①　□ cm　②　□ cm　③　□ cm

4　□にあてはまる数を書きましょう。

(1)　0.6は，0.1を□こ集《あつ》めた数です。

(2)　3.8は，0.1を□こ集めた数です。

(3)　0.1を3こ集めた数は□です。

(4)　0.1を61こ集めた数は□です。

(5)　43.7は，10を□こ，1を□こ，0.1を□こあわせた数です。

また，43.7の小数第一位《しょうすうだいいちい》の数字は□です。

5　□に不等号《ふとうごう》を書きましょう。

①　0 □ 0.9　　②　8.8 □ 8

月　　日

ふりかえり
小数 ②

名前

1 計算をしましょう。

① 1.2 + 3.7　② 4.4 + 2.9　③ 4 + 3.9

④ 0.5 + 2　⑤ 3.8 + 1.2　⑥ 2.9 + 7.1

2 計算をしましょう。

① 3.7 − 1.2　② 8.2 − 6.4　③ 5 − 1.4

④ 9.8 − 7　⑤ 6.1 − 5.2　⑥ 10 − 1.9

3 りんごジュースが 0.6L あります。オレンジジュースが 0.4L あります。

(1) りんごジュースとオレンジジュースは，あわせて何Lですか。

式

答え

(2) どちらのジュースが，何L多いですか。

式

答え

4 白いリボンが 3.8m，黒いリボンが 2.9m あります。

(1) 白いリボンと黒いリボンは，あわせて何mですか。

式

答え

(2) どちらのリボンが，何m長いですか。

式

答え

(141%に拡大してご使用ください。)

月　　日

小数（テスト）

名前

【知識・技能】

□1 下の図の水のかさは，それぞれ何Lですか。（5×2）

(1)

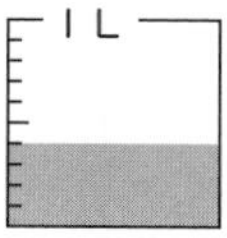

□L

(2)

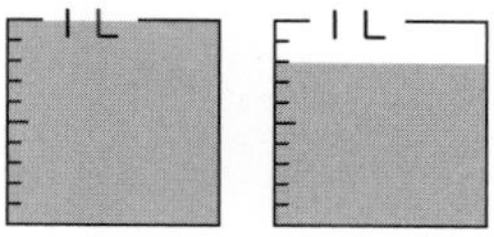

□L

□2 次《つぎ》の□にあてはまる数を書きましょう。（5×2）

(1) 3.6は，1を□こと，0.1を□こあわせた数です。

(2) 3.6は，0.1を□こ集《あつ》めた数です。

□3 次の数直線にあるⓐ，ⓘ，ⓤの数を小数で表しましょう。（5×3）

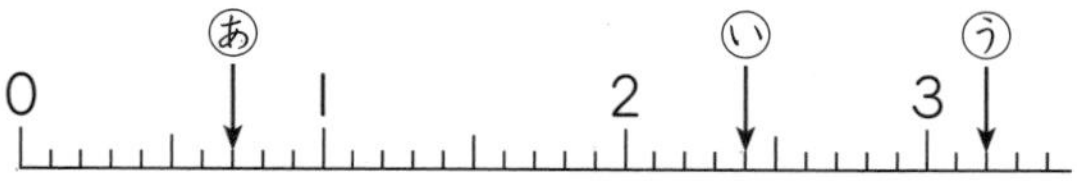

ⓐ□　ⓘ□　ⓤ□

□4 次の□に不等号《ふとうごう》(＞，＜)を書きましょう。（5×3）

(1) 1.4 □ 0.7

(2) 0.2 □ 2

(3) 0.1 □ 0

【思考・判断・表現】

□5 下の図のように，かなさんの家から駅《えき》までは，2.7kmあります。
また，駅から公園までは0.7kmです。

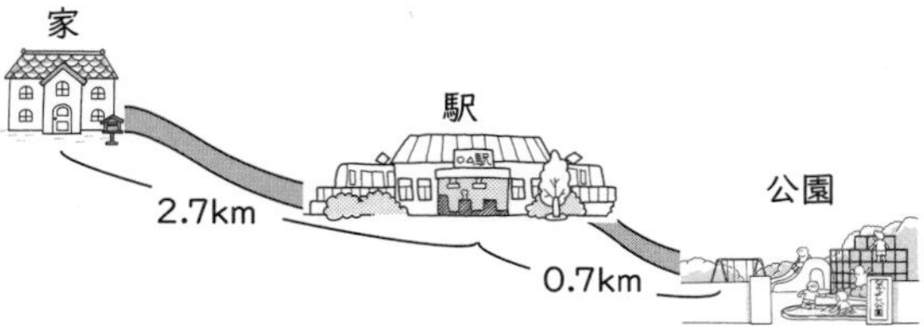

(1) かなさんの家から公園までは何kmですか。（5×2）

式

答え

(2) 駅からかなさんの家までと，駅から公園までとのちがいは，何kmですか。（5×2）

式

答え

□6 お茶がポットには2L入っています。
ペットボトルには，1.2L入っています。

(1) ポットに入っているお茶の方が何L多いですか。（5×2）

式

答え

(2) 2つのお茶を合わせると何Lになりますか。（5×2）

式

答え

□7 1.5Lジュースがありましたが3dL飲みました。
何Lのこっていますか。（5×2）

式

答え

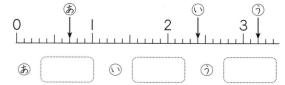

月　日

算数あそび

小数 ①

名前

◉　風船に色をぬりましょう。0.1 には赤，0.3 には黄，0.5 には青，0.7 には緑をぬりましょう。

月　　日

算数あそび

小数 ②

名前

● 答えの大きい方を通ってゴールまで行きましょう。
（通ったところに色をぬりましょう。）

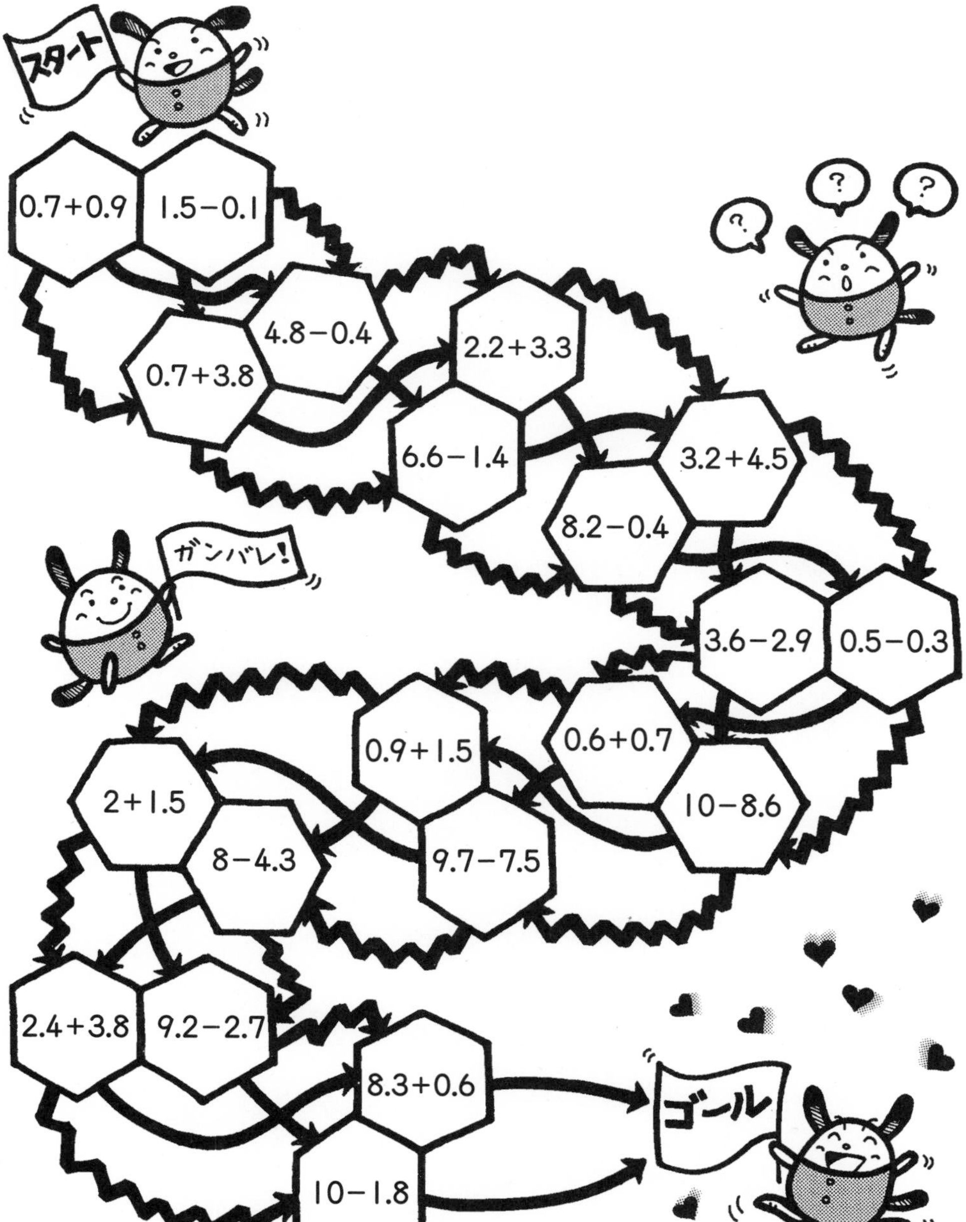

月　　日

重さ（1）

名前

1円玉1この重《おも》さは1gです。

1 1円玉ではかりました。何gですか。

(1)

ボールペン　　1円玉12まい

g

(2)

はさみ　　1円玉40まい

g

2 はかりを使《つか》ってレモンの重さを調《しら》べました。

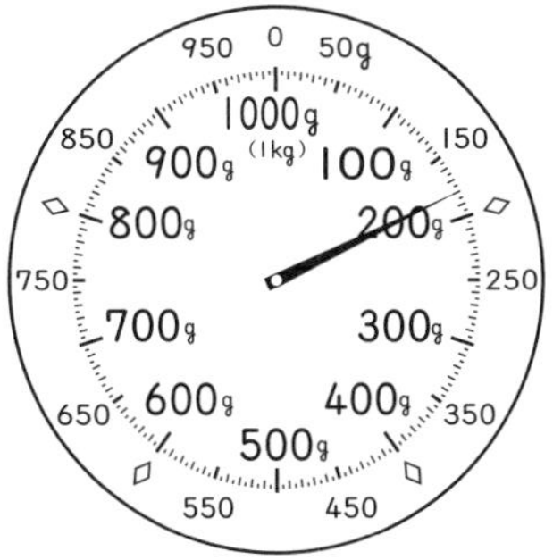

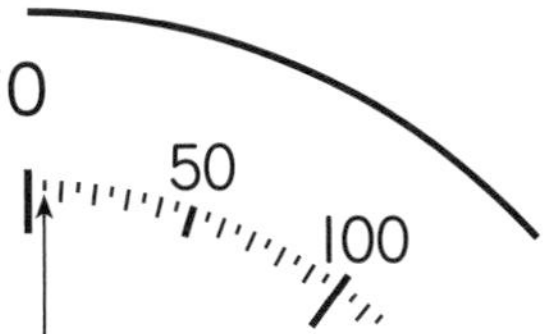

いちばん小さい1めもり　　g

(1) このはかりでは，何gまではかれますか。　　g

(2) レモンの重さは，何gですか。　　g

月　　日

重さ（2）

名前

1 はかりのはりがさしているめもりは，何gですか。

(1)

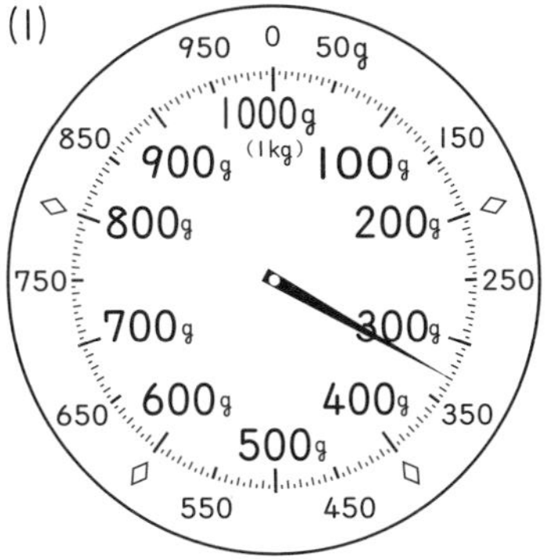

g

(2)

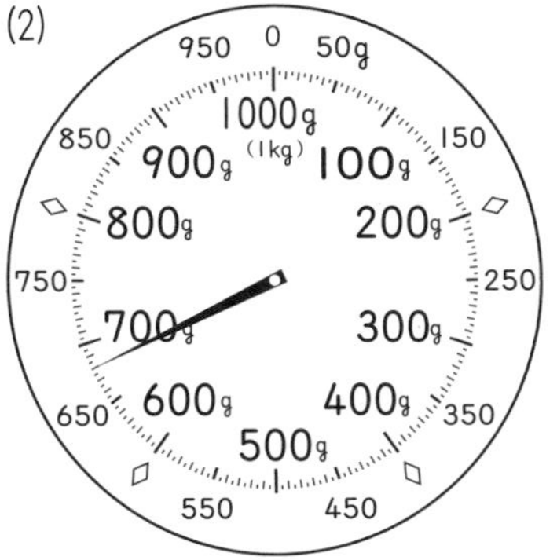

g

2 はかりに次《つぎ》の重《おも》さのはりを書き入れましょう。

(1) 420g

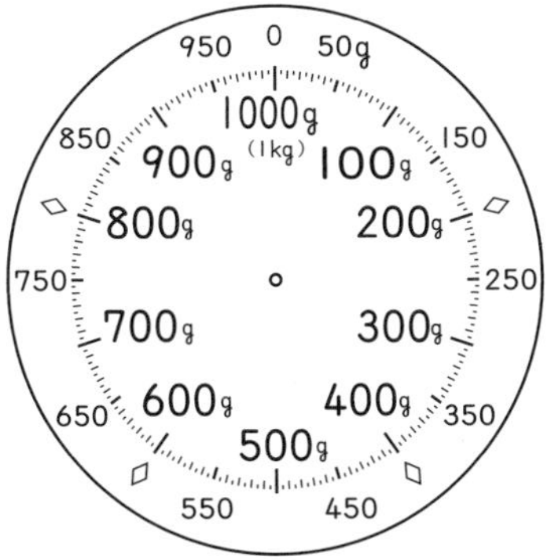

(2) 860g

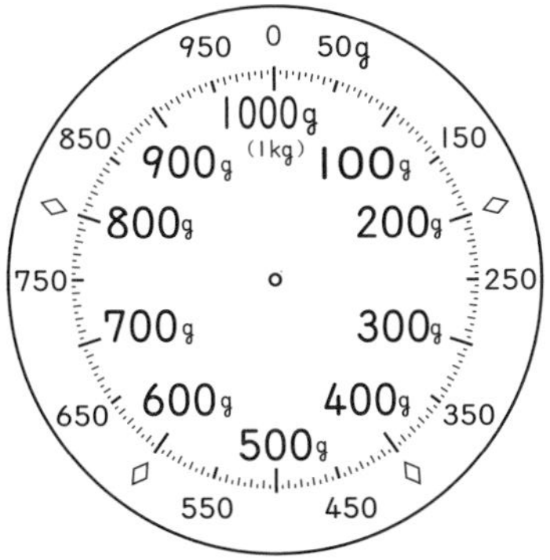

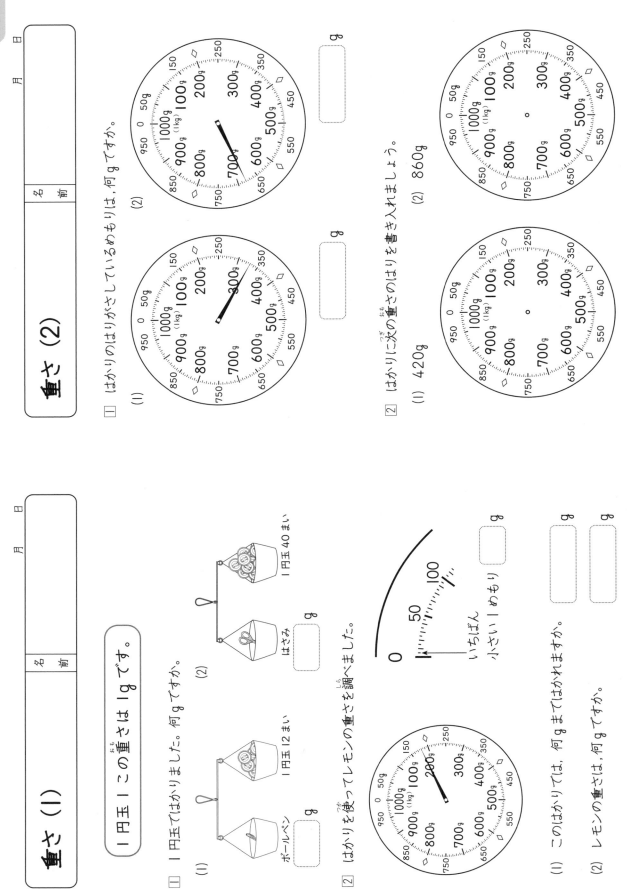

月　日

重さ (3)

名前

重《おも》いものをはかるには **kg**（**キログラム**）というたんいを使《つか》います。　1kg = 1000g

kg			g
1	0	0	0

● 国語辞典《じてん》の重さは何gですか。
また，何kg何gですか。

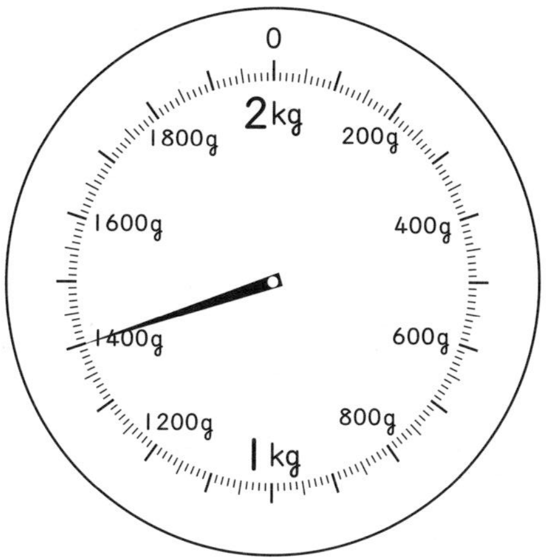

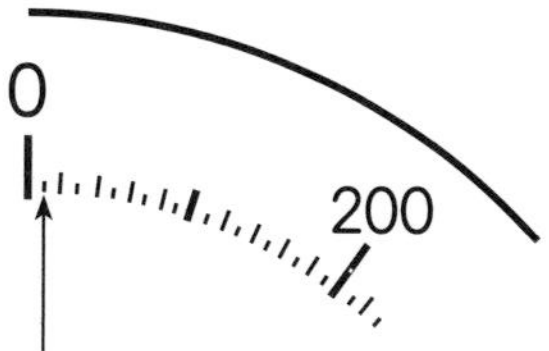

いちばん小さい1めもり　□g

kg			g
1	4	0	0

□g

□kg □g

月　日

重さ (4)

名前

● はかりのはりがさしているめもりは何gですか。
また，何kg何gですか。

(1)

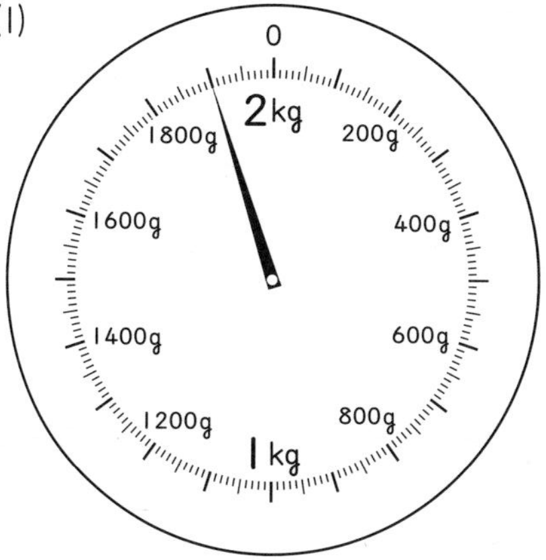

□g

□kg □g

kg			g

(2)

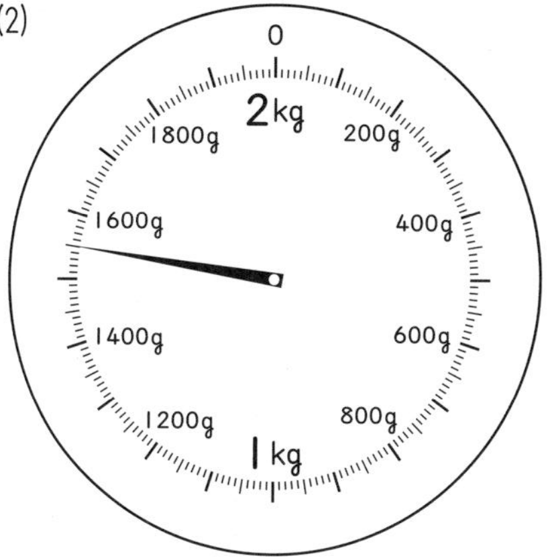

□g

□kg □g

kg			g

3分

(141%に拡大してご使用ください。)

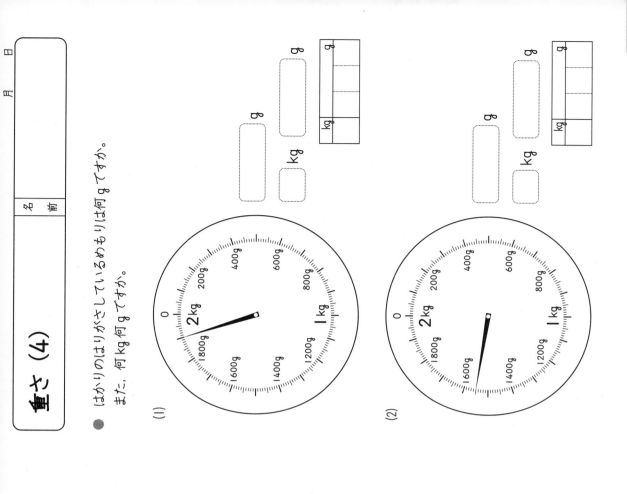

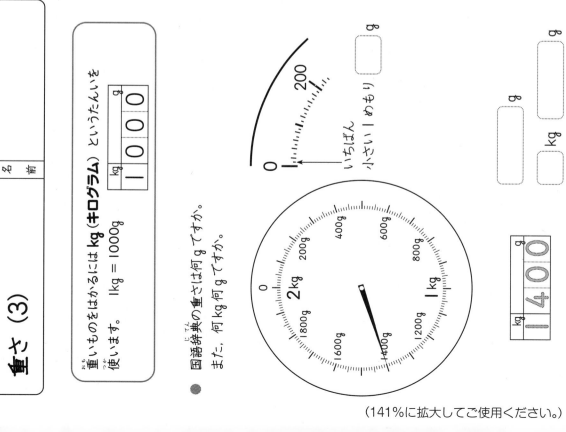

重さ (5)

月　日　名前

1 □にあてはまる数を書きましょう

(1) 6000g = □kg

(2) 3200g = □kg □g

(3) 4050g = □kg □g

(4) 8kg = □g

(5) 5kg 70g = □g

kg			g
6	0	0	0

2 ㋐，㋑，㋒を重《おも》いじゅんにならべかえましょう。

㋐ 3kg　㋑ 3010g　㋒ 2990g

(　　➡　　➡　　)

重い ――→ 軽《かる》い

3 □にあてはまる重さのたんい(g，kg)を書きましょう。

(1) ノート１さつの重さ …… 90□

(2) お兄さんの体重 …… 55□

(3) ピーマン１この重さ …… 40□

重さ (6)

月　日　名前

1 重《おも》さ100gのかごに550gのみかんを入れると何gになりますか。

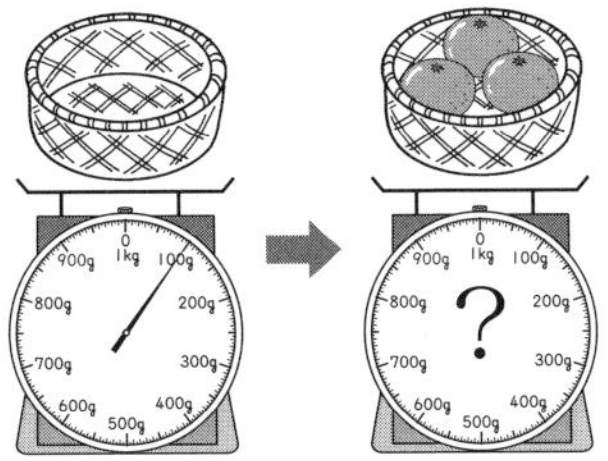

式《しき》

答え

2 けんとさんの体重《たいじゅう》は29kgです。
犬をだいてはかると34kgでした。
犬の体重は何kgですか。

式

答え

3 計算をしましょう。

(1) 700g + 900g = □g（□kg □g）

(2) 1kg − 600g = □g

(3) 1kg 200g + 800g = □kg

(4) 1kg 400g − 500g = □g

重さ (7)

月　日　名前

とても重《おも》いものの重さを表《あらわ》すたんいに，**t（トン）**があります。

1t = 1000kg です。

1 次《つぎ》の重さを t と kg で表しましょう。

(1) サイ

3t = [　　] kg

(2) キリン

1t 800kg = [　　] kg

(3) 消《しょう》ぼう車

3200kg = [　] t [　　] kg

2 [　] にあてはまる重さのたんい (g, kg, t) を書きましょう。

(1) 消《け》しゴム 1 この重さ …… 17 [　]

(2) トラック 1 台の重さ …… 20 [　]

(3) パンダ 1 頭の重さ …… 100 [　]

(4) バナナ 1 本の重さ …… 200 [　]

重さ (8)

月　日　名前

● 重《おも》さ，長さ，かさのたんいについて表《ひょう》にまとめました。

	k《キロ》	・	・		d《デシ》	c《センチ》	m《ミリ》
重さ	1kg	・	・	1g			(1mg)
長さ	1km	・	・	1m		1cm	1mm
かさ	(1kL)	・	・	1L	1dL		1mL

1000倍《ばい》　10倍　100倍　1000倍

1 [　] にあてはまる数を書きましょう。

1mm や 1mL のように，m（ミリ）がつくものの

[　　] 倍は，1m や 1L になります。

また，1km や 1kg のように kg（キロ）がつくものは，

1m や 1g の [　　] 倍になります。

2 次《つぎ》の [　] にあてはまる数を書きましょう。

(1) 1L = [　　] mL　(2) 1kg = [　　] g

(3) 1m = [　　] mm　(4) 1km = [　　] m

3 次の [　] にあてはまる数を書きましょう。

(1) 1dL = [　　] mL　(2) 1cm = [　　] mm

(3) 1L = [　　] dL　(4) 1m = [　　] cm

5分

月　日

ふりかえり
重さ

名前

1 はかりのはりがさしているめもりを書きましょう

(1)

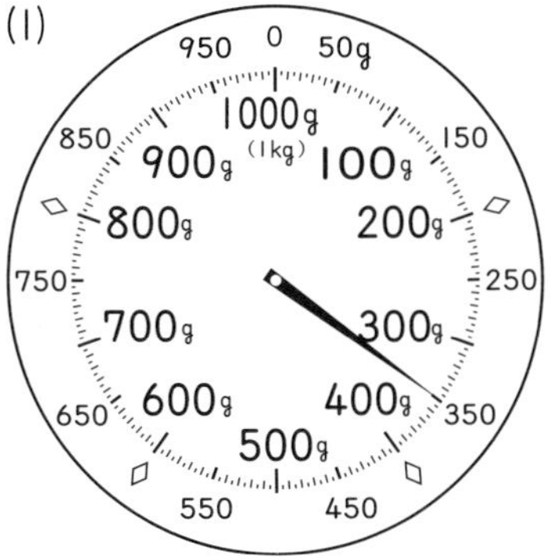

□ g

(2)

□ g, □ kg □ g

2 □ にあてはまる数を書きましょう。

(1) 4000g = □ kg　(2) 2700g = □ kg □ g

(3) 3kg = □ g　(4) 1kg 80g = □ g

(5) 6t = □ kg　(6) 8400kg = □ t □ kg

3 たし算をしましょう。

(1) 500g + 800g = □ g, □ kg □ g

(2) 1kg 700g + 300g = □ kg

4 ひき算をしましょう。

(1) 1kg − 200g = □ g

(2) 1kg 600g − 900g = □ g

5 重さ 200g のかごに，かきを 900g 入れると，何 g になりますか。また，何 kg 何 g ですか。

式《しき》

答え □ g, □ kg □ g

6 1kg200g の重さの花びんに水を入れて重さをはかったら，2kg400g ありました。水の重さは何 g ですか。また，何 kg 何 g ですか。

式《しき》

答え □ g, □ kg □ g

7 □ にあてはまる数を書きましょう。

(1) 1km = □ m　(2) 1L = □ mL

(3) 1m = □ mm

月　　日

重さ（テスト）

名前

【知識・技能】

1　□ にあてはまる重さのたんい（g，kg，t）を書きましょう。(5×3)

(1)　ふでばこの重さ　…………　320 □

(2)　ぞうの重さ　…………　5 □

(3)　お兄さんの体重《たいじゅう》　…………　55 □

2　はかりのさしている重さを □ に書きましょう。(5×3)

(1)

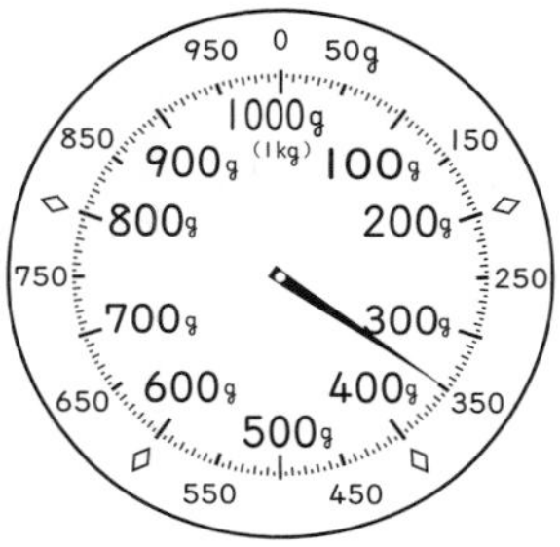

□ g

(2)

□ kg □ g

□ g

3　□ にあてはまる数を書きましょう。(5×4)

(1)　1kg　＝ □ g

(2)　1t　＝ □ kg

(3)　1m　＝ □ cm

(4)　1L　＝ □ mL

【思考・判断・表現】

4　かずしさんの体重は 27kg です。かっている犬の体重は 15kg です。

(1)　かずしさんの体重と，かっている犬の体重のちがいは何 kg ですか。(5×2)

式

答え ＿＿＿＿＿＿

(2)　かずしさんがかっている犬をだいて体重計にのると何 kg ですか。(5×2)

式

答え ＿＿＿＿＿＿

5　小麦こが 1kg200g ありました。
ホットケーキを作るのに 500g 使《つか》いました。
のこっている小麦こは何 g ですか。(5×2)

式

答え ＿＿＿＿＿＿

6　300g のかごにみかんを 1kg700g 入れました。
重さはどれだけになりましたか。(5×2)

式

答え ＿＿＿＿＿＿

7　お米が 4kg400g ありましたが，お米をたいたので 3kg になりました。
たいたお米は何 kg 何 g だったのでしょうか。(5×2)

式

答え ＿＿＿＿＿＿

（141%に拡大してご使用ください。）

月　　日

算数あそび

重さ ①

名前	

1 ランドセルに入っているものの重さをはかりました。
全部《ぜんぶ》で４しゅるいで，2kg ありました。
入っていたものに色をぬりましょう。

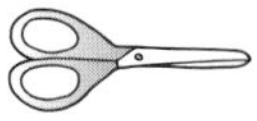
はさみ 500g

教科書 1kg 200g

のり 100g

ふでばこ 250g

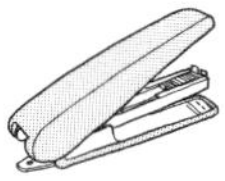
ホッチキス 150g

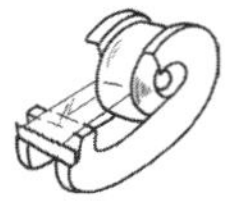
セロハンテープ 50g

ノート 400g

2 はなさんは，くだものを３しゅるい買いました。
全部で 3kg でした。買ったくだものに色をぬりましょう。

もも 300g

すいか 2kg 500g

パイナップル 900g

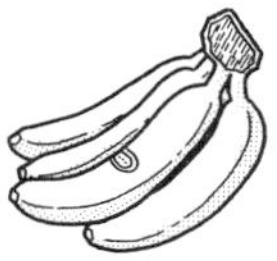
バナナ 1kg 300g

メロン 800g

いちご 400g

かき 200g

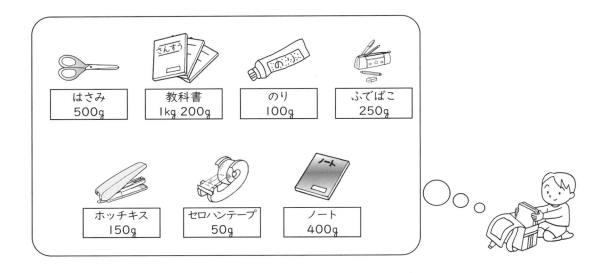

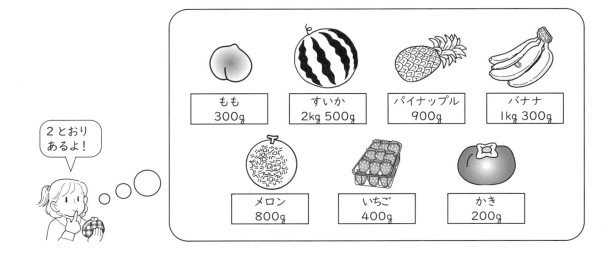

月　　日

算数あそび

重さ ②

名前

● どんな魚をつったかな。つった魚に色をぬり，その記ごうを □ に書きましょう。

1 あやかさんは，3 びきで 1kg 900g になりました。
赤色でぬりましょう。つった魚は，□ □ □

2 ゆうきさんは，3 びきで 2kg 300g になりました。
青色でぬりましょう。つった魚は，□ □ □

3 ゆいかさんは，2 ひきで 2kg 750g になりました。
黄色でぬりましょう。つった魚は，□ □

4 ひろとさんは，3 びきで 5kg 850g になりました。
緑《みどり》色でぬりましょう。つった魚は，□ □ □

5 しゅんさんは，2 ひきで 5kg 150g になりました。
水色でぬりましょう。つった魚は，□ □

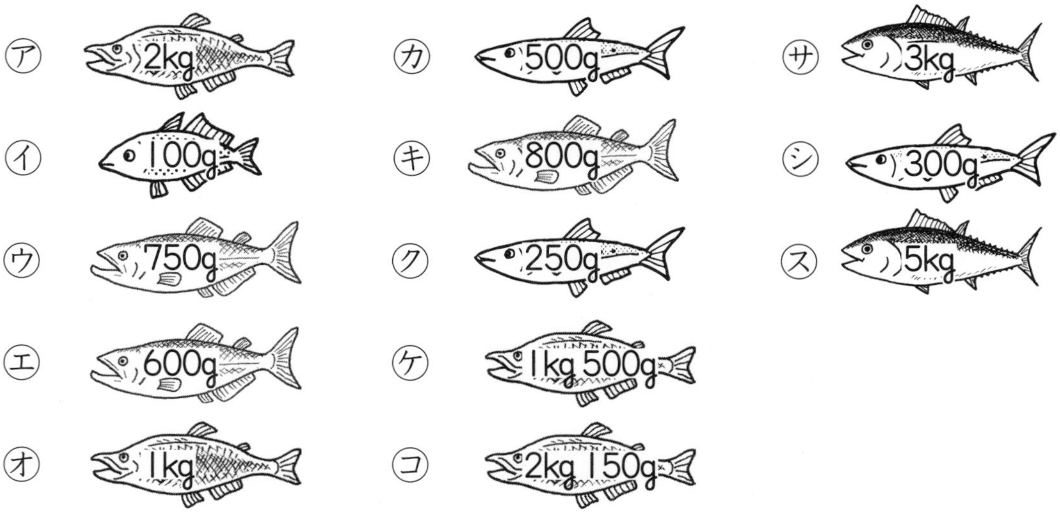

3分

月　　日

分数（1）

名前

1　色をぬったところの長さは，それぞれ何ｍですか。

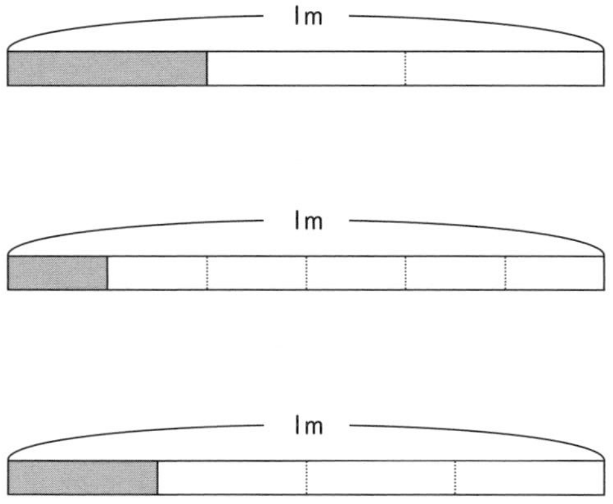

(1)　［　―　］m

(2)　［　―　］m

(3)　［　―　］m

2　□にあてはまる数を書きましょう。

(1)　1ｍを5等分《とうぶん》した1こ分の長さ　［　―　］m

(2)　2こ分で1ｍになる1こ分の長さ　［　―　］m

月　　日

分数（2）

名前

1　□にあてはまることばを，下の□からえらんで書きましょう。

［　　］…　1　…分けたものを何こ［　　］かを表《あらわ》す。

［　　］…　3　…もとになる大きさを何こに［　　］かを表す。

分子　・　集《あつ》めた　・　分けた　・　分母

2　色をぬったところの長さは，それぞれ何mですか。

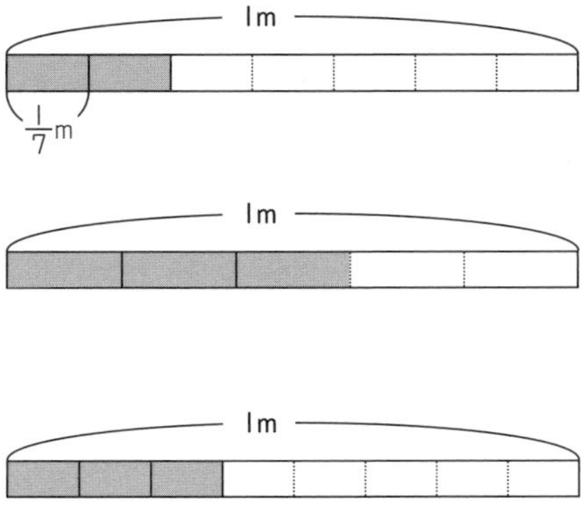

(1)　$\frac{1}{7}$mの［　］こ分で［　］m

(2)　$\frac{1}{□}$mの［　］こ分で［　］m

(3)　$\frac{1}{□}$mの［　］こ分で［　］m

3　次《つぎ》の長さだけ色をぬりましょう。

(1)　$\frac{2}{5}$m

(2)　$\frac{4}{8}$m

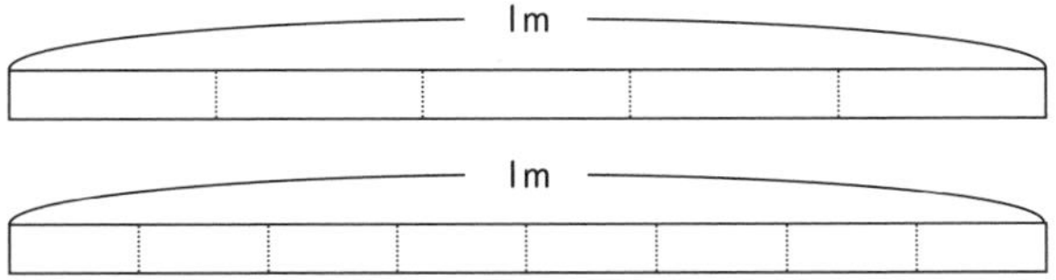

（141％に拡大してご使用ください。）

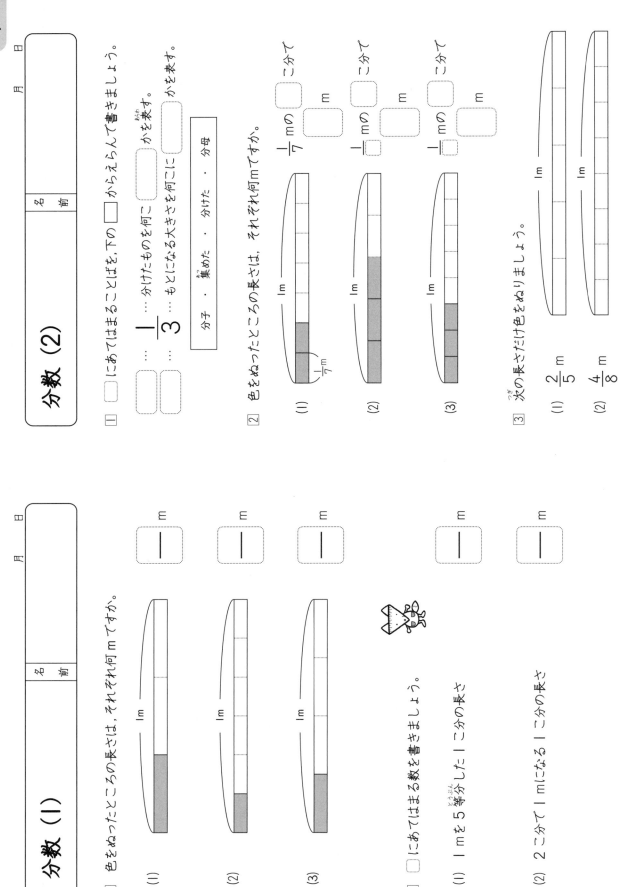

月　日

分数（3）

名前

□1 次《つぎ》の水のかさはそれぞれ何Lですか。

(1)

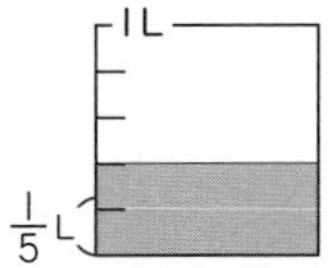

$\frac{1}{5}$Lの □ こ分で $\frac{□}{□}$ L

(2)

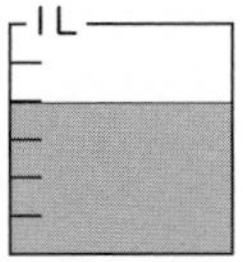

$\frac{1}{6}$Lの □ こ分で $\frac{□}{□}$ L

(3)

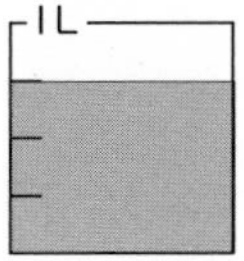

$\frac{1}{□}$Lの □ こ分で $\frac{□}{□}$ L

□2 次のかさの分だけ色をぬりましょう。

(1) $\frac{3}{7}$ L

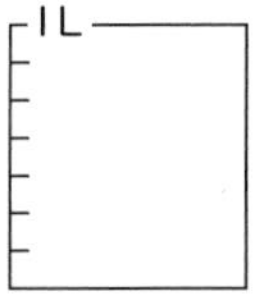

(2) $\frac{3}{5}$ L

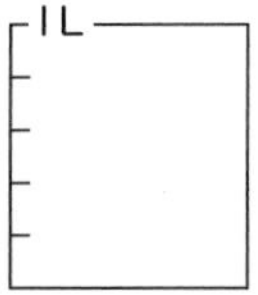

□3 □ にあてはまる数を書きましょう。

(1) $\frac{3}{4}$Lは，$\frac{1}{4}$Lを □ こ集《あつ》めたかさです。

(2) $\frac{5}{7}$Lは，１Lを □ 等分《とうぶん》した □ こ分のかさです。

月　日

分数（4）

名前

□1 下の数直線の㋐～㋕にあてはまる分数を書きましょう。

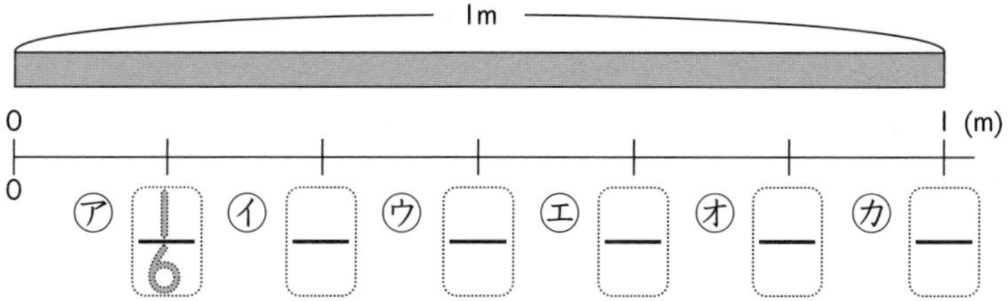

(1) ㋑と㋓はそれぞれ $\frac{1}{6}$mの何こ分の長さですか。

㋑ □ こ分　　㋓ □ こ分

(2) １mと同じ長さの分数を書きましょう。１m ＝ $\frac{□}{6}$ m

(3) $\frac{1}{6}$mと $\frac{5}{6}$mでは，どちらがどれだけ長いですか。

□ mが □ m長い。

□2 次《つぎ》の数直線の㋐～㋓にあてはまる分数を書きましょう。

(1)

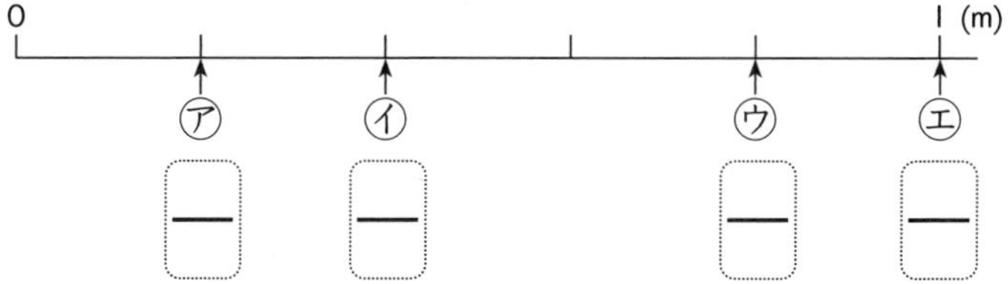

3分

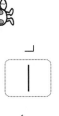

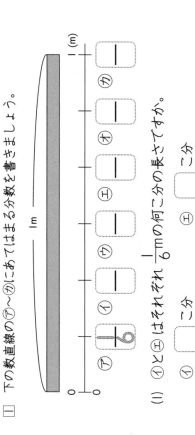

（141%に拡大してご使用ください。）

月　日

分数（5）

名前

1　次《つぎ》の数直線の㋐～㋒にあてはまる分数を書きましょう。

(1)

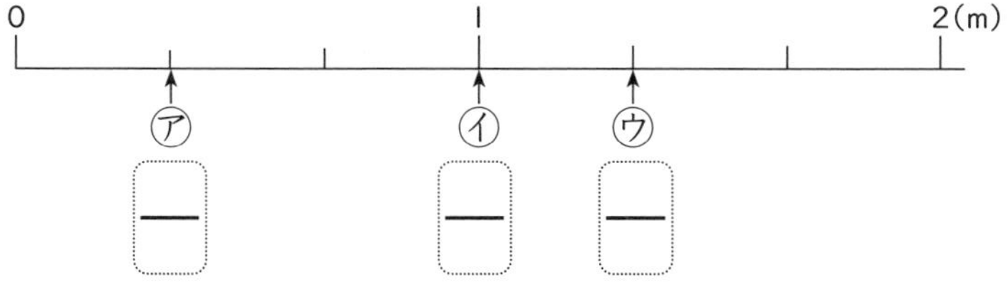

(2)

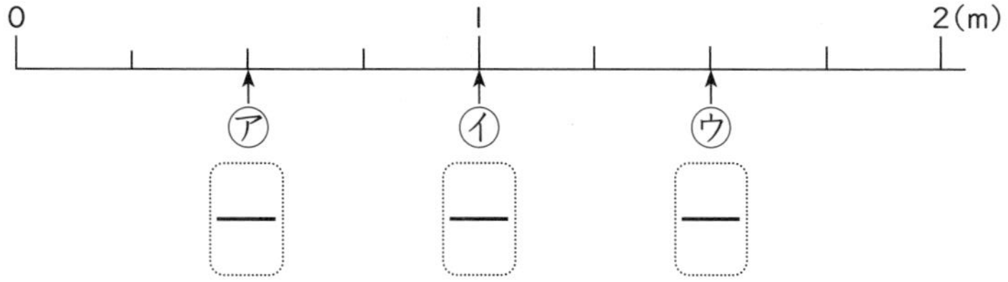

2　色をぬったところの長さが$\frac{3}{8}$mを表《あらわ》すのは，どちらですか。

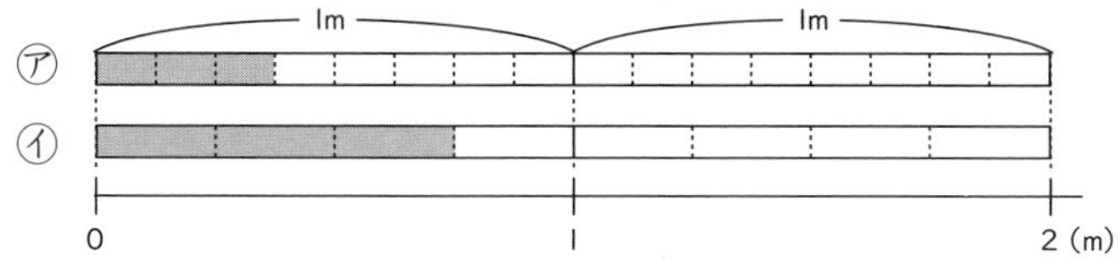

3　□にあてはまる等号《とうごう》や不等号《ふとうごう》を書きましょう。

(1) $\frac{6}{8}$ □ $\frac{5}{8}$　　(2) $\frac{7}{7}$ □ 1

(3) $\frac{2}{5}$ □ $\frac{4}{5}$　　(4) $\frac{5}{6}$ □ $\frac{3}{6}$

(5) 1 □ $\frac{4}{4}$　　(6) $\frac{8}{9}$ □ 1

月　日

分数（6）

分数と小数

名前

1　下の数直線の□には分数で，⬚には小数で，それぞれあてはまる数を書きましょう。

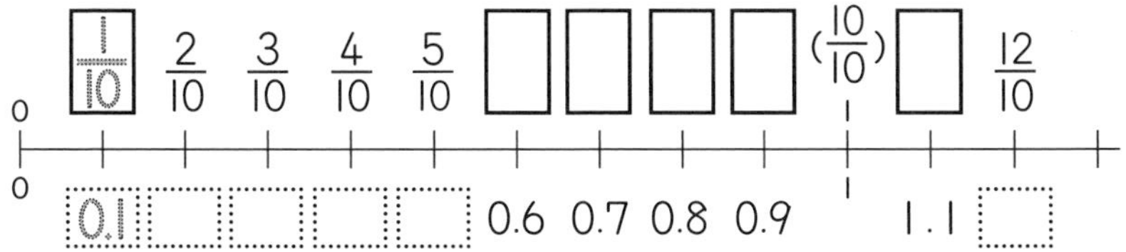

2　□にあてはまる分数や小数を書きましょう。

(1) 0.6 = □　　(2) 0.7 = □

(3) $\frac{3}{10}$ = □　　(4) $\frac{5}{10}$ = □

3　□にあてはまる等号《とうごう》や不等号《ふとうごう》を書きましょう。

(1) 0.4 □ $\frac{5}{10}$　　(2) $\frac{3}{10}$ □ 0.3

(3) 1 □ $\frac{9}{10}$　　(4) 0.8 □ $\frac{6}{10}$

(5) 0.2 □ $\frac{2}{10}$　　(6) $\frac{3}{10}$ □ 0.6

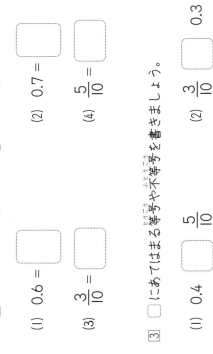

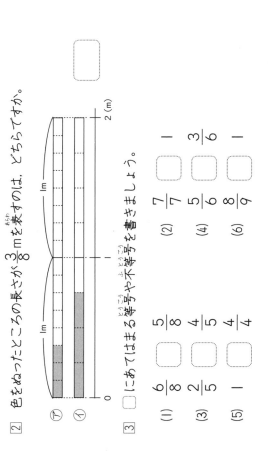

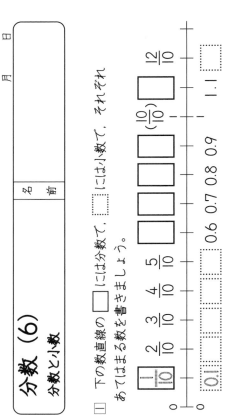

月　日

分数（7）
たし算①

名前

1 牛にゅうがびんに$\frac{4}{6}$L，コップに$\frac{1}{6}$L入っています。
あわせて何Lありますか。色をぬって考えましょう。

$\frac{4}{6}$L
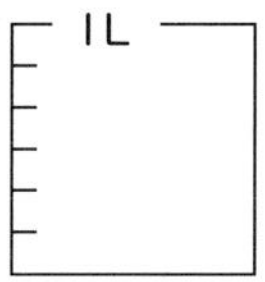

$\frac{1}{6}$L
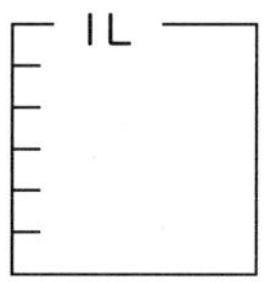

$\frac{1}{6}$Lが □ こ分　　$\frac{1}{6}$Lが □ こ分

式《しき》

答え ＿＿＿＿＿＿

2 $\frac{5}{8}+\frac{3}{8}$を計算しましょう。

式　$\frac{5}{8}+\frac{3}{8}=\frac{□}{□}$

$=□$

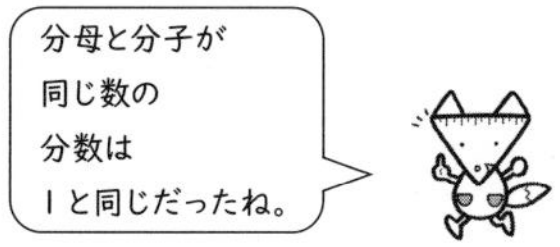

3 計算をしましょう。

(1) $\frac{3}{5}+\frac{1}{5}$　　(2) $\frac{2}{10}+\frac{3}{10}$

(3) $\frac{5}{9}+\frac{4}{9}$　　(4) $\frac{1}{7}+\frac{5}{7}$

(5) $\frac{2}{6}+\frac{3}{6}$　　(6) $\frac{1}{4}+\frac{3}{4}$

月　日

分数（8）
ひき算①

名前

1 ジュースが$\frac{6}{7}$Lあります。
$\frac{4}{7}$L飲《の》むと，のこりは何Lになりますか。

$\frac{6}{7}$L
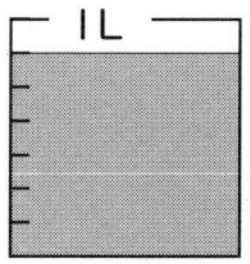

式《しき》

答え ＿＿＿＿＿＿

2 $1-\frac{3}{4}$を計算しましょう。

式　$1-\frac{3}{4}=\frac{□}{□}-\frac{3}{4}$

$=\frac{□}{□}$

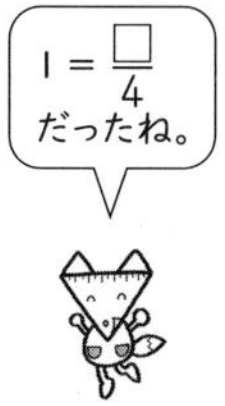

3 計算をしましょう。

(1) $\frac{7}{8}-\frac{5}{8}$　　(2) $\frac{6}{9}-\frac{3}{9}$

(3) $\frac{4}{5}-\frac{1}{5}$　　(4) $1-\frac{9}{10}$

(5) $1-\frac{3}{7}$　　(6) $1-\frac{2}{3}$

5分

月　日

分数（9）
たし算②

名前

● 計算をしましょう。

① $\frac{2}{8}+\frac{3}{8}$　② $\frac{1}{3}+\frac{2}{3}$

③ $\frac{2}{4}+\frac{1}{4}$　④ $\frac{1}{5}+\frac{3}{5}$

⑤ $\frac{7}{9}+\frac{2}{9}$　⑥ $\frac{2}{6}+\frac{2}{6}$

⑦ $\frac{4}{7}+\frac{1}{7}$　⑧ $\frac{5}{9}+\frac{3}{9}$

⑨ $\frac{3}{10}+\frac{6}{10}$　⑩ $\frac{1}{2}+\frac{1}{2}$

⑪ $\frac{2}{5}+\frac{1}{5}$　⑫ $\frac{3}{7}+\frac{2}{7}$

⑬ $\frac{1}{3}+\frac{1}{3}$　⑭ $\frac{5}{8}+\frac{2}{8}$

⑮ $\frac{2}{9}+\frac{4}{9}$　⑯ $\frac{7}{10}+\frac{2}{10}$

⑰ $\frac{2}{4}+\frac{2}{4}$　⑱ $\frac{1}{6}+\frac{3}{6}$

⑲ $\frac{5}{10}+\frac{3}{10}$　⑳ $\frac{3}{5}+\frac{2}{5}$

月　日

分数（10）
ひき算②

名前

● 計算をしましょう。

① $\frac{8}{10}-\frac{7}{10}$　② $1-\frac{1}{2}$

③ $\frac{3}{4}-\frac{2}{4}$　④ $\frac{5}{6}-\frac{3}{6}$

⑤ $1-\frac{7}{10}$　⑥ $\frac{7}{9}-\frac{4}{9}$

⑦ $\frac{6}{8}-\frac{1}{8}$　⑧ $\frac{5}{7}-\frac{4}{7}$

⑨ $1-\frac{3}{5}$　⑩ $\frac{2}{3}-\frac{1}{3}$

⑪ $\frac{4}{6}-\frac{2}{6}$　⑫ $\frac{3}{5}-\frac{1}{5}$

⑬ $\frac{7}{10}-\frac{5}{10}$　⑭ $1-\frac{1}{4}$

⑮ $\frac{6}{7}-\frac{5}{7}$　⑯ $\frac{4}{8}-\frac{2}{8}$

⑰ $\frac{8}{9}-\frac{6}{9}$　⑱ $\frac{2}{4}-\frac{1}{4}$

⑲ $1-\frac{1}{6}$　⑳ $\frac{4}{7}-\frac{3}{7}$

（141%に拡大してご使用ください。）

月　日

分数（11）
たし算③

名前

1　$\frac{5}{8}$Lの牛にゅうと$\frac{3}{8}$Lの牛にゅうをあわせると，何Lになりますか。

式

答え

2　ロープが何mかありました。$\frac{4}{7}$m切りとると，のこりは$\frac{2}{7}$mになりました。はじめにロープは何mありましたか。

式

答え

3　ひなさんは$\frac{3}{9}$mのリボンを持《も》っています。
お姉さんのリボンは，ひなさんより$\frac{2}{9}$m長いです。
お姉さんの持っているリボンは何mですか。

式

答え

4　水とうに$\frac{3}{6}$Lの水が入っています。さらに$\frac{2}{6}$Lの水を入れました。
水は全部《ぜんぶ》で何Lになりましたか。

式

答え

月　日

分数（12）
ひき算③

名前

1　$\frac{1}{7}$kgのかごにみかんを入れて重《おも》さをはかると，$\frac{6}{7}$kgになりました。かごに入れたみかんは，何kgありますか。

式

答え

2　1mのはり金を何mか切って使《つか》うと，のこりが$\frac{2}{5}$mになりました。
何m切って使いましたか。

式

答え

3　$\frac{4}{8}$mの赤いリボンと，$\frac{6}{8}$mの白いリボンがあります。
どちらが何m長いですか。

式

答え

4　$\frac{7}{10}$Lのしょう油《ゆ》のうち$\frac{3}{10}$Lつかいました。
しょう油は何Lのこっていますか。

式

答え

5分

月　日

分数（13）

たし算かな・ひき算かな ①

名前

1 午前中$\frac{5}{9}$km 歩きました。午後は$\frac{4}{9}$km 歩きました。
あわせて何 km 歩きましたか。

式

答え

2 リボンが 1 m あります。そのうち$\frac{4}{7}$m を妹にあげました。
のこりは何mになりますか。

式

答え

3 ジュースが紙パックに$\frac{2}{6}$L入っています。
びんのジュースは，紙パックのジュースより$\frac{4}{6}$L多く入っています。びんには何L入っていますか。

式

答え

4 大きいびんにはりんごジャムが 1dL，小さいびんにはいちごジャムが$\frac{4}{5}$dL入っています。ちがいは何 dL ですか。

式

答え

月　日

分数（14）

たし算かな・ひき算かな ②

名前

1 水とうとコップにあわせて 1 Lの麦茶があります。水とうには$\frac{8}{10}$L入っています。コップには何Lの麦茶が入っていますか。

式

答え

2 赤いテープが$\frac{3}{4}$mあります。青いテープは，赤いテープより$\frac{1}{4}$m長いです。青いテープは何mありますか。

式

答え

3 ゆうとさんは，きのう牛にゅうを$\frac{4}{7}$L飲《の》んで，今日はきのうより$\frac{1}{7}$L少なく飲みました。今日は何L飲みましたか。

式

答え

4 $\frac{5}{8}$kgのりんごを，$\frac{1}{8}$kgのかごにのせて重さをはかると，何kgになりますか。

式

答え

月　日

ふりかえり
分数

名前

1　色をぬったところの長さや水のかさを分数で表《あらわ》しましょう。

(1) 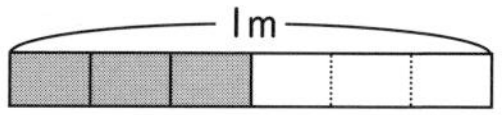

[　―　] m

(2) 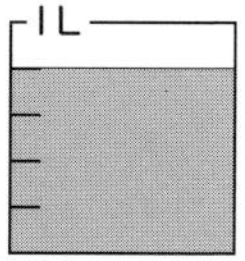

[　―　] L

2　次《つぎ》の数直線の㋐～㋓にあてはまる分数を書きましょう。

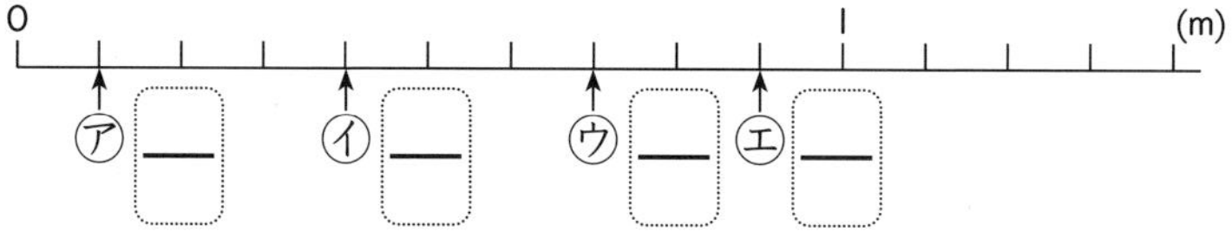

3　□にあてはまる数を書きましょう。

(1)　1mを8等分《とうぶん》した5こ分の長さは，[　―　] mです。

(2)　$\frac{3}{7}$ mは，$\frac{1}{7}$ mの □ こ分の長さです。

4　計算をしましょう。

(1)　$\frac{1}{4}+\frac{2}{4}$

(2)　$\frac{2}{5}+\frac{3}{5}$

(3)　$\frac{4}{6}+\frac{1}{6}$

(4)　$\frac{7}{9}-\frac{5}{9}$

(5)　$1-\frac{1}{3}$

(6)　$\frac{6}{7}-\frac{2}{7}$

5　□にあてはまる等号《とうごう》や不等号《ふとうごう》を書きましょう。

(1)　0.4 □ $\frac{5}{10}$

(2)　$\frac{7}{10}$ □ 0.6

(3)　0.2 □ $\frac{2}{10}$

(4)　$\frac{9}{10}$ □ 0.7

(5)　$\frac{8}{10}$ □ 0.8

6　$\frac{8}{10}$ mのはり金を2本に切ります。1本を $\frac{5}{10}$ mにすると，もう1本は何mになりますか。

式

答え

7　マフラーをあんでいます。先週 $\frac{3}{8}$ mあみました。今週は先週より $\frac{1}{8}$ m長くあめました。今週は何mあみましたか。

式

答え

8　1Lのりんごジュースと $\frac{8}{9}$ Lのオレンジジュースがあります。どちらがどれだけ少ないですか。

式

答え

10分 ふりかえり

(141%に拡大してご使用ください。)

月　日

分数（テスト）

名前

【知識・技能】

1 □にあうことばを書きましょう。(5×2)

$\frac{1}{3}$ … 線の上の数字を □ といいます。
… 線の下の数字を □ といいます。

2 色のついた部分《ぶぶん》の長さやかさを分数で表《あらわ》しましょう。(5×2)

(1)
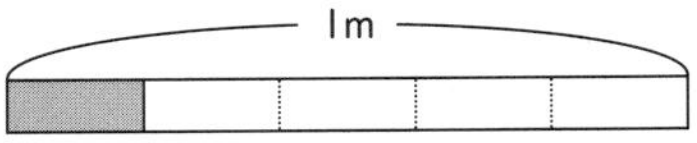

□ m

(2)
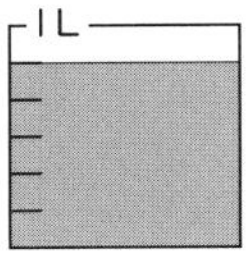

□ L

3 次の分数を色をぬって表しましょう。(5×2)

(1) $\frac{3}{4}$
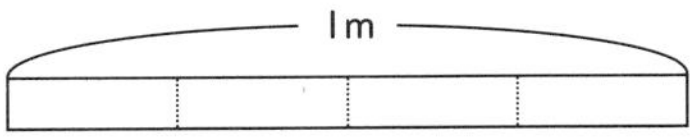

(2) $\frac{2}{7}$
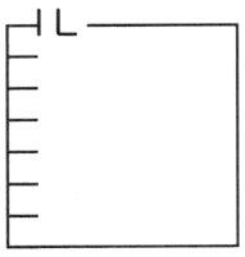

4 次の□にあう数字を入れましょう。(5×2)

(1) $\frac{5}{8}$Lは，$\frac{1}{8}$Lの □ こ分

(2) 1mは，$\frac{1}{6}$mが □ こ集《あつ》まった長さ

5 □に不等号《ふとうごう》（＞，＜）を書きましょう。(5×2)

(1) $\frac{3}{5}$ □ $\frac{4}{5}$

(2) 0.4 □ $\frac{3}{10}$

【思考・判断・表現】

6 $\frac{1}{5}$Lのジュースと$\frac{2}{5}$Lのジュースをいっしょにすると何Lになるでしょうか。(5×2)

式

答え

7 リボンが$\frac{8}{9}$mあります。$\frac{4}{9}$m使《つか》うと，何mのこりますか。(5×2)

式

答え

8 みらいさんの水とうには$\frac{5}{6}$L入ります。ここなさんの水とうには1L入ります。どちらが何L多く入りますか。(5×2)

式

答え

9 ドレッシングを$\frac{2}{3}$dL使ったので，のこりは$\frac{1}{3}$dLになりました。はじめに，何dLあったのでしょうか。(5×2)

式

答え

10 あと$\frac{1}{8}$km歩いたら，1km歩いたことになります。今までに何km歩いているのでしょうか。(5×2)

式

答え

（141％に拡大してご使用ください。）

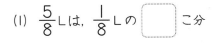

月　　日

算数あそび

分数 ①

名前

● 答えの大きい方へすすみましょう。(顔)は通れません。

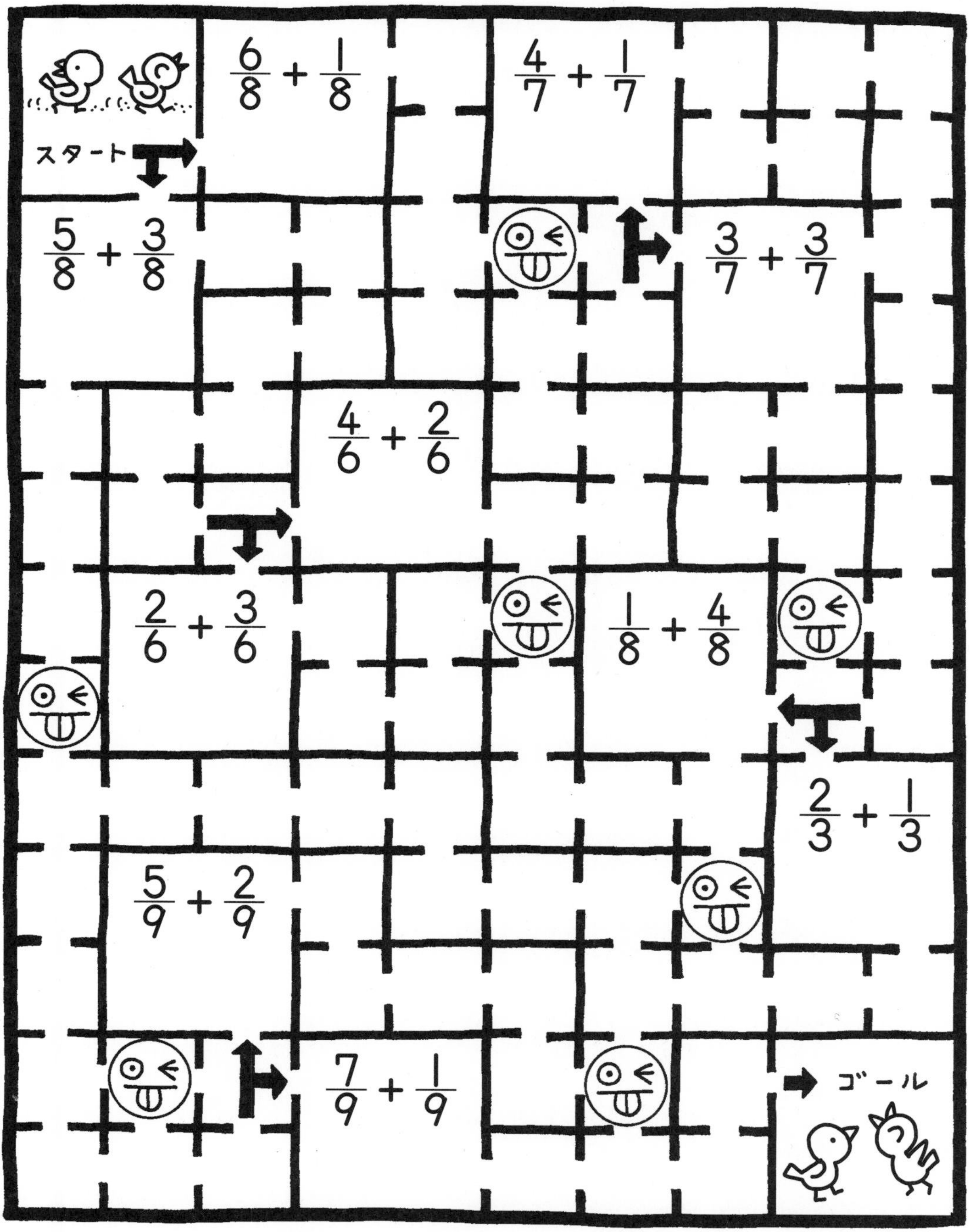

月　　日

算数あそび

分数 ②

名前

● 答えの大きい方へすすみましょう。

□を使った式（1）

月　日　名前

● わからない数を□として，たし算の式《しき》に表《あらわ》し，□にあてはまる数をもとめましょう。

子どもが 16 人で遊《あそ》んでいます。
何人か来たので全部《ぜんぶ》で 25 人になりました。

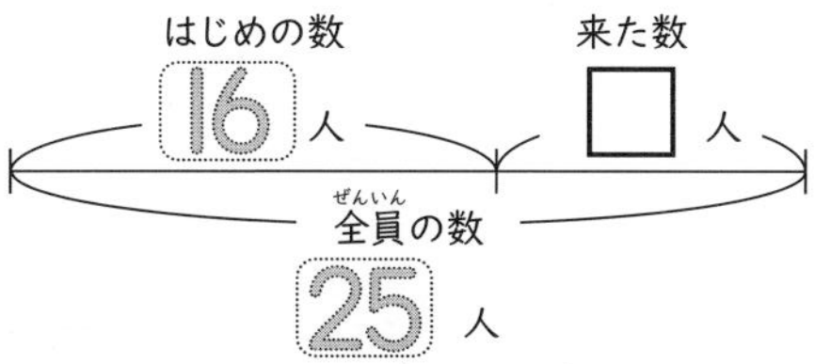

式　□（はじめの数）＋□（来た数）＝□（全員の数）

□＝□－□

□＝□

答え　□の数は，□

□を使った式（2）

月　日　名前

● わからない数を□として，ひき算の式《しき》に表《あらわ》し，□にあてはまる数をもとめましょう。

クッキーが 21 まいありました。
何まいか食べたので，のこりが 8 まいになりました。

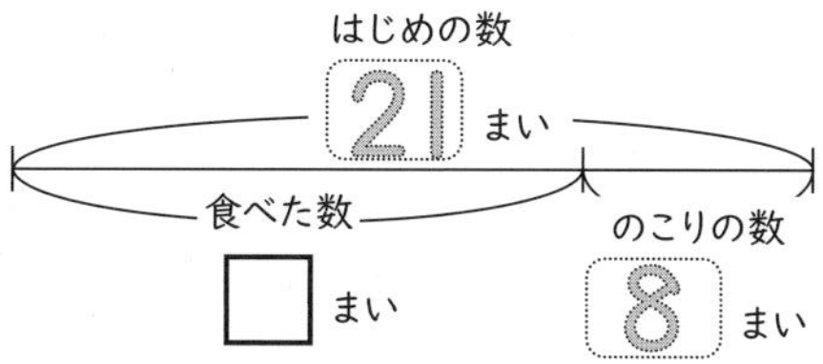

式　□（はじめの数）－□（食べた数）＝□（のこりの数）

□＝21－8

□＝□

答え　□の数は，□

3分

月　日

□を使った式（3）

名前

● わからない数を□としてたし算の式《しき》に表《あらわ》し，□にあてはまる数をもとめましょう。

(1) 子どもが18人でおにごっこをしています。何人か来たので，全部《ぜんぶ》で27人になりました。

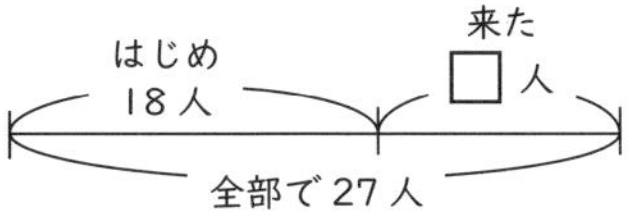

式 □＋□＝□

答え □人

(2) 車がちゅう車場に26台とまっています。何台か入ってきたので，全部で33台になりました。

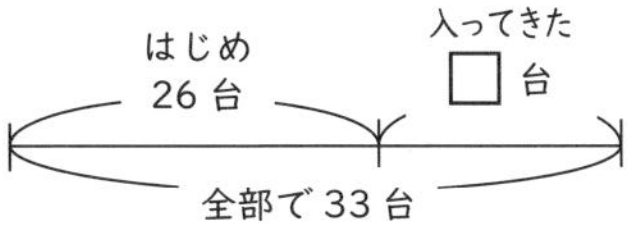

式 □＋□＝□

答え □台

月　日

□を使った式（4）

名前

● わからない数を□としてひき算の式《しき》に表《あらわ》し，□にあてはまる数をもとめましょう。

(1) いちごが何こかありました。15こ食べたので，のこりが7こになりました。

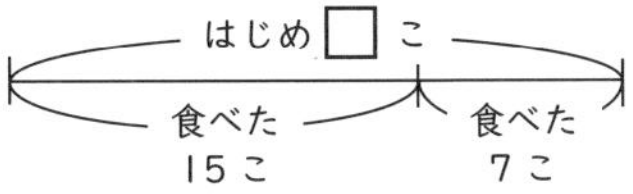

式 □－□＝□

答え □こ

(2) ビー玉が何こかありました。妹に6こあげたので，のこりが19こになりました。

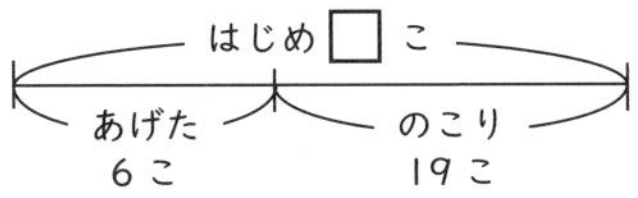

式 □－□＝□

答え □こ

　（141%に拡大してご使用ください。）

月　日

□を使った式（5）

名前

● わからない数を □ としてたし算の式《しき》に表《あらわ》し，□ にあてはまる数をもとめましょう。

(1) バスに 13 人乗《の》っています。次《つぎ》のバスていで何人か乗ってきたので，全部《ぜんぶ》で 29 人になりました。

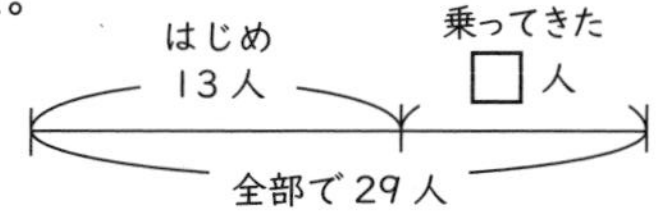

式

答え □ 人

(2) 250g のさとうを重さ何 g かの入れものに入れて，重さをはかると 320g でした。

式

答え □ g

(3) みかんが何こかありました。友だちから 22 こもらったので，みかんは全部で 31 こになりました。

式

答え □ こ

月　日

□を使った式（6）

名前

● わからない数を □ としてひき算の式《しき》に表《あらわ》し，□ にあてはまる数をもとめましょう。

(1) たまごが 41 こありました。何こか使《つか》ったので，のこりが 33 こになりました。

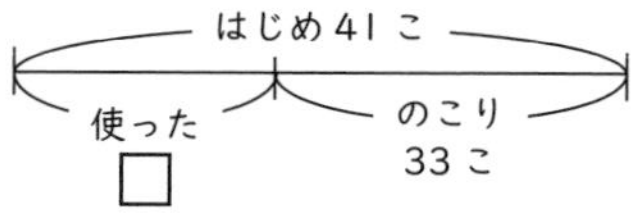

式

答え □ こ

(2) バラの花が 54 本ありました。
友だちに何本かあげたので，のこりは 28 本になりました。

式

答え □ 本

(3) おこづかいを持《も》って買いものに行きました。
160 円のパンを買うと，のこりは 350 円でした。

式

答え □ 円

5分

月　日

□を使った式 (7)

名前

● わからない数を□としてたし算の式《しき》に表《あらわ》し，答えをもとめましょう。

(1) 子どもが何人か運動場《うんどうじょう》で遊《あそ》んでいました。18人来たので，全部《ぜんぶ》で36人になりました。はじめに運動場で遊んでいた子どもは何人ですか。

式

答え ＿＿＿＿

(2) 110gの箱《はこ》にりんごを入れて重《おも》さをはかると500gでした。りんごは何gですか。

式

答え ＿＿＿＿

(3) たつやさんはシールを37まい持《も》っています。お姉さんから何まいかもらったので，56まいになりました。お姉さんから何まいもらいましたか。

式

答え ＿＿＿＿

(4) アイスクリームとヨーグルトを1こずつ買うと，代金《だいきん》は330円でした。ヨーグルトは1こ160円です。アイスクリームは何円ですか。

式

答え ＿＿＿＿

(5) きのう本を81ページ読みました。今日も何ページか読んだので，あわせて140ページ読みました。今日は本を何ページ読みましたか。

式

答え ＿＿＿＿

月　日

□を使った式 (8)

名前

● わからない数を□としてひき算の式《しき》に表《あらわ》し，答えをもとめましょう。

(1) あめが173こありました。何こかあげたので，のこりは86こになりました。何こあげましたか。

式

答え ＿＿＿＿

(2) テープが何cmかありました。62cm使《つか》ったので，のこりが79cmになりました。はじめにテープは何cmありましたか。

式

答え ＿＿＿＿

(3) さとうが500gあります。おかしを作るのに何gか使ったので，のこりが130gになりました。何g使いましたか。

式

答え ＿＿＿＿

(4) 公園で24人が遊《あそ》んでいます。何人か帰ったので，のこりが17人になりました。何人帰りましたか。

式

答え ＿＿＿＿

(5) 本屋《や》さんに行きました。740円の本を買うと，おつりは260円でした。いくらはらいましたか。

式

答え ＿＿＿＿

□を使った式（9）

月　　日

名前

● わからない数を□としてかけ算の式《しき》に表《あらわ》し，□にあてはまる数をもとめましょう。

(1) アイスクリームが同じ数ずつ入っている箱《はこ》が６箱あります。アイスクリームは全部《ぜんぶ》で42こです。

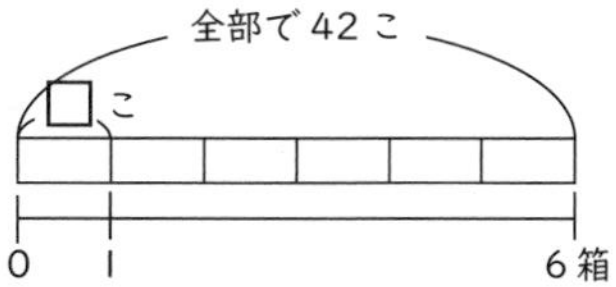

式　□ × ［　］ ＝ ［　］

答え ［　］こ

(2) 水が同じかさずつ入ったペットボトルが９本あります。水は全部で18Lです。

式　□ × ［　］ ＝ ［　］

答え ［　］L

□を使った式（10）

月　　日

名前

● わからない数を□としてわり算の式《しき》に表《あらわ》し，□にあてはまる数をもとめましょう。

(1) リボンが何ｍかあります。４ｍずつ分けると，８人に分けることができました。

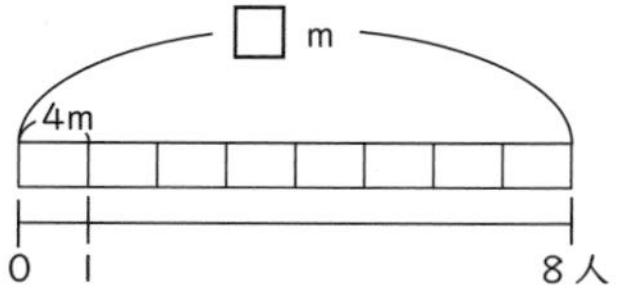

式　□ ÷ ［　］ ＝ ［　］

答え ［　］m

(2) りんごジュースが15dLあります。何人かで同じかさずつ分けると，１人分は3dLになりました。

式　［　］ ÷ □ ＝ ［　］

答え ［　］人

3分

月　日

□を使った式 (11)

名前

● わからない数を □ としてかけ算の式《しき》に表《あらわ》し，□ にあてはまる数をもとめましょう。

(1) おにぎりが同じ数ずつ入っているお皿《さら》が 7 皿あります。
おにぎりは全部《ぜんぶ》で 21 こです。

式

答え □ こ

(2) 1 箱《はこ》にガムが 8 こずつ入っています。
何箱か買うと，ガムは 32 こになりました。

式

答え □ 箱

(3) 色紙を何まいか買いました。
1 まい 5 円だったので，30 円はらいました。

式

答え □ まい

月　日

□を使った式 (12)

名前

● わからない数を □ としてわり算の式《しき》に表《あらわ》し，□ にあてはまる数をもとめましょう。

(1) ジュースが何本かあります。9 人で同じ数ずつ分けると，
1 人分は 5 本になりました。

式

答え □ 本

(2) お茶が 40dL あります。何人かで同じかさずつ分けると，
1 人 5dL ずつになりました。

式

答え □ 人

(3) ロープが何 m かあります。
3m ずつに切ると，3m のロープが 6 本できました。

式

答え □ m

（141%に拡大してご使用ください。）

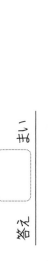

□を使った式（13）

名前

月　日

● わからない数を □ としてかけ算の式《しき》に表《あらわ》し，答えをもとめましょう。

(1) ミニトマトが同じ数ずつのっているお皿《さら》が７まいあります。
ミニトマトは全部《ぜんぶ》で63こです。１皿に何こずつのっていますか。

式

答え

(2) １こ９円のガムを何こか買うと，代金《だいきん》は36円でした。
ガムを何こ買いましたか。

式

答え

(3) １箱《はこ》８こ入りのチョコレートがあります。全部で64こです。
チョコレートは，何箱ありますか。

式

答え

(4) 子どもが７台のゴーカートに同じ人数ずつ乗《の》っています。子どもは全部で21人います。１台のゴーカートに何人ずつ乗っていますか。

式

答え

(5) 花を同じ数ずつ使《つか》って花たばを，５つ作りました。花は全部で30本使いました。１つの花たばに花を何本使いましたか。

式

答え

□を使った式（14）

名前

月　日

10分

● わからない数を □ としてわり算の式《しき》に表《あらわ》し，答えをもとめましょう。

(1) えん筆《ぴつ》が何本かあります。８本ずつ箱《はこ》に入れると，６箱できました。
えん筆は，全部《ぜんぶ》で何本ありますか。

式

答え

(2) なすが何本かあります。４本ずつふくろに入れると，５ふくろできました。なすは全部で何本ありますか。

式

答え

(3) 長さ16cmのロールケーキがあります。同じ長さずつ切ると，ちょうど８切れに分けることができました。１切れは何cmですか。

式

答え

(4) 63ページのドリルがあります。毎日同じページずつすると，７日で仕上《しあ》げることができました。１日何ページしましたか。

式

答え

(5) 子どもが何人かいます。長いす５きゃくに同じ人数ずつすわると，１きゃくに６人すわることができます。子どもは何人いますか。

式

答え

（141％に拡大してご使用ください。）

10分

□を使った式（15）

名前　　　　　月　　日

● □にあてはまる数をもとめましょう。

(1) 15 + □ = 22
□= 22 − 15
□=

(2) 8 + □= 26
□=
□=

(3) □ + 9 = 14
□=
□=

(4) □ + 17 = 31
□=
□=

(5) □ − 5 = 14
□= 14 + 5
□=

(6) □ − 16 = 17
□=
□=

(7) □ − 24 = 26
□=
□=

(8) 14 − □= 9
□= 14 − 9
□=

(9) 34 − □= 21
□=
□=

(10) 30 − □= 25
□=
□=

□を使った式（16）

名前　　　　　月　　日

● □にあてはまる数をもとめましょう。

(1) 5 × □= 30
□= 30 ÷ 5
□=

(2) 8 × □= 48
□=
□=

(3) □ × 3 = 30
□=
□=

(4) □ × 7 = 63
□=
□=

(5) □ ÷ 5 = 7
□= 7 × 5
□=

(6) □ ÷ 6 = 7
□=
□=

(7) □ ÷ 4 = 16
□=
□=

(8) 28 ÷ □= 4
□=
□=

(9) 24 ÷ □= 8
□=
□=

(10) 54 ÷ □= 6
□=
□=

月　　日

ふりかえり
□を使った式 ①

名前

● わからない数を □ として式《しき》に表《あらわ》し，答えをもとめましょう。

(1) バスに何人か乗《の》っています。バスていで 19 人乗ってきたので，全部《ぜんぶ》で 36 人になりました。はじめにバスに何人乗っていましたか。

式

答え

(2) ノートを買いに行きました。 500 円はらうと，おつりは 268 円でした。ノートはいくらですか。

式

答え

(3) 1 ふくろ 6 こ入りのチョコレートが何ふくろかあります。チョコレートは全部で 42 こです。何ふくろありますか。

式

答え

(4) ジュースが何 dL かあります。30dL 飲《の》むと，のこりが 280dL になりました。はじめにジュースは何 dL ありましたか。

式

答え

(5) 1 本 80cm のリボンがあります。何人かで同じ長さずつ分けると，1 人 8cm になりました。何人で分けましたか。

式

答え

月　　日

ふりかえり
□を使った式 ②

名前

● わからない数を □ として式《しき》に表《あらわ》し，答えをもとめましょう。

(1) 8 こ入りのたまごが何パックかあります。たまごは全部で 72 こです。たまごは何パックありますか。

式

答え

(2) みさきさんはカードを 53 まい持《も》っています。妹の持っているカードとあわせると 92 まいになります。妹は何まい持っていますか。

式

答え

(3) おこづかいを持って買いものに行きました。890 円使《つか》ったので，のこりが 512 円になりました。いくら持っていましたか。

式

答え

(4) 水が何 L かあります。1 人に 2L ずつ分けると 5 人に分けることができます。水は何 L ありますか。

式

答え

(5) ドーナツを 7 箱《はこ》買うと 28 こありました。ドーナツは，1 箱に何こ入っていましたか。

式

答え

月　日

□を使った式（テスト）

名前

【知識・技能】

1　□にあてはまる数をもとめましょう。(5×10)

(1)　19 ＋ □ ＝ 25

(2)　□ ＋ 7 ＝ 24

(3)　□ － 8 ＝ 5

(4)　□ － 17 ＝ 14

(5)　16 － □＝ 7

(6)　6 × □ ＝ 42

(7)　4 × □ ＝ 40

(8)　□ ÷ 5 ＝ 4

(9)　□ ÷ 8 ＝ 12

(10)　63 ÷ □ ＝ 9

【思考・判断・表現】

2　次の文のわからない数を□としてたし算の式に表し，□にあてはまる数をもとめましょう。(5×2)

200g のかごに，みかんを入れると
重さは 850g になりました。

式

答え

3　次の文のわからない数を□としてひき算の式に表し，□にあてはまる数をもとめましょう。(5×2)

おこづかいをいくらかもっていましたが，150 円の
おかしを買ったので，のこりは 30 円になりました。

式

答え

4　次の文のわからない数を□としてかけ算の式に表し，□にあてはまる数をもとめましょう。(5×2)

アイスが同じこ数ずつ入った箱《はこ》が 3 箱で，
アイスは全部《ぜんぶ》で 18 こです。

式

答え

5　次の文のわからない数を□としてわり算の式に表し，□にあてはまる数をもとめましょう。(5×4)

(1)　ジュースが 16dL ありました。
　何 dL かずつ分けると，8 人に分けることができました。

式

答え

(2)　チョコボールが何こかあったので，4 人に同じ数ずつ配《くば》ったら，1 人に 3 こずつになりました。

式

答え

　（141％に拡大してご使用ください。）

月　日

かけ算・かける2けたの筆算 (1)

2けた×2けた（くり上がりなし）①

名前

● 次の計算をしましょう。

① 32 × 11

② 12 × 13

③ 14 × 21

④ 13 × 22

⑤ 41 × 12

⑥ 20 × 14

月　日

かけ算・かける2けたの筆算 (2)

2けた×2けた（くり上がりなし）②

名前

● 次の計算をしましょう。

① 32 × 21

② 31 × 12

③ 41 × 11

④ 21 × 20

⑤ 13 × 13

⑥ 23 × 11

3分

月　日

かけ算・かける2けたの筆算 (3)

2けた×2けた＝3けた（くり上がりあり）①

名前

● 次の計算をしましょう。

① $\begin{array}{r} 15 \\ \times\ 12 \\ \hline \end{array}$

② $\begin{array}{r} 38 \\ \times\ 21 \\ \hline \end{array}$

③ $\begin{array}{r} 14 \\ \times\ 62 \\ \hline \end{array}$

④ $\begin{array}{r} 30 \\ \times\ 17 \\ \hline \end{array}$

⑤ $\begin{array}{r} 53 \\ \times\ 13 \\ \hline \end{array}$

月　日

かけ算・かける2けたの筆算 (4)

2けた×2けた＝3けた（くり上がりあり）②

名前

● 次の計算をしましょう。

① 51 × 14

② 41 × 15

③ 16 × 40

④ 17 × 31

⑤ 26 × 23

（141％に拡大してご使用ください。）

かけ算・かける2けたの筆算 (5)

2けた×2けた=3けた（くり上がりあり）③

月　日　名前

● 次の計算をしましょう。

① 45×19

② 38×23

③ 37×22

④ 16×43

⑤ 52×13

⑥ 23×34

⑦ 19×32

⑧ 24×36

⑨ 17×40

かけ算・かける2けたの筆算 (6)

2けた×2けた=3けた（くり上がりあり）④

月　日　名前

● 次の計算をしましょう。

① 23 × 41

② 19 × 26

③ 33 × 17

④ 50 × 18

⑤ 34 × 24

⑥ 46 × 21

⑦ 17 × 42

⑧ 31 × 25

⑨ 35 × 16

5分

（141%に拡大してご使用ください。）

月　　日

かけ算・かける2けたの筆算 (7)
2けた×2けた＝4けた ①

名前

● 次の計算をしましょう。

① 43×61

② 82×19

③ 53×35

④ 62×74

⑤ 60×28

⑥ 92×36

⑦ 44×38

⑧ 54×27

⑨ 67×71

月　　日

かけ算・かける2けたの筆算 (8)
2けた×2けた＝4けた ②

名前

● 次の計算をしましょう。

① 61 × 54

② 27 × 88

③ 45 × 72

④ 87 × 69

⑤ 58 × 90

⑥ 78 × 44

⑦ 76 × 77

⑧ 66 × 48

⑨ 57 × 74

（141％に拡大してご使用ください。）

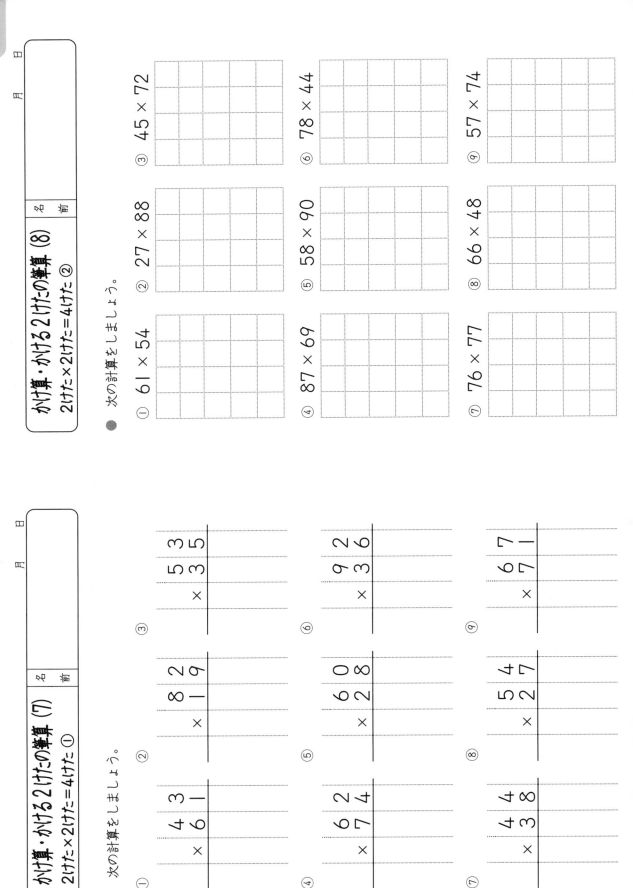

月　日

かけ算・かける2けたの筆算 (9)
2けた×2けた＝4けた ③

名前

● 次の計算をしましょう。

① 56 × 78

② 99 × 65

③ 75 × 89

④ 55 × 98

⑤ 76 × 59

⑥ 88 × 90

⑦ 69 × 69

⑧ 57 × 85

月　日

かけ算・かける2けたの筆算 (10)
2けた×2けた＝4けた ④

名前

● 次の計算をしましょう。

① 67 × 58

② 95 × 67

③ 86 × 97

④ 56 × 98

⑤ 77 × 96

⑥ 80 × 79

⑦ 79 × 55

⑧ 65 × 85

5分

（141%に拡大してご使用ください。）

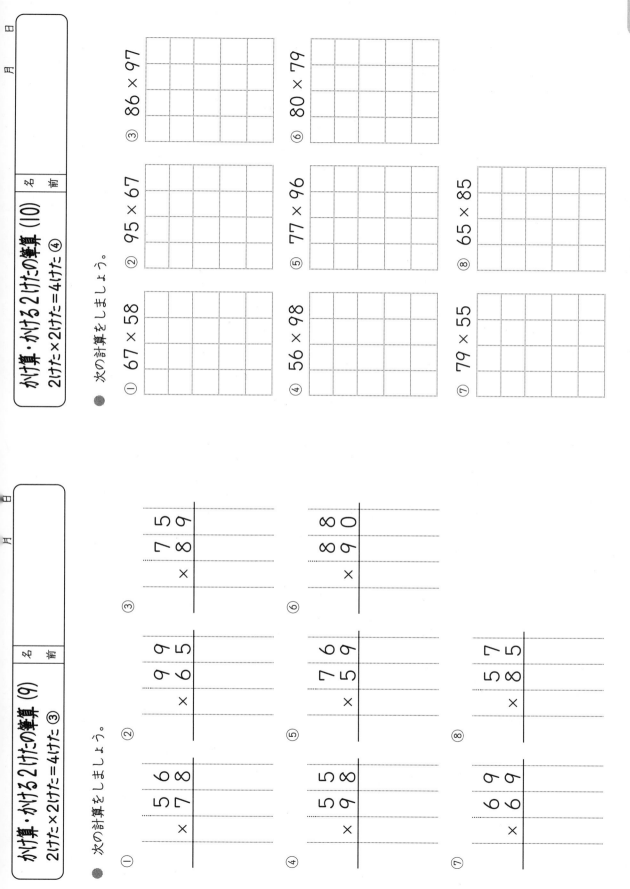

月　日

かけ算・かける2けたの筆算 (11)

名前

● 次の計算をしましょう。

① 33 × 42

② 67 × 85

③ 26 × 37

④ 12 × 32

⑤ 47 × 48

⑥ 24 × 43

⑦ 99 × 57

⑧ 42 × 34

⑨ 85 × 96

⑩ 11 × 10

⑪ 62 × 48

⑫ 24 × 23

⑬ 19 × 94

⑭ 77 × 95

⑮ 43 × 14

月　日

かけ算・かける2けたの筆算 (12)

名前

● 次の計算をしましょう。

① 45×32

② 98×57

③ 25×31

④ 68×75

⑤ 19×37

⑥ 22×13

⑦ 28×72

⑧ 97×78

⑨ 42×35

⑩ 93×57

⑪ 14×21

⑫ 44×33

⑬ 43×52

⑭ 80×46

⑮ 85×75

(141%に拡大してご使用ください。)

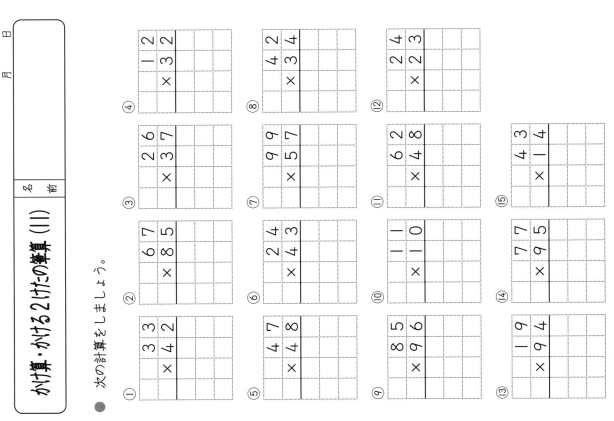

ふりかえり

かけ算・かける2けたの筆算 ①

月　日

名前

● 次の計算をしましょう。

① 68×96

② 15×43

③ 82×61

④ 13×21

⑤ 26×37

⑥ 41×22

⑦ 19×26

⑧ 73×90

⑨ 25×33

⑩ 89×78

⑪ 44×52

⑫ 11×44

⑬ 37×16

⑭ 29×93

⑮ 56×95

⑯ 34×12

⑰ 28×19

⑱ 64×85

⑲ 13×15

⑳ 95×66

10分 ふりかえり

（141%に拡大してご使用ください。）

月　　日

かけ算・かける2けたの筆算 (13)
3けた×2けた＝4けた ①

名前

● 次の計算をしましょう。

①

	4	3	5
×		2	1

②

	1	2	3
×		5	2

③

	3	3	0
×		1	4

④

	2	1	3
×		2	5

月　　日

かけ算・かける2けたの筆算 (14)
3けた×2けた＝4けた ②

名前

● 次の計算をしましょう。

① 133 × 44

② 240 × 35

③ 442 × 13

④ 242 × 14

（141%に拡大してご使用ください。）

月　日

かけ算・かける2けたの筆算 (15)
3けた×2けた＝5けた ①

名前

● 次の計算をしましょう。

①

	5	1	2
×		3	5

②

	4	4	1
×		3	0

③

	3	2	5
×		4	2

④

	5	5	3
×		5	4

月　日

かけ算・かける2けたの筆算 (16)
3けた×2けた＝5けた ②

名前

● 次の計算をしましょう。

① 434 × 53

② 550 × 24

③ 342 × 43

④ 255 × 52

3分

かけ算・かける2けたの筆算 (17)
3けた×2けた＝5けた ③

月　日

名前

● 次の計算をしましょう。

①
$$\begin{array}{r} 163 \\ \times\ \ 82 \\ \hline \end{array}$$

②
$$\begin{array}{r} 758 \\ \times\ \ 24 \\ \hline \end{array}$$

③
$$\begin{array}{r} 610 \\ \times\ \ 39 \\ \hline \end{array}$$

④
$$\begin{array}{r} 247 \\ \times\ \ 85 \\ \hline \end{array}$$

かけ算・かける2けたの筆算 (18)
3けた×2けた＝5けた ④

月　日

名前

● 次の計算をしましょう。

① 914 × 26

② 518 × 37

③ 449 × 36

④ 384 × 90

3分

(141%に拡大してご使用ください。)

月　日

かけ算・かける２けたの筆算 (19)
3けた×2けた＝5けた ⑤

名前

● 次の計算をしましょう。

①

	6	8	9
×		8	6

②

	6	7	7
×		6	8

③

	9	9	6
×		9	7

④

	8	6	6
×		7	9

月　日

かけ算・かける２けたの筆算 (20)
3けた×2けた＝5けた ⑥

名前

● 次の計算をしましょう。

① 979 × 68

② 868 × 67

③ 799 × 88

④ 687 × 78

5分

(141%に拡大してご使用ください。)

月　日

かけ算・かける2けたの筆算 (21)
3けた(十の位が0)×2けた ①

名前

● 次の計算をしましょう。

①

	8	0	6
×		2	3

②

	5	0	6
×		4	8

③

	9	0	3
×		8	2

④

	1	0	7
×		7	2

月　日

かけ算・かける2けたの筆算 (22)
3けた(十の位が0)×2けた ②

名前

● 次の計算をしましょう。

① 704 × 75

② 604 × 48

③ 409 × 93

④ 308 × 84

(141%に拡大してご使用ください。)

月　日

かけ算・かける2けたの筆算 (23)
3けた(十の位が0)×2けた ③

名前

● 次の計算をしましょう。

①
$$\begin{array}{r} 809 \\ \times \quad 97 \\ \hline \end{array}$$

②
$$\begin{array}{r} 908 \\ \times \quad 66 \\ \hline \end{array}$$

③
$$\begin{array}{r} 706 \\ \times \quad 68 \\ \hline \end{array}$$

④
$$\begin{array}{r} 808 \\ \times \quad 99 \\ \hline \end{array}$$

月　日

かけ算・かける2けたの筆算 (24)
3けた(十の位が0)×2けた ④

名前

● 次の計算をしましょう。

① 909 × 69

② 608 × 98

③ 709 × 76

④ 606 × 88

5分

(141%に拡大してご使用ください。)

10分

かけ算・かける2けたの筆算 (25)
3けた×2けた ①

名前　　　　　月　　日

● 次の計算をしましょう。

① 678 × 96　② 143 × 22　③ 309 × 87

④ 826 × 30　⑤ 608 × 27　⑥ 158 × 39

⑦ 998 × 78　⑧ 249 × 98

かけ算・かける2けたの筆算 (26)
3けた×2けた ②

名前　　　　　月　　日

● 次の計算をしましょう。

① 786 × 86　② 716 × 24　③ 808 × 49

④ 904 × 76　⑤ 213 × 31　⑥ 875 × 61

⑦ 198 × 45　⑧ 689 × 79

（141%に拡大してご使用ください。）

月　日

ふりかえり

かけ算・かける2けたの筆算 ②

名前

● 次の計算をしましょう。

① 114 × 22

② 879 × 96

③ 608 × 29

④ 312 × 23

⑤ 784 × 56

⑥ 668 × 97

⑦ 195 × 28

⑧ 875 × 39

⑨ 826 × 34

⑩ 908 × 26

(141%に拡大してご使用ください。)

月　日

かけ算・かける2けたの筆算 (27)

文章題 ①

名前

1 駅《えき》の階《かい》だんは 27 だんあります。
31 日毎日上ると，あわせて何だんになりますか。

式

答え

2 38 人乗《の》りのバスが 19 台あります。
全部《ぜんぶ》で何人乗ることができますか。

式

答え

3 1 こ 82 円のシュークリームを 65 こ買います。
代金《だいきん》はいくらですか。

式

答え

月　日

かけ算・かける2けたの筆算 (28)

文章題 ②

名前

1 毎日 66 ページずつ本を読みます。
31 日では，本を何ページ読むことができますか。

式

答え

2 長いリボンを切って，98cm のリボンを 15 本作ります。
長いリボンは，何 cm いりますか。

式

答え

3 遊園地《ゆうえんち》の入園りょうは 1 人 699 円です。
35 人分の代金《だいきん》は，いくらですか。

式

答え

（141%に拡大してご使用ください。）

月　日

かけ算・かける２けたの筆算 (29)
文章題 ③

名前

1 １こ 278 円のマドレーヌを 26 こ買います。
全部《ぜんぶ》でいくらですか。

式

答え

2 １つの花たばに花を 27 本ずつ使《つか》います。
花たばを 18 たば作るには，花は何本いりますか。

式

答え

3 560mL のお茶が 48 本あります。
全部で何 mL ですか。

式

答え

4 １クラス 36 人におり紙を 36 まいずつ配《くば》るには，おり紙は何まいいりますか。

式

答え

5 工作で作品を１つ作るのに，ひもが 96cm いります。
作品を 16 こ作るには，ひもは何 cm いりますか。

式

答え

月　日

かけ算・かける２けたの筆算 (30)
文章題 ④

名前

1 子どもがたてに 29 人ずつ，横《よこ》に 18 列《れつ》ならんでいます。
子どもは，全部《ぜんぶ》で何人いますか。

式

答え

2 １さつ 598 円の本を 20 さつ買います。
全部で何円になりますか。

式

答え

3 毎日牛にゅうを 250mL ずつ飲《の》みます。
77 日間では，何 mL 飲むことになりますか。

式

答え

4 １人 38 羽ずつおりづるを作ります。
46 人で作ると，おりづるは何羽できますか。

式

答え

5 19 まい入りのクッキーの箱《はこ》が 26 箱あります。
クッキーは，全部で何まいありますか。

式

答え

10分

月　日

かけ算かな・わり算かな (1)

名前

文章題 ①

1 1こ216円のペンを48本買うと，全部《ぜんぶ》でいくらになりますか。

式

答え

2 クッキーが56まいあります。
7人で同じ数ずつ分けると，1人分は何まいになりますか。

式

答え

3 12本入りのペットボトルの箱《はこ》が27箱あります。
全部で何本ありますか。

式

答え

4 タクシーのりばに30人ならんでいます。1台のタクシーに4人ずつ乗ります。全《ぜん》員が乗るには，タクシーは何台いりますか。

式

答え

5 18Lの水を2Lずつペットボトルに入れます。
2L入りのペットボトルは，何本できますか。

式

答え

月　日

かけ算かな・わり算かな (2)

名前

文章題 ②

1 おにぎりが25こあります。7人に同じ数ずつ配《くば》ります。
1人何こずつになって，何こあまりますか。

式

答え

2 リボンが50cmあります。
8cmずつ切ると，8cmのリボンは何本作れますか。

式

答え

3 1さつ108円のノートを56さつ買います。
全部《ぜんぶ》でいくらになりますか。

式

答え

4 あめが70こあります。1ふくろに9こずつ入れます。
9こ入りのふくろは，何ふくろできますか。

式

答え

5 子どもが18人います。おかし代《だい》として，1人92円ずつ集《あつ》めます。全部でいくらになりますか。

式

答え

（141%に拡大してご使用ください。）

月　　日

かけ算・かける２けたの筆算（テスト）

名前

【知識・技能】

1 筆算で計算をしましょう。(5×10)

(1) 23 × 32　(2) 60 × 12

(3) 58 × 63　(4) 37 × 48

(5) 83 × 49　(6) 26 × 84

(7) 27 × 85　(8) 87 × 76

(9) 243 × 35　(10) 785 × 95

【思考・判断・表現】

2 １こ 98 円のりんごを 25 こ買います。
代金はいくらになりますか。(5×2)

ひっ算

式

答え

3 １人におり紙を 48 まいずつくばります。
42 人にくばるには，おり紙は何まいいりますか。(5×2)

ひっ算

式

答え

4 28 人がテープを使って工作をします。１人が 1m45cm ずつ使います。テープは何 m 何 cm 必要ですか。(5×2)

ひっ算

式

答え

5 遠足にかかるひ用は１人あたり 650 円です。
73 人では全部で何円になりますか。(5×2)

ひっ算

式

答え

6 １箱《はこ》 348 円のおかしを 26 人分と 980 円のお茶の葉を買いました。
代金はいくらになりますか。(5×2)

ひっ算

式

答え

（141%に拡大してご使用ください。）

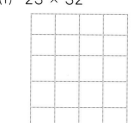

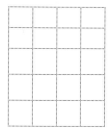

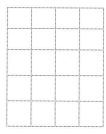

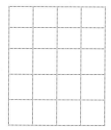

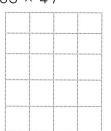

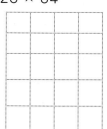

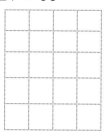

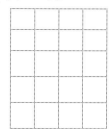

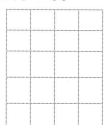

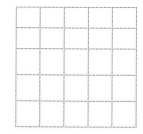

月　日

算数あそび

かけ算・かける２けたの筆算 ①

名前

● 答えの大きい方へすすみましょう。

月　　日

算数あそび
かけ算・かける２けたの筆算 ②

名前

● 答えの大きい方へすすみましょう。

月　日

算数あそび

かけ算・かける２けたの筆算 ③

名前

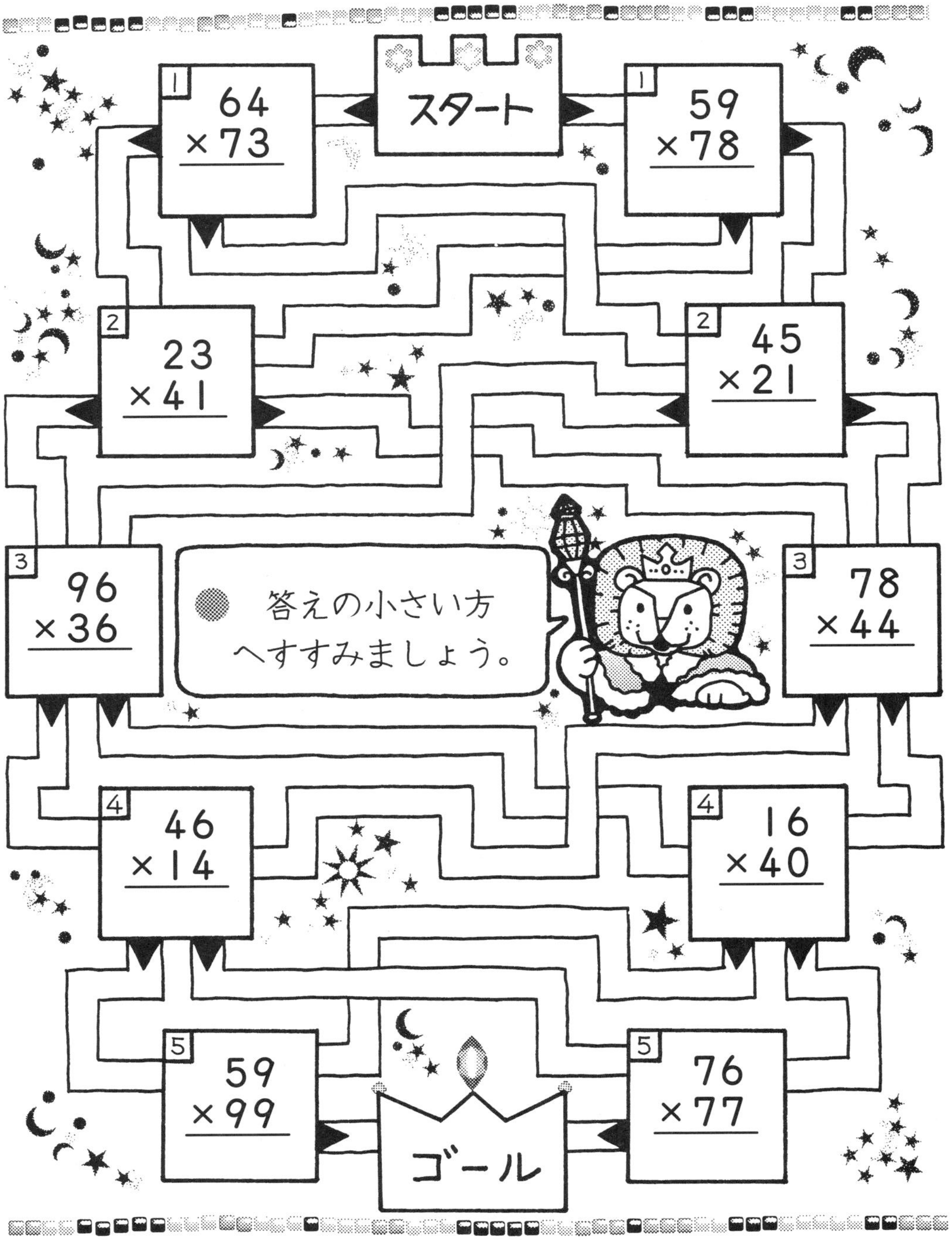

月　　日

算数あそび

かけ算・かける２けたの筆算④

名前

答えの小さい方へすすみましょう。

 (141%に拡大してご使用ください。)

月　日

倍の計算（1）

倍にあたる数を求める

名前

1 13cmの青いテープがあります。白いテープは，青いテープの5倍《ばい》の長さです。白いテープは何cmですか。

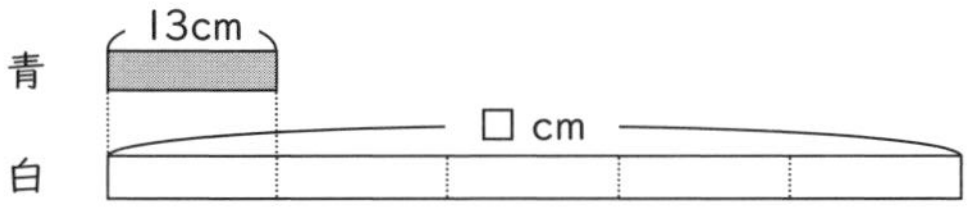

式《しき》

答え

2 お茶が12Lあります。水はお茶の6倍のかさです。水は何Lありますか。

式

答え

3 まりえさんは，シールを34まい持《も》っています。お姉さんは，まりえさんの3倍持っています。何まい持っていますか。

式

答え

月　日

倍の計算（2）

倍を求める

名前

1 48cmの赤いテープと，8cmの黒いテープがあります。赤いテープの長さは，黒いテープの長さの何倍《ばい》ですか。

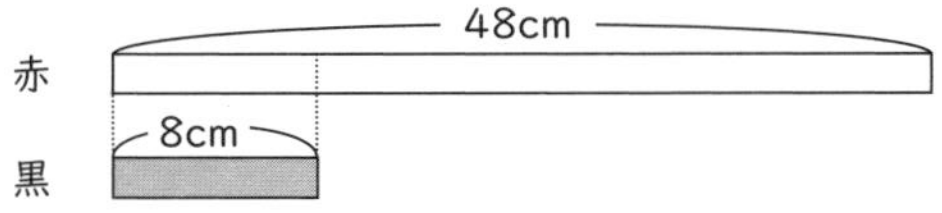

式《しき》

答え

2 いちごが21こ，りんごが7こあります。いちごの数は，りんごの数の何倍ですか。

式

答え

3 けんたさんは9才で，おじいさんは72才です。おじいさんの年れいは，けんたさんの年れいの何倍ですか。

式

答え

月　日

倍の計算（3）
もとにする数を求める

名前

1 黄色と茶色のテープがあります。黄色のテープの長さは茶色のテープの長さの６倍《ばい》で42cmです。茶色のテープの長さは何cmですか。

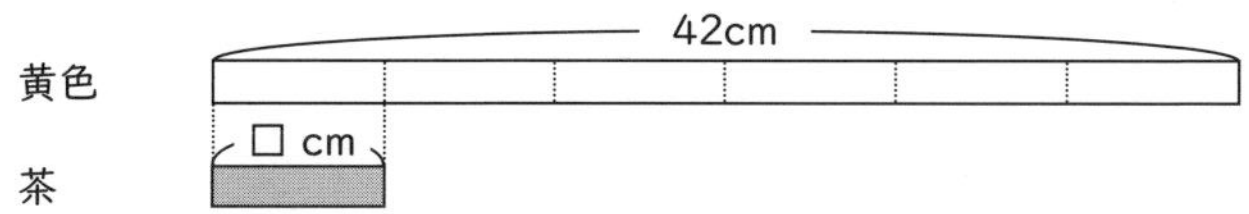

式《しき》

答え

2 体育館《たいいくかん》で子どもが遊《あそ》んでいます。男の子の人数は，女の子の人数の４倍で32人です。女の子は何人いますか。

式

答え

3 えん筆《ぴつ》とボールペンがあります。えん筆の数は，ボールペンの本数の５倍で30本です。ボールペンは何本ありますか。

式

答え

月　日

倍の計算（4）

名前

1 高さが24cmだったひまわりが，夏休みが終《お》わると７倍《ばい》の高さになりました。何cmになりましたか。

式《しき》

答え

2 さけのおにぎりが６こ，こんぶのおにぎりが54こあります。こんぶのおにぎりの数は，さけのおにぎりの数の何倍ですか。

式

答え

3 あやめさんのお母さんは40才で，あやめさんの年れいの５倍です。あやめさんは何才ですか。

式

答え

5分

月　日

倍の計算（5）

名前

● □にあてはまる数を式を書いてもとめましょう。

(1)

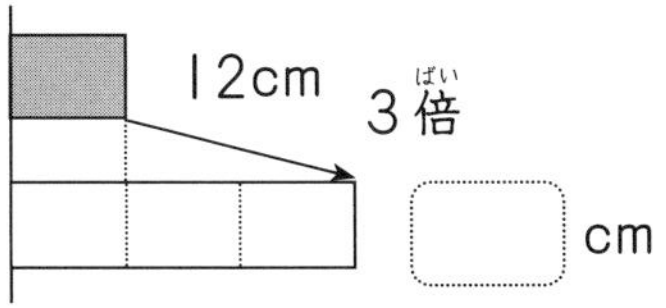

式

(2)

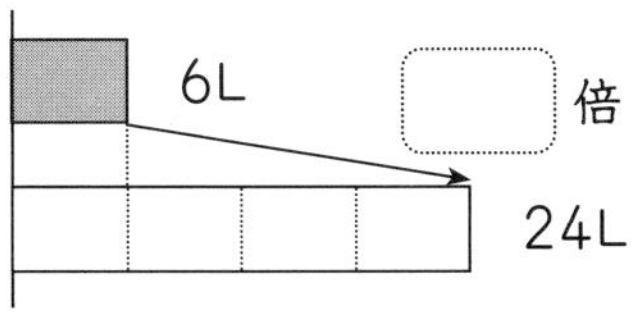

式

(3)

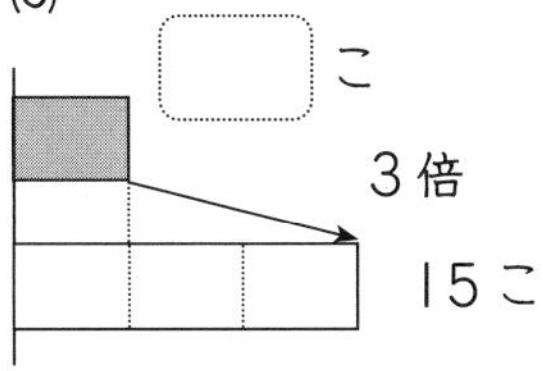

式

月　日

倍の計算（6）

名前

● □にあてはまる数を式を書いてもとめましょう。

(1)

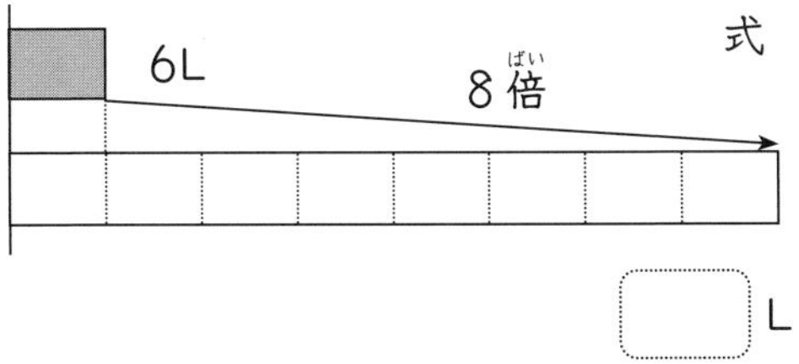

式

(2)

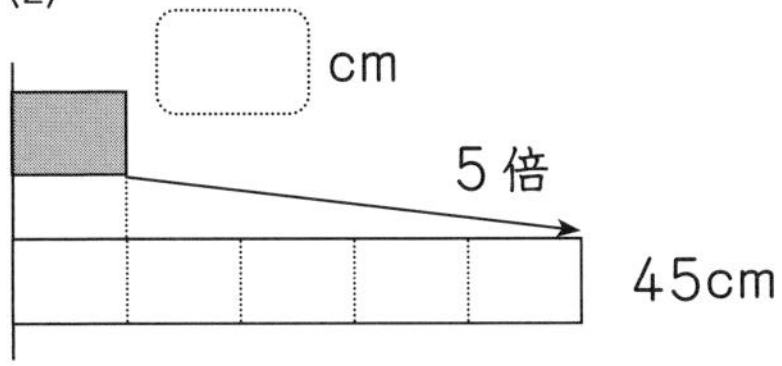

式

(3)

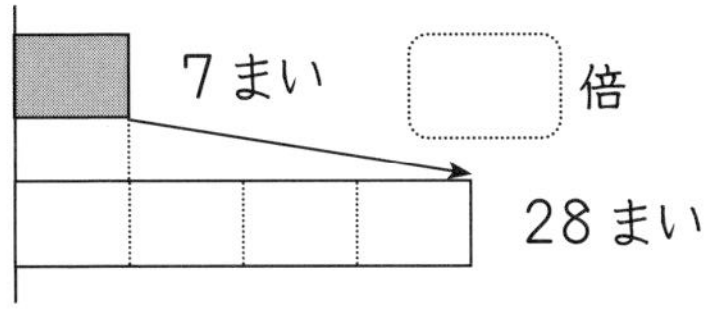

式

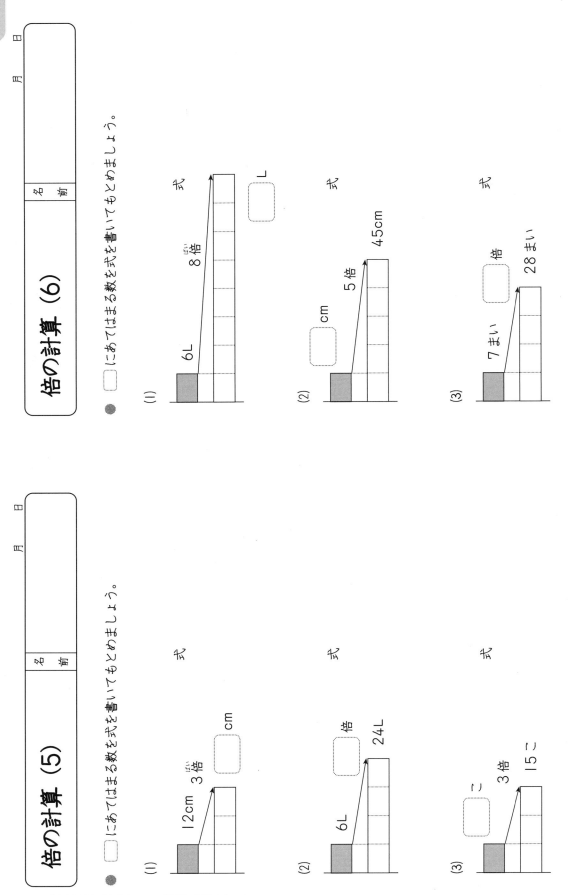

月　　日

倍の計算（テスト）

名前

【知識・技能】

1 ▭にあてはまる数を式を書いて求めましょう。(5×10)

(1)

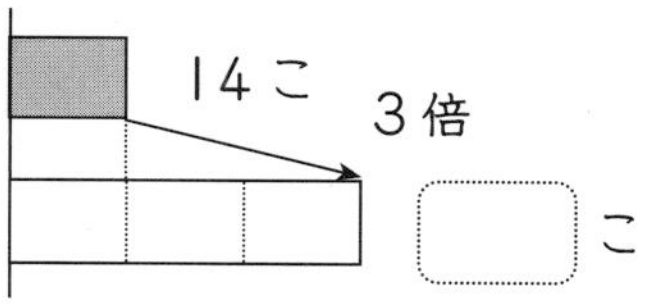

式

(2)

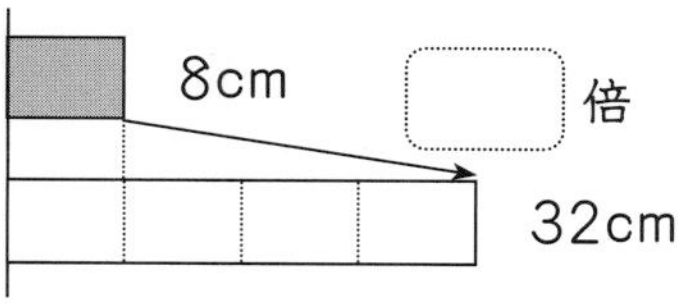

式

(3)

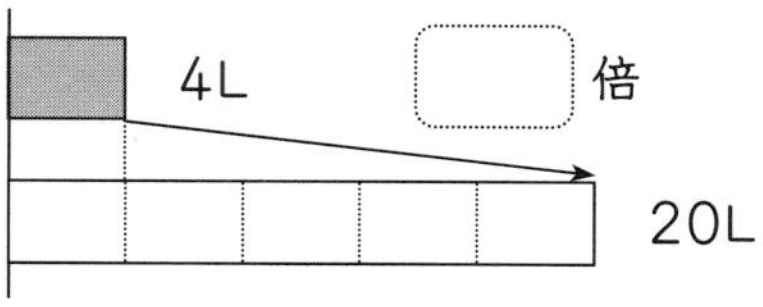

式

(4)

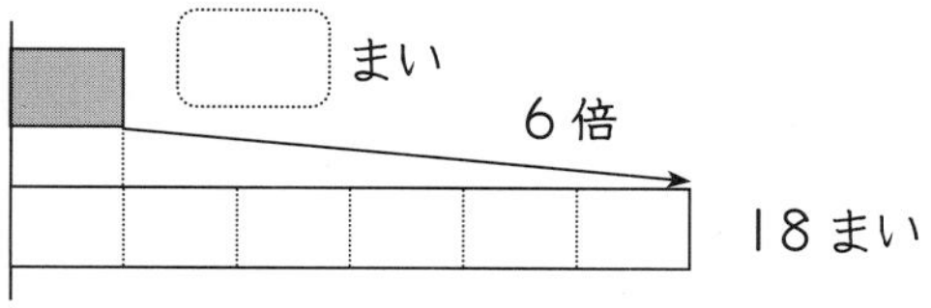

式

(5)

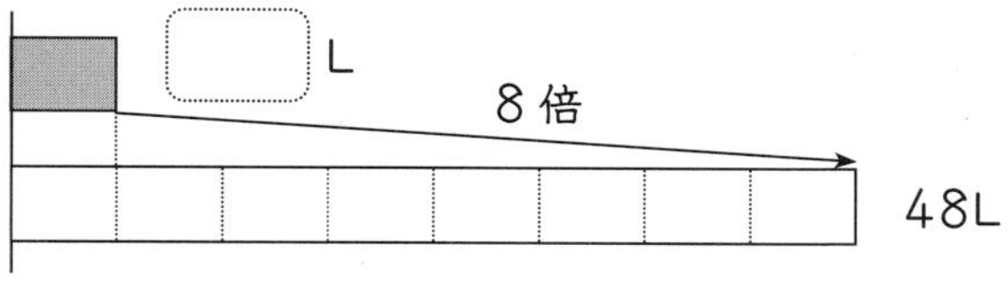

式

【思考・判断・表現】

2 赤いチューリップが4本，黄色いチューリップが12本さいています。黄色いチューリップは，赤いチューリップの何倍さいていますか。(5×2)

式

答え

3 きのうミニトマトが6こできました。
今日は，きのうの4倍できました。
今日できたミニトマトは何こですか。(5×2)

式

答え

4 アサガオのツルが，先日はかったときの5倍の45cmになっていました。先日のアサガオのツルは何cmだったのでしょうか。(5×2)

式

答え

5 キウイフルーツは80円でした。
メロンはその7倍のねだんでした。
メロンのねだんはいくらですか。(5×2)

式

答え

6 やよいさんは9さいで，お母さんは36さいです。お母さんの年れいは，やよいさんの何倍ですか。(5×2)

式

答え

(141%に拡大してご使用ください。)

月　日

三角形と角（1）

名前

□1 次《つぎ》の三角形は，何という三角形ですか。

(1) 直角のかどのある三角形

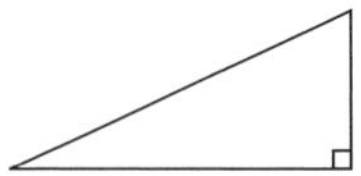

(2) 2つの辺《へん》の長さが等《ひと》しい三角形

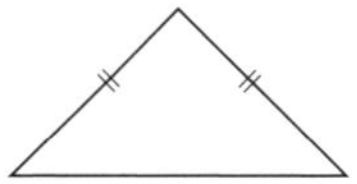

(3) 3つの辺の長さがどれも等しい三角形

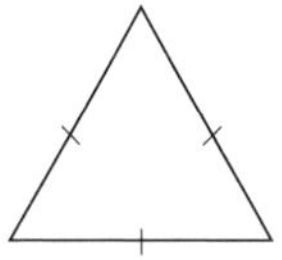

□2 下の図の①と②の三角形の辺の長さを□の中に書きましょう。

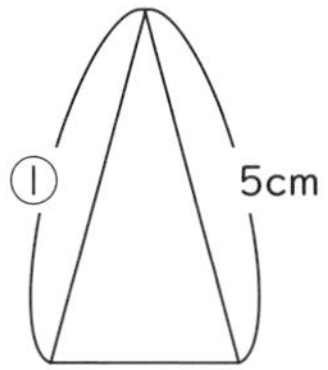

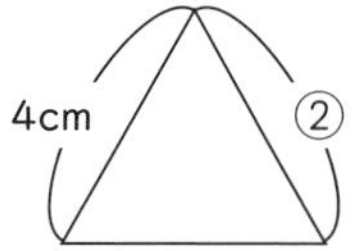

① 　　　②

月　日

三角形と角（2）

名前

● コンパスを使《つか》って，二等辺《にとうへん》三角形と正三角形を見つけましょう。

二等辺三角形

正三角形

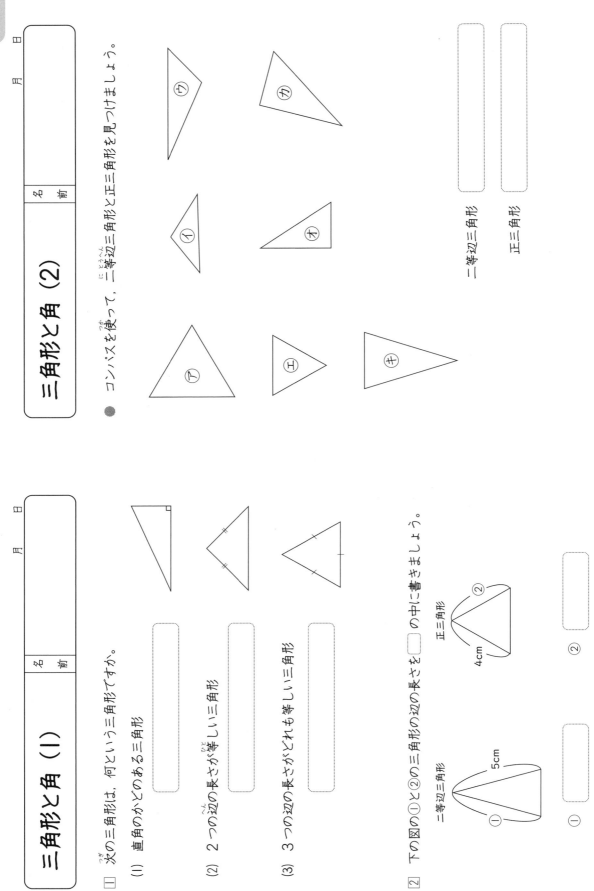

月　　日

三角形と角（3）

名前

● コンパスを使《つか》ってかきましょう。

(1) 辺《へん》の長さが 3cm，6cm，6cm の二等辺《にとうへん》三角形

(2) 辺の長さが 5cm の正三角形

10分

月　日

三角形と角（4）

名前	

● 次《つぎ》の円とその中心を使《つか》って，二等辺《にとうへん》三角形と正三角形をかきましょう。

(1) 辺の長さが 3cm，3cm，4cm の二等辺三角形

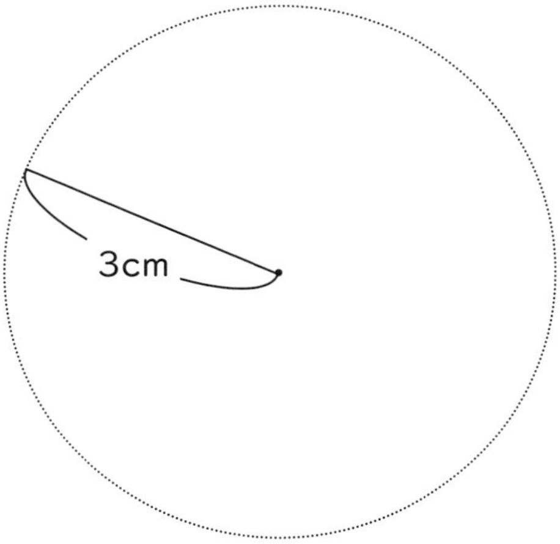

(2) 1 辺の長さが 3cm の正三角形

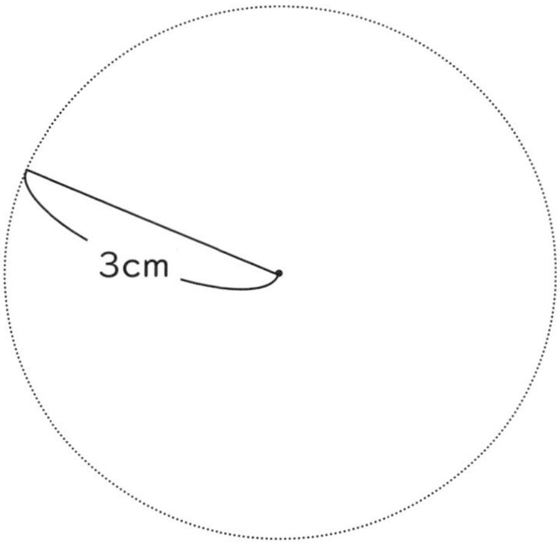

(3) 辺の長さが 2cm，2cm，3cm の二等辺三角形

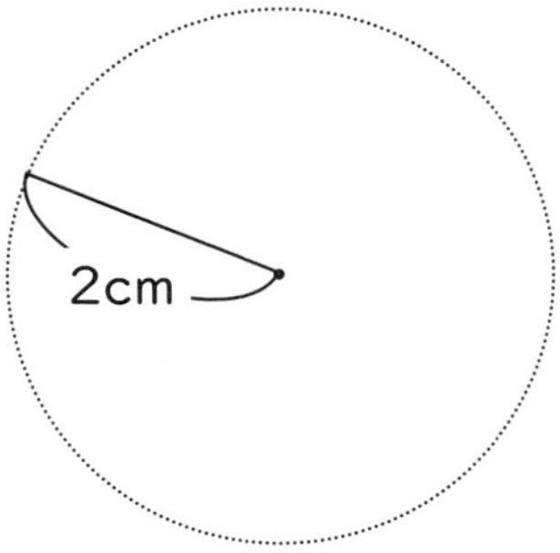

(4) 1 辺の長さが 4cm の正三角形

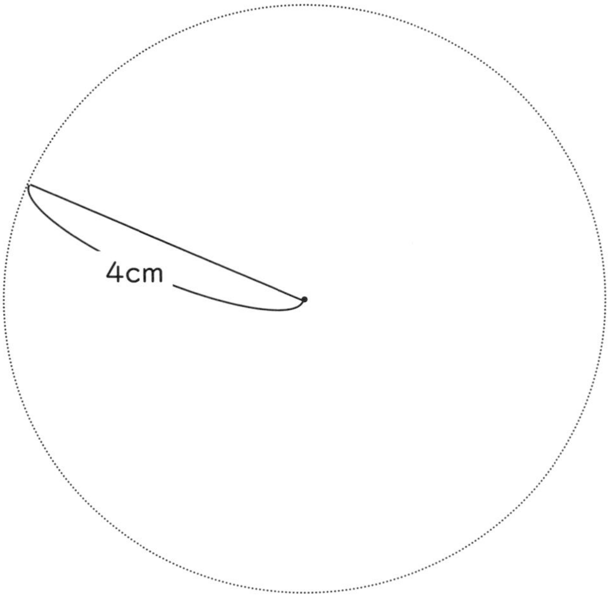

三角形と角 (5)

月　日

名前

● 次《つぎ》の □ にあてはまることばを下の □ からえらんで書きましょう。

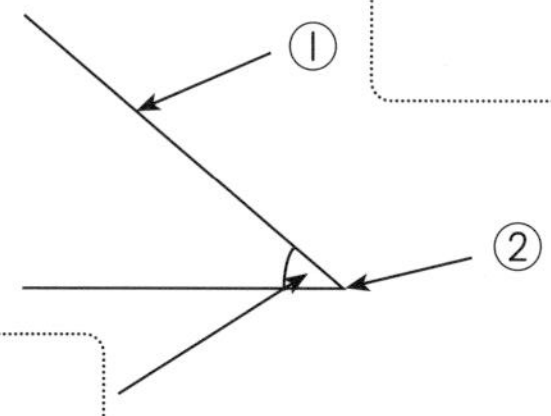

・角を作っている辺の開《ひら》きぐあいを ④ といいます。

・二等辺《にとうへん》三角形の２つの角の大きさは ⑤ です。

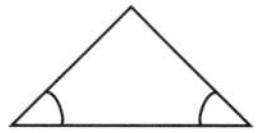

・正三角形の ⑥ の大きさは同じです。

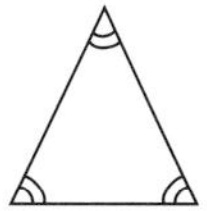

角・辺《へん》・ちょう点・３つの角・角の大きさ・同じ

三角形と角 (6)

月　日

名前

1 三角じょうぎの かどの形を調《しら》べて，記号《きごう》で答えましょう。

(1) いちばんとがっている かど

(2) 直角になっている かど

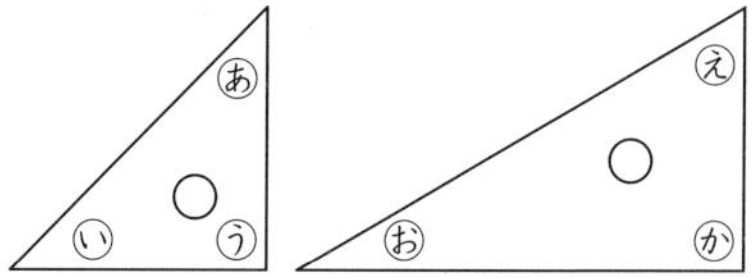

2 下の角の大きさをくらべて，大きいじゅんに番号をつけましょう。

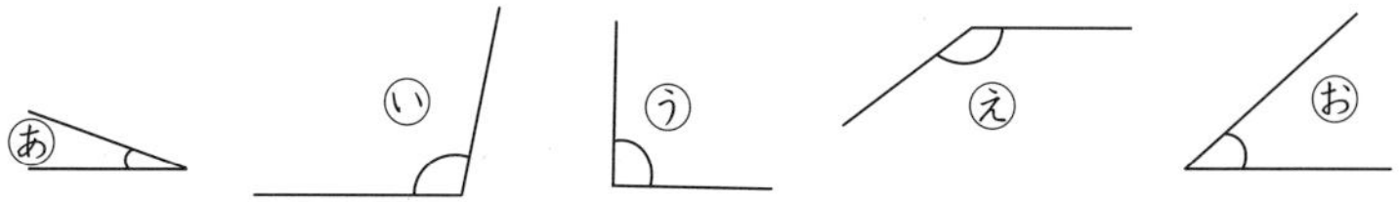

三角じょうぎで調べよう。

3 2まいの三角じょうぎをならべてできた下の三角形の名前を □ に書きましょう。

(1)

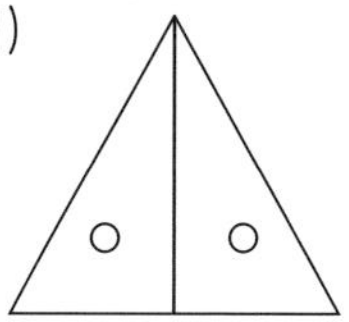

(2)

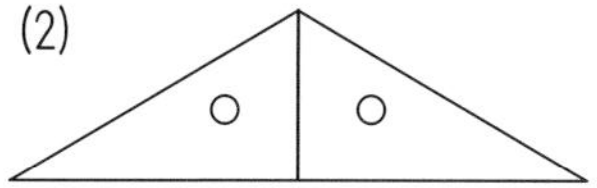

(3)

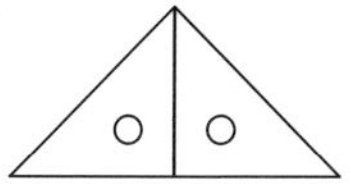

5分

10分

月　日

三角形と角（7）
チャレンジ

名前

1 下の図の円は半径《はんけい》 3cm で，円の中心は点アです。

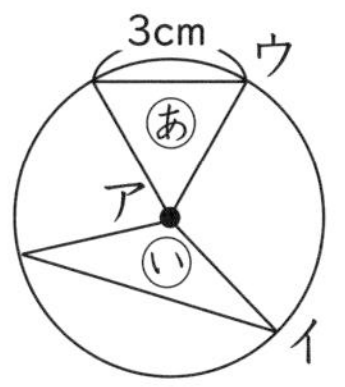

① アイとアウの長さは，それぞれ何 cm ですか。

アイ　　　アウ

② あといは，それぞれ何という三角形ですか。

あ　　　い

2 下の図の 2 つの円は，どちらも半径 4cm で，円の中心は点アと点ウです。

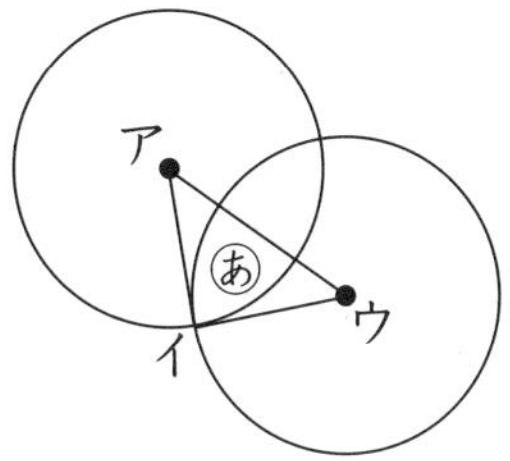

① アイとイウの長さは，それぞれ何 cm ですか。

アイ　　　イウ

② あは，何という三角形ですか。

3 下の図の 2 つの円は，どちらも半径 5cm で，円の中心は点アと点イです。

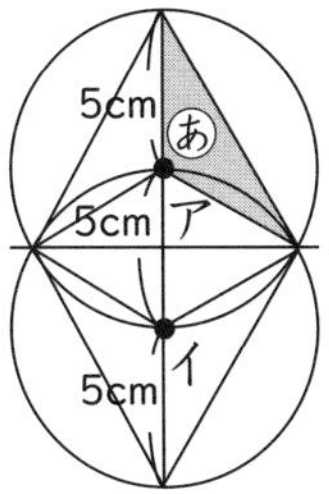

① あは，何という三角形ですか。

② 二等辺三角形《にとうへんさんかくけい》は，全部《ぜんぶ》でいくつありますか。

③ 正三角形は，全部でいくつありますか。

（141％に拡大してご使用ください。）

月　日

ふりかえり
三角形と角

名前

1 次《つぎ》の三角形は，何という三角形ですか。

(1) 2つの辺《へん》の長さが等《ひと》しい三角形

(2) 3つの辺の長さがどれも等しい三角形

2 コンパスを使《つか》って，二等辺《にとうへん》三角形と正三角形を見つけましょう。

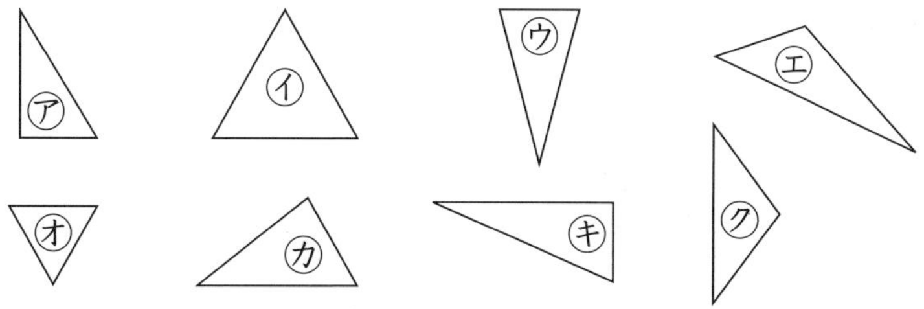

二等辺三角形

正三角形

3 コンパスを使ってかきましょう。

(1) 辺の長さが 2cm の正三角形

(2) 辺の長さが 2cm，4cm，4cm の二等辺三角形

4 次《つぎ》の ①～⑥の □ にあてはまることばを書きましょう。

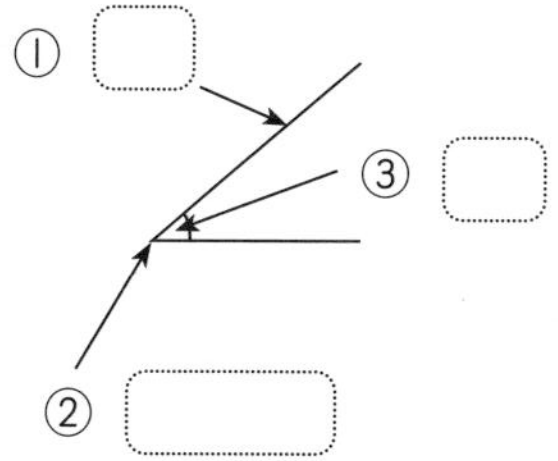

・角を作っている辺の開《ひら》きぐあいを ④ といいます。

・二等辺三角形の2つの角の大きさは ⑤ です。

・正三角形の3つの角の大きさは ⑥ です。

5 下の角の大きさをくらべて，大きいじゅんに番号をつけましょう。

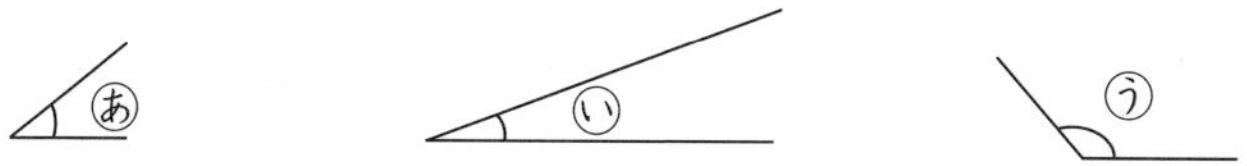

6 2まいの三角じょうぎをならべました。
二等辺三角形には○を，正三角形には△をかきましょう。

(1)

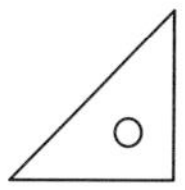

(2)

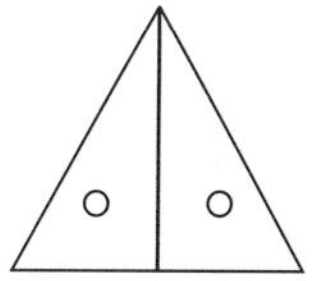

(3)

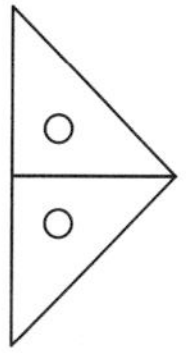

(4)

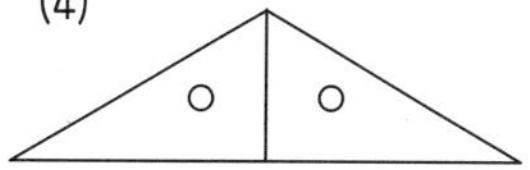

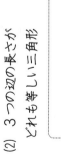

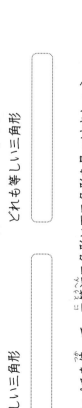

月　　日

三角形と角（テスト）

名前

【知識・技能】

1　次の三角形は何という三角形でしょうか。（5×2）

(1)　3つの辺《へん》の長さがみんな同じ三角形

(2)　2つの辺の長さが同じ三角形

2　次の㋐～㋔にあてはまることばを □ から えらんで □ に書きましょう。（同じ言葉を2回使《つか》ってもよい）（5×5）

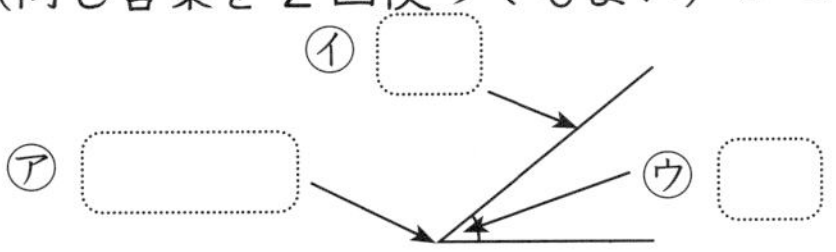

・上の図のように，1つの点から出ている2本の直線が作る形を㋓ □ といいます。

・角を作っている辺の開《ひら》きぐあいを ㋔ □ といいます。

角　・　角の大きさ　・　辺　・　ちょう点

3　下の角の大きさをくらべて，小さいじゅんにならべましょう。（5）

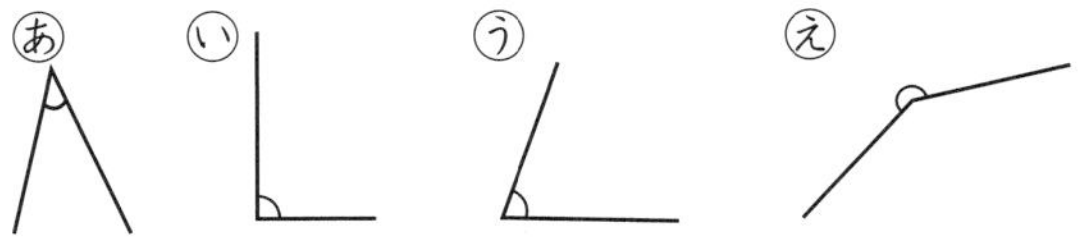

□ ➡ □ ➡ □ ➡ □

4　コンパスを使って次の三角形をかきましょう。（5×2）

(1)　辺の長さが3cm,3cm,5cmの二等辺三角形

(2)　辺の長さが4cmの正三角形

【思考・判断・表現】

5　三角定規《じょうぎ》を2まい下のようにならべました。それぞれ何という三角形ができましたか。（10×3）

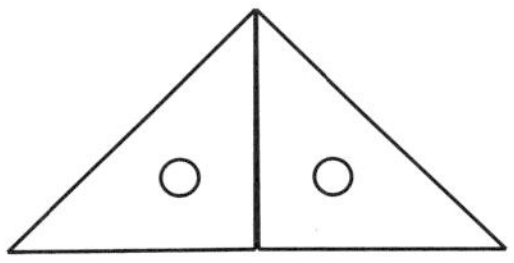

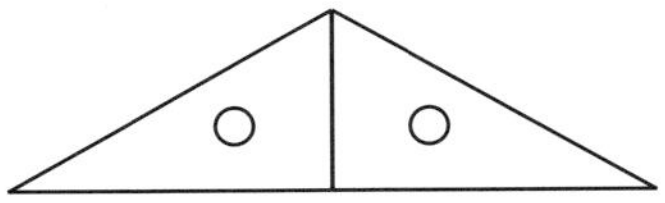

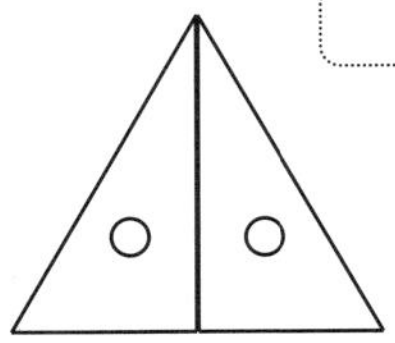

6　下の円は半径《はんけい》5cmで，点アは円の中心です。（10×2）

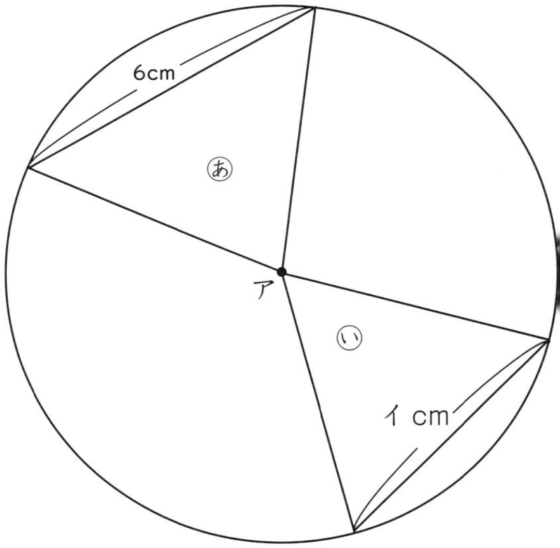

(1)　あの三角形は何という三角形ですか。

(2)　いの三角形では，イが何cmになれば正三角形になりますか。

月　　日

算数あそび

三角形と角 ①

名前

● 正三角形に青色，二等辺《にとうへん》三角形に水色をぬりましょう。

月　　日

算数あそび
三角形と角 ②

名前

● 正三角形に紫色，二等辺《にとうへん》三角形に黄緑色をぬりましょう。

月　日

ぼうグラフと表（1）

名前

● 3年1組で，すきなくだものの絵を1まいずつかきました。
「正」の字を使《つか》って，くだものごとに数を調《しら》べましょう。

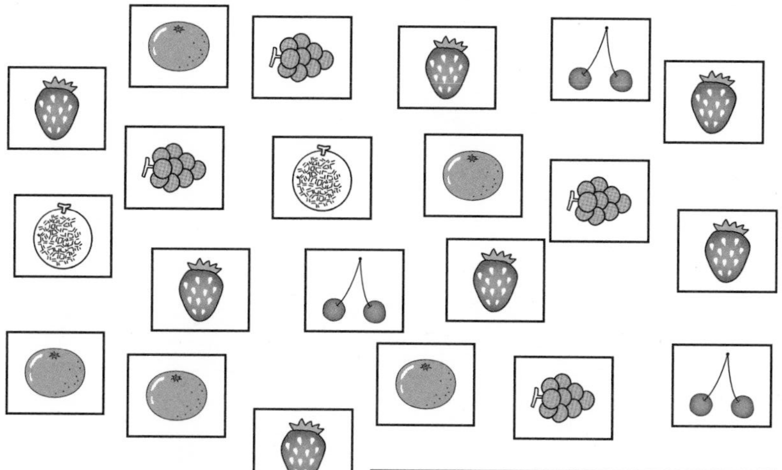

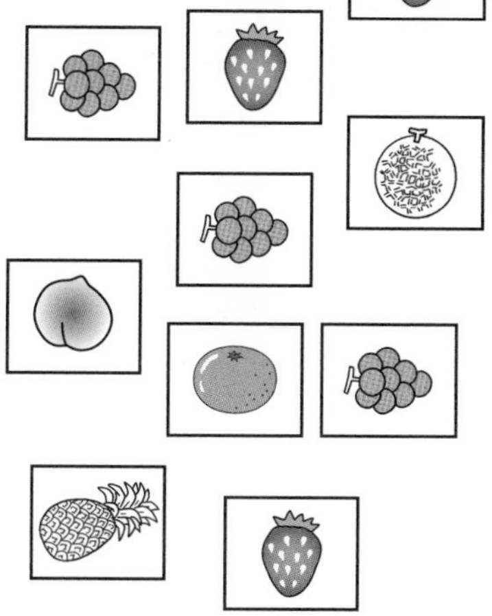

いちご	正　正
メロン	正　正
みかん	正　正
ぶどう	正　正
さくらんぼ	正　正
もも	正　正
パイナップル	正　正

月　日

ぼうグラフと表（2）

名前

● 「正」の字を使《つか》ってすきなくだものを調《しら》べて，㋐の表《ひょう》に整理《せいり》しました。

㋐

いちご	正 下
メロン	下
みかん	正 一
ぶどう	正 丅
さくらんぼ	下
もも	一
パイナップル	一

（もも・パイナップル）その他《た》 丅

(1) すきな人が少ないくだものは，まとめて「その他」とします。「その他」には，どんなくだものが入りますか。

(2) ㋐の表の「正」の字を数字になおし，㋑の表に書《か》きましょう。また，合計も書きましょう。

(3) すきな人がいちばん多いくだものは何ですか。

㋑　すきなくだもの調べ

くだもののしゅるい	いちご	メロン	みかん	ぶどう	さくらんぼ	その他	合計
すきな人の数（人）	9						

5分

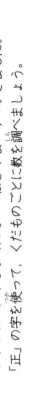

ぼうグラフと表（3）

名前　　　　月　　日

● すきなくだもの調《しら》べの表《ひょう》を下のぼうグラフに表《あらわ》しましょう。

すきなくだもの調べ

くだもののしゅるい	いちご	メロン	みかん	ぶどう	さくらんぼ	その他	合計
すきな人の数（人）	9	3	6	7	3	2	30

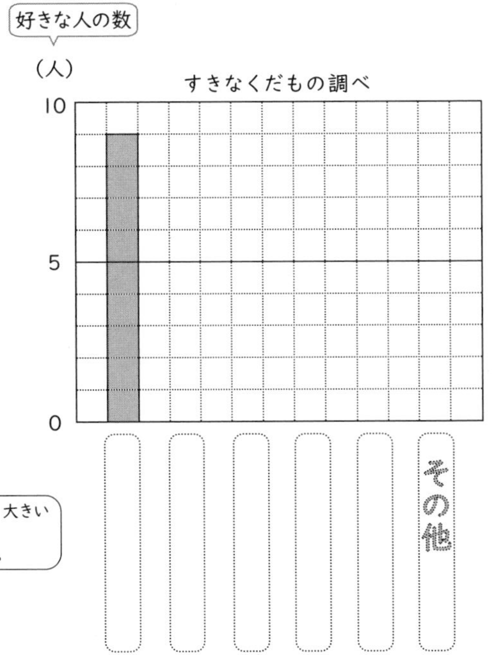

(1) 　　　にくだもののしゅるいを書《か》きましょう。

(2) それぞれのくだもののすきな人の数にあわせて，ぼうをかきましょう。

ぼうグラフと表（4）

名前　　　　月　　日

● 下のグラフは，先月，学校でけがをした人が，どこでけがをしたかを調《しら》べて表《あらわ》したものです。

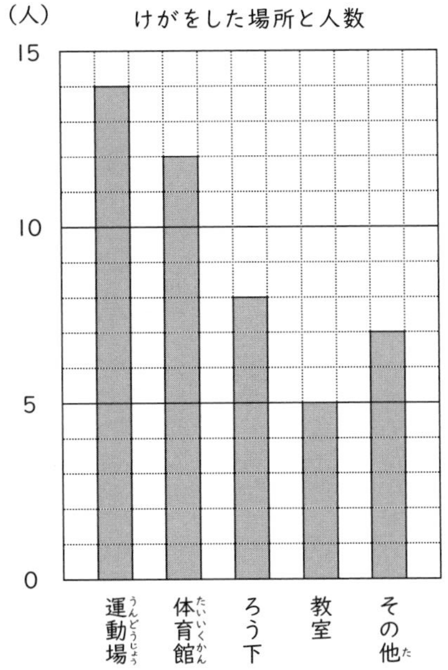

(1) グラフの1目もりは何人を表していますか。

　　　　人

(2) いちばんけがをした人数が多い場所はどこですか。

(3) 次《つぎ》のそれぞれの場所でけがをした人は何人ですか。

① 運動場　　　　人

② 体育館　　　　人

③ ろう下　　　　人

④ 教室　　　　人

⑤ その他　　　　人

 （141%に拡大してご使用ください。）

月　日

ぼうグラフと表 (5)

名前

● 下の表《ひょう》は，３年２組ですきなスポーツを調《しら》べたものです。
表をぼうグラフに表《あらわ》してみましょう。

すきなスポーツ調べ

しゅるい	サッカー	野球《やきゅう》	ドッジボール	テニス	その他《た》
人数（人）	8	6	13	2	3

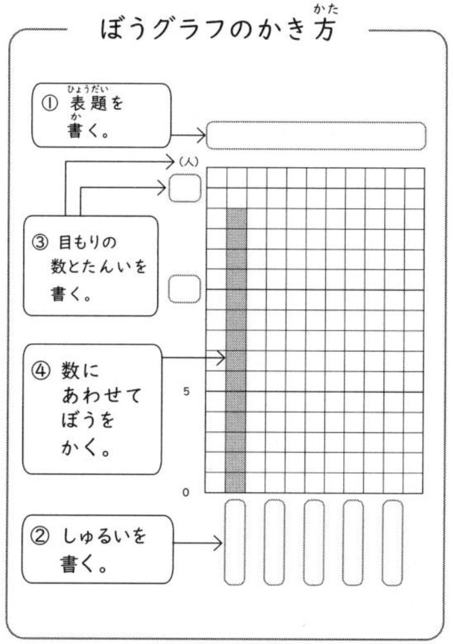

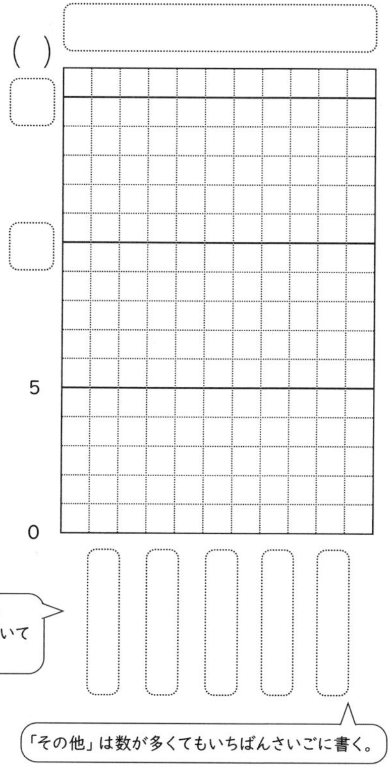

月　日

ぼうグラフと表 (6)

名前

● ３年生の組ごとのすきなきゅう食《しょく》を調べました。

すきなきゅう食　（１組）

しゅるい	人数（人）
カレーライス	12
やきそば	7
ハンバーグ	9
その他	2
合計	（　　）

すきなきゅう食　（２組）

しゅるい	人数（人）
カレーライス	13
やきそば	10
ハンバーグ	6
その他	3
合計	（　　）

すきなきゅう食　（３組）

しゅるい	人数（人）
カレーライス	10
やきそば	5
ハンバーグ	12
その他	5
合計	（　　）

(1) 上の表《ひょう》の（　）に，合計の人数を書きましょう。

(2) それぞれの組ごとに表《あらわ》した３つの表を，１つの表に整理《せいり》します。
下の表の（　）にあてはまる人数を書きましょう。

３年生のすきなきゅう食

組／しゅるい	１組	２組	３組	合計（人）
カレーライス	（　）	（　）	（　）	（　）
やきそば	（　）	（　）	（あ　）	（　）
ハンバーグ	（　）	（　）	（　）	（い　）
その他	（　）	（　）	（　）	（　）
合計	（　）	（　）	（　）	（　）

(3) 上の表のあ，いは，何を表す数ですか。

あ　□組で□のきゅう食がすきな人の数

い　学年で□のきゅう食がすきな人の合計

(4) カレーライス・やきそば・ハンバーグの合計の中で，いちばん人数が多いのは何ですか。

10分

（141％に拡大してご使用ください。）

【10分】

月　日

ぼうグラフと表 (7)

名前

● 5人が山でくり拾《ひろ》いをしたけっかをグラフにしました。グラフを見てこたえましょう。

(1) グラフの1めもりは何こですか。

　　こ

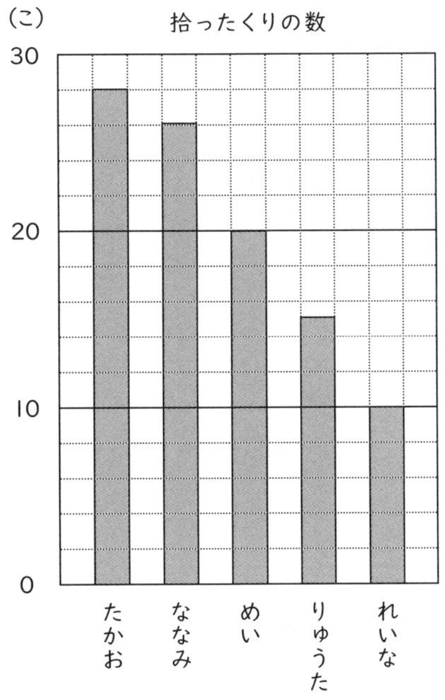

(2) いちばんたくさん拾ったのはだれですか。
　また，拾った数は何こですか。

名前

　　こ

(3) ななみさんは，めいさんよりも何こ多く拾いましたか。

　　こ

(4) りゅうたさんは，何こ拾いましたか。

　　こ

(5) めいさんは，れいなさんの何倍のくりを拾っていますか。

　　倍

月　日

ぼうグラフと表 (8)

名前

● 下の表《ひょう》は，ある小学校の今週にかりた本の数を学年べつに表にしたものです。表をぼうグラフに表《あらわ》しましょう。

学年べつかりた本の数

学年	1	2	3	4	5	6
本の数（さつ）	32	24	31	15	9	16

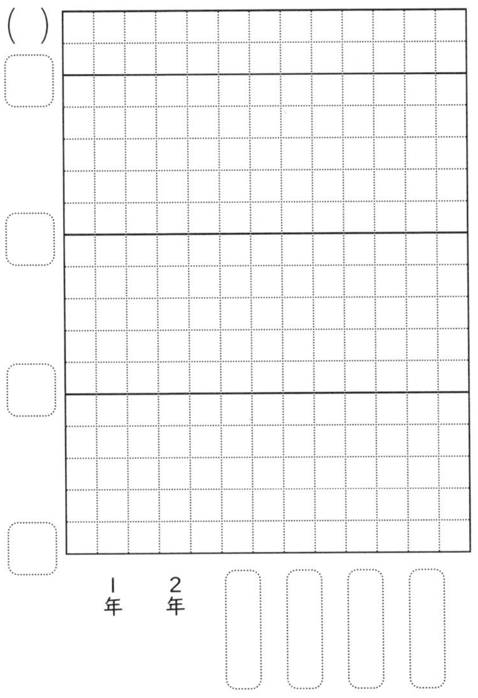

月　　日

ぼうグラフと表（テスト）

名前

【知識・技能】

1　好きなスポーツの人数を調べました。
下のぼうグラフを見て答えましょう。(4 × 5)

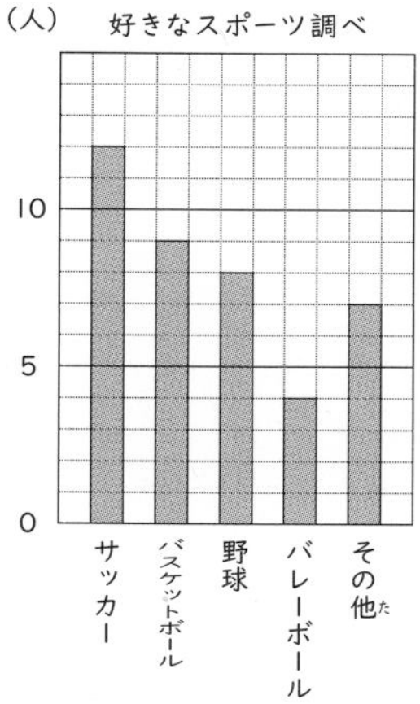

(1)　グラフの１めもりは何人を表していますか。

　　　人

(2)　人数がいちばん多いのは何ですか。
また，何人ですか。

スポーツ名

人数

　　　人

(3)　人数が２ばんめに多いのは何ですか。
また，人数は何人ですか。

スポーツ名　　　　　　人数

　　　人

2　下の表をぼうグラフに表しましょう。(5 × 6)

すきな動物調べ

パンダ	ライオン	ぞう	コアラ	さる	その他
14	9	7	6	4	5

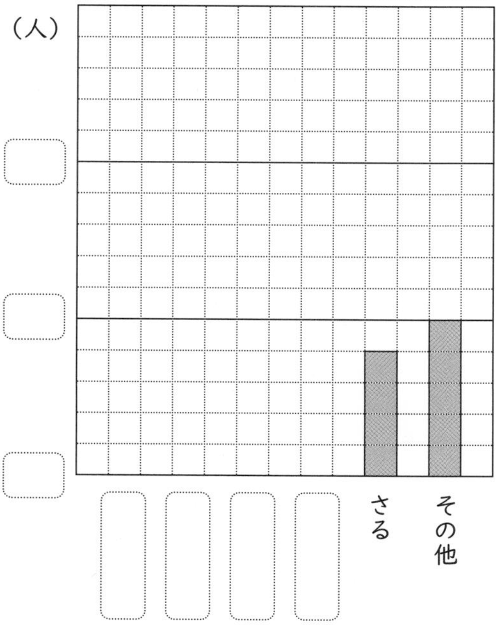

【思考・判断・表現】

3　４月にかりた本のさっ数を学年別にグラフに表しました。
下のぼうグラフを見て答えましょう。(5 × 5)

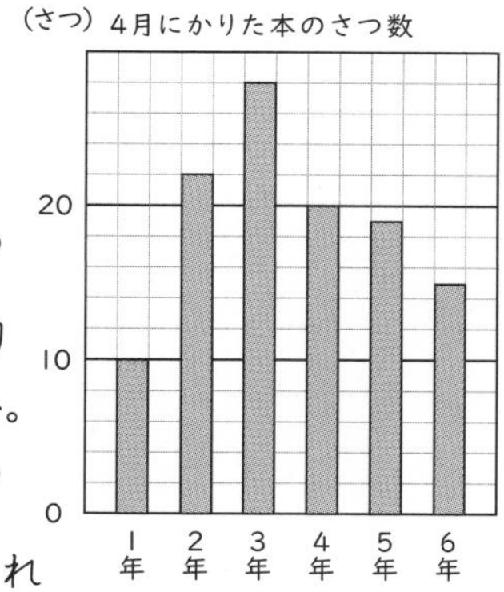

(1)　グラフの１めもりは何さつを表していますか。

　　　さつ

(2)　３年は２年より何さつ多いですか。

　　　さつ

(3)　５年，６年はそれぞれ何さつですか。

５年　　　さつ　　６年　　　さつ

(4)　４年がかりたさっ数は，１年のかりたさっ数の何倍ですか。

　　　倍

4　下の表は１年，２年，３年のけがのしゅるいと人数を調べたものです。(5 × 5)

けがのしゅるいと人数調べ

	1年	2年	3年	合計（人）
すりきず	8	6	(㋐)	18
うちみ	2	3	1	6 ㋒
切りきず	3	2 ㋑	5	10
合計（人）	13	11	10	34

(1)　㋐にあてはまる数を書きましょう。

(2)　㋑と㋒は何を表す数ですか。

㋑は，　　年で切りきずをした人数

㋒は，１年，２年，３年で　　　のけがをした人数

(3)　すりきず，うちみ，切りきずの中で，いちばん人数の多いけがは何ですか。

(4)　１年，２年，３年でけがをした人数は全部で何人ですか。

　　　人

(141%に拡大してご使用ください。)

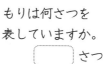

月　　日

対話してかい決する問題（1）

時こくと時間

名前

● ひなたさんは，サッカーのしあいに出場します。

(1) ひなたさんの家から，サッカーのしあいのある運動《うんどう》公園まで，自転車《じてんしゃ》で 20 分かかります。

9 時の集合《しゅうごう》時間の 15 分前には着《つ》いて着《き》がえをしておこうと思います。

何時何分に家を出れば間に合いますか。

答え

(2) 9 時に集合して，ミーティングを 10 分間して，5 分間ランニングやストレッチをして 10 時からのしあいにそなえて，10 時 10 分前まできそ練習《れんしゅう》をしておくことにしました。

きそ練習をする時間は何分間ですか。

答え

(3) 10 時から前半 30 分間しあいをして，10 分間休み，後半 30 分間しあいをします。

しあいが終《お》わるのは何時何分の予定《よてい》ですか。

答え

(4) 12 時 15 分からお昼のおべん当を 20 分間で食べて，午後からのしあいは 1 時半からあります。

お昼のおべん当を食べた何分後にしあいですか。

答え

月　　日

対話してかい決する問題 (2)

わり算

名前	

● 下のわり算の式にある㋐～㋗に，2から9のカードを1まいずつ入れましょう。

〔例〕 わる数と商《しょう》が反対《はんたい》になってもよい。

2	3	4	5
6	7	8	9

(1)

27 ÷ ㋐□ = ㋑□

30 ÷ ㋒□ = ㋓□

56 ÷ ㋔□ = ㋕□

8 ÷ ㋖□ = ㋗□

(2)

6 ÷ ㋐□ = ㋑□

40 ÷ ㋒□ = ㋓□

36 ÷ ㋔□ = ㋕□

42 ÷ ㋖□ = ㋗□

(3)

12 ÷ ㋐□ = ㋑□

21 ÷ ㋒□ = ㋓□

32 ÷ ㋔□ = ㋕□

45 ÷ ㋖□ = ㋗□

(4)

28 ÷ ㋐□ = ㋑□

18 ÷ ㋒□ = ㋓□

72 ÷ ㋔□ = ㋕□

10 ÷ ㋖□ = ㋗□

月　　日

対話してかい決する問題 (3)
3けたのたし算・ひき算

名前

ゆうごさんは，1000円を持《も》って買《か》い物《もの》に行きました。

「お客《きゃく》さんが来られるから，デザートになるくだものを買って来て」とお母さんにたのまれたのです。

くだもの屋《や》さんへ行くと次《つぎ》のようなくだものがならんでいました。

カット　パイナップル

248円

もも　1パック

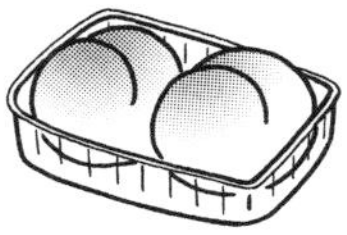

528円

なし　1パック

358円

カット　すいか

485円

いちご1パック

395円

いよかん　1パック

496円

(1)　いちごといよかんを買うと代金《だいきん》はいくらですか。
また，おつりはいくらになりますか。

式

答え

(2)　ももと何かを買いたいと思います。
もう一つ買うことができるのは何と何と何ですか。

式

答え

(3)　3しゅるいのくだものを買うことはできますか。
買えるとしたら，何と何と何ですか。

式

答え

月　日

対話してかい決する問題 (4)

長い長さ

名前

● 上田さんの家ぞくはＡ駅に着いてから，美術館と動物園へ行って，レストランで食事をして，駅に帰る計画を立てました。

歩いて移動します。いちばん短い道のりで歩くと，何 km 何 m 歩くことになりますか。

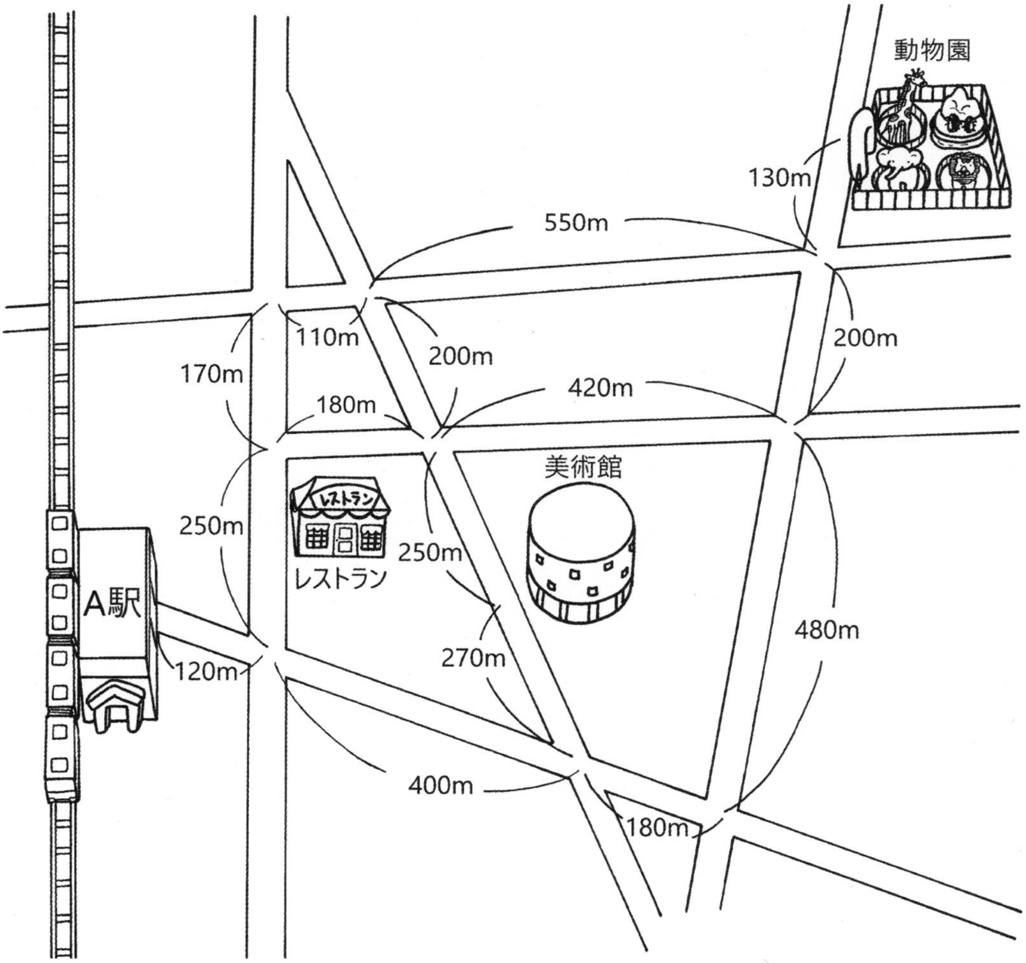

式

答え

月　　日

対話してかい決する問題 (5)
あまりのあるわり算

名前	

● 下のカレンダーで，次《つぎ》の日は何曜日になるでしょうか。
　▭ に曜日を書きましょう。

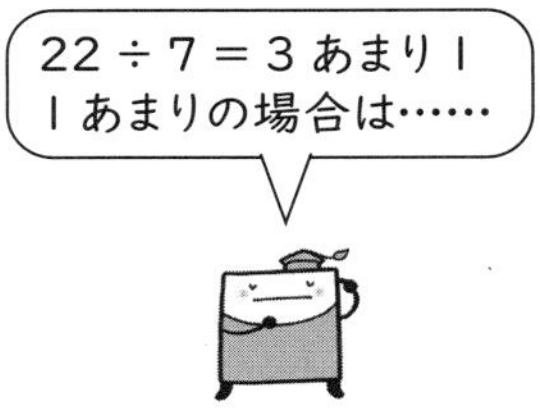

(1) 22 日は何曜日ですか。

日	月	火	水	木	金	土
1	2	3	4	5	6	7
8	9	10	11	12	13	14

(2) 25 日は何曜日ですか。

日	月	火	水	木	金	土
		1	2	3	4	5
6	7	8	9	10	11	12

(3) 26 日は何曜日ですか。

日	月	火	水	木	金	土
				1	2	3
4	5	6	7	8	9	10

(4) 31 日は何曜日ですか。

日	月	火	水	木	金	土
						1
2	3	4	5	6	7	8

月　　日

対話してかい決する問題 (6)
10000より大きい数

名前

● 0 1 2 3 4 5 6 7 8 9 の10まいのカードから8まいを使って，次《つぎ》の4けたのたし算やひき算の問題《もんだい》を作りましょう。

(1) 答えがいちばん大きくなるたし算の問題を作りましょう。

□□□□
＋□□□□

(2) 答えがいちばん小さくなるたし算の問題を作りましょう。

□□□□
＋□□□□

(3) 答えがいちばん小さくなるひき算の問題を作りましょう。

□□□□
－□□□□

(4) 答えがいちばん大きくなるひき算の問題を作りましょう。

□□□□
－□□□□

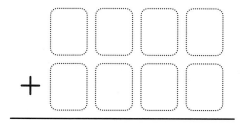

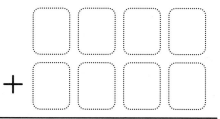

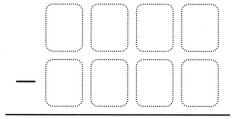

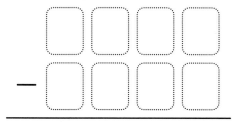

月　　日

対話してかい決する問題（7）

小数

名前

● 二階《にかい》だてかん光バスで青山寺へ行きます。

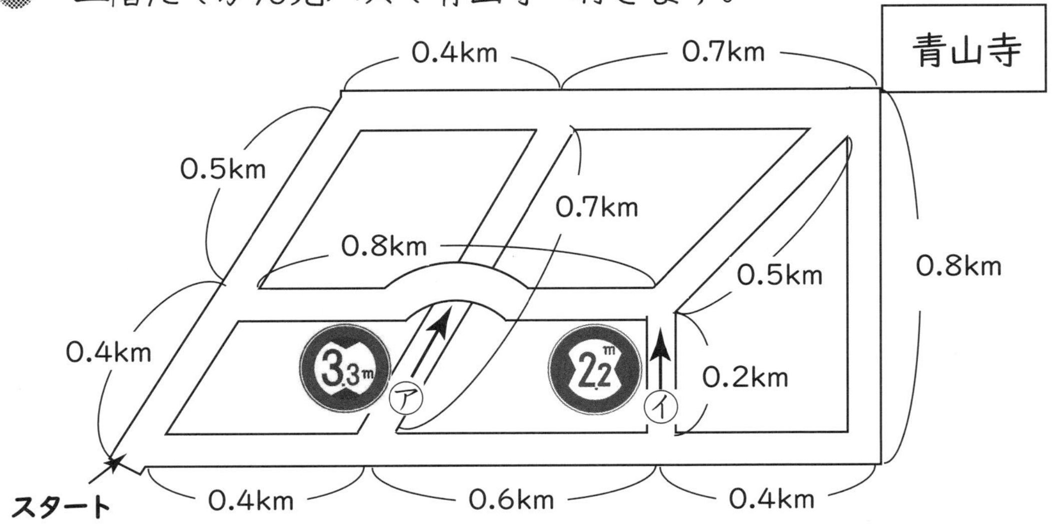

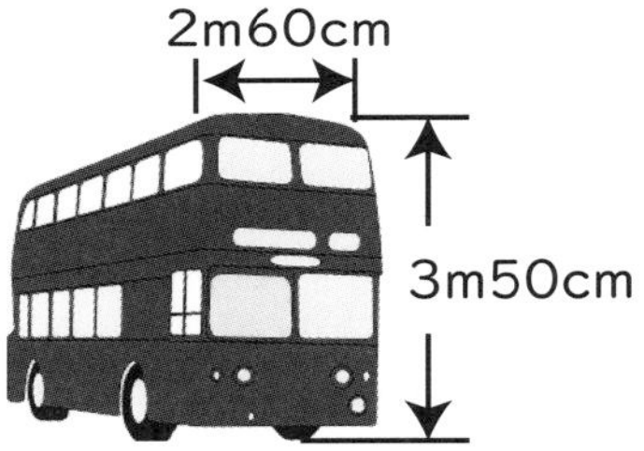

高さが 3.3m より高い車は通れません。

はばが 2.2m より広い車は通れません。

アは，バスの高さが高いので，通れません。
イは，バスのはばが広いので，通れません。
どこを通って行くのがいちばん近いですか。
いちばん近い道のりに線をひいて，道のりは何 km かをもとめましょう。

式

答え

月　日

対話してかい決する問題 (8)
重さ

名前

けんじさんは，朝食に６まい切りの食パンを２まい，お昼はうどんを１ぱい，夜はお茶わん２はいのごはんを食べました。

それぞれのえいようを表にまとめました。

（それぞれ目安《めやす》になるりょうです。表のたんいはｇです。）

	たんぱくしつ	ししつ	炭水化物《たんすいかぶつ》	食物《しょくもつ》せんい
６まい切り食パン２まい	10.6	4.8	59.8	2.8
うどん１ぱい	6.5	0.9	49.6	1.8
ごはんお茶わん２はい	7.6	1	111.4	1

けんじさんは，食パン２まい，うどん１ぱい，お茶わん２はいからえいようそはそれぞれ何ｇとることができましたか。

（いっしょに食べたおかずなどはふくんでいません。）

㋐　たんぱくしつ（体の肉や血《ち》，体のきほんをつくるえいようそ）

式

答え

㋑　ししつ（エネルギーのもとになる）

式

答え

㋒　炭水化物（エネルギーのもとになる）

式

答え

㋓　食物せんい（べんぴやガンなどをふせぐ）

式

答え

月　　日

対話してかい決する問題（9）
分数

名前

下の２つのうちで正しいのはどちらでしょうか。
正しい方の記号《きごう》に○をつけて，その理由《りゆう》を書きましょう。

(1) $\frac{1}{2}$mはどちらですか。

理由

ア
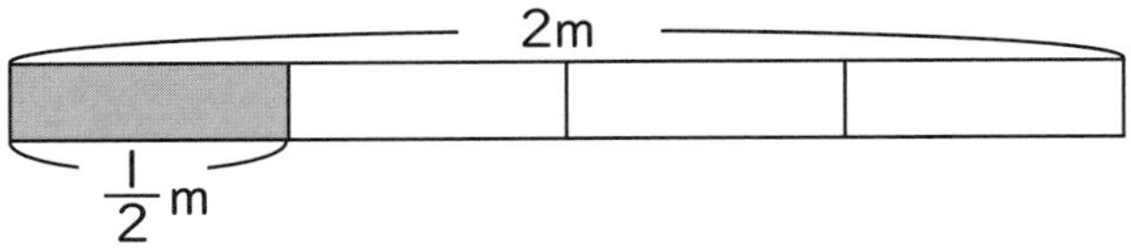

イ
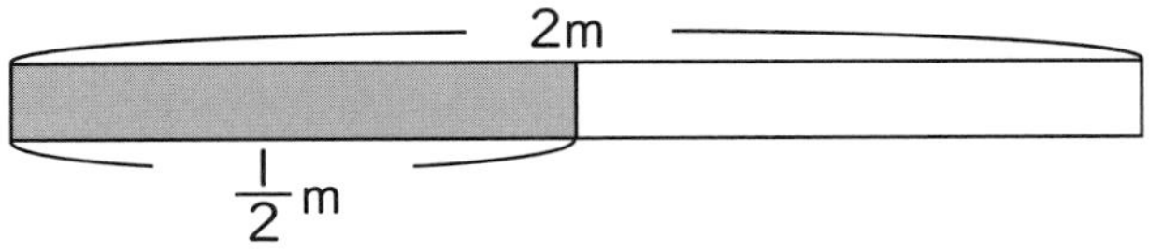

(2) $\frac{1}{3}$mはどちらですか。

ウ
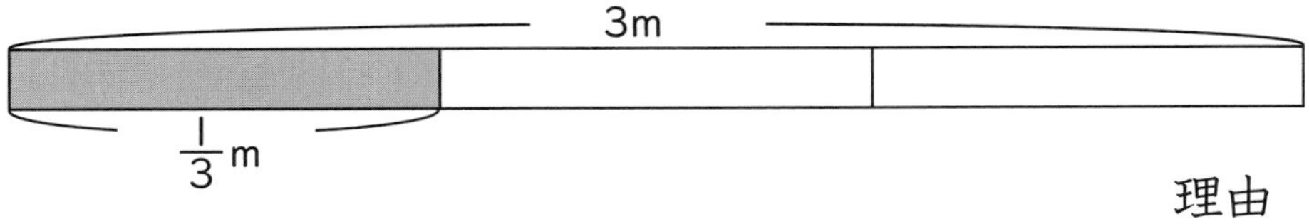

理由

エ
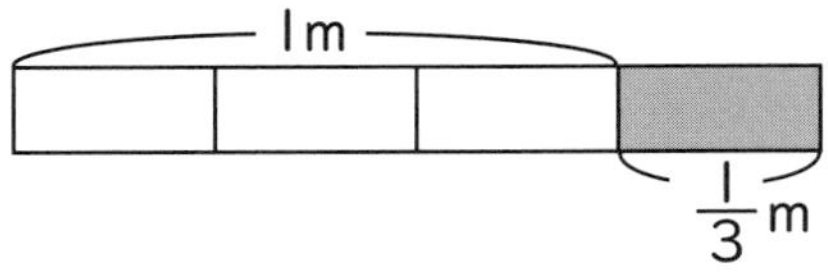

月　　日

対話してかい決する問題（10）
□を使った式

名前

下のＡ～Ｆの場面《ばめん》を，わからない数を□として式《しき》に表《あらわ》すと㋐～㋕のどれになりますか。線でつなぎましょう。

A
１つのグループは３人ずつです。
それが，何グループかあるので，
みんなで 12 人になります。

B
12 人が同じ人数ずつ
何グループかに分かれると
３人ずつになりました。

C
何人かいます。
３人ずつでグループに分かれると
12 グループになりました。

D
何人かいます。
12 グループに分かれると
３人ずつになりました。

E
何人かで遊《あそ》んでいました。
そこへ３人かやってきたので
12 人になりました。

F
何人かで遊んでいました。
３人帰ったので
12 人になりました。

㋐　$12 \div \square = 3$

㋑　$\square \div 3 = 12$

㋒　$3 \times \square = 12$

㋓　$\square \div 12 = 3$

㋔　$\square - 3 = 12$

㋕　$\square + 3 = 12$

月　　日

対話してかい決する問題（11）
かけ算

名前

● 0 1 2 3 4 5 6 7 8 9 の10まいのカードから5まいを使《つか》って，次《つぎ》の問題《もんだい》を作りましょう。

(1) 答えがいちばん大きくなるかけ算の問題を作って計算しましょう。

□□□
× 　□□

(2) 答えが2番目に大きくなるかけ算の問題を作って計算しましょう。

□□□
× 　□□

(3) 答えがいちばん小さくなるかけ算の問題を作って計算しましょう。

□□□
× 　□□

(4) 答えが2番目に小さくなるかけ算の問題を作って計算しましょう。

□□□
× 　□□

月　　日

対話してかい決する問題（12）

三角形と角

名前

● 下の図の中に三角形はいくつあるでしょう。
（大きさはちがってもいいです。）

(1)

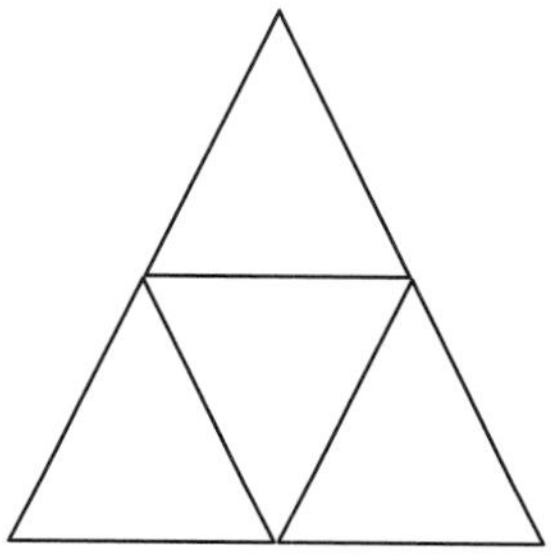

こ

(2)

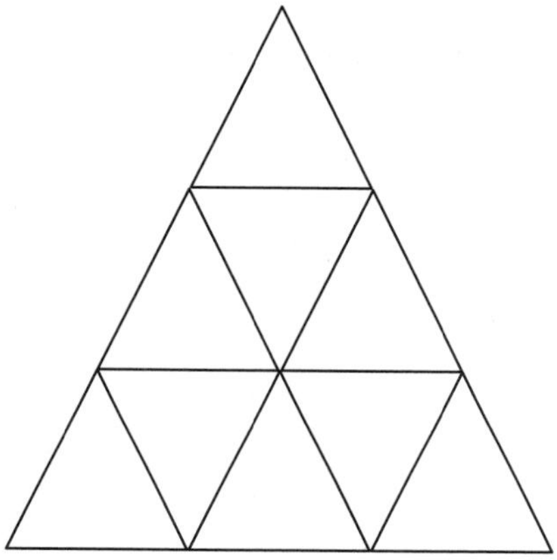

こ

(3)

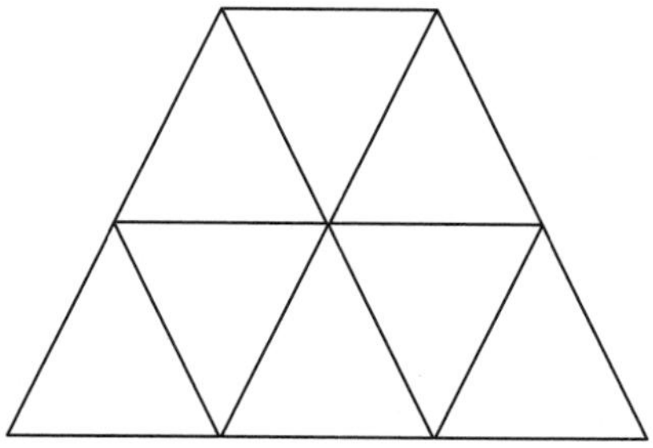

こ

(4)

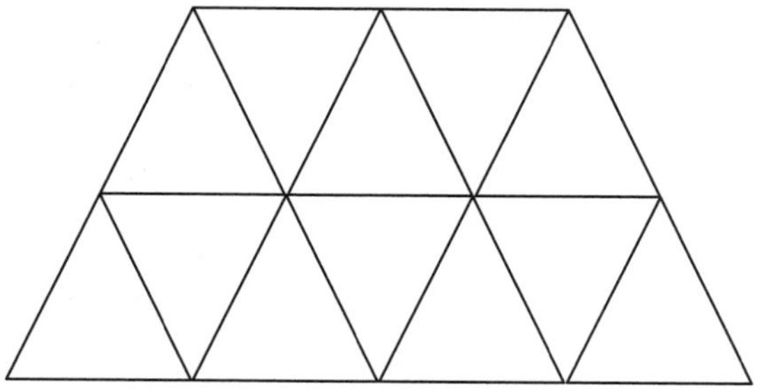

こ

月　　日

対話してかい決する問題（13）
ぼうグラフと表

名前

◆　あるクラスの二学期《にがっき》の読書調《しら》べを表《ひょう》にすると，下のようになりました。

読書調べ(9月～12月)　(さつ)

月 / しゅるい	9月	10月	11月	12月	合計
物語《ものがたり》	8	12	14	10	44
じてん	5	6	4	8	23
でん記	4	7	5	3	19
その他《た》	3	8	4	2	17
合　計	20	33	27	23	103

上の表をぼうグラフに表《あらわ》します。
9月と同じように，10月～12月をぼうグラフに表しましょう。

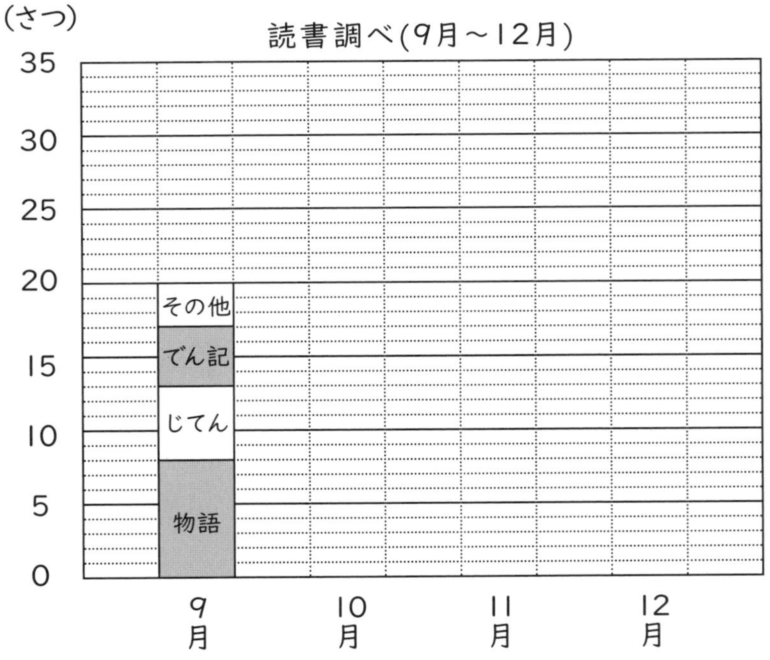

月　日

プログラミング (1)

名前

● 下の図のようになるには，どうつたえればいいですか。
□ にあてはまることばを右の □ からえらんで書きましょう。

(1)

●
△
○

下のだんに □ を入れます。
まん中に □ を入れます。
上のだんに □ を入れます。

白い丸
黒い丸
白い三角形

(2)

◎
▲
■

下のだんに □ を入れます。
上のだんに □ を入れます。
まん中に □ を入れます。

二重丸《じゅうまる》
黒い三角形
黒い四角形

(3)

□
★
○

上のだんに □ を入れます。
まん中に □ を入れます。
下のだんに □ を入れます。

白い丸
白い四角形
黒い星形

(4)

☆
◎
■

上のだんに □ を入れます。
下のだんに □ を入れます。
まん中に □ を入れます。

二重丸
白い星形
黒い四角形

(141%に拡大してご使用ください。)

月　日

プログラミング（2）

名前

● ロボットにしじを出して動《うご》かします。ロボットには，次《つぎ》の３つのしじができます。

右を向《む》く ⟷ 上から見ると…

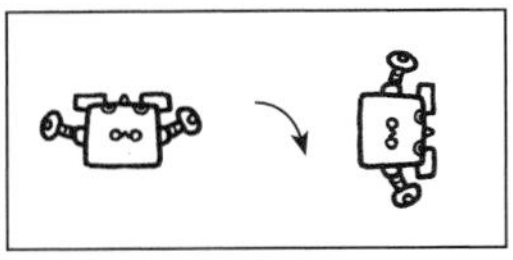

左を向く ⟷ 上から見ると…

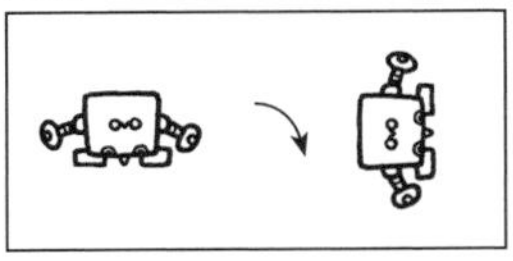

前に○歩進《すす》む ⟷ 上から見ると…

３進むと…

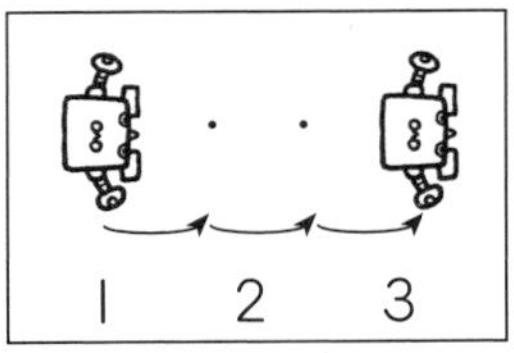

ロボットがまん中の㋜にいるとき，
次のようなしじを出して動かすと，
ロボットは㋐～㋨のどこに行きますか。

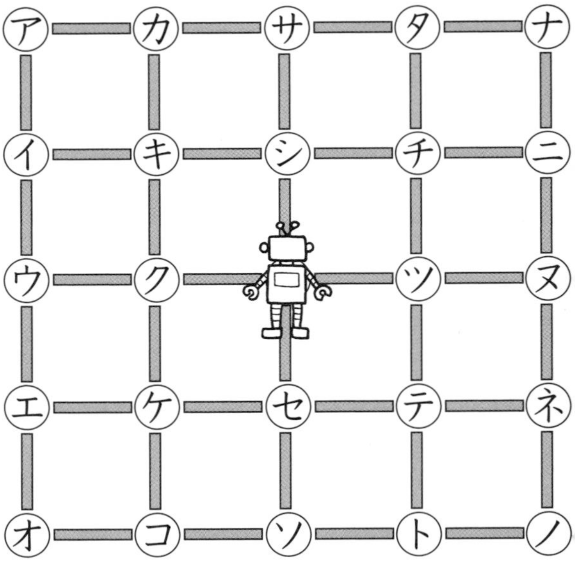

(1) ① 右を向く。
② 前に２進む。
③ 左を向く。
④ 前に１進む。

(2) ① 前に１進む。
② 左を向く。
③ 前に２進む。
④ 左を向く。
⑤ 前に３進む

(3) ① 左を向く。
② 前に１進む。
③ 左を向く。
④ 前に２進む。
⑤ 左を向く。
⑥ 前に１進む。

(4) ① 前に２進む。
② 右を向く。
③ 前に１進む。
④ 右を向く。
⑤ 前に４進む。

　（141％に拡大してご使用ください。）

月　　日

プログラミング (3)

名前

● ロボットが図の線の上を通るようにしじのつづきを書きましょう。

(1) ㋜から㋣へ動かします。

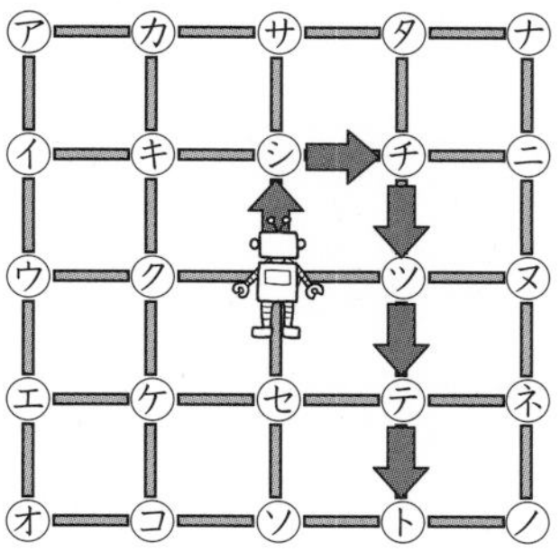

① 前に１進む。 ② 右を向く。
③ 前に１進む。 ④
⑤

(2) ㋜から㋑へ動かします。

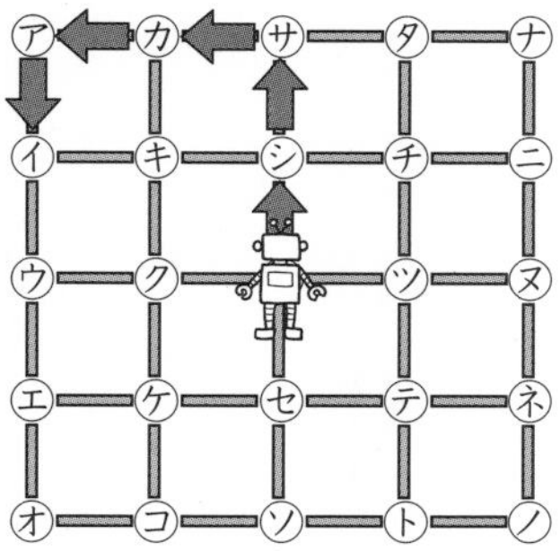

① 前に２進む。 ② 左を向く。
③ 前に２進む。 ④
⑤

(3) ㋜から㋔へ動かします。

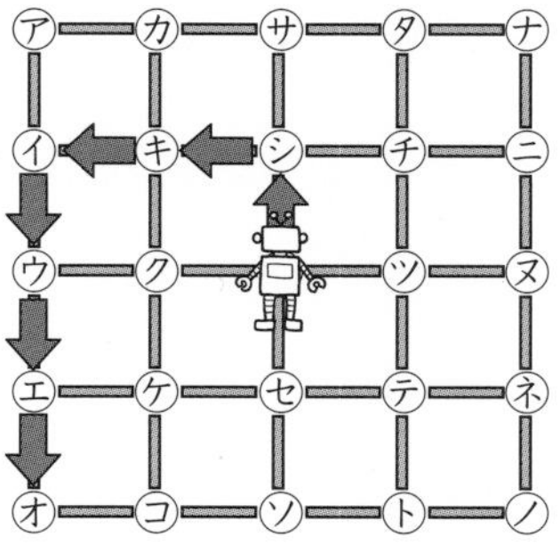

① 前に１進む。 ② 左を向く。
③ 前に２進む。 ④
⑤

(4) ㋜から㋨へ動かします。

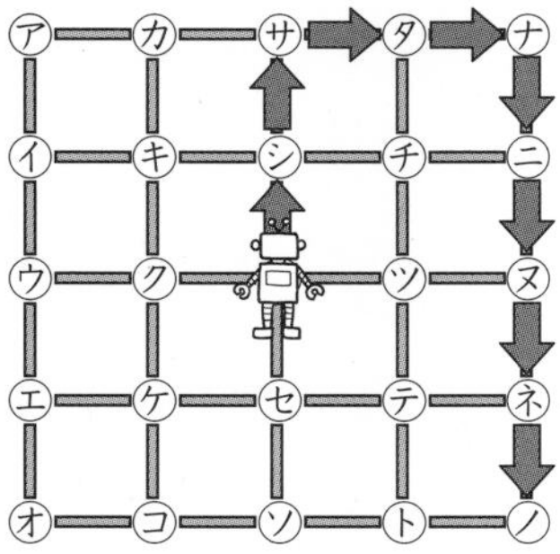

① 前に２進む。 ② 右を向く。
③ 前に２進む。 ④
⑤

(141%に拡大してご使用ください。)

月　日

プログラミング（4）

名前

● たくとさんが，目てき地に着《つ》けるようにしましょう。

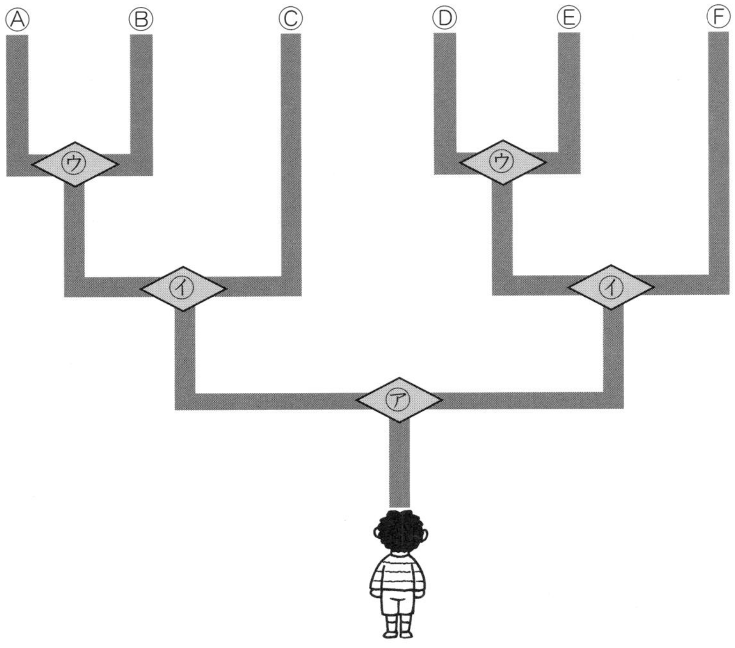

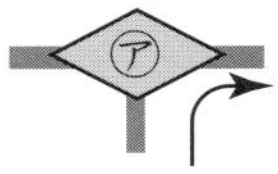

(1) 次《つぎ》のように，たくとさんにつたえると，Ⓐ～Ⓕのどこに着きますか。

① ㋐を右，㋑を左，㋒を左

② ㋐を左，㋑を右

③ ㋐を左，㋑を左，㋒を右

④ ㋐を右，㋑を右，

(2) たくとんが，Ⓔに着けるようにしじを書きましょう。

（141％に拡大してご使用ください。）

月　日

プログラミング（5）

名前

● 4つのますを左から 1，2，4，8とします。

1	2	4	8

色のついたところの数を全部たします。

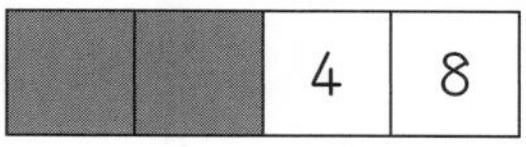 ← これだと3になります。

(1) 同じ考えで，次の場合の数を □ に書きましょう。

① 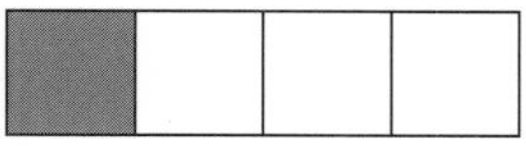

② 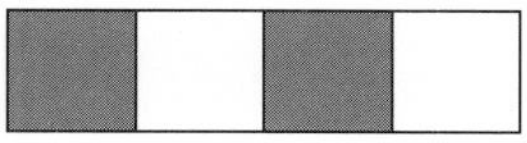

③ 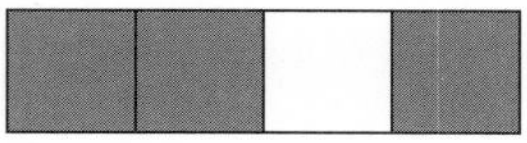

(2) 同じ考えで，次の数の場合はどのようになりますか。□□□□ に色をぬりましょう。

① 6

② 10

③ 13

④ 15

月　日

プログラミング（6）

名前

● ロボットに命《めい》れいをします。
　右のようなあ，い，う，えの４つの部屋《へや》を回って，いじょうがないかパトロールをしてくるのです。

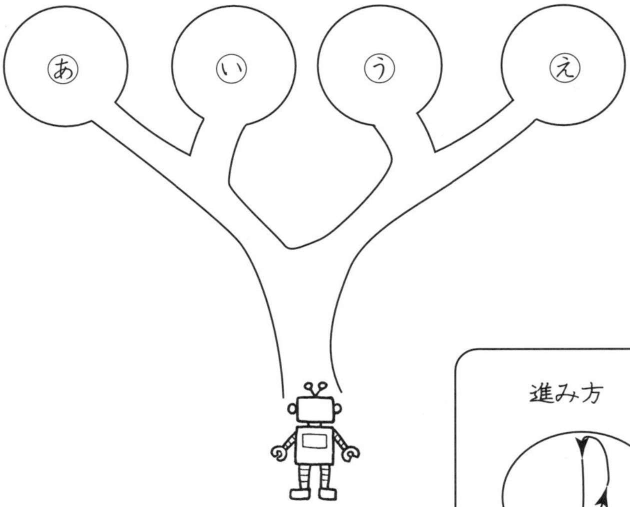

(1) 次のような命れいを出しました。

① 分かれ道にきたら右に進《すす》みなさい。
② 行き止まりになったらＵターンして進みなさい。

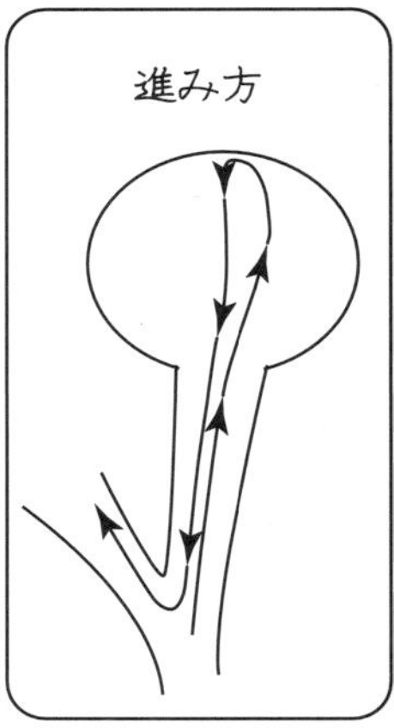

① ロボットがさいしょに行くのはあ，い，う，えのどの部屋ですか。

[　　　]

② ロボットがいの部屋へ行くのは，何番目ですか。

[　　　]番目

(2) 命れいを下のようにかえてスタートすると，いの部屋へ行くのは，何番目になりますか。

① 分かれ道にきたら左に進みなさい。
② 行き止まりになったらＵターンして進みなさい

[　　　]番目

　（141％に拡大してご使用ください。）

月　　日

プログラミング（7）

名前

● 2まいのとう明なフィルムに，黒のペンで絵をかきました。
かいた2まいのフィルムを重《かさ》ねると，次《つぎ》のようになります。

2まいとも色をぬらない	→とう明
1まいは黒色　もう1まいはぬらない	→黒色
2まいとも黒色	→黒色

次の2まいのフィルムを重ねるとどうなりますか。
色をぬりましょう。

(1)

1まいめ　　2まいめ　　重ねると…

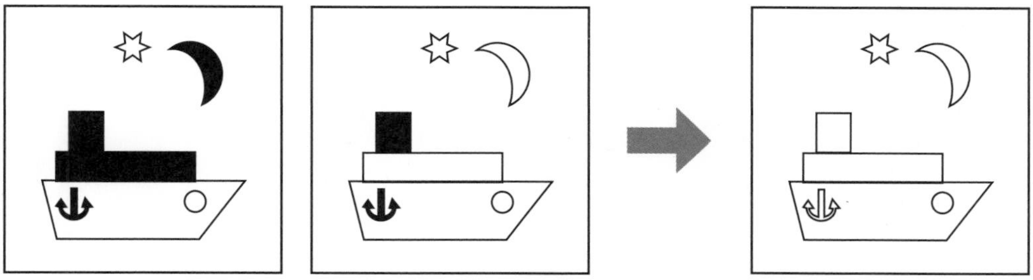

(2)

1まいめ　　2まいめ　　重ねると…

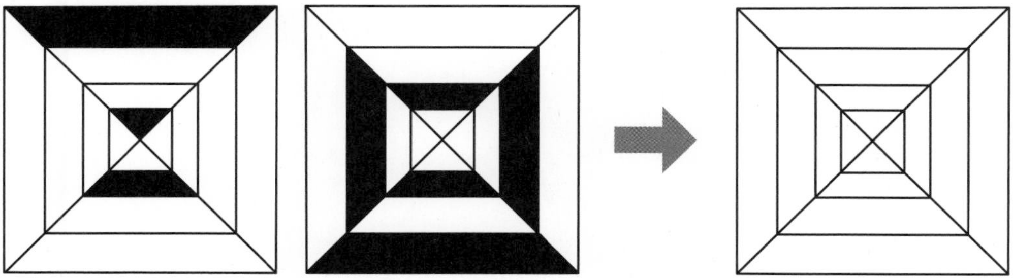

月　日

めいろにチャレンジ (1)

わり算

名前

● 答えの大きい方を通って，ゴールしましょう。
（通った方の答えを □ に書きましょう。）

(1)

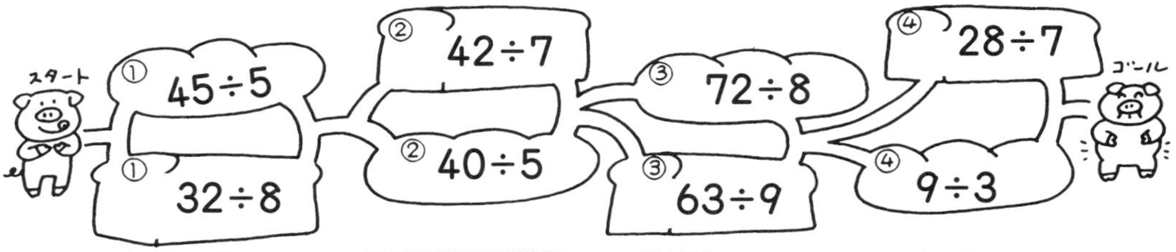

① □　② □　③ □　④ □

(2)

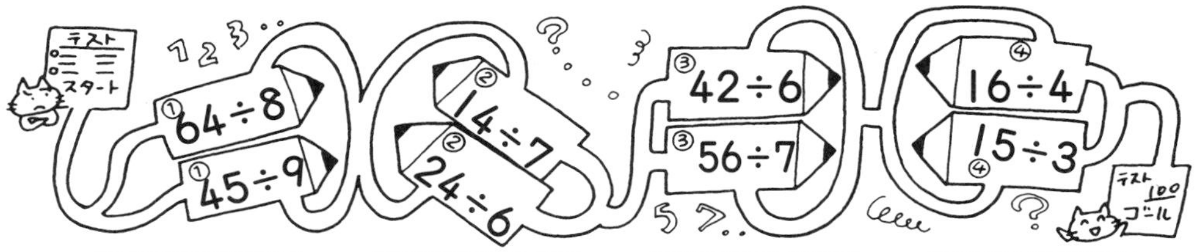

① □　② □　③ □　④ □

(3)

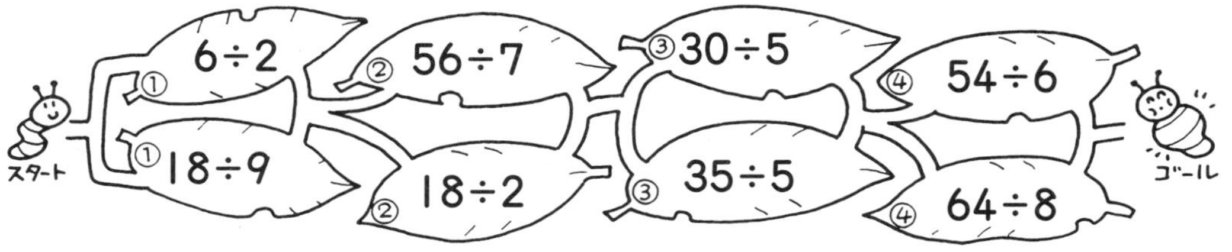

① □　② □　③ □　④ □

(4)

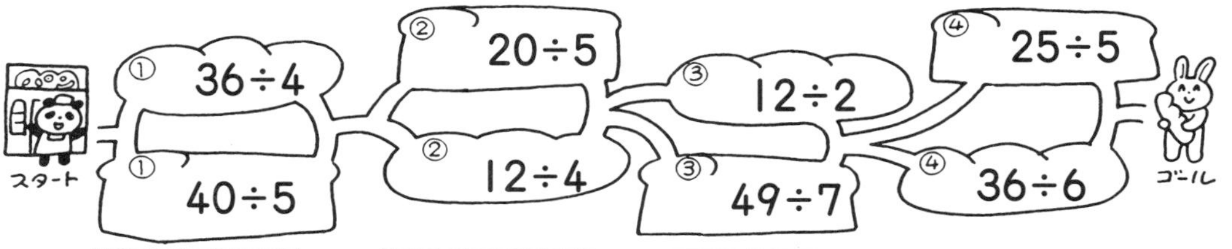

① □　② □　③ □　④ □

月　日

めいろにチャレンジ (2)

3けたのたし算・ひき算

名前

● 答えの大きい方を通って，ゴールしましょう。
（通った方の答えを □ に書きましょう。）

(1)

① □　② □　③ □　④ □

(2)

① □　② □　③ □　④ □

(3)

① □　② □　③ □　④ □

(4)

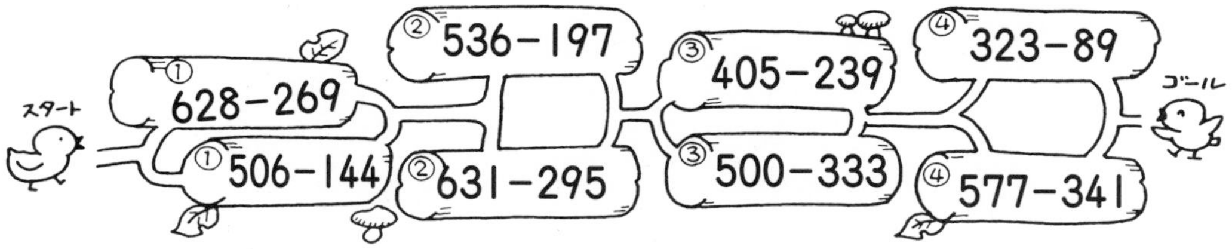

① □　② □　③ □　④ □

月　日

めいろにチャレンジ (3)
4けたのたし算・ひき算

名前

● 答えの大きい方を通って，ゴールしましょう。
（通った方の答えを □ に書きましょう。）

(1)

① □　② □　③ □　④ □

(2)

① □　② □　③ □　④ □

(3)

① □　② □　③ □　④ □

(4)

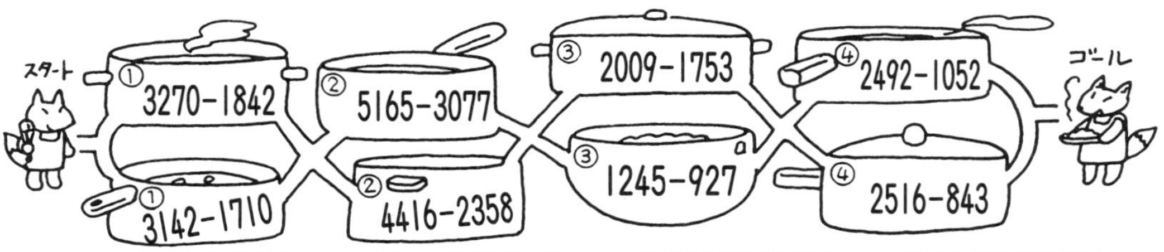

① □　② □　③ □　④ □

月　　日

めいろにチャレンジ (4)

あまりのあるわり算

名前

● 商が大きい方を通って，ゴールしましょう。
(通った方の答えを □ に書きましょう。)

(1)

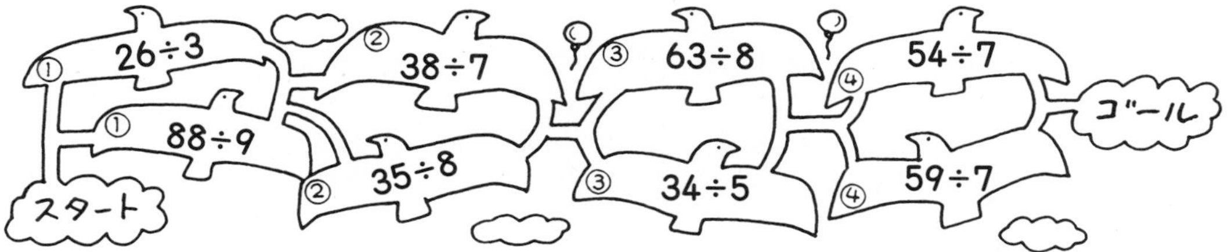

① □　② □　③ □　④ □

(2)

① □　② □　③ □　④ □

(3)

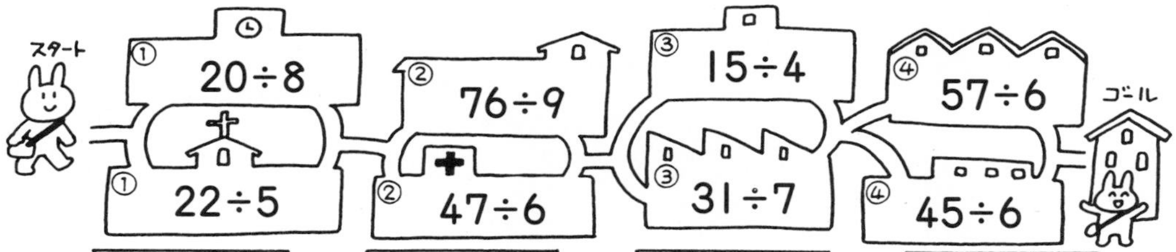

① □　② □　③ □　④ □

(4)

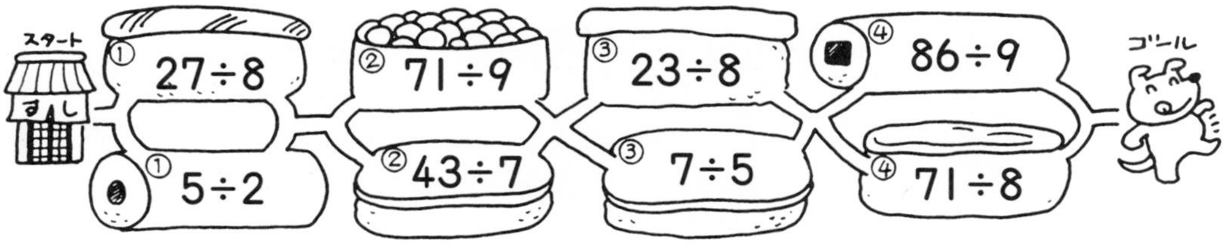

① □　② □　③ □　④ □

月　　日

めいろにチャレンジ (5)

かけ算（× 1 けた）

名前

● 答えの大きい方を通って，ゴールしましょう。
（通った方の答えを □ に書きましょう。）

(1)

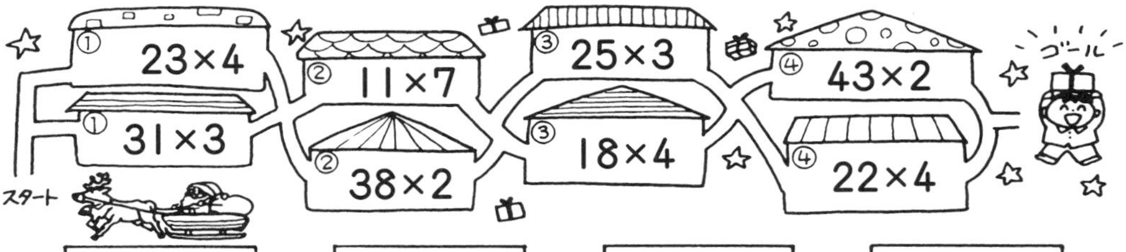

① □　② □　③ □　④ □

(2)

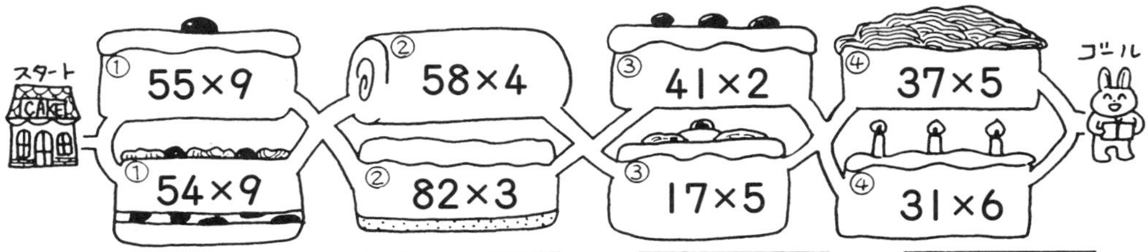

① □　② □　③ □　④ □

(3)

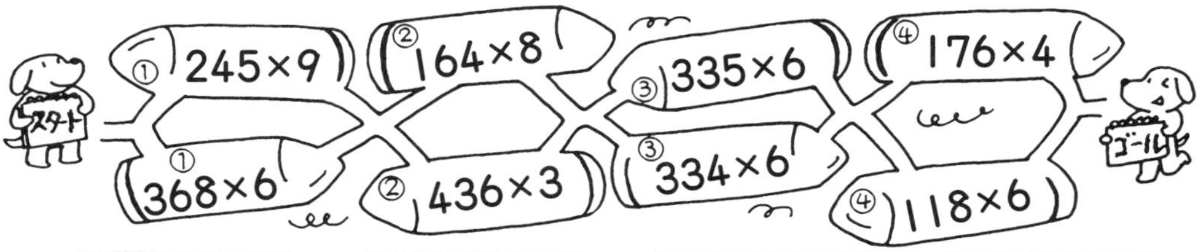

① □　② □　③ □　④ □

(4)

① □　② □　③ □　④ □

月　　日

めいろにチャレンジ (6)

小数のたし算・ひき算

名前

● 答えの大きい方を通って，ゴールしましょう。
（通った方の答えを □ に書きましょう。）

(1)

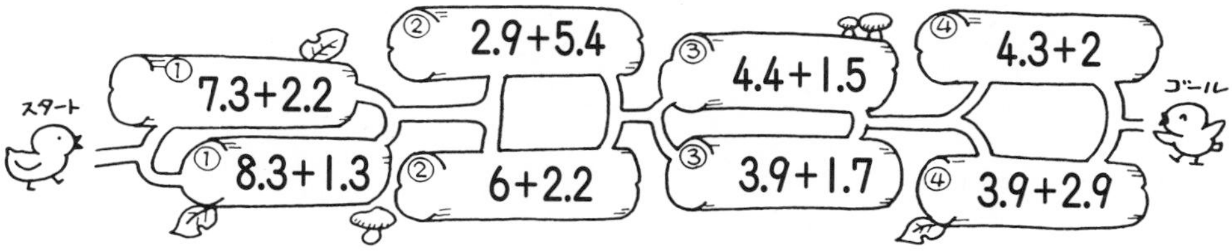

① □　② □　③ □　④ □

(2)

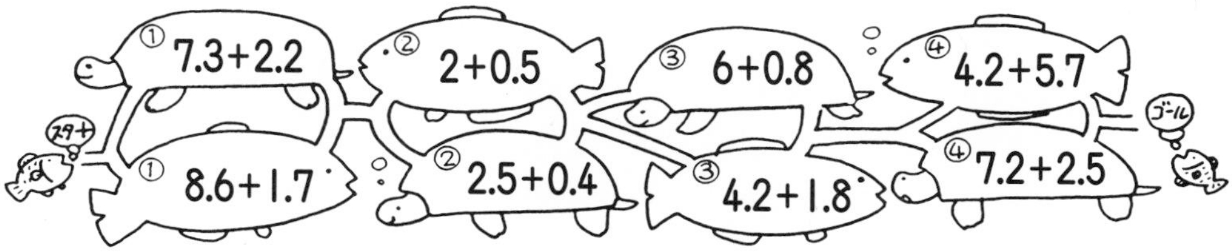

① □　② □　③ □　④ □

(3)

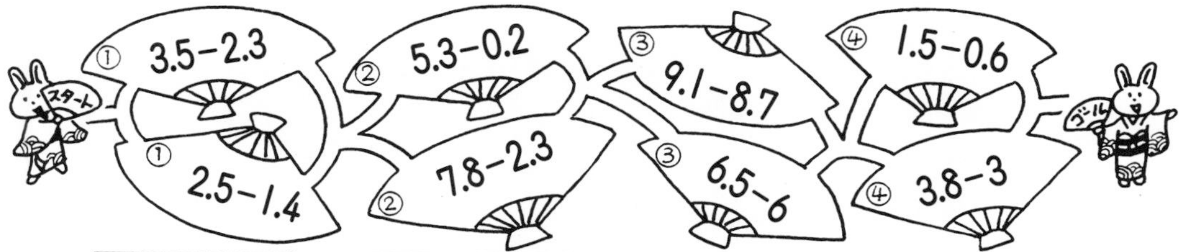

① □　② □　③ □　④ □

(4)

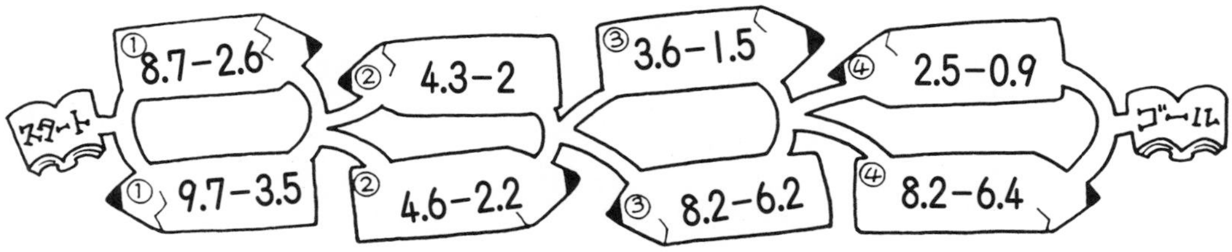

① □　② □　③ □　④ □

月　　日

めいろにチャレンジ (7)

かけ算

名前

● 答えの大きい方を通って，ゴールしましょう。
（通った方の答えを □ に書きましょう。）

(1)

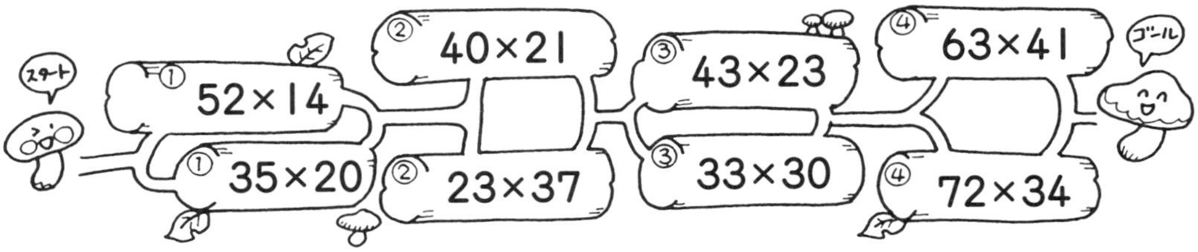

① □　② □　③ □　④ □

(2)

① □　② □　③ □　④ □

(3)

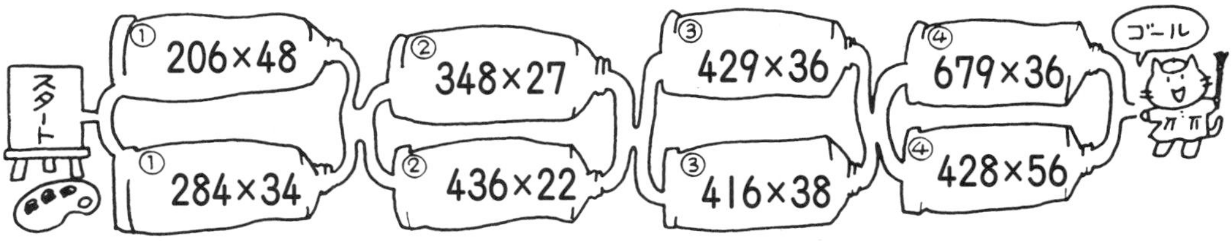

① □　② □　③ □　④ □

(4)

① □　② □　③ □　④ □

月　日

めいろにチャレンジ (8)

名前

分数

● 答えの大きい方を通って，ゴールしましょう。
（通った方の答えを □ に書きましょう。）

(1)

① □　② □　③ □　④ □

(2)

① □　② □　③ □　④ □

(3)

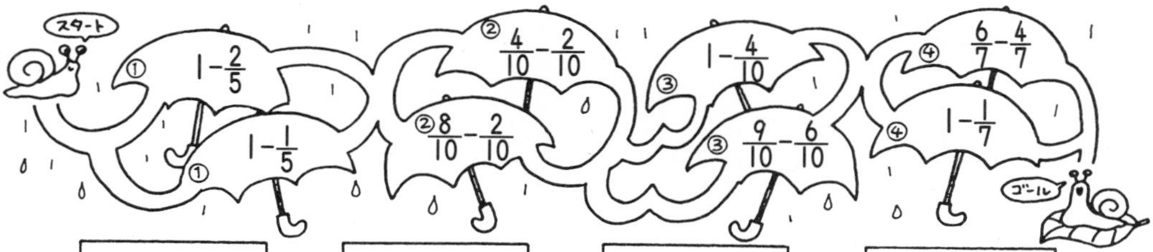

① □　② □　③ □　④ □

(4)

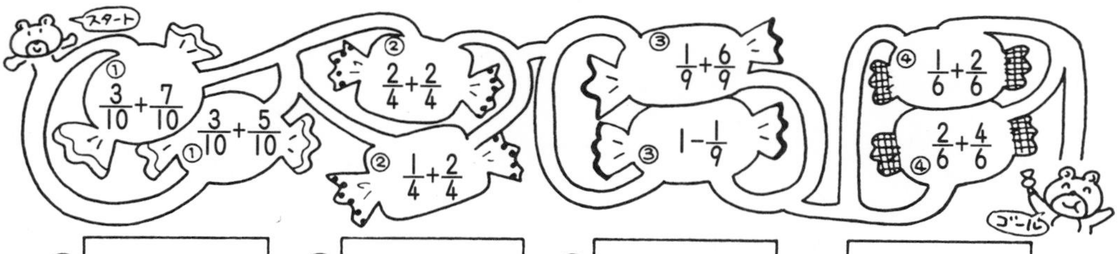

① □　② □　③ □　④ □

月　日

計算に チャレンジ (1)
あまりのあるわり算 ①

名前

● □にあてはまる数字を右の□からえらんで，式をかんせいさせましょう。
右の□の中で，1つだけあまる数字を下の(　)に書きましょう。

① 29 ÷ 3 = □ あまり □
② 11 ÷ □ = 2 あまり 3
③ □ ÷ 7 = 8 あまり 2
④ □ ÷ 5 = 5 あまり 2
⑤ □ ÷ 2 = 4 あまり 1
⑥ 30 ÷ □ = 7 あまり 2
⑦ 47 ÷ □ = 6 あまり 5
⑧ □ ÷ 9 = 9 あまり 8

2
4
4
7
9
13
27
58
89
9

1つだけあまる数 (　　)

月　日

計算に チャレンジ (2)
あまりのあるわり算 ②

名前

● □にあてはまる数字を右の□からえらんで，式をかんせいさせましょう。
右の□の中で，1つだけあまる数字を下の(　)に書きましょう。

① 22 ÷ 5 = □ あまり □
② 64 ÷ □ = 9 あまり 1
③ □ ÷ 9 = 4 あまり 5
④ □ ÷ 4 = 4 あまり 2
⑤ □ ÷ 7 = 3 あまり 6
⑥ 39 ÷ □ = 4 あまり 7
⑦ 20 ÷ □ = 2 あまり 2
⑧ □ ÷ 9 = 4 あまり 2

2
4
7
8
9
18
27
30
38
41

1つだけあまる数 (　　)

(141%に拡大してご使用ください。)

月　日

計算に チャレンジ (3)

分数のたし算

名前	

● 右の答えになるように □ の中から分数をえらんで，式をかんせいさせましょう。

① $— + — = \frac{3}{5}$

② $— + — = \frac{4}{6}$

③ $— + — = 1$

④ $— + — = \frac{2}{3}$

⑤ $— + — = \frac{6}{9}$

⑥ $— + — = 1$

⑦ $— + — = \frac{2}{6}$

⑧ $— + — = \frac{7}{8}$

⑨ $— + — = \frac{4}{5}$

⑩ $— + — = \frac{9}{9}$

$\frac{2}{5}$	$\frac{1}{3}$
$\frac{4}{8}$	$\frac{1}{5}$
$\frac{4}{8}$	$\frac{4}{8}$
$\frac{2}{6}$	$\frac{1}{3}$
$\frac{5}{9}$	$\frac{2}{5}$
$\frac{2}{6}$	$\frac{1}{6}$
$\frac{1}{9}$	$\frac{3}{4}$
$\frac{3}{8}$	$\frac{2}{5}$
$\frac{1}{6}$	$\frac{1}{4}$
$\frac{2}{9}$	$\frac{7}{9}$

月　日

計算に チャレンジ (4)

分数のひき算

名前	

● 右の答えになるように □ の中から分数をえらんで，式をかんせいさせましょう。

① $— - — = \frac{1}{6}$

② $— - — = \frac{5}{7}$

③ $— - — = \frac{2}{8}$

④ $— - — = \frac{3}{4}$

⑤ $— - — = \frac{5}{9}$

⑥ $— - — = \frac{1}{10}$

⑦ $— - — = \frac{1}{2}$

$\frac{7}{9}$	$\frac{6}{7}$
$\frac{4}{6}$	$\frac{6}{8}$
$\frac{4}{4}$	$\frac{2}{2}$
$\frac{1}{2}$	$\frac{2}{9}$
$\frac{4}{8}$	$\frac{5}{6}$
$\frac{1}{7}$	$\frac{6}{10}$
$\frac{1}{4}$	$\frac{5}{10}$

解答 児童に実施させる前に，必ず指導される方が問題を解いてください。本書の解答は，あくまでも1つの例です。

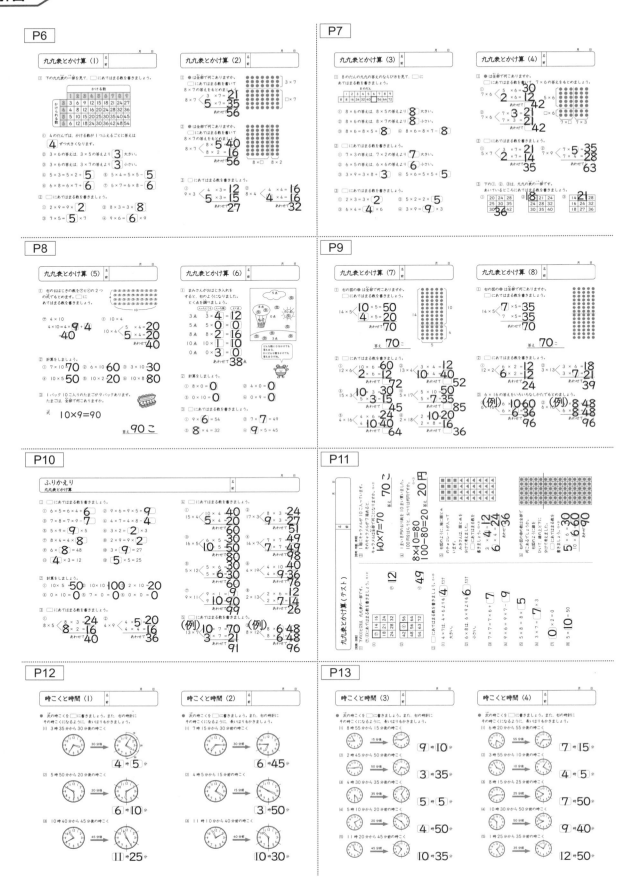

P6

九九表とかけ算 (1)

1 下の九九表の一部を見て，□にあてはまる数を書きましょう。

	かける数								
	1	2	3	4	5	6	7	8	9
3	3	6	9	12	15	18	21	24	27
4	4	8	12	16	20	24	28	32	36
5	5	10	15	20	25	30	35	40	45
6	6	12	18	24	30	36	42	48	54

① 4のだんでは，かける数が1つふえるごとに答えは 4 ずつ大きくなります。
② 3×6の答えは，3×5の答えより 3 大きい。
③ 3×6の答えは，3×7の答えより 3 小さい。
④ 5×3＝5×2＋5 ⑤ 5×4＝5×5－5
⑥ 6×8＝6×7＋6 ⑦ 6×7＝6×8－6

2 □にあてはまる数を書きましょう。
① 2×9＝9×2 ② 8×3＝3×8
③ 7×5＝5×7 ④ 9×6＝6×9

九九表とかけ算 (2)

1 ●は全部で何こありますか。□にあてはまる数を書いて8×7の答えをもとめましょう。
8×7 ＜ 3×7＝21 / 5×7＝35 あわせて 56

2 ●は全部で何こありますか。□にあてはまる数を書いて8×7の答えをもとめましょう。
8×7 ＜ 8×5＝40 / 8×2＝16 あわせて 56

3 □にあてはまる数を書きましょう。
① 9×3 ＜ 4×3＝12 / 5×3＝15 あわせて 27
② 8×4 ＜ 4×4＝16 / 4×4＝16 あわせて 32

P7

九九表とかけ算 (3)

1 8のだんの九九の答えのならび方を見て，□にあてはまる数を書きましょう。

8のだん	1	2	3	4	5	6	7	8	9
8	8	16	24	32	40		56	64	72

① 8×6の答えは，8×5の答えより 8 大きい。
② 8×6の答えは，8×7の答えより 8 小さい。
③ 8×6＝8×5＋8 ④ 8×6＝8×7－8

2 □にあてはまる数を書きましょう。
① 7×3の答えは，7×2の答えより 7 大きい。
② 6×5の答えは，6×6の答えより 6 小さい。
③ 3×9＝3×8＋3 ④ 5×6＝5×5＋5

3 □にあてはまる数を書きましょう。
① 2×3＝3×2 ② 5×2＝2×5
③ 6×4＝4×6 ④ 3×9＝9×3

九九表とかけ算 (4)

1 ●は全部で何こありますか。□にあてはまる数を書いて，7×6の答えをもとめましょう。
① 7×6 ＜ 5×6＝30 / 2×6＝12 あわせて 42
② 7×6 ＜ 7×3＝21 / 7×3＝21 あわせて 42

2 □にあてはまる数を書きましょう。
① 5×7 ＜ 3×7＝21 / 2×7＝14 あわせて 35
② 7×9 ＜ 7×5＝35 / 7×4＝28 あわせて 63

3 下の①，②，③は，九九の表の一部です。あいているところにあてはまる数を書きましょう。
① 20 24 28 / 25 30 35 / 30 36 42
② 18 21 24 / 24 28 32 / 30 35 40
③ 14 21 28 / 16 24 32 / 18 27 36

P8

九九表とかけ算 (5)

1 右のおはじきの数を㋐と㋑の2つの式でもとめます。□にあてはまる数を書きましょう。
㋐ 4×10　4×10＝4×9＋4　40
㋑ 10×4 ＜ 5×4＝20 / 5×4＝20 あわせて 40

2 計算をしましょう。
① 7×10＝70 ② 6×10＝60 ③ 3×10＝30
④ 10×5＝50 ⑤ 10×2＝20 ⑥ 10×8＝80

3 1パック10こ入りのたまごが9パックあります。たまごは，全部で何こありますか。
式 10×9＝90
答え 90こ

九九表とかけ算 (6)

1 まみさんがおはじき入れをすると，右のようになりました。とく点を調べましょう。
3点 3×4＝12
5点 5×0＝0
8点 8×2＝16
10点 10×1＝10
0点 0×3＝0
あわせて 38点

2 計算をしましょう。
① 8×0＝0 ② 4×0＝0
③ 0×10＝0 ④ 0×9＝0

3 □にあてはまる数を書きましょう。
① 9×6＝54 ② 7×7＝49
③ 8×4＝32 ④ 9×5＝45

P9

九九表とかけ算 (7)

1 右の図の●は全部で何こありますか。□にあてはまる数を書きましょう。
14×5 ＜ 10×5＝50 / 4×5＝20 あわせて 70
答え 70こ

2 □にあてはまる数を書きましょう。
① 12×6 ＜ 10×6＝60 / 2×6＝12 あわせて 72
② 13×4 ＜ 3×4＝12 / 10×4＝40 あわせて 52
③ 15×3 ＜ 10×3＝30 / 5×3＝15 あわせて 45
④ 5×17 ＜ 5×10＝50 / 5×7＝35 あわせて 85
⑤ 4×16 ＜ 4×6＝24 / 4×10＝40 あわせて 64
⑥ 2×18 ＜ 2×10＝20 / 2×8＝16 あわせて 36

九九表とかけ算 (8)

1 右の図の●は全部で何こありますか。□にあてはまる数を書きましょう。
14×5 ＜ 7×5＝35 / 7×5＝35 あわせて 70
答え 70こ

2 □にあてはまる数を書きましょう。
① 12×2 ＜ 6×2＝12 / 6×2＝12 あわせて 24
② 3×13 ＜ 3×6＝18 / 3×7＝21 あわせて 39

3 6×16の答えをいろいろなしかたでもとめましょう。
①（例）6×16 ＜ 6×10＝60 / 6×6＝36 あわせて 96
②（例）6×16 ＜ 6×8＝48 / 6×8＝48 あわせて 96

P10

ふりかえり 九九表とかけ算

1 □にあてはまる数を書きましょう。
① 6×5＝6×4＋6 ② 9×6＝9×5＋9
③ 7×8＝7×9－7 ④ 4×7＝4×8－4
⑤ 5×9＝9×5 ⑥ 3×2＝2×3
⑦ 8×4＝4×8 ⑧ 2×9＝9×2
⑨ 6×8＝48 ⑩ 3×9＝27
⑪ 4×3＝12 ⑫ 5×5＝25

2 計算をしましょう。
① 10×5＝50 ② 10×10＝100 ③ 2×10＝20
④ 0×10＝0 ⑤ 7×0＝0 ⑥ 0×0＝0

3 □にあてはまる数を書きましょう。
① 8×5 ＜ 8×3＝24 / 8×2＝16 あわせて 40
② 4×9 ＜ 4×5＝20 / 4×4＝16 あわせて 36

4 □にあてはまる数を書きましょう。
① 15×4 ＜ 10×4＝40 / 5×4＝20 あわせて 60
② 17×3 ＜ 8×3＝24 / 9×3＝27 あわせて 51
③ 16×5 ＜ 6×5＝30 / 10×5＝50 あわせて 80
④ 14×7 ＜ 7×7＝49 / 7×7＝49 あわせて 98
⑤ 5×12 ＜ 5×6＝30 / 5×6＝30 あわせて 60
⑥ 4×19 ＜ 4×10＝40 / 4×9＝36 あわせて 76
⑦ 9×11 ＜ 9×1＝9 / 9×10＝90 あわせて 99
⑧ 2×13 ＜ 2×6＝12 / 2×7＝14 あわせて 26

5 □にあてはまる数を書きましょう。
①（例）13×7 ＜ 10×7＝70 / 3×7＝21 あわせて 91
②（例）8×12 ＜ 8×6＝48 / 8×6＝48 あわせて 96

P11

九九表とかけ算（テスト）

1 下の(1)と(2)は，九九表の一部です。㋐，㋑にあてはまる数を書きましょう。
(1) ㋐ 12
(2) ㋑ 49

2 □にあてはまる数を書きましょう。
(1) 4×7は，4×6よりも 4 だけ大きい。
(2) 6×8は，6×9よりも 6 だけ小さい。
(3) 7×7＝7×6＋7
(4) 9×6＝9×7－9
(5) 5×8＝8×5
(6) 3×7＝7×3
(7) 0×2＝0
(8) 5×10＝50

3 箱にキャラメルが10こ入っています。そのキャラメルが7箱あると，キャラメルは全部で何こになりますか。
式 10×7＝70
答え 70こ

4 1まい8円の折り紙を10まい買いました。100円をはらうと，おつりは何円ですか。
式 8×10＝80　100－80＝20
答え 20円

5 右図のように，■に置くと▲のチョコレートが入っています。みさきさんは，■と▲を分けて考えました。□にあてはまる数を書きましょう。
3×4＝12
6×4＝24
あわせて 36

6 右の図の●の数は全部で何こあるでしょうか。右のように線をひいて，線の上下に分けて考えました。□にあてはまる数を書きましょう。
5×6＝30
10×6＝60
あわせて 90

P12

時こくと時間 (1)

● 次の時こくを□に書きましょう。また，右の時計にその時こくになるように，長いはりもかきましょう。
(1) 3時35分から30分後の時こく　4時5分
(2) 5時50分から20分後の時こく　6時10分
(3) 10時40分から45分後の時こく　11時25分

時こくと時間 (2)

● 次の時こくを□に書きましょう。また，右の時計にその時こくになるように，長いはりもかきましょう。
(1) 7時15分から30分前の時こく　6時45分
(2) 4時5分から15分前の時こく　3時50分
(3) 11時10分から40分前の時こく　10時30分

P13

時こくと時間 (3)

● 次の時こくを□に書きましょう。また，右の時計にその時こくになるように，長いはりもかきましょう。
(1) 8時55分から15分後の時こく　9時10分
(2) 2時45分から50分後の時こく　3時35分
(3) 4時30分から35分後の時こく　5時5分
(4) 5時10分から20分前の時こく　4時50分
(5) 11時20分から45分前の時こく　10時35分

時こくと時間 (4)

● 次の時こくを□に書きましょう。また，右の時計にその時こくになるように，長いはりもかきましょう。
(1) 6時20分から55分後の時こく　7時15分
(2) 3時55分から10分後の時こく　4時5分
(3) 8時15分から25分前の時こく　7時50分
(4) 10時30分から50分前の時こく　9時40分
(5) 1時25分から35分前の時こく　12時50分

 （解答は，200～300%に拡大してお使い下さい。）

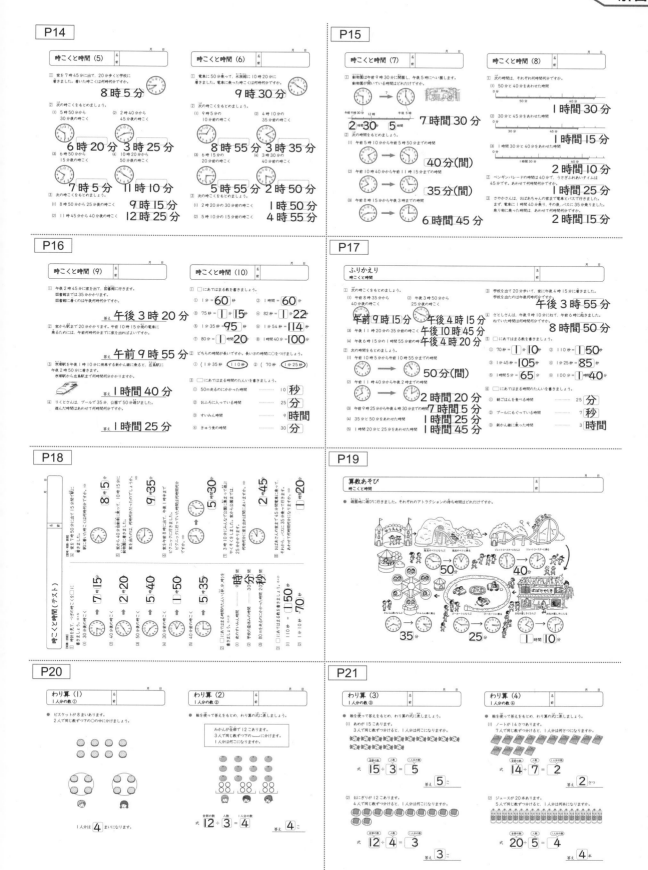

P14

時こくと時間（5）
名前　月　日

1 家を7時45分に出て，20分歩くと学校に着《つ》きました。着いた時こくは何時何分ですか。
8時5分

2 次《つぎ》の時こくをもとめましょう。
(1) 5時50分から30分後の時こく　6時20分
(2) 2時40分から45分後の時こく　3時25分
(3) 6時50分から15分後の時こく　7時5分
(4) 10時20分から50分後の時こく　11時10分

3 次の時こくをもとめましょう。
(1) 8時50分から25分後の時こく　9時15分
(2) 11時45分から40分後の時こく　12時25分

時こくと時間（6）
名前　月　日

1 電車に50分乗《の》って，水族館《すいぞくかん》に10時20分に着《つ》きました。電車に乗った時こくは何時何分ですか。
9時30分

2 次《つぎ》の時こくをもとめましょう。
(1) 9時5分の10分前の時こく　8時55分
(2) 4時10分の35分前の時こく　3時35分
(3) 6時15分の20分前の時こく　5時55分
(4) 3時30分の40分前の時こく　2時50分

3 次の時こくをもとめましょう。
(1) 2時20分の30分前の時こく　1時50分
(2) 5時10分の15分前の時こく　4時55分

P15

時こくと時間（7）
名前　月　日

1 動物園《どうぶつえん》は午前9時30分に開園《かいえん》し，午後5時にへい園します。動物園が開《あ》いている時間はどれだけですか。
午前9時30分　12時　午後5時
2時間30分　5時間
7時間30分

2 次《つぎ》の時間をもとめましょう。
(1) 午前5時10分から午前5時50分までの時間　40分(間)
(2) 午前10時40分から午前11時15分までの時間　35分(間)
(3) 午前8時15分から午後3時までの時間　6時間45分

時こくと時間（8）
名前　月　日

1 次《つぎ》の時間は，それぞれ何時間何分ですか。
(1) 50分と40分をあわせた時間
0分　50分　40分
1時間30分
(2) 30分と45分をあわせた時間
0分　30分　45分
1時間15分
(3) 1時間30分と40分をあわせた時間
0分　1時間30分　40分
2時間10分

2 ペンギンパレードの時間は40分で，うさぎふれあいタイムは45分です。あわせて何時間何分ですか。
1時間25分

3 さやかさんは，おばあちゃんの家まで電車とバスで行きました。まず，電車に1時間40分乗《の》り，その後，バスに35分乗りました。乗り物に乗った時間は，あわせて何時間何分ですか。
2時間15分

P16

時こくと時間（9）
名前　月　日

1 午後2時45分に家を出て，図書館《としょかん》に行きます。図書館までは35分かかります。図書館に着《つ》くのは午後何時何分ですか。
答え　午後3時20分

2 家から駅《えき》まで20分かかります。午前10時15分発《はつ》の電車に乗《の》るためには，午前何時何分までに家を出ればよいですか。
答え　午前9時55分

3 京都駅《きょうとえき》を午後1時10分に発車する新かん線に乗ると，広島駅《ひろしまえき》に午後2時50分に着きます。京都駅から広島駅まで何時間何分かかりますか。
答え　1時間40分

4 りくとさんは，プールで35分，公園で50分遊《あそ》びました。遊んだ時間はあわせて何時間何分ですか。
答え　1時間25分

時こくと時間（10）
名前　月　日

1 □にあてはまる数を書きましょう。
① 1分＝60秒　② 1時間＝60分
③ 75秒＝1分15秒　④ 82秒＝1分22秒
⑤ 1分35秒＝95秒　⑥ 1分54秒＝114秒
⑦ 80分＝1時間20分　⑧ 1時間40分＝100分

2 どちらの時間が長いですか。長い方の時間に○をつけましょう。
①（1分35秒，〇110秒）　②（70秒，〇1分25秒）

3 □にあてはまる時間のたんいを書きましょう。
① 50m走るのにかかった時間　……　10秒
② おふろに入っている時間　……　25分
③ すいみん時間　……　9時間
④ きゅう食の時間　……　30分

P17

ふりかえり
時こくと時間
名前　月　日

1 次《つぎ》の時こくをもとめましょう。
(1) 午前8時35分から40分後の時こく　午前9時15分
(2) 午後3時50分から25分後の時こく　午後4時15分
(3) 午後11時20分の35分前の時こく　午後10時45分
(4) 午後6時15分の1時間55分前の時こく　午後4時20分

2 次の時間をもとめましょう。
(1) 午前10時5分から午前10時55分までの時間　50分(間)
(2) 午前11時40分から午後2時までの時間　2時間20分
(3) 午前9時25分から午後4時30分までの時間　7時間5分
(4) 35分と50分をあわせた時間　1時間25分
(5) 1時間20分と25分をあわせた時間　1時間45分

3 学校を出て20分歩いて，家に午後4時15分に着《つ》きました。学校を出たのは午後何時何分ですか。
午後3時55分

4 さとしさんは，午後9時10分にねて，午前6時に起《お》きました。ねていた時間は何時間何分ですか。
8時間50分

5 □にあてはまる数を書きましょう。
① 70秒＝1分10秒　② 110秒＝1分50秒
③ 1分45秒＝105秒　④ 1分25秒＝85秒
⑤ 1時間5分＝65分　⑥ 100分＝1時間40分

6 □にあてはまる時間のたんいを書きましょう。
① 朝ごはんを食べる時間　……　25分
② プールにもぐっている時間　……　7秒
③ 新かん線に乗《の》った時間　……　3時間

P18

時こくと時間（テスト）
名前　月　日

【知識・技能】
1 時計を見て，つぎの時こくを□に書きましょう。(5×5)
(1) 30分後の時こく　7時15分
(2) 40分後の時こく　2時20分
(3) 50分後の時こく　5時40分
(4) 30分前の時こく　1時50分
(5) 40分前の時こく　5時35分

2 □にあてはまる時間のたんい(秒，分，時)を書きましょう。(5×3)
(1) 夜のすいみん時間　……　9時間
(2) 学校の昼休みの時間　……　30分間
(3) 80mを走るのにかかった時間　20秒間

3 □にあてはまる数を書きましょう。(5×2)
(1) 110秒＝1分50秒
(2) 1分10秒＝70秒

【思考・判断・表現】
4 家を7時50分に出て15分間で駅《えき》に着《つ》きました。駅に着いた時こくは何時何分ですか。(10)
8時5分

5 家から40分自動車に乗《の》って，10時15分に動物園《どうぶつえん》に着きました。家を出たのは，何時何分だったのでしょうか。(10)
9時35分

6 家を午前8時に出て，午後1時半までピクニックに行きました。ピクニックに行っていた時間は何時間何分ですか。(10)
5時間30分

7 3時10分にみんなで公園に集《あつ》まって遊《あそ》ぶやくそくをしました。家から公園までは25分かかります。何時何分に家を出れば間にあいますか。(10)
2時45分

8 おばあさんの家まで45分間電車に乗って，それから，バスに35分乗って行きます。あわせて何時間何分になりますか。(10)
1時間20分

P19

算数あそび
時こくと時間
名前　月　日

● 遊園地《ゆうえんち》に遊《あそ》びに行きました。それぞれのアトラクションの待《ま》ち時間はどれだけですか。

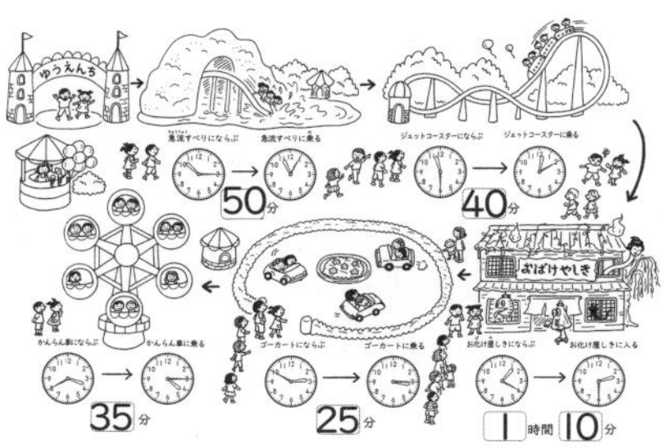

P20

わり算（1）
1人分の数①
名前　月　日

● ビスケットが8まいあります。
2人で同じ数ずつ下の○の中に分けましょう。

1人分は 4 まいになります。

わり算（2）
1人分の数②
名前　月　日

● 絵を使《つか》って答えをもとめ，わり算の式《しき》に表《あらわ》しましょう。

みかんが全部《ぜんぶ》で12こあります。
3人で同じ数ずつ下の＿に分けます。
1人分は何こになりますか。

式　12（全部の数）÷3（人数）＝4（1人分の数）
答え　4こ

P21

わり算（3）
1人分の数③
名前　月　日

● 絵を使《つか》って答えをもとめ，わり算の式《しき》に表《あらわ》しましょう。
(1) あめが15こあります。
3人で同じ数ずつ分けると，1人分は何こになりますか。
式　15（全部の数）÷3（人数）＝5（1人分の数）
答え　5こ

(2) おにぎりが12こあります。
4人で同じ数ずつ分けると，1人分は何こになりますか。
式　12（全部の数）÷4（人数）＝3（1人分の数）
答え　3こ

わり算（4）
1人分の数④
名前　月　日

● 絵を使《つか》って答えをもとめ，わり算の式《しき》に表《あらわ》しましょう。
(1) ノートが14さつあります。
7人で同じ数ずつ分けると，1人分は何さつになりますか。
式　14（全部の数）÷7（人数）＝2（1人分の数）
答え　2さつ

(2) ジュースが20本あります。
5人で同じ数ずつ分けると，1人分は何本になりますか。
式　20（全部の数）÷5（人数）＝4（1人分の数）
答え　4本

児童に実施させる前に，必ず指導される方が問題を解いてください。本書の解答は，あくまでも１つの例です。

P22

わり算 (5) 九九を使って (1人分の数) ①

1 トマトが 18 こあります。3人で同じ数ずつ分けると，1人分は何こになりますか。

式 18 ÷ 3 = 6　答え 6こ

2 えんぴつが 32 本あります。8人で同じ数ずつ分けると，1人分は何本になりますか。

式 32 ÷ 8 = 4　答え 4本

わり算 (6) 九九を使って (1つ分の数) ②

1 ドーナツが 12 こあります。6まいのお皿に同じ数ずつ分けると，1まいのお皿のドーナツは何こになりますか。

式 12 ÷ 6 = 2　答え 2こ

2 メダカが 28 ひきいます。4つの水そうに同じ数ずつ入れると，1つの水そうに入れるメダカは何びきになりますか。

式 28 ÷ 4 = 7　答え 7ひき

3 ボールが 21 こあります。7つのかごに同じ数ずつ入れると，1つのかごに入れるボールは何こになりますか。

式 21 ÷ 7 = 3　答え 3こ

P23

わり算 (7) 九九を使って (1人分の数) ③

1 からあげが 30 こあります。6人で同じ数ずつ分けると，1人分は何こになりますか。

式 30 ÷ 6 = 5　答え 5こ

2 おり紙が 48 まいあります。8人で同じ数ずつ分けると，1人分は何まいになりますか。

式 48 ÷ 8 = 6　答え 6まい

3 風船が 10 こあります。5人で同じ数ずつ分けると，1人分は何こになりますか。

式 10 ÷ 5 = 2　答え 2こ

わり算 (8) 九九を使って (1つ分の数) ④

1 パンが 28 こあります。7つのふくろに同じ数ずつ分けると，1ふくろ分は何こになりますか。

式 28 ÷ 7 = 4　答え 4こ

2 お茶が 18dL あります。9このコップに同じかさずつ入れると，1このコップは何 dL になりますか。

式 18 ÷ 9 = 2　答え 2dL

3 毛糸が 36cm あります。同じ長さに4本に分けると，1本は何 cm になりますか。

式 36 ÷ 4 = 9　答え 9cm

P24

わり算 (9) 何人に分けられるか ①

● 絵を使って答えをもとめ，わり算の式に表しましょう。

クッキーが全部で 18 まいあります。1人に6まいずつ分けます。何人に分けられますか。下の＿＿に○でかきましょう

式 18 ÷ 6 = 3　答え 3人

わり算 (10) 何人に分けられるか ②

● 絵を使って答えをもとめ，わり算の式に表しましょう。

キャラメルが全部で 16 こあります。1人に2こずつ分けます。何人に分けられますか。

式 16 ÷ 2 = 8　答え 8人

P25

わり算 (11) 何人に分けられるか ③

● 絵を使って答えをもとめ，わり算の式に表しましょう。

(1) バナナが 15 本あります。1人に5本ずつ分けると，何人に分けられますか。

式 15 ÷ 5 = 3　答え 3人

(2) おはじきが 24 こあります。1人に6こずつ分けると，何人に分けられますか。

式 24 ÷ 6 = 4　答え 4人

わり算 (12) いくつ分

● 絵を使って答えをもとめ，わり算の式に表しましょう。

(1) 子どもが9人います。1台の車に3人ずつ乗ると，車は何台いりますか。

式 9 ÷ 3 = 3　答え 3台

(2) ケーキが 20 こあります。1箱に4こずつ入れると，箱はいくついりますか。

式 20 ÷ 4 = 5　答え 5こ

P26

わり算 (13) 九九を使って (何人分) ①

1 ひまわりのたねが 56 こあります。1人に7こずつ分けると，何人に分けられますか。

式 56 ÷ 7 = 8　答え 8人

2 シールが 24 まいあります。1人に4まいずつ分けると，何人に分けられますか。

式 24 ÷ 4 = 6　答え 6人

わり算 (14) 九九を使って (いくつ分) ②

1 36cm のテープがあります。9cm ずつ切っていくと，テープは何本できますか。

式 36 ÷ 9 = 4　答え 4本

2 バラが 24 本あります。8本ずつ花たばにしていくと，花たばは何たばできますか。

式 24 ÷ 8 = 3　答え 3たば

3 ペットボトルにジュースが 18dL 入っています。2dL ずつコップに入れていくと，コップは何こいりますか。

式 18 ÷ 2 = 9　答え 9こ

P27

わり算 (15) 九九を使って (何人分) ③

1 カードが 30 まいあります。1人に5まいずつ分けると，何人に分けられますか。

式 30 ÷ 5 = 6　答え 6人

2 りんごが 27 こあります。1人に3こずつ分けると，何人に分けられますか。

式 27 ÷ 3 = 9　答え 9人

3 ゼリーが 35 こあります。1人に7こずつ分けると，何人に分けられますか。

式 35 ÷ 7 = 5　答え 5人

わり算 (16) 九九を使って (いくつ分) ④

1 はり金が 56m あります。8m ずつ切っていくと，8m のはり金は何本できますか。

式 56 ÷ 8 = 7　答え 7本

2 子どもが 45 人います。1つの長いすに9人ずつすわると，長いすは何きゃくいりますか。

式 45 ÷ 9 = 5　答え 5きゃく

3 プリンが 32 こあります。1箱に4こずつ入れると，箱は何こいりますか。

式 32 ÷ 4 = 8　答え 8こ

P28

わり算 (17) ○÷2

● 次の計算をしましょう。

① 12 ÷ 2 = 6
② 16 ÷ 2 = 8
③ 8 ÷ 2 = 4
④ 14 ÷ 2 = 7
⑤ 6 ÷ 2 = 3
⑥ 10 ÷ 2 = 5
⑦ 2 ÷ 2 = 1
⑧ 18 ÷ 2 = 9
⑨ 4 ÷ 2 = 2

わり算 (18) ○÷3

● 次の計算をしましょう。

① 21 ÷ 3 = 7
② 3 ÷ 3 = 1
③ 27 ÷ 3 = 9
④ 18 ÷ 3 = 6
⑤ 24 ÷ 3 = 8
⑥ 9 ÷ 3 = 3
⑦ 6 ÷ 3 = 2
⑧ 15 ÷ 3 = 5
⑨ 12 ÷ 3 = 4

P29

わり算 (19) ○÷4

● 次の計算をしましょう。

① 8 ÷ 4 = 2
② 16 ÷ 4 = 4
③ 32 ÷ 4 = 8
④ 20 ÷ 4 = 5
⑤ 4 ÷ 4 = 1
⑥ 36 ÷ 4 = 9
⑦ 28 ÷ 4 = 7
⑧ 12 ÷ 4 = 3
⑨ 24 ÷ 4 = 6

わり算 (20) ○÷5

● 次の計算をしましょう。

① 35 ÷ 5 = 7
② 10 ÷ 5 = 2
③ 40 ÷ 5 = 8
④ 5 ÷ 5 = 1
⑤ 30 ÷ 5 = 6
⑥ 45 ÷ 5 = 9
⑦ 15 ÷ 5 = 3
⑧ 25 ÷ 5 = 5
⑨ 20 ÷ 5 = 4

(解答は，200 ～ 300%に拡大してお使い下さい。)

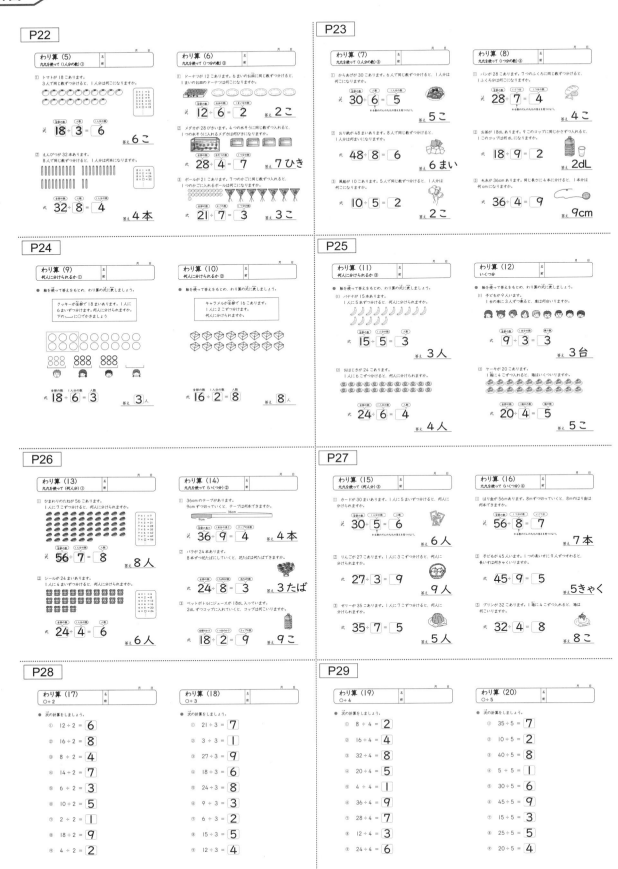

P30

わり算（21） ○÷2〜○÷5①

① 12÷3＝4 ② 30÷5＝6 ③ 36÷4＝9
④ 27÷3＝9 ⑤ 25÷5＝5 ⑥ 4÷2＝2
⑦ 18÷3＝6 ⑧ 20÷5＝4 ⑨ 21÷3＝7
⑩ 16÷2＝8 ⑪ 28÷4＝7 ⑫ 8÷4＝2
⑬ 6÷2＝3 ⑭ 3÷3＝1 ⑮ 15÷5＝3
⑯ 24÷4＝6 ⑰ 4÷4＝1 ⑱ 45÷5＝9
⑲ 18÷2＝9 ⑳ 12÷2＝6

わり算（22） ○÷2〜○÷5②

① 32÷4＝8 ② 6÷3＝2 ③ 10÷5＝2
④ 12÷4＝3 ⑤ 2÷2＝1 ⑥ 16÷4＝4
⑦ 35÷5＝7 ⑧ 8÷2＝4 ⑨ 18÷2＝9
⑩ 15÷3＝5 ⑪ 14÷2＝7 ⑫ 20÷4＝5
⑬ 21÷3＝7 ⑭ 5÷5＝1 ⑮ 30÷5＝6
⑯ 10÷2＝5 ⑰ 9÷3＝3 ⑱ 24÷3＝8
⑲ 36÷4＝9 ⑳ 40÷5＝8

P31

ふりかえり わり算①（÷2〜÷5）

① 8÷2＝4 ② 3÷3＝1 ③ 20÷5＝4
④ 12÷4＝3 ⑤ 21÷3＝7 ⑥ 10÷5＝2
⑦ 10÷2＝5 ⑧ 6÷2＝3 ⑨ 28÷4＝7
⑩ 15÷3＝5 ⑪ 35÷5＝7 ⑫ 24÷4＝6
⑬ 16÷2＝8 ⑭ 45÷5＝9 ⑮ 12÷3＝4
⑯ 8÷4＝2 ⑰ 30÷5＝6 ⑱ 2÷2＝1
⑲ 24÷3＝8 ⑳ 36÷4＝9 ㉑ 15÷5＝3
㉒ 9÷3＝3 ㉓ 4÷2＝2 ㉔ 5÷5＝1
㉕ 18÷3＝6 ㉖ 16÷4＝4 ㉗ 32÷4＝8
㉘ 18÷2＝9 ㉙ 14÷2＝7 ㉚ 27÷3＝9
㉛ 4÷4＝1 ㉜ 40÷5＝8 ㉝ 6÷3＝2
㉞ 25÷5＝5 ㉟ 20÷4＝5 ㊱ 12÷2＝6

ふりかえり わり算②（÷2〜÷5）

① 15÷5＝3 ② 16÷2＝8 ③ 2÷2＝1
④ 27÷3＝9 ⑤ 9÷3＝3 ⑥ 35÷5＝7
⑦ 12÷4＝3 ⑧ 28÷4＝7 ⑨ 24÷3＝8
⑩ 12÷2＝6 ⑪ 32÷4＝8 ⑫ 21÷3＝7
⑬ 10÷2＝5 ⑭ 6÷3＝2 ⑮ 25÷5＝5
⑯ 8÷4＝2 ⑰ 12÷3＝4 ⑱ 5÷5＝1
⑲ 45÷5＝9 ⑳ 24÷4＝6 ㉑ 14÷2＝7
㉒ 20÷5＝4 ㉓ 20÷4＝5 ㉔ 6÷2＝3
㉕ 4÷4＝1 ㉖ 40÷5＝8 ㉗ 3÷3＝1
㉘ 18÷3＝6 ㉙ 18÷2＝9 ㉚ 30÷5＝6
㉛ 36÷4＝9 ㉜ 16÷4＝4 ㉝ 10÷5＝2
㉞ 4÷2＝2 ㉟ 8÷2＝4 ㊱ 15÷3＝5

P32

わり算（23） ○÷6

● 次の計算をしましょう。

① 30÷6＝5
② 12÷6＝2
③ 6÷6＝1
④ 18÷6＝3
⑤ 54÷6＝9
⑥ 42÷6＝7
⑦ 36÷6＝6
⑧ 48÷6＝8
⑨ 24÷6＝4

わり算（24） ○÷7

● 次の計算をしましょう。

① 63÷7＝9
② 21÷7＝3
③ 42÷7＝6
④ 7÷7＝1
⑤ 49÷7＝7
⑥ 14÷7＝2
⑦ 56÷7＝8
⑧ 35÷7＝5
⑨ 28÷7＝4

P33

わり算（25） ○÷8

● 次の計算をしましょう。

① 8÷8＝1
② 72÷8＝9
③ 56÷8＝7
④ 16÷8＝2
⑤ 40÷8＝5
⑥ 64÷8＝8
⑦ 48÷8＝6
⑧ 24÷8＝3
⑨ 32÷8＝4

わり算（26） ○÷9

● 次の計算をしましょう。

① 27÷9＝3
② 81÷9＝9
③ 9÷9＝1
④ 72÷9＝8
⑤ 18÷9＝2
⑥ 36÷9＝4
⑦ 54÷9＝6
⑧ 63÷9＝7
⑨ 45÷9＝5

P34

わり算（27） ○÷6〜○÷9①

① 21÷7＝3 ② 27÷9＝3 ③ 48÷8＝6
④ 16÷8＝2 ⑤ 9÷9＝1 ⑥ 6÷6＝1
⑦ 81÷9＝9 ⑧ 56÷8＝7 ⑨ 48÷6＝8
⑩ 24÷6＝4 ⑪ 63÷7＝9 ⑫ 54÷9＝6
⑬ 32÷8＝4 ⑭ 35÷7＝5 ⑮ 72÷9＝8
⑯ 64÷8＝8 ⑰ 30÷6＝5 ⑱ 42÷7＝6
⑲ 28÷7＝4 ⑳ 36÷6＝6

わり算（28） ○÷6〜○÷9②

① 14÷7＝2 ② 42÷6＝7 ③ 24÷8＝3
④ 18÷9＝2 ⑤ 63÷9＝7 ⑥ 48÷8＝6
⑦ 7÷7＝1 ⑧ 36÷9＝4 ⑨ 40÷8＝5
⑩ 48÷6＝8 ⑪ 12÷6＝2 ⑫ 8÷8＝1
⑬ 45÷9＝5 ⑭ 28÷7＝4 ⑮ 54÷6＝9
⑯ 49÷7＝7 ⑰ 81÷9＝9 ⑱ 18÷6＝3
⑲ 56÷7＝8 ⑳ 72÷8＝9

P35

ふりかえり わり算③（÷6〜÷9）

① 56÷7＝8 ② 16÷8＝2 ③ 27÷9＝3
④ 12÷6＝2 ⑤ 81÷9＝9 ⑥ 7÷7＝1
⑦ 72÷9＝8 ⑧ 21÷7＝3 ⑨ 18÷6＝3
⑩ 40÷8＝5 ⑪ 36÷9＝4 ⑫ 56÷8＝7
⑬ 35÷7＝5 ⑭ 48÷6＝8 ⑮ 9÷9＝1
⑯ 54÷9＝6 ⑰ 49÷7＝7 ⑱ 36÷6＝6
⑲ 24÷6＝4 ⑳ 24÷8＝3 ㉑ 32÷8＝4
㉒ 8÷8＝1 ㉓ 42÷6＝7 ㉔ 42÷7＝6
㉕ 18÷9＝2 ㉖ 63÷7＝9 ㉗ 54÷6＝9
㉘ 30÷6＝5 ㉙ 72÷8＝9 ㉚ 45÷9＝5
㉛ 64÷8＝8 ㉜ 63÷9＝7 ㉝ 14÷7＝2
㉞ 28÷7＝4 ㉟ 6÷6＝1 ㊱ 48÷8＝6

ふりかえり わり算④（÷6〜÷9）

① 27÷9＝3 ② 63÷7＝9 ③ 54÷6＝9
④ 8÷8＝1 ⑤ 72÷9＝8 ⑥ 42÷7＝6
⑦ 18÷6＝3 ⑧ 56÷8＝7 ⑨ 63÷9＝7
⑩ 14÷7＝2 ⑪ 48÷6＝8 ⑫ 64÷8＝8
⑬ 30÷6＝5 ⑭ 49÷7＝7 ⑮ 45÷9＝5
⑯ 9÷9＝1 ⑰ 16÷8＝2 ⑱ 72÷8＝9
⑲ 48÷8＝6 ⑳ 54÷9＝6 ㉑ 7÷7＝1
㉒ 35÷7＝5 ㉓ 42÷6＝7 ㉔ 32÷8＝4
㉕ 40÷8＝5 ㉖ 24÷8＝3 ㉗ 36÷6＝6
㉘ 21÷7＝3 ㉙ 24÷6＝4 ㉚ 18÷9＝2
㉛ 6÷6＝1 ㉜ 81÷9＝9 ㉝ 28÷7＝4
㉞ 36÷9＝4 ㉟ 56÷7＝8 ㊱ 12÷6＝2

P36

わり算（29） ○÷2〜○÷9①

① 16÷4＝4 ② 25÷5＝5 ③ 16÷2＝8
④ 54÷6＝9 ⑤ 36÷9＝4 ⑥ 24÷8＝3
⑦ 72÷8＝9 ⑧ 12÷4＝3 ⑨ 56÷7＝8
⑩ 6÷2＝3 ⑪ 72÷9＝8 ⑫ 56÷8＝7
⑬ 7÷7＝1 ⑭ 12÷6＝2 ⑮ 15÷3＝5
⑯ 54÷9＝6 ⑰ 14÷2＝7 ⑱ 28÷4＝7
⑲ 36÷4＝9 ⑳ 21÷3＝7 ㉑ 45÷5＝9
㉒ 18÷9＝2 ㉓ 5÷5＝1 ㉔ 4÷2＝2
㉕ 12÷3＝4 ㉖ 14÷7＝2 ㉗ 36÷6＝6
㉘ 40÷5＝8 ㉙ 64÷8＝8 ㉚ 35÷7＝5
㉛ 48÷6＝8 ㉜ 8÷2＝4 ㉝ 35÷5＝7
㉞ 3÷3＝1 ㉟ 48÷8＝6 ㊱ 20÷4＝5

わり算（30） ○÷2〜○÷9②

① 63÷7＝9 ② 16÷8＝2 ③ 27÷9＝3
④ 8÷4＝2 ⑤ 6÷6＝1 ⑥ 9÷3＝3
⑦ 45÷9＝5 ⑧ 27÷3＝9 ⑨ 18÷6＝3
⑩ 8÷8＝1 ⑪ 4÷4＝1 ⑫ 2÷2＝1
⑬ 10÷2＝5 ⑭ 81÷9＝9 ⑮ 20÷5＝4
⑯ 63÷9＝7 ⑰ 24÷3＝8 ⑱ 32÷4＝8
⑲ 10÷5＝2 ⑳ 30÷6＝5 ㉑ 21÷7＝3
㉒ 28÷7＝4 ㉓ 42÷7＝6 ㉔ 32÷8＝4
㉕ 18÷3＝6 ㉖ 12÷2＝6 ㉗ 9÷9＝1
㉘ 42÷6＝7 ㉙ 15÷5＝3 ㉚ 24÷6＝4
㉛ 40÷8＝5 ㉜ 6÷3＝2 ㉝ 18÷2＝9
㉞ 24÷4＝6 ㉟ 49÷7＝7 ㊱ 30÷5＝6

P37

わり算（31） ○÷2〜○÷9③

① 16÷8＝2 ② 8÷4＝2 ③ 35÷5＝7
④ 21÷3＝7 ⑤ 32÷8＝4 ⑥ 36÷4＝9
⑦ 45÷9＝5 ⑧ 14÷7＝2 ⑨ 9÷9＝1
⑩ 30÷5＝6 ⑪ 2÷2＝1 ⑫ 24÷6＝4
⑬ 4÷4＝1 ⑭ 63÷7＝9 ⑮ 8÷8＝1
⑯ 27÷9＝3 ⑰ 42÷7＝6 ⑱ 12÷3＝4
⑲ 8÷2＝4 ⑳ 9÷3＝3 ㉑ 48÷6＝8
㉒ 42÷6＝7 ㉓ 20÷5＝4 ㉔ 3÷3＝1
㉕ 7÷7＝1 ㉖ 30÷6＝5 ㉗ 45÷5＝9
㉘ 12÷6＝2 ㉙ 24÷4＝6 ㉚ 12÷2＝6
㉛ 15÷3＝5 ㉜ 18÷9＝2 ㉝ 56÷8＝7
㉞ 12÷4＝3 ㉟ 14÷2＝7 ㊱ 24÷3＝8

わり算（32） ○÷2〜○÷9④

① 27÷3＝9 ② 10÷2＝5 ③ 72÷8＝9
④ 35÷7＝5 ⑤ 81÷9＝9 ⑥ 6÷6＝1
⑦ 15÷5＝3 ⑧ 6÷3＝2 ⑨ 28÷7＝4
⑩ 64÷8＝8 ⑪ 36÷6＝6 ⑫ 40÷8＝5
⑬ 4÷2＝2 ⑭ 28÷4＝7 ⑮ 16÷2＝8
⑯ 56÷7＝8 ⑰ 21÷7＝3 ⑱ 10÷5＝2
⑲ 20÷4＝5 ⑳ 36÷9＝4 ㉑ 18÷6＝3
㉒ 48÷8＝6 ㉓ 40÷5＝8 ㉔ 63÷9＝7
㉕ 6÷2＝3 ㉖ 24÷8＝3 ㉗ 16÷4＝4
㉘ 54÷9＝6 ㉙ 18÷2＝9 ㉚ 54÷6＝9
㉛ 25÷5＝5 ㉜ 5÷5＝1 ㉝ 18÷3＝6
㉞ 72÷9＝8 ㉟ 49÷7＝7 ㊱ 32÷4＝8

解答

児童に実施させる前に，必ず指導される方が問題を解いてください。本書の解答は，あくまでも１つの例です。

P38

月　日

ふりかえり
わり算⑤（○÷２〜○÷９）　名前

① 48÷6＝8	⑬ 56÷7＝8	㉕ 36÷9＝4	㊲ 63÷9＝7	㊾ 40÷8＝5	61 5÷5＝1
② 15÷3＝5	⑭ 18÷6＝3	㉖ 16÷4＝4	㊳ 12÷2＝6	㊿ 20÷5＝4	62 64÷8＝8
③ 21÷7＝3	⑮ 48÷8＝6	㉗ 81÷9＝9	㊴ 21÷3＝7	51 36÷6＝6	63 20÷4＝5
④ 16÷8＝2	⑯ 6÷2＝3	㉘ 35÷5＝7	㊵ 4÷4＝1	52 18÷2＝9	64 54÷6＝9
⑤ 24÷4＝6	⑰ 25÷5＝5	㉙ 9÷3＝3	㊶ 49÷7＝7	53 72÷9＝8	65 24÷8＝3
⑥ 72÷8＝9	⑱ 45÷9＝5	㉚ 32÷4＝8	㊷ 12÷6＝2	54 6÷3＝2	66 36÷4＝9
⑦ 40÷5＝8	⑲ 42÷6＝7	㉛ 18÷9＝2	㊸ 12÷3＝4	55 7÷7＝1	67 27÷9＝3
⑧ 9÷9＝1	⑳ 18÷3＝6	㉜ 8÷2＝4	㊹ 15÷5＝3	56 24÷6＝4	68 2÷2＝1
⑨ 30÷6＝5	㉑ 12÷4＝3	㉝ 27÷3＝9	㊺ 56÷8＝7	57 8÷4＝2	69 63÷7＝9
⑩ 4÷2＝2	㉒ 28÷7＝4	㉞ 32÷8＝4	㊻ 14÷2＝7	58 30÷5＝6	70 45÷5＝9
⑪ 42÷7＝6	㉓ 8÷8＝1	㉟ 10÷5＝2	㊼ 3÷3＝1	59 24÷3＝8	71 16÷2＝8
⑫ 6÷6＝1	㉔ 10÷2＝5	㊱ 14÷7＝2	㊽ 28÷4＝7	60 35÷7＝5	72 54÷9＝6

P39

月　日

わり算（33）　名前

● 次の㋐，㋑の２つの問題の答えをもとめましょう。

(1) ㋐ チョコレートが 20 こあります。4 人で同じ数ずつ分けると，1 人分は何こになりますか。

㋑ チョコレートが 20 こあります。1 人に 4 こずつ分けると，何人に分けられますか。

㋐ 式（全部の数）20÷（人数）4＝（1 人分の数）5　答え 5こ

㋑ 式（全部の数）20÷（1 人分の数）4＝（人数）5　答え 5人

(2) ㋐ ビー玉が 18 こあります。6 人で同じ数ずつ分けると，1 人分は何こになりますか。

㋑ ビー玉が 18 こあります。1 人に 6 こずつ分けると，何人に分けられますか。

㋐ 式（全部の数）18÷（人数）6＝（1 人分の数）3　答え 3こ

㋑ 式（全部の数）18÷（1 人分の数）6＝（人数）3　答え 3人

月　日

わり算（34）　名前

● 次の㋐，㋑の２つの問題の答えをもとめましょう。

(1) ㋐ いちごが 15 こあります。5 つのお皿に同じ数ずつ入れると，1 皿は何こになりますか。

㋑ いちごが 15 こあります。1 皿に 5 こずつ入れると，何皿に分けられますか。

㋐ 式（全部の数）15÷（いくつ分）5＝（1 つ分の数）3　答え 3こ

㋑ 式（全部の数）15÷（1 つ分の数）5＝（いくつ分）3　答え 3皿

(2) ㋐ 24cm のひもがあります。同じ長さに 3 本に切ると，1 本分は何 cm になりますか。

㋑ 24cm のひもがあります。3cm ずつに切ると，ひもは何本できますか。

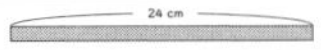

㋐ 式（全部の数）24÷（いくつ分）3＝（1 つ分の数）8　答え 8cm

㋑ 式（全部の数）24÷（1 つ分の数）3＝（いくつ分）8　答え 8本

P40

月　日

わり算（35）　名前

1 28÷7 の式になる問題を２つ作りましょう。

㋐ さくらんぼが 28 こあります。7 人で同じ数ずつ分けると，1 人分は何 こ になりますか。

㋑ さくらんぼが 28 こあります。1 人に 7 こずつ分けると，何 人 に分けられますか。

2 16÷8 の式になる問題を２つ作りましょう。

㋐ □が□あります。□人で同じ数ずつ分けると，□は何□になりますか。　略

㋑ □が□あります。1 人に□ずつ分けると，何□に分けられますか。　略

月　日

わり算（36）　名前

● 30cm のリボンがあります。30÷6 の式になる問題を２つ（1 つ分の数をもとめる，いくつ分をもとめる）作りましょう。

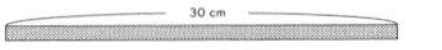

㋐ 略

㋑ 略

P41

月　日

わり算（37）
0 や 1 のわり算　名前

1 かごに入っているかきを 3 人で同じ数ずつ分けます。1 人分は何こになりますか。

① 6こ

6÷3＝2　答え 2こ

② 3こ

3÷3＝1　答え 1こ

③ 0こ

0÷3＝0　答え 0こ

2 計算をしましょう。

① 0÷6 0	② 7÷1 7	③ 0÷9 0
④ 1÷1 1	⑤ 4÷1 4	⑥ 0÷4 0
⑦ 5÷1 5	⑧ 0÷3 0	⑨ 3÷1 3
⑩ 0÷1 0	⑪ 0÷8 0	⑫ 9÷1 9
⑬ 2÷1 2	⑭ 8÷1 8	⑮ 0÷2 0
⑯ 0÷5 0	⑰ 0÷7 0	⑱ 6÷1 6

月　日

わり算（38）　名前

① 0÷3＝0	② 7÷7＝1	③ 8÷8＝1
④ 2÷1＝2	⑤ 6÷1＝6	⑥ 0÷6＝0
⑦ 3÷3＝1	⑧ 9÷1＝9	⑨ 0÷4＝0
⑩ 7÷1＝7	⑪ 1÷1＝1	⑫ 0÷2＝0
⑬ 2÷2＝1	⑭ 5÷1＝5	⑮ 0÷7＝0
⑯ 6÷6＝1	⑰ 9÷9＝1	⑱ 0÷8＝0
⑲ 3÷1＝3	⑳ 4÷4＝1	㉑ 0÷1＝0
㉒ 0÷9＝0	㉓ 5÷5＝1	㉔ 8÷1＝8
㉕ 4÷1＝4	㉖ 0÷5＝0	

P42

月　日

ふりかえり
わり算⑥　名前

① 30÷6＝5	⑯ 7÷7＝1	㉛ 36÷4＝9	㊻ 20÷5＝4	61 63÷9＝7	76 45÷5＝9
② 10÷5＝2	⑰ 54÷9＝6	㉜ 63÷7＝9	㊼ 9÷1＝9	62 3÷1＝3	77 24÷6＝4
③ 14÷2＝7	⑱ 5÷1＝5	㉝ 21÷3＝7	㊽ 45÷9＝5	63 28÷7＝4	78 0÷5＝0
④ 40÷8＝5	⑲ 24÷4＝6	㉞ 8÷8＝1	㊾ 8÷2＝4	64 16÷4＝4	79 18÷3＝6
⑤ 0÷7＝0	⑳ 9÷9＝1	㉟ 0÷9＝0	㊿ 12÷3＝4	65 32÷8＝4	80 18÷2＝9
⑥ 54÷6＝9	㉑ 6÷2＝3	㊱ 12÷6＝2	51 35÷5＝7	66 0÷2＝0	81 4÷4＝1
⑦ 9÷3＝3	㉒ 48÷8＝6	㊲ 42÷6＝7	52 2÷2＝1	67 27÷3＝9	82 8÷1＝8
⑧ 56÷7＝8	㉓ 40÷5＝8	㊳ 16÷2＝8	53 49÷7＝7	68 16÷8＝2	83 10÷2＝5
⑨ 7÷1＝7	㉔ 0÷3＝0	㊴ 8÷4＝2	54 72÷9＝8	69 1÷1＝1	84 6÷6＝1
⑩ 18÷9＝2	㉕ 21÷7＝3	㊵ 2÷1＝2	55 20÷4＝5	70 15÷5＝3	85 0÷8＝0
⑪ 30÷5＝6	㉖ 6÷3＝2	㊶ 35÷7＝5	56 64÷8＝8	71 28÷4＝7	86 48÷6＝8
⑫ 0÷6＝0	㉗ 12÷4＝3	㊷ 12÷2＝6	57 0÷1＝0	72 4÷2＝2	87 4÷1＝4
⑬ 56÷8＝7	㉘ 25÷5＝5	㊸ 24÷8＝3	58 14÷7＝2	73 36÷6＝6	88 42÷7＝6
⑭ 36÷9＝4	㉙ 6÷1＝6	㊹ 15÷3＝5	59 24÷3＝8	74 81÷9＝9	89 3÷3＝1
⑮ 72÷8＝9	㉚ 5÷5＝1	㊺ 0÷4＝0	60 18÷6＝3	75 27÷9＝3	90 32÷4＝8

P43

月　日

わり算（39）
大きな数のわり算　名前

1 計算のしかたを考えましょう。

(1) 60÷3

60は　10が6こ

60÷3は　10が(6÷3)こ

60÷3＝ 20

(2) 48÷4

48÷4 ＜ 40÷4＝10，8÷4＝2 ＞ 12

2 わり算をしましょう。

① 90÷3 30　② 20÷2 10　③ 40÷2 20

3 わり算をしましょう。

① 42÷2 21　② 96÷3 32　③ 36÷3 12

月　日

わり算（40）　名前

1 わり算をしましょう。

① 30÷3 10　② 80÷2 40　③ 50÷5 10

④ 60÷2 30　⑤ 80÷4 20

2 わり算をしましょう。

① 44÷2 22　② 84÷4 21　③ 33÷3 11

④ 63÷3 21　⑤ 24÷2 12

P44

月　日

わり算（41）
文章題①　名前

1 子どもが 35 人います。5 人ずつでグループを作ると，グループはいくつできますか。

式 35÷5=7

答え 7つ

2 牛にゅうが 24dL あります。8 このコップに同じかさずつ分けます。1 このコップには何 dL の牛にゅうが入りますか。

式 24÷8=3

答え 3dL

月　日

わり算（42）
文章題②　名前

1 画用紙が 54 まいあります。1 人に 6 まいずつ分けると，何人に分けられますか。

式 54÷6=9

答え 9人

2 子どもが 32 人います。同じ人数ずつ 4 チームに分けると，1 チームは何人になりますか。

式 32÷4=8

答え 8人

P45

月　日

わり算（43）
文章題③　名前

1 カステラが 28 切れあります。7 まいのお皿に分けると，1 皿は何切れになりますか。

式 28÷7=4

答え 4切れ

2 カーネーションが 45 本あります。9 本ずつたばにすると，花たばはいくつできますか。

式 45÷9=5

答え 5たば

3 たまごが 18 こあります。1 日に 3 こずつ使うと，何日でなくなりますか。

式 18÷3=6

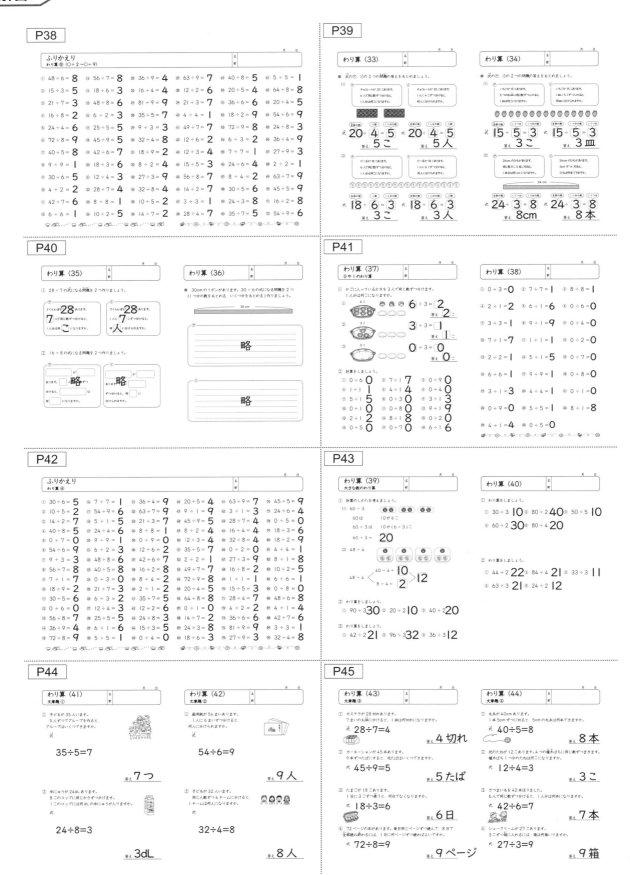

答え 6日

4 72 ページの本があります。毎日同じページずつ読んで，8 日で全部読み終わるには，1 日に何ページずつ読めばよいですか。

式 72÷8=9

答え 9ページ

月　日

わり算（44）
文章題④　名前

1 毛糸が 40cm あります。1 本 5cm ずつに切ると，5cm の毛糸は何本できますか。

式 40÷5=8

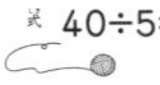

答え 8本

2 花のたねが 12 こあります。4 つの植木ばちに同じ数ずつまきます。植木ばち 1 つ分のたねは何こになりますか。

式 12÷4=3

答え 3こ

3 さつまいもを 42 本ほりました。6 人で同じ数ずつ分けると，1 人分は何本になりますか。

式 42÷6=7

答え 7本

4 シュークリームが 27 こあります。3 こずつ箱に入れるには，箱は何箱いりますか。

式 27÷3=9

答え 9箱

　（解答は，200 〜 300％に拡大してお使い下さい。）

P46

わり算 (45)　かけ算かな わり算かな ①

1 1まい9円のシールを4まい買いました。全部でいくらですか。
式 9×4=36　答え 36円

2 子どもが30人います。1列に6人ずつならぶと，何列できますか。
式 30÷6=5　答え 5列

3 計算問題が56問あります。1日に何問ずつすると，7日で終わりますか。
式 56÷7=8　答え 8問

4 6人でジュースを飲みます。1人2dLずつ飲むと，全部でジュースは何dLいりますか。
式 2×6=12　答え 12dL

わり算 (46)　かけ算かな わり算かな ②

1 アイスクリームが4こずつ入ったふくろが，5ふくろあります。アイスクリームは，全部で何こありますか。
式 4×5=20　答え 20こ

2 花火が48本あります。1人に8本ずつ分けると，何人に分けられますか。
式 48÷8=6　答え 6人

3 長いす1きゃくに7人ずつすわることができます。9きゃくでは，何人がすわれますか。
式 7×9=63　答え 63人

4 だんごが15こあります。5本のくしに同じ数ずつさすと，1本のくしにさすだんごは何こになりますか。
式 15÷5=3　答え 3こ

P47

ふりかえり　わり算 ⑦

1 次の問題を読んで，式と答えを書きましょう。また，9÷3になる問題に○をつけましょう。

① □ ドーナツが9こあります。3人が1こずつ食べると，のこりは何こですか。
式 9−3=6　答え 6こ

② □ 1箱に9まい入りのクッキーが3箱あります。クッキーは全部で何まいありますか。
式 9×3=27　答え 27まい

③ ○ ももが9こあります。1人に3こずつ分けると，何人に分けられますか。
式 9÷3=3　答え 3人

④ □ 9人の子どもにジュースを1本ずつ配ると，3本のこりました。はじめにジュースは何本ありましたか。
式 9+3=12　答え 12本

⑤ ○ クロワッサンが9こあります。3つのふくろに同じ数ずつ入れると，1ふくろは何こになりますか。
式 9÷3=3　答え 3こ

2 次の問題の答えをもとめる式を下の□からえらんで書きましょう。

① あつさ8mmの本を4さつつみました。全体の高さは何mmですか。　8×4
② 8cmのリボンを4cmずつに切ります。4cmのリボンは，何本できますか。　8÷4
③ 赤色のおり紙が8まい，黄色のおり紙が4まいあります。あわせて何まいありますか。　8＋4
④ 子どもが8人います。4台のゴーカートに同じ人数ずつ乗るには，1台に何人ずつ乗ればよいですか。　8÷4
⑤ 男の子は8人，女の子が4人います。男の子は，女の子より何人多いですか。　8－4

8＋4 ・ 8－4 ・ 8×4 ・ 8÷4

P48

わり算（テスト①）

【知識・技能】
1 12このあめを4人で同じ数ずつ分けます。1人に何こずつ分けることができますか。(5×3)
(1) 上の文の答えになるように分けているのはどちらですか。□に○をつけましょう。　○
(2) 式と答えを書きましょう。
式 12÷4=3　答え 3こ

2 12このあめを1人に4こずつ分けます。何人に分けることができますか。(5×3)
(1) 上の文の答えになるように分けているのはどちらですか。□に○をつけましょう。　○
(2) 式と答えを書きましょう。
式 12÷4=3　答え 3人

3 わり算の計算をしましょう。(2×10)
① 16÷4 4　② 20÷5 4
③ 18÷6 3　④ 24÷3 8
⑤ 42÷7 6　⑥ 56÷8 7
⑦ 32÷4 8　⑧ 63÷9 7
⑨ 7÷1 7　⑩ 0÷5 0

【思考・判断・表現】
4 24このウインナーを同じ数ずつ8皿に分けます。1皿分は何こになりますか。(5×2)
式 24÷8=3　答え 3こ

5 40本のきゅうりを5本ずつふくろに入れます。何ふくろできますか。(5×2)
式 40÷5=8　答え 8ふくろ

6 72cmのリボンを8cmずつ切ります。8cmのリボンは，何本できますか。(5×2)
式 72÷8=9　答え 9本

7 キャラメルが36こあります。(5×4)
(1) 6人で同じ数ずつ分けるます。1人に何こずつになりますか。
式 36÷6=6　答え 6こ
(2) 1人に4こずつ分けると，何人に分けることができますか。
式 36÷4=9　答え 9人

P49

わり算（テスト②）

【知識・技能】
1 □に数字を入れて式をかんせいさせましょう。(5×4)
(1) 6こを3人に分けます。1人分は何こでしょうか。　6÷3=2
(2) 3こを3人に分けます。1人分は何こでしょうか。　3÷3=1
(3) 3こを1人に分けます。1人分は何こでしょうか。　3÷1=3
(4) 1こもありません。3人に分けます。1人分は何こでしょうか。　0÷3=0

2 わり算の計算をしましょう。(2×15)
① 24÷4 6　② 40÷5 8
③ 21÷7 3　④ 72÷9 8
⑤ 45÷5 9　⑥ 56÷7 8
⑦ 30÷6 5　⑧ 63÷7 9
⑨ 5÷5 1　⑩ 0÷6 0
⑪ 9÷1 9　⑫ 90÷3 30
⑬ 80÷4 20　⑭ 39÷3 13
⑮ 48÷4 12

【思考・判断・表現】
3 28人の子どもたちが7つのグループにわかれます。1つのグループは何人になりますか。(5×2)
式 28÷7=4　答え 4人

4 24dLの牛にゅうを8この入れ物に同じずつ分けて入れます。1この入れ物には何dLになりますか。(5×2)
式 24÷8=3　答え 3dL

5 30mのロープがあります。それから5mのロープが何本できますか。(5×2)
式 30÷5=6　答え 6本

6 8まい色紙を買って72円はらいました。色紙1まいのねだんは，いくらだったのでしょうか。(5×2)
式 72÷8=9　答え 9円

7 絵や言葉を見て12÷3になる問題文を作りましょう。(10)
みかん12こ　3人で同じ数ずつ分けます。
(例) 12このみかんを3人で同じ数ずつ分けます。1人分は何こになりますか。

P50

算数あそび　わり算①

● 答えの大きい方を通って，ゴールまで行きましょう。

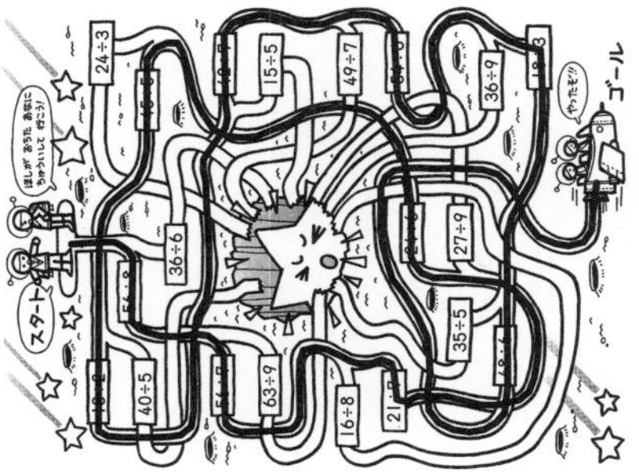

P51

算数あそび　わり算②

● さあ，めいろです。答えが1，3，5，7，9のところを通り，たべもののところを通ってゴールまで行きましょう。おばけ，へび，くものところは通れません。

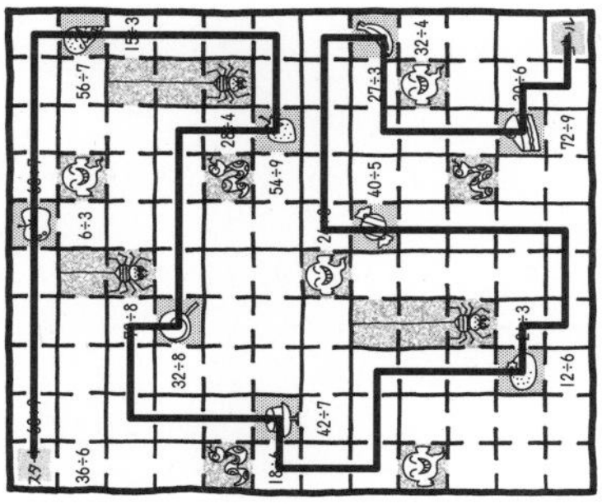

P52

3けたのたし算 (1)　くり上がりなし①

● 筆算をしましょう。
① 680＋219＝899
② 114＋532＝646
③ 853＋146＝999
④ 401＋123＝524
⑤ 141＋255＝396
⑥ 202＋37＝239

3けたのたし算 (2)　くり上がりなし②

● 筆算をしましょう。
① 703＋192　895
② 670＋127　797
③ 863＋132　995
④ 528＋101　629
⑤ 818＋141　959
⑥ 54＋322　376

P53

3けたのたし算 (3)　くり上がり1回①

● 筆算をしましょう。
① 148＋325＝473
② 627＋238＝865
③ 419＋107＝526
④ 703＋168＝871
⑤ 332＋59＝391

3けたのたし算 (4)　くり上がり1回②

● 筆算をしましょう。
① 383＋142　525
② 573＋264　837
③ 791＋154　945
④ 392＋587　979
⑤ 29＋341　370

（テストの文章題は，式5点，答え5点として，配点しています。）

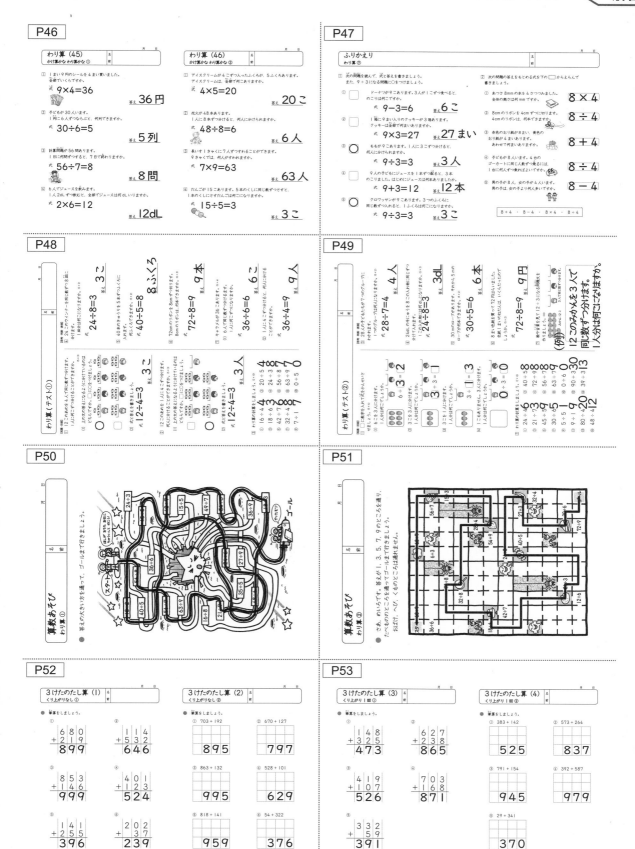

解答

児童に実施させる前に，必ず指導される方が問題を解いてください。本書の解答は，あくまでも１つの例です。

P54

3けたのたし算 (5) くり上がりなし・あり１回① 名前　月　日

● 筆算をしましょう。

① 412 + 193　605
② 828 + 135　963
③ 142 + 326　468
④ 336 + 207　543
⑤ 690 + 185　875
⑥ 551 + 387　938
⑦ 205 + 465　670
⑧ 81 + 314　395

3けたのたし算 (6) くり上がりなし・あり１回② 名前　月　日

● 筆算をしましょう。

① 818 + 153　971
② 122 + 93　215
③ 775 + 115　890
④ 664 + 223　887
⑤ 327 + 214　541
⑥ 345 + 182　527
⑦ 478 + 441　919
⑧ 579 + 216　795

P55

3けたのたし算 (7) くり上がり２回① 名前　月　日

● 筆算をしましょう。

① 677 + 183 = 860
② 565 + 149 = 714
③ 342 + 489 = 831
④ 538 + 99 = 637
⑤ 362 + 278 = 640

3けたのたし算 (8) くり上がり２回② 名前　月　日

● 筆算をしましょう。

① 148 + 565　713
② 291 + 349　640
③ 173 + 657　830
④ 442 + 369　811
⑤ 55 + 368　423

P56

3けたのたし算 (9) くり上がり２回（和の十の位０）① 名前　月　日

● 筆算をしましょう。

① 157 + 749 = 906
② 189 + 514 = 703
③ 646 + 254 = 900
④ 218 + 385 = 603
⑤ 36 + 167 = 203

3けたのたし算 (10) くり上がり２回（和の十の位０）② 名前　月　日

● 筆算をしましょう。

① 447 + 258　705
② 321 + 479　800
③ 165 + 235　400
④ 264 + 538　802
⑤ 578 + 29　607

P57

3けたのたし算 (11) くり上がり１回・２回① 名前　月　日

● 筆算をしましょう。

① 296 + 499　795
② 415 + 289　704
③ 328 + 117　445
④ 435 + 271　706
⑤ 79 + 745　824
⑥ 236 + 467　703
⑦ 567 + 289　856
⑧ 628 + 175　803

3けたのたし算 (12) くり上がり１回・２回② 名前　月　日

● 筆算をしましょう。

① 274 + 529　803
② 385 + 116　501
③ 524 + 289　813
④ 447 + 53　500
⑤ 499 + 234　733
⑥ 136 + 769　905
⑦ 662 + 183　845
⑧ 375 + 396　771

P58

3けたのたし算 (13) 3けた＋3けた＝4けた① 名前　月　日

● 筆算をしましょう。

① 721 + 795 = 1516
② 676 + 598 = 1274
③ 129 + 874 = 1003
④ 832 + 549 = 1381
⑤ 193 + 928 = 1121

3けたのたし算 (14) 3けた＋3けた＝4けた② 名前　月　日

● 筆算をしましょう。

① 549 + 628　1177
② 459 + 751　1210
③ 195 + 937　1132
④ 347 + 653　1000
⑤ 824 + 179　1003

P59

3けたのたし算 (15) 3けた＋3けた＝4けた③ 名前　月　日

● 筆算をしましょう。

① 634 + 671　1305
② 785 + 293　1078
③ 138 + 984　1122
④ 179 + 824　1003
⑤ 537 + 467　1004
⑥ 472 + 856　1328
⑦ 380 + 628　1008
⑧ 765 + 348　1113

3けたのたし算 (16) 3けた＋3けた＝4けた④ 名前　月　日

● 筆算をしましょう。

① 394 + 852　1246
② 786 + 216　1002
③ 235 + 985　1220
④ 673 + 438　1111
⑤ 731 + 475　1206
⑥ 834 + 392　1226
⑨ 428 + 579　1007
⑩ 451 + 551　1002

P60

ふりかえり 3けたのたし算 名前　月　日

● 筆算をしましょう。

① 564 + 784　1348
② 628 + 295　923
③ 685 + 117　802
④ 282 + 395　677
⑤ 197 + 185　382
⑥ 628 + 279　907
⑦ 359 + 337　696
⑧ 325 + 144　469
⑨ 386 + 448　834
⑩ 443 + 258　701
⑪ 146 + 263　409
⑫ 842 + 468　1310
⑬ 385 + 449　834
⑭ 186 + 816　1002
⑮ 729 + 147　876
⑯ 568 + 796　1364
⑰ 681 + 216　897
⑱ 457 + 271　728
⑲ 653 + 847　1500
⑳ 336 + 669　1005

P61

3けたのたし算 (17) 文章題① 名前　月　日

1 電車に586人乗っています。次の駅で184人乗りました。全部で何人になりましたか。

式　586+184=770

答え　770人

2 みさきさんは先週計算問題を252問しました。今週は，先週より48問多くする予定です。今週は，計算問題を何問する予定ですか。

式　252+48=300

答え　300問

3 運動会でお茶を652本配ると，160本のこりました。はじめにお茶は何本ありましたか。

式　652+160=812

答え　812本

3けたのたし算 (18) 文章題② 名前　月　日

1 お父さんは，本だなに本を395さつ持っています。お母さんは，お父さんより126さつ多く持っています。お母さんは本を何さつ持っていますか。

式　395+126=521

答え　521さつ

2 きのう，図書室で本をかりた子どもは196人でした。今日は，きのうより65人多くいました。今日，図書室で本をかりた子どもは何人ですか。

式　196+65=261

答え　261人

3 おこづかいを持って買いものに行きました。648円使うと，395円のこりました。はじめに何円持っていましたか。

式　648+395=1043

答え　1043円

　（解答は，200 ～ 300％に拡大してお使い下さい。）

P62

算数あそび 3けたのたし算　月　日　名前

● 答えの大きい方へすすみましょう。

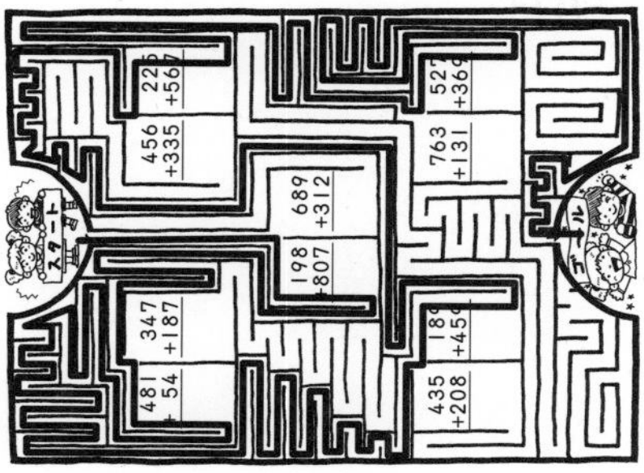

P63

3けたのひき算 (1) くり下がりなし① 月 日 名前

● 筆算をしましょう。

① 465 − 321 = 144
② 853 − 632 = 221
③ 984 − 213 = 771
④ 526 − 114 = 412
⑤ 779 − 23 = 756

3けたのひき算 (2) くり下がりなし② 月 日 名前

● 筆算をしましょう。

① 914 − 702 → 212
② 542 − 111 → 431
③ 648 − 326 → 322
④ 704 − 101 → 603
⑤ 963 − 50 → 913

P64

3けたのひき算 (3) くり下がり1回 (十の位から) ① 月 日 名前

● 筆算をしましょう。

① 654 − 128 = 526
② 322 − 119 = 203
③ 981 − 725 = 256
④ 881 − 229 = 652
⑤ 580 − 407 = 173

3けたのひき算 (4) くり下がり1回 (十の位から) ② 月 日 名前

● 筆算をしましょう。

① 682 − 573 → 109
② 862 − 235 → 627
③ 993 − 369 → 624
④ 431 − 126 → 305
⑤ 380 − 36 → 344

P65

3けたのひき算 (5) くり下がり1回 (百の位から) ① 月 日 名前

● 筆算をしましょう。

① 926 − 730 = 196
② 816 − 432 = 384
③ 625 − 172 = 453
④ 344 − 261 = 83
⑤ 116 − 82 = 34

3けたのひき算 (6) くり下がり1回 (百の位から) ① 月 日 名前

● 筆算をしましょう。

① 513 − 192 → 321
② 625 − 394 → 231
③ 735 − 241 → 494
④ 459 − 362 → 97
⑤ 827 − 36 → 791

P66

3けたのひき算 (7) くり下がりなし・あり 月 日 名前

● 筆算をしましょう。

① 666 − 358 → 308
② 987 − 654 → 333
③ 735 − 282 → 453
④ 423 − 381 → 42
⑤ 235 − 19 → 216
⑥ 827 − 119 → 708
⑦ 470 − 134 → 336
⑧ 726 − 580 → 146

3けたのひき算 (8) くり下がりなし・あり 月 日 名前

● 筆算をしましょう。

① 593 − 184 → 409
② 642 − 511 → 131
③ 216 − 84 → 132
④ 941 − 816 → 125
⑤ 429 − 192 → 237
⑥ 873 − 563 → 310
⑦ 659 − 468 → 191
⑧ 732 − 215 → 517

P67

3けたのひき算 (9) くり下がり2回① 月 日 名前

● 筆算をしましょう。

① 826 − 139 = 687
② 953 − 265 = 688
③ 631 − 434 = 197
④ 512 − 393 = 119
⑤ 723 − 68 = 655

3けたのひき算 (10) くり下がり2回① 月 日 名前

● 筆算をしましょう。

① 913 − 724 → 189
② 811 − 575 → 236
③ 637 − 488 → 149
④ 330 − 191 → 139
⑤ 316 − 28 → 288

P68

3けたのひき算 (11) くり下がり1回 (十の位が0) ① 月 日 名前

● 筆算をしましょう。

① 304 − 121 = 183
② 603 − 512 = 91
③ 908 − 572 = 336
④ 703 − 281 = 422
⑤ 801 − 90 = 711

3けたのひき算 (12) くり下がり1回 (十の位が0) ② 月 日 名前

● 筆算をしましょう。

① 506 − 162 → 344
② 606 − 285 → 321
③ 805 − 334 → 471
④ 709 − 139 → 570
⑤ 308 − 24 → 284

P69

3けたのひき算 (13) くり下がり2回 (一の位・十の位が0) ① 月 日 名前

● 筆算をしましょう。

① 200 − 112 = 88
② 400 − 138 = 262
③ 900 − 651 = 249
④ 700 − 219 = 481
⑤ 100 − 68 = 32

3けたのひき算 (14) くり下がり2回 (一の位・十の位が0) ② 月 日 名前

● 筆算をしましょう。

① 300 − 119 → 181
② 500 − 238 → 262
③ 600 − 515 → 85
④ 700 − 625 → 75
⑤ 400 − 78 → 322

 児童に実施させる前に，必ず指導される方が問題を解いてください。本書の解答は，あくまでも１つの例です。

P70

3けたのひき算（15）くり下がり２回
名前　月　日

● 筆算をしましょう。

① 300 − 26　274
② 348 − 169　179
③ 714 − 76　638
④ 652 − 359　293
⑤ 703 − 116　587
⑥ 826 − 189　637
⑦ 500 − 157　343
⑩ 901 − 108　793

3けたのひき算（16）くり下がり２回
名前　月　日

● 筆算をしましょう。

① 524 − 138　386
② 400 − 61　339
③ 683 − 194　489
④ 925 − 36　889
⑤ 803 − 54　749
⑥ 220 − 168　52
⑦ 600 − 437　163
⑧ 354 − 189　165

P71

3けたのひき算（17）4けたからのひき算①
名前　月　日

● 筆算をしましょう。

① 1000 − 205 = 795
② 1005 − 296 = 709
③ 1000 − 372 = 628
④ 1007 − 9 = 998
⑤ 1000 − 506 = 494
⑥ 1009 − 673 = 336
⑦ 1002 − 893 = 109
⑧ 1000 − 13 = 987

3けたのひき算（18）4けたからのひき算②
名前　月　日

● 筆算をしましょう。

① 1000 − 632　368
② 1002 − 308　694
③ 1000 − 441　559
④ 1003 − 6　997
⑤ 1000 − 302　698
⑥ 1006 − 112　894
⑦ 1001 − 992　9
⑧ 1000 − 29　971

P72

ふりかえり 3けたのひき算
名前　月　日

● 筆算をしましょう。

① 715 − 126　589
② 863 − 152　711
③ 834 − 548　286
④ 1000 − 382　618
⑤ 562 − 415　147
⑥ 500 − 123　377
⑦ 836 − 423　413
⑧ 806 − 512　294
⑨ 874 − 29　845
⑩ 769 − 364　405
⑪ 1005 − 406　599
⑫ 749 − 275　474
⑬ 410 − 227　183
⑭ 975 − 79　896
⑮ 328 − 119　209
⑯ 201 − 130　71
⑰ 921 − 338　583
⑱ 1001 − 7　994
⑲ 700 − 128　572
⑳ 1002 − 38　964

P73

3けたのひき算（19）文章題①
名前　月　日

1 あるお店では，さけのおにぎりを 360 こ，うめぼしのおにぎりを 272 こ売っています。どちらのおにぎりが何こ多いですか。

式《しき》 360−272=88

答え さけのおにぎりが88こ多い。

2 りくさんの住んでいる県では，コンビニが 10 年前から 462 けんふえて，1002 けんになりました。10 年前は何けんありましたか。

式 1002−462=540

答え 540 けん

3 ありささんのおこづかいは，お姉さんより 560 円少ないです。お姉さんのおこづかいは 1000 円です。ありささんのおこづかいは，いくらですか。

式 1000−560=440

答え 440 円

3けたのひき算（20）文章題②
名前　月　日

1 あずみさんは，今日，階だんを 368 だんのぼりました。これは，きのうよりも 189 だん多いです。きのうは，何だんのぼりましたか。

式《しき》 368−189=179

答え 179 だん

2 800 円持って，買いものに行きました。ケーキを買うと，のこりは 368 円でした。ケーキはいくらですか。

式 800−368=432

答え 432 円

3 公園で，どんぐりをあきさんは 262 こ，はるさんは 320 こ拾いました。どちらがどれだけ多く拾いましたか。

式 320−262=58

答え はるさんが58こ多い。

P74

算数あそび 3けたのひき算
名前　月　日

● 答えの大きい方へすすみましょう。

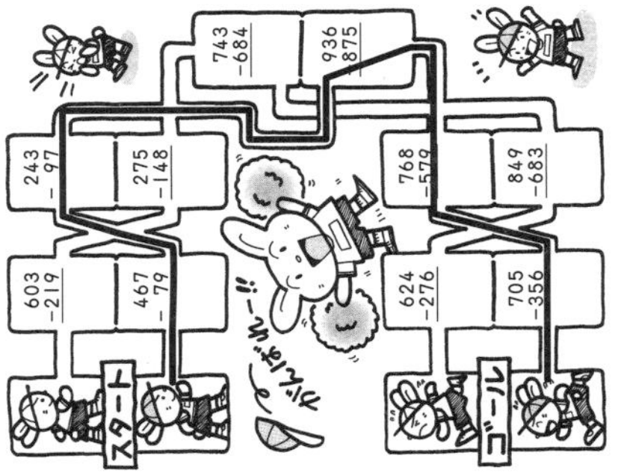

P75

4けたのたし算（1）
名前　月　日

● 筆算をしましょう。

① 4325 + 1693 = 6018
② 3788 + 3429 = 7217
③ 8540 + 990 = 9530
④ 2516 + 5484 = 8000
⑤ 25 + 1688 = 1713
⑥ 6524 + 2019 = 8543

4けたのたし算（2）
名前　月　日

● 筆算をしましょう。

① 7143 + 1289　8432
② 2235 + 4916　7151
③ 6123 + 2877　9000
④ 5456 + 2795　8251
⑤ 169 + 9342　9511
⑥ 8435 + 85　8520

P76

4けたのたし算（3）
名前　月　日

● 筆算をしましょう。

① 2278 + 4567 = 6845
② 5293 + 3507 = 8800
③ 7549 + 62 = 7611
④ 385 + 1614 = 1999
⑤ 3825 + 1695 = 5520
⑥ 4301 + 1699 = 6000
⑦ 6806 + 1096 = 7902
⑧ 7020 + 1999 = 9019
⑨ 3075 + 1958 = 5033
⑩ 4005 + 1997 = 6002

4けたのたし算（4）
名前　月　日

● 筆算をしましょう。

① 9642 + 78　9720
② 8643 + 357　9000
③ 1124 + 1987　3111
④ 5269 + 1734　7003
⑤ 2357 + 4955　7312
⑥ 4235 + 2769　7004
⑦ 3838 + 4190　8028
⑧ 5085 + 2927　8012
⑨ 2395 + 4108　6503
⑩ 6074 + 2927　9001

P77

4けたのひき算（1）
名前　月　日

● 筆算をしましょう。

① 2863 − 1499 = 1364
② 6320 − 2781 = 3539
③ 9024 − 7195 = 1829
④ 8020 − 1432 = 6588
⑤ 5105 − 28 = 5077
⑥ 4310 − 688 = 3622

4けたのひき算（2）
名前　月　日

● 筆算をしましょう。

① 8311 − 2943　5368
② 5008 − 1234　3774
③ 6209 − 316　5893
④ 4220 − 99　4121
⑤ 7660 − 1894　5766
⑥ 9024 − 1836　7188

　（解答は，200 ～ 300%に拡大してお使い下さい。）

P78

4けたのひき算 (3)

● 筆算をしましょう。

① 3623−1849＝1774
② 4005−2346＝1659
③ 5022−1864＝3158
④ 8560−1628＝6932
⑤ 6600−3983＝2617
⑥ 7351−1666＝5685
⑦ 8244−2658＝5586
⑧ 9090−1234＝7856
⑨ 7702−1993＝5709
⑩ 5000−1246＝3754

4けたのひき算 (4)

● 筆算をしましょう。

① 6870−1991 → 4879
② 8060−1864 → 6196
③ 2935−1449 → 1486
④ 4623−1735 → 2888
⑤ 5609−2821 → 2788
⑥ 8022−1223 → 6799
⑦ 4000−2559 → 1441
⑧ 3692−2808 → 884
⑨ 3500−1612 → 1888
⑩ 6002−1014 → 4988

P79

算数あそび 4けたのたし算・ひき算

● 答えの大きい方へすすみましょう。 は通れません。

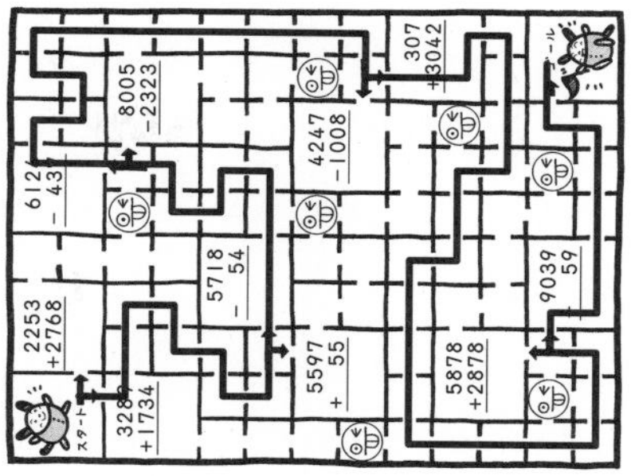

P80

3けたと4けたのたし算とひき算 (1) 文章題 ①

1 山にイチョウの木が468本あります。スギの木はイチョウの木より537本多いです。スギは何本ありますか。
式 468＋537＝1005　答え 1005本

2 ある球場のきのうの入場者数は763人でした。今日はきのうより185人少ないです。今日の入場者数は何人ですか。
式 763−185＝578　答え 578人

3 ぶどうが698円，ももが399円です。どちらがどれだけ安いですか。
式 698−399＝299　答え ももが299円安い。

4 かなさんは，おり紙でつるを328羽おりました。お姉さんのおったつるとあわせると，ちょうど1000羽になりました。お姉さんは何羽おりましたか。
式 1000−328＝672　答え 672羽

5 676円の本を買うと，985円のこりました。はじめにいくら持っていましたか。
式 676＋985＝1661　答え 1661円

3けたと4けたのたし算とひき算 (2) 文章題 ②

1 2560円持って花たばを買いに行くと，585円足りませんでした。花たばはいくらですか。
式 2560＋585＝3145　答え 3145円

2 まいさんのマンションには5320人住んでいます。これはあかりさんのマンションに住んでいる人より4875人多いです。あかりさんのマンションには何人住んでいますか。
式 5320−4875＝445　答え 445人

3 お兄さんのちょ金が7628円，弟のちょ金は4699円です。どちらが何円多くちょ金していますか。
式 7628−4699＝2929　答え お兄さんが2929円多い

4 お米を3966g使いました。5540gのこっています。はじめにお米は何gありましたか。
式 3966＋5540＝9506　答え 9506g

5 3864円もらうと，7000円になりました。はじめにいくら持っていましたか。
式 7000−3864＝3136　答え 3136円

P81

3けたと4けたのたし算とひき算 (3) 問題作り ①

● 802と270の数字を使って，たし算とひき算の文章題を作りましょう。

① たし算（802＋270）
略

② ひき算（802−270）
略

3けたと4けたのたし算とひき算 (4) 問題作り ②

1 0，1，2，…9の10まいのカードがあります。そのカードを使って，答えが1000になるたし算の式を作りましょう。
答え（例）857＋143＝1000

2 706＋95の計算のまちがいを見つけて，まちがいをせつ明しましょう。また，正しく計算しましょう。
706＋95＝791（まちがい）
せつ明：一の位と十の位にくり上がりがある
正しい計算：706＋95＝801

3 □にあてはまる数を書きましょう。
① 215＋626＝841
② 829＋224＝1053
③ 726−296＝430
④ 991−923＝68

P82

3けたと4けたのたし算・ひき算 ①（テスト）

1 筆算で計算をしましょう。(5×8)
(1) 674＋234 → 908
(2) 367＋265 → 632
(3) 409＋91 → 500
(4) 743＋828 → 1571
(5) 862−215 → 647
(6) 645−582 → 63
(7) 523−65 → 458
(8) 402−177 → 225

2 計算をしましょう。(5×2)
(1) 5268＋3927＝9195
(2) 7261−6728＝533

3 □にあてはまる数を書きましょう。(5×2)
698＋206＝904
571−296＝275

4 みんなでおりづるをおりました。1組は287羽，2組は324羽おりました。あわせて何羽おったでしょう。(5×2)
式 287＋324＝611　答え 611羽

5 お茶が500mLあります。ゆうじさんが185mL飲みました。お茶は何mLのこっていますか。(5×2)
式 500−185＝315　答え 315mL

6 れなさんのおこづかいは838円でした。お姉さんに，525円もらいました。れなさんのおこづかいは，いくらになりましたか。(5×2)
式 838＋525＝1363　答え 1363円

7 あずみさんの身長は146cmです。あずみさんのお兄さんの身長は，182cmです。身長のちがいは何cmですか。(5×2)
式 182−146＝36　答え 36cm

P83

3けたと4けたのたし算・ひき算 ②（テスト）

1 筆算で計算をしましょう。(5×6)
(1) 537＋263 → 800
(2) 786＋914 → 1700
(3) 98＋936 → 1034
(4) 302−295 → 7
(5) 700−73 → 627
(6) 1000−268 → 732

2 計算をしましょう。(5×4)
(1) 2837＋6845＝9682
(2) 7291＋5728＝13019
(3) 9261−5358＝3903
(4) 8004−7696＝308

3 計算のまちがいを見つけて，まちがいを説明しましょう。また，正しく計算しましょう。(5×4)
(1) 299＋406＝605（まちがい）
説明：百の位に1くり上がっているのをたしていない。
正しい計算：299＋406＝705
(2) 907−259＝748（まちがい）
説明：百の位は1くり下がっている。8−2をする。
正しい計算：907−259＝648

4 絵筆と絵の具を買いました。絵筆は398円でした。絵の具は，絵筆よりも425円高かったそうです。絵の具は何円だったでしょうか。(5×2)
式 398＋425＝823　答え 823円

5 サッカーのし合を721人が見に来ています。そのうち男の人は379人です。女の人は，何人見に来ているでしょうか。(5×2)
式 721−379＝342　答え 342人

6 みほさんは今日，276回なわとびをしました。これで，あわせて1000回とんだことになりました。みほさんは，これまでに何回とんでいたのでしょうか。(5×2)
式 1000−276＝724　答え 724回

P84

算数あそび 3けたと4けたのたし算・ひき算 ①

● 答えの大きい方へ進みましょう。

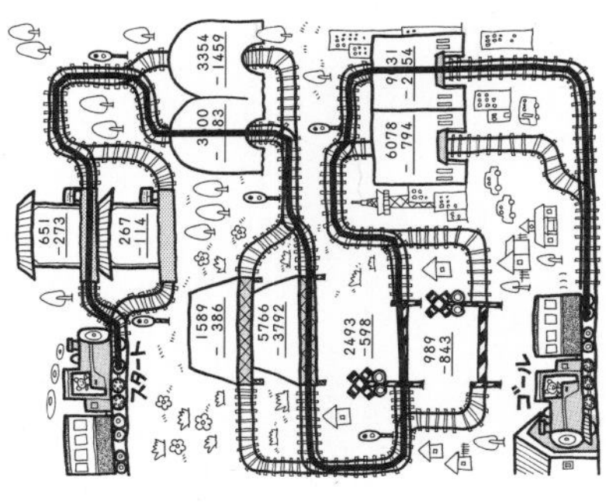

P85

算数あそび 3けたと4けたのたし算・ひき算 ②

● 答えの小さい方へ進みましょう。

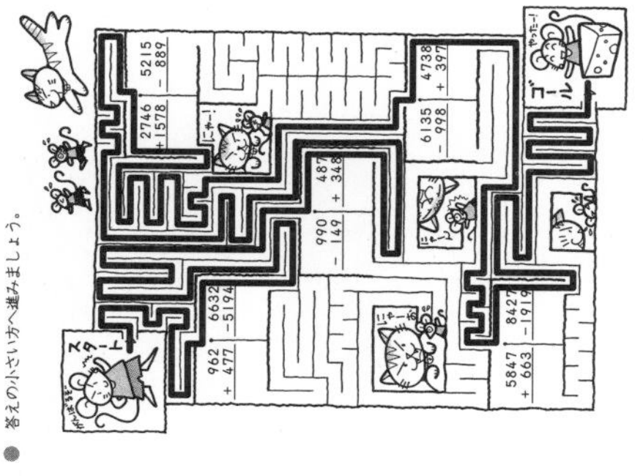

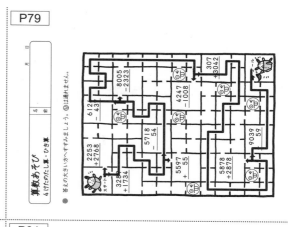

解答　児童に実施させる前に，必ず指導される方が問題を解いてください。本書の解答は，あくまでも１つの例です。

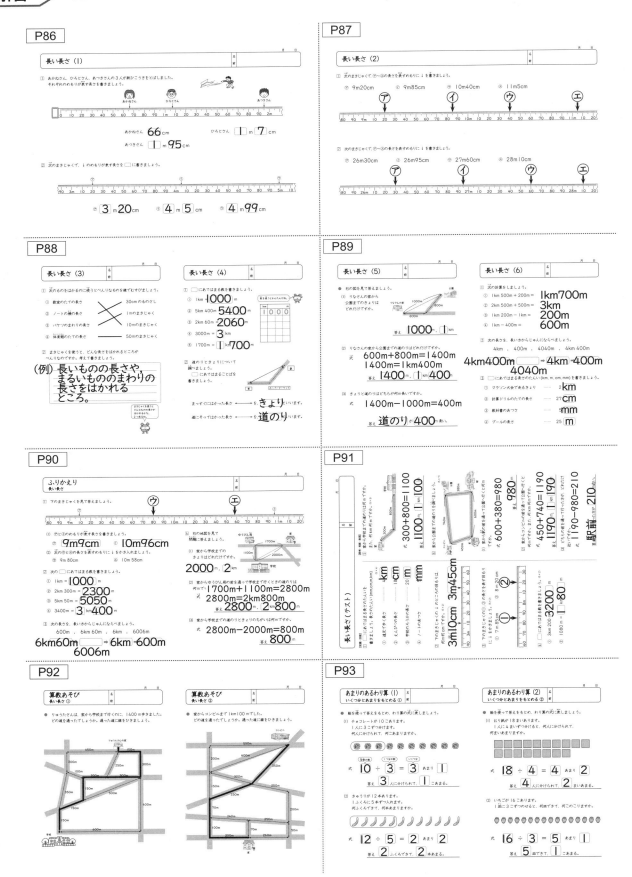

P86

長い長さ（1）

1 あかねさん，ひろとさん，あつきさんの３人が紙ひこうきをとばしました。それぞれのめもりが表す長さを書きましょう。

あかねさん 66 cm　ひろとさん 1 m 7 cm　あつきさん 1 m 95 cm

2 次のまきじゃくで，↓のめもりが表す長さを□に書きましょう。

㋐ 3 m 20 cm　㋑ 4 m 5 cm　㋒ 4 m 99 cm

P87

長い長さ（2）

1 次のまきじゃくで，㋐〜㋓の長さを表すめもりに↓を書きましょう。

㋐ 9m20cm　㋑ 9m85cm　㋒ 10m40cm　㋓ 11m5cm

2 次のまきじゃくで，㋐〜㋓の長さを表すめもりに↓を書きましょう。

㋐ 26m30cm　㋑ 26m95cm　㋒ 27m60cm　㋓ 28m10cm

P88

長い長さ（3）

1 次のものをはかるのに使うとべんりなものを線でむすびましょう。

① 教室のたての長さ　② ノートの横の長さ　③ バケツのまわりの長さ　④ 体育館のたての長さ

30cmのものさし　1mのまきじゃく　10mのまきじゃく　50mのまきじゃく

2 まきじゃくを使うと，どんな長さをはかれるところがべんりなのですか。考えて書きましょう。

（例）長いものの長さや，まるいもののまわりの長さをはかれるところ。

まきじゃくを使うとどんなものの長さがはかれるかな。２つあるね。

長い長さ（4）

1 □にあてはまる数を書きましょう。

① 1km = 1000 m
② 5km 400m = 5400 m
③ 2km 60m = 2060 m
④ 3000m = 3 km
⑤ 1700m = 1 km 700 m

表を使うとかんたんだね。

km			m
1	0	0	0

2 道のりときょりについて調べましょう。□にあてはまることばを書きましょう。

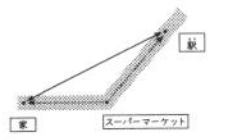

まっすぐにはかった長さ ←→ を，きょり といいます。

道にそってはかった長さ ←→ を，道のり といいます。

P89

長い長さ（5）

● 右の図を見て答えましょう。

(1) りなさんの家から公園まできょりはどれだけですか。

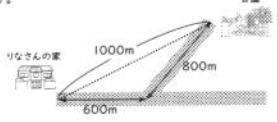

答え 1000 m，1 km

(2) りなさんの家から公園までの道のりはどれだけですか。

式 600m+800m=1400m　1400m=1km400m

答え 1400 m，1 km 400 m

(3) きょりと道のりはどちらが何m長いですか。

式 1400m−1000m=400m

答え 道のり が 400 m 長い。

長い長さ（6）

1 次の計算をしましょう。

① 1km 500m + 200m = 1km700m
② 2km 500m + 500m = 3km
③ 1km 200m − 1km = 200m
④ 1km − 400m = 600m

2 次の長さを，長い方からじゅんにならべましょう。

4km，400m，4040m，4km 400m

4km400m → 4040m → 4km → 400m

3 □にあてはまる長さのたんい（km, m, cm, mm）を書きましょう。

① マラソン大会で走るきょり …… 2 km
② 計算ドリルのたての長さ …… 27 cm
③ 教科書のあつさ …… 5 mm
④ プールの長さ …… 25 m

P90

ふりかえり　長い長さ

1 下のまきじゃくを見て答えましょう。

(1) ㋐と㋑のめもりが表す長さを書きましょう。

㋐ 9m9cm　㋑ 10m96cm

(2) 次の㋒と㋓の長さを表すめもりに↓をかき入れましょう。

㋒ 9m 80cm　㋓ 10m 58cm

2 次の□にあてはまる数を書きましょう。

① 1km = 1000 m
② 2km 300m = 2300 m
③ 5km 50m = 5050 m
④ 3400m = 3 km 400 m

3 次の長さを，長い方からじゅんにならべましょう。

600m，6km 60m，6km，6006m

6km60m → 6006m → 6km → 600m

4 右の地図を見て問題に答えましょう。

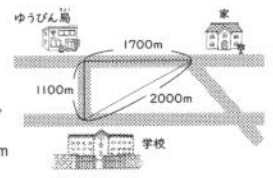

(1) 家から学校までのきょりはどれだけですか。

2000 m，2 km

(2) 家からゆうびん局の前を通って学校まで行くときの道のりは何mですか。

1700m+1100m=2800m

式 2800m=2km800m

答え 2800 m，2 km 800 m

(3) 家から学校までの道のりときょりのちがいは何mですか。

式 2800m−2000m=800m

答え 800 m

P91

長い長さ（テスト）

【知識・技能】

1 □にあてはまる長さのたんい（mm,cm,m,km）を書きましょう。(5×4)

① 遠足で歩く長さ …… 4 km
② えんぴつの長さ …… 18 cm
③ 学校のろうかの長さ …… 20 m
④ ノートのあつさ …… 5 mm

2 下のまきじゃくの↓のところの目もりは，何m何cmですか。(5×2)

㋐ 3m10cm　㋑ 3m45cm

3 下のまきじゃくの①，②の長さを表す目もりに↓をかきましょう。(5×2)

① 7m 85cm　② 8m 20cm

4 □にあてはまる数を書きましょう。(5×2)

① 3km 200 m = 3200 m
② 1080 m = 1 km 80 m

【思考・判断・表現】

5 家から学校までの道のりは何mですか。また，何km何mですか。(5×3)

式 300+800=1100

答え 1100 m，1 km 100 m

6 家から公園までの道のりを調べましょう。(5×7)

(1) 家から駅の前を通って公園へ行くと何mですか。

式 600+380=980

答え 980 m

(2) 家からコンビニの前を通って公園へ行くと何mですか。また，何km何mですか。

式 450+740=1190

答え 1190 m，1 km 190 m

(3) どちらの前を通って行った方が，どれだけ近いですか。

式 1190−980=210

答え 駅前 を通った方が 210 m近い。

P92

算数あそび　長い長さ①

● りゅうたさんは，家から学校まで行くのに，1400 m歩きました。どの道を通ったでしょうか。通った道に線をひきましょう。

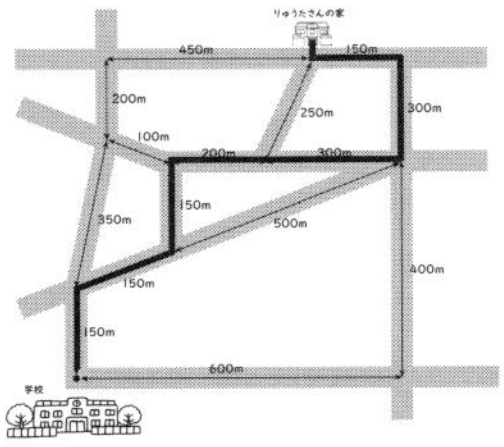

算数あそび　長い長さ②

● 家からコンビニまで1km100mでした。どの道を通ったでしょうか。通った道に線をひきましょう。

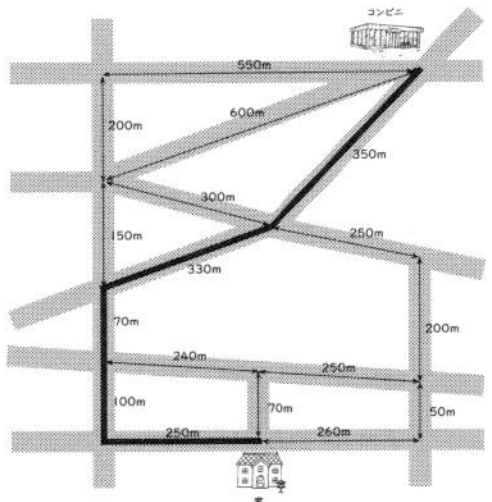

P93

あまりのあるわり算（1）　いくつ分とあまりをもとめる①

● 絵を使って答えをもとめ，わり算の式に表しましょう。

(1) チョコレートが10こあります。1人に3こずつ分けます。何人に分けられて，何こあまりますか。

式 10 ÷ 3 = 3 あまり 1

答え 3 人に分けられて，1 こあまる。

(2) きゅうりが12本あります。1ふくろに5本ずつ入れます。何ふくろできて，何本あまりますか。

式 12 ÷ 5 = 2 あまり 2

答え 2 ふくろできて，2 本あまる。

あまりのあるわり算（2）　いくつ分とあまりをもとめる②

● 絵を使って答えをもとめ，わり算の式に表しましょう。

(1) おり紙が18まいあります。1人に4まいずつ分けると，何人に分けられて，何まいあまりますか。

式 18 ÷ 4 = 4 あまり 2

答え 4 人に分けられて，2 まいあまる。

(2) いちごが16こあります。1皿に3こずつのせると，何皿できて，何このこりますか。

式 16 ÷ 3 = 5 あまり 1

答え 5 皿できて，1 こあまる。

　（解答は，200～300%に拡大してお使い下さい。）

P94

あまりのあるわり算 (3)
1つ分の数とあまりをもとめる ①

月　日　名前

● 絵を使《つか》って答えをもとめ，わり算の式《しき》に表《あらわ》しましょう。

(1) あめが 7 こあります。3 人で同じ数ずつ分けます。
1 人分は何こになって，何こあまりますか。

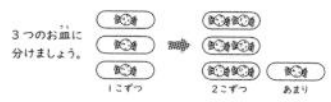

式　7（全部の数） ÷ 3（いくつ分） = 2（1つ分の数） あまり 1

答え　1 人分は 2 こになって，1 こあまる。

(2) みかんが 14 こあります。4 つのふくろに同じ数ずつ入れます。
1 ふくろは何こになって，何こあまりますか。

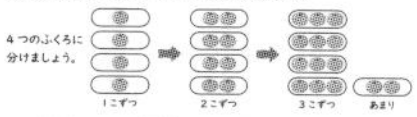

式　14 ÷ 4 = 3 あまり 2

答え　1 ふくろは 3 こになって，2 こあまる。

あまりのあるわり算 (4)
1つ分の数とあまりをもとめる ②

月　日　名前

● 絵を使《つか》って答えをもとめ，わり算の式《しき》に表《あらわ》しましょう。

(1) ジュースが 15 本あります。
6 人で同じ数ずつ分けます。
1 人分は何本になって，何本あまりますか。

式　15 ÷ 6 = 2 あまり 3

答え　1 人分は 2 本になって，3 本あまる。

(2) クッキーが 22 まいあります。
5 つのお皿《さら》に同じ数ずつ入れます。
1 皿分は何まいになって，何まいあまりますか。

式　22 ÷ 5 = 4 あまり 2

答え　1 皿分は 4 まいになって，2 まいあまる。

P95

あまりのあるわり算 (5)
九九を使って答えをもとめる ①

月　日　名前

● ゼリーが 20 こあります。1 人に 3 こずつ分けます。
何人に分けられて，何こあまりますか。

式《しき》　20（全部の数） ÷ 3（1つ分の数） = 6（いくつ分） あまり 2

3 のだんの九九を使《つか》って考えよう。

あまりの数がわる数より小さくなっているかたしかめよう。

3 × 1 = 3
3 × 2 = 6
3 × 3 = 9
3 × 4 = 12
3 × 5 = 15
3 × 6 = 18
3 × 7 = 21
3 × 8 = 24
3 × 9 = 27

答え　6 人に分けられて，2 こあまる。

あまりのあるわり算 (6)
九九を使って答えをもとめる ②

月　日　名前

● あまりの大きさに気をつけて答えをもとめましょう。

(1) シールが 24 まいあります。
1 人に 5 まいずつ分けます。
何人に分けられて，何まいあまりますか。

5 × 1 = 5
5 × 2 = 10
5 × 3 = 15
5 × 4 = 20
5 × 5 = 25

式《しき》　24 ÷ 5 = 4 あまり 4

答え　4 人に分けられて，4 まいあまる。

(2) えんぴつが 45 本あります。
6 人に同じ数ずつ分けます。
1 人分は何本になって，何本あまりますか。

6 × 1 = 6
6 × 2 = 12
6 × 3 = 18
6 × 4 = 24
6 × 5 = 30
6 × 6 = 36
6 × 7 = 42
6 × 8 = 48

式　45 ÷ 6 = 7 あまり 3

答え　1 人分は 7 本になって，3 本あまる。

P96

あまりのあるわり算 (7)
○ ÷ 2 〜 ○ ÷ 3

月　日　名前

● □にあてはまる数を書きましょう。

○ ÷ 2
① 7 ÷ 2 = 3 あまり 1（7 − 6 = 1，6 は 2 × 3）
② 3 ÷ 2 = 1 あまり 1
③ 5 ÷ 2 = 2 あまり 1
④ 11 ÷ 2 = 5 あまり 1
⑤ 17 ÷ 2 = 8 あまり 1
⑥ 13 ÷ 2 = 6 あまり 1
⑦ 9 ÷ 2 = 4 あまり 1
⑧ 15 ÷ 2 = 7 あまり 1

○ ÷ 3
① 17 ÷ 3 = 5 あまり 2（17 − 15 = 2，15 は 3 × 5）
② 16 ÷ 3 = 5 あまり 1
③ 22 ÷ 3 = 7 あまり 1
④ 8 ÷ 3 = 2 あまり 2
⑤ 29 ÷ 3 = 9 あまり 2
⑥ 25 ÷ 3 = 8 あまり 1
⑦ 14 ÷ 3 = 4 あまり 2
⑧ 10 ÷ 3 = 3 あまり 1

あまりのあるわり算 (8)
○ ÷ 4 〜 ○ ÷ 5

月　日　名前

● 次《つぎ》の計算をしましょう。

○ ÷ 4
① 17 ÷ 4 = 4 あまり 1
② 22 ÷ 4 = 5 あまり 2
③ 27 ÷ 4 = 6 あまり 3
④ 33 ÷ 4 = 8 あまり 1
⑤ 35 ÷ 4 = 8 あまり 3
⑥ 9 ÷ 4 = 2 あまり 1
⑦ 26 ÷ 4 = 6 あまり 2
⑧ 19 ÷ 4 = 4 あまり 3

○ ÷ 5
① 16 ÷ 5 = 3 あまり 1
② 22 ÷ 5 = 4 あまり 2
③ 33 ÷ 5 = 6 あまり 3
④ 44 ÷ 5 = 8 あまり 4
⑤ 8 ÷ 5 = 1 あまり 3
⑥ 47 ÷ 5 = 9 あまり 2
⑦ 26 ÷ 5 = 5 あまり 1
⑧ 34 ÷ 5 = 6 あまり 4

P97

あまりのあるわり算 (9)
○ ÷ 2 〜 ○ ÷ 5 ①

月　日　名前

● 次《つぎ》の計算をしましょう。

① 15 ÷ 2 = 7 あまり 1　② 4 ÷ 3 = 1 あまり 1
③ 19 ÷ 3 = 6 あまり 1　④ 5 ÷ 2 = 2 あまり 1
⑤ 14 ÷ 4 = 3 あまり 2　⑥ 11 ÷ 5 = 2 あまり 1
⑦ 43 ÷ 5 = 8 あまり 3　⑧ 23 ÷ 4 = 5 あまり 3
⑨ 29 ÷ 3 = 9 あまり 2　⑩ 18 ÷ 4 = 4 あまり 2
⑪ 9 ÷ 2 = 4 あまり 1　⑫ 34 ÷ 5 = 6 あまり 4
⑬ 14 ÷ 5 = 2 あまり 4　⑭ 17 ÷ 2 = 8 あまり 1
⑮ 7 ÷ 4 = 1 あまり 3　⑯ 22 ÷ 3 = 7 あまり 1
⑰ 17 ÷ 3 = 5 あまり 2　⑱ 34 ÷ 4 = 8 あまり 2
⑲ 33 ÷ 4 = 8 あまり 1　⑳ 48 ÷ 5 = 9 あまり 3

あまりのあるわり算 (10)
○ ÷ 2 〜 ○ ÷ 5 ②

月　日　名前

● 次《つぎ》の計算をしましょう。

① 19 ÷ 2 = 9 あまり 1　② 20 ÷ 3 = 6 あまり 2
③ 23 ÷ 3 = 7 あまり 2　④ 13 ÷ 2 = 6 あまり 1
⑤ 29 ÷ 4 = 7 あまり 1　⑥ 18 ÷ 5 = 3 あまり 3
⑦ 26 ÷ 5 = 5 あまり 1　⑧ 29 ÷ 4 = 7 あまり 1
⑨ 7 ÷ 3 = 2 あまり 1　⑩ 26 ÷ 4 = 6 あまり 2
⑪ 7 ÷ 2 = 3 あまり 1　⑫ 29 ÷ 5 = 5 あまり 4
⑬ 22 ÷ 5 = 4 あまり 2　⑭ 11 ÷ 2 = 5 あまり 1
⑮ 22 ÷ 4 = 5 あまり 2　⑯ 25 ÷ 3 = 8 あまり 1
⑰ 16 ÷ 3 = 5 あまり 1　⑱ 39 ÷ 4 = 9 あまり 3
⑲ 19 ÷ 4 = 4 あまり 3　⑳ 17 ÷ 5 = 3 あまり 2

P98

あまりのあるわり算 (11)
○ ÷ 6 〜 ○ ÷ 7

月　日　名前

● 次《つぎ》の計算をしましょう。

○ ÷ 6
① 25 ÷ 6 = 4 あまり 1
② 50 ÷ 6 = 8 あまり 2
③ 9 ÷ 6 = 1 あまり 3
④ 40 ÷ 6 = 6 あまり 4
⑤ 23 ÷ 6 = 3 あまり 5
⑥ 16 ÷ 6 = 2 あまり 4
⑦ 33 ÷ 6 = 5 あまり 3
⑧ 44 ÷ 6 = 7 あまり 2

○ ÷ 7
① 8 ÷ 7 = 1 あまり 1
② 65 ÷ 7 = 9 あまり 2
③ 31 ÷ 7 = 4 あまり 3
④ 18 ÷ 7 = 2 あまり 4
⑤ 40 ÷ 7 = 5 あまり 5
⑥ 27 ÷ 7 = 3 あまり 6
⑦ 46 ÷ 7 = 6 あまり 4
⑧ 55 ÷ 7 = 7 あまり 6

あまりのあるわり算 (12)
○ ÷ 8 〜 ○ ÷ 9

月　日　名前

● 次《つぎ》の計算をしましょう。

○ ÷ 8
① 65 ÷ 8 = 8 あまり 1
② 10 ÷ 8 = 1 あまり 2
③ 75 ÷ 8 = 9 あまり 3
④ 28 ÷ 8 = 3 あまり 4
⑤ 21 ÷ 8 = 2 あまり 5
⑥ 46 ÷ 8 = 5 あまり 6
⑦ 39 ÷ 8 = 4 あまり 7
⑧ 53 ÷ 8 = 6 あまり 5

○ ÷ 9
① 28 ÷ 9 = 3 あまり 1
② 38 ÷ 9 = 4 あまり 2
③ 48 ÷ 9 = 5 あまり 3
④ 13 ÷ 9 = 1 あまり 4
⑤ 23 ÷ 9 = 2 あまり 5
⑥ 78 ÷ 9 = 8 あまり 6
⑦ 88 ÷ 9 = 9 あまり 7
⑧ 71 ÷ 9 = 7 あまり 8

P99

あまりのあるわり算 (13)
○ ÷ 6 〜 ○ ÷ 9 ①

月　日　名前

● 次《つぎ》の計算をしましょう。

① 38 ÷ 6 = 6 あまり 2　② 18 ÷ 7 = 2 あまり 4
③ 46 ÷ 9 = 5 あまり 1　④ 73 ÷ 8 = 9 あまり 1
⑤ 66 ÷ 7 = 9 あまり 3　⑥ 56 ÷ 9 = 6 あまり 2
⑦ 55 ÷ 8 = 6 あまり 7　⑧ 33 ÷ 6 = 5 あまり 3
⑨ 39 ÷ 9 = 4 あまり 3　⑩ 47 ÷ 7 = 6 あまり 5
⑪ 17 ÷ 6 = 2 あまり 5　⑫ 18 ÷ 8 = 2 あまり 2
⑬ 46 ÷ 8 = 5 あまり 6　⑭ 76 ÷ 9 = 8 あまり 4
⑮ 58 ÷ 6 = 9 あまり 4　⑯ 13 ÷ 8 = 1 あまり 5
⑰ 23 ÷ 9 = 2 あまり 5　⑱ 58 ÷ 7 = 8 あまり 2
⑲ 22 ÷ 7 = 3 あまり 1　⑳ 49 ÷ 6 = 8 あまり 1

あまりのあるわり算 (14)
○ ÷ 6 〜 ○ ÷ 9 ②

月　日　名前

● 次《つぎ》の計算をしましょう。

① 42 ÷ 9 = 4 あまり 6　② 63 ÷ 8 = 7 あまり 7
③ 51 ÷ 6 = 8 あまり 3　④ 79 ÷ 9 = 8 あまり 7
⑤ 29 ÷ 8 = 3 あまり 5　⑥ 38 ÷ 7 = 5 あまり 3
⑦ 44 ÷ 7 = 6 あまり 2　⑧ 20 ÷ 6 = 3 あまり 2
⑨ 43 ÷ 6 = 7 あまり 1　⑩ 26 ÷ 9 = 2 あまり 8
⑪ 22 ÷ 9 = 2 あまり 4　⑫ 30 ÷ 8 = 3 あまり 6
⑬ 39 ÷ 7 = 5 あまり 4　⑭ 28 ÷ 6 = 4 あまり 4
⑮ 35 ÷ 8 = 4 あまり 3　⑯ 75 ÷ 9 = 8 あまり 3
⑰ 12 ÷ 7 = 1 あまり 5　⑱ 53 ÷ 6 = 8 あまり 5
⑲ 76 ÷ 8 = 9 あまり 4　⑳ 69 ÷ 7 = 9 あまり 6

P100

あまりのあるわり算 (15)
○ ÷ 2 〜 ○ ÷ 9 ③

月　日　名前

● 次《つぎ》の計算をしましょう。

① 26 ÷ 8 = 3 あまり 2　② 19 ÷ 4 = 4 あまり 3
③ 7 ÷ 2 = 3 あまり 1　④ 49 ÷ 5 = 9 あまり 4
⑤ 18 ÷ 7 = 2 あまり 4　⑥ 34 ÷ 9 = 3 あまり 7
⑦ 4 ÷ 3 = 1 あまり 1　⑧ 11 ÷ 6 = 1 あまり 5
⑨ 62 ÷ 9 = 6 あまり 8　⑩ 38 ÷ 5 = 7 あまり 3
⑪ 69 ÷ 7 = 9 あまり 6　⑫ 19 ÷ 8 = 2 あまり 3
⑬ 32 ÷ 6 = 5 あまり 2　⑭ 22 ÷ 7 = 3 あまり 1
⑮ 46 ÷ 8 = 5 あまり 6　⑯ 22 ÷ 6 = 3 あまり 4
⑰ 29 ÷ 4 = 7 あまり 1　⑱ 11 ÷ 3 = 3 あまり 2
⑲ 39 ÷ 7 = 5 あまり 4　⑳ 31 ÷ 9 = 3 あまり 4
㉑ 31 ÷ 5 = 6 あまり 1　㉒ 47 ÷ 7 = 6 あまり 5
㉓ 52 ÷ 6 = 8 あまり 4　㉔ 12 ÷ 8 = 1 あまり 4
㉕ 65 ÷ 9 = 7 あまり 2

あまりのあるわり算 (16)
○ ÷ 2 〜 ○ ÷ 9 ④

月　日　名前

● 次《つぎ》の計算をしましょう。

① 43 ÷ 6 = 7 あまり 1　② 54 ÷ 8 = 6 あまり 6
③ 44 ÷ 5 = 8 あまり 4　④ 89 ÷ 9 = 9 あまり 8
⑤ 46 ÷ 7 = 6 あまり 4　⑥ 19 ÷ 3 = 6 あまり 1
⑦ 34 ÷ 4 = 8 あまり 2　⑧ 23 ÷ 9 = 2 あまり 5
⑨ 23 ÷ 8 = 2 あまり 7　⑩ 27 ÷ 6 = 4 あまり 3
⑪ 25 ÷ 6 = 4 あまり 1　⑫ 70 ÷ 8 = 8 あまり 6
⑬ 52 ÷ 9 = 5 あまり 7　⑭ 7 ÷ 4 = 1 あまり 3
⑮ 11 ÷ 2 = 5 あまり 1　⑯ 67 ÷ 7 = 9 あまり 4
⑰ 26 ÷ 4 = 6 あまり 2　⑱ 21 ÷ 9 = 2 あまり 3
⑲ 29 ÷ 8 = 3 あまり 5　⑳ 47 ÷ 6 = 7 あまり 5
㉑ 16 ÷ 7 = 2 あまり 2　㉒ 17 ÷ 5 = 3 あまり 2
㉓ 15 ÷ 9 = 1 あまり 6　㉔ 58 ÷ 7 = 8 あまり 2
㉕ 73 ÷ 8 = 9 あまり 1

P101

ふりかえり (1)
あまりのあるわり算 ①

月　日　名前

● 次《つぎ》の計算をしましょう。

① 61 ÷ 7 = 8 あまり 5　② 5 ÷ 2 = 2 あまり 1　③ 41 ÷ 6 = 6 あまり 5　④ 27 ÷ 7 = 3 あまり 6
⑤ 77 ÷ 8 = 9 あまり 5　⑥ 80 ÷ 9 = 8 あまり 8　⑦ 13 ÷ 9 = 1 あまり 4　⑧ 18 ÷ 4 = 4 あまり 2
⑨ 27 ÷ 4 = 6 あまり 3　⑩ 52 ÷ 7 = 7 あまり 3　⑪ 20 ÷ 8 = 2 あまり 4　⑫ 74 ÷ 9 = 8 あまり 2
⑬ 70 ÷ 9 = 7 あまり 7　⑭ 42 ÷ 8 = 5 あまり 2　⑮ 37 ÷ 6 = 6 あまり 1　⑯ 14 ÷ 3 = 4 あまり 2
⑰ 6 ÷ 5 = 1 あまり 1　⑱ 14 ÷ 4 = 3 あまり 2　⑲ 84 ÷ 9 = 9 あまり 3　⑳ 35 ÷ 6 = 5 あまり 5
㉑ 71 ÷ 8 = 8 あまり 7　㉒ 58 ÷ 6 = 9 あまり 4　㉓ 37 ÷ 7 = 5 あまり 2　㉔ 28 ÷ 5 = 5 あまり 3
㉕ 14 ÷ 6 = 2 あまり 2　㉖ 28 ÷ 3 = 9 あまり 1　㉗ 39 ÷ 4 = 9 あまり 3　㉘ 33 ÷ 8 = 4 あまり 1
㉙ 29 ÷ 5 = 5 あまり 4　㉚ 43 ÷ 9 = 4 あまり 7　㉛ 37 ÷ 8 = 4 あまり 5　㉜ 32 ÷ 7 = 4 あまり 4
㉝ 8 ÷ 3 = 2 あまり 2　㉞ 10 ÷ 7 = 1 あまり 3　㉟ 17 ÷ 2 = 8 あまり 1　㊱ 15 ÷ 6 = 2 あまり 3
㊲ 54 ÷ 7 = 7 あまり 5　㊳ 52 ÷ 8 = 6 あまり 4　㊴ 12 ÷ 5 = 2 あまり 2　㊵ 29 ÷ 7 = 4 あまり 1
㊶ 69 ÷ 9 = 7 あまり 6　㊷ 23 ÷ 5 = 4 あまり 3　㊸ 55 ÷ 9 = 6 あまり 1　㊹ 9 ÷ 4 = 2 あまり 1
㊺ 9 ÷ 6 = 1 あまり 3　㊻ 41 ÷ 9 = 4 あまり 5　㊼ 20 ÷ 6 = 3 あまり 2　㊽ 15 ÷ 8 = 1 あまり 7
㊾ 41 ÷ 7 = 5 あまり 6　㊿ 62 ÷ 8 = 7 あまり 6

解答　児童に実施させる前に，必ず指導される方が問題を解いてください。本書の解答は，あくまでも1つの例です。

P102

[5分]
あまりのあるわり算（17）　名前　月　日

1 22÷4＝5あまり2になりました。このわり算の答えが正しいかどうかたしかめましょう。

式 22÷4＝5あまり2
4×5＋2＝22

2 次《つぎ》のわり算の答えをもとめ，たしかめもしましょう。

(1) 30÷7＝4あまり2　たしかめ 7×4＋2＝30
(2) 53÷6＝8あまり5　たしかめ 6×8＋5＝53
(3) 43÷5＝8あまり3　たしかめ 5×8＋3＝43
(4) 36÷8＝4あまり4　たしかめ 8×4＋4＝36

あまりのあるわり算（18）　名前　月　日

1 次のわり算の答えが正しいかどうか，（　）の中にたしかめの式を書いて，まちがいがあれば正しい答えを□の中に書きましょう。

(1) 18÷4＝4あまり3　（4×4＋3＝19）　答え 4あまり2
(2) 56÷6＝9あまり1　（6×9＋1＝55）　答え 9あまり2
(3) 27÷7＝4あまり1　（7×4＋1＝29）　答え 3あまり6
(4) 38÷5＝7あまり2　（5×7＋2＝37）　答え 7あまり3

2 次のわり算で，わり切れる計算には○を，わり切れない計算には△を□にかきましょう。

(1) 28÷5 △　(2) 32÷4 ○　(3) 60÷9 △
(4) 43÷6 △　(5) 30÷6 ○　(6) 56÷8 ○
(7) 52÷7 △　(8) 72÷9 ○　(9) 24÷3 ○
(10) 16÷3 △

P103

[3分]
あまりのあるわり算（19）筆算①　名前　月　日

● 筆算で計算してみましょう。

① 53÷8
たてる → かける → ひく
8×5＝40　8×6＝48　8×7＝56　6がたちます。
8×6＝48
53÷8＝6あまり5

商 6　48　あまり 5

② 11÷4　商 2　8　あまり 3
③ 30÷7　商 4　28　あまり 2
④ 21÷6　商 3　18　あまり 3

あまりのあるわり算（20）筆算②　名前　月　日

● 筆算で計算してみましょう。

① 62÷9　商 6　54　あまり 8
② 33÷8　商 4　32　あまり 1
③ 41÷7　商 5　35　あまり 6
④ 26÷9　商 2　18　あまり 8
⑤ 34÷6　商 5　30　あまり 4
⑥ 20÷7　商 2　14　あまり 6
⑦ 31÷4　商 7　28　あまり 3
⑧ 22÷6　商 3　18　あまり 4

P104

[10分]
あまりのあるわり算（21）筆算③　名前　月　日

● 次の計算をしましょう。

① 12÷5　2あまり2　② 20÷9　2あまり2　③ 31÷8　3あまり7　④ 41÷6　6あまり5
⑤ 33÷7　4あまり5　⑥ 11÷2　5あまり1　⑦ 52÷9　5あまり7　⑧ 13÷6　2あまり1
⑨ 21÷4　5あまり1　⑩ 42÷9　4あまり6　⑪ 50÷7　7あまり1　⑫ 10÷3　3あまり1
⑬ 23÷8　2あまり7　⑭ 30÷4　7あまり2　⑮ 52÷7　7あまり3

あまりのあるわり算（22）筆算④　名前　月　日

● 次の計算をしましょう。

① 31÷4　7あまり3　② 23÷6　3あまり5　③ 46÷9　5あまり1　④ 40÷7　5あまり5
⑤ 15÷2　7あまり1　⑥ 62÷7　8あまり6　⑦ 80÷9　8あまり8　⑧ 62÷8　7あまり6
⑨ 71÷9　7あまり8　⑩ 20÷3　6あまり2　⑪ 20÷7　2あまり6　⑫ 28÷3　9あまり1
⑬ 49÷8　6あまり1　⑭ 53÷8　6あまり5　⑮ 26÷3　8あまり2

P105

[10分]
あまりのあるわり算（23）文章題　名前　月　日

1 34cmのリボンを7cmずつ切りました。7cmのリボンは，何本できて，何cmあまりますか。
式 34÷7＝4あまり6　答え 4本あまり6cm

2 いちごが62こあります。9このケーキの上に同じ数ずつのせると，1このケーキの上に何こずつのせられて，何こあまりますか。
式 62÷9＝6あまり8　答え 6こあまり8こ

3 20cmのロールケーキがあります。1人3cmずつに切ると，何人に分けられて，何cmあまりますか。
式 20÷3＝6あまり2　答え 6人あまり2cm

4 70このクッキーを8人で同じ数ずつ分けます。1人何こずつで，何こあまりますか。
式 70÷8＝8あまり6　答え 8こあまり6こ

あまりのあるわり算（24）あまりを考える①　名前　月　日

1 りんごが40こあります。1箱に6こずつ入れると，箱は何箱いりますか。
式 40÷6＝6あまり4　6＋1＝7　答え 7箱

2 7人で1台のテーブルを使います。41人いるとき，テーブルは何台いりますか。
式 41÷7＝5あまり6　5＋1＝6　答え 6台

3 77問の問題《もんだい》があります。毎日9問ずつとくと，全部《ぜんぶ》おわるのに何日かかりますか。
式 77÷9＝8あまり5　8＋1＝9　答え 9日

4 15きゃくのいすを1回に2きゃくずつ運《はこ》ぶと，全部運び終わるのに何回かかりますか。
式 15÷2＝7あまり1　7＋1＝8　答え 8回

P106

[10分]
あまりのあるわり算（25）あまりを考える②　名前　月　日

1 39このみかんを4こずつふくろに入れます。4こ入りのふくろは何ふくろできますか。
式 39÷4＝9あまり3　答え 9ふくろ

2 オムレツを1つ作るのにたまごを2つ使います。たまごが15こあるとき，オムレツはいくつできますか。
式 15÷2＝7あまり1　答え 7つ

3 お金を62円持っています。1こ9円のガムは，何こ買えますか。
式 62÷9＝6あまり8　答え 6こ

4 横の長さが17cmの本立があります。3cmの本を立てていくとき，本は何さつ立てられますか。
式 17÷3＝5あまり2　答え 5さつ

あまりのあるわり算（26）あまりを考える③　名前　月　日

1 70ページの本を，1日に8ページずつ読みます。全部読み終わるまでに何日かかりますか。
式 70÷8＝8あまり6　8＋1＝9　答え 9日

2 バラが26本あります。このバラを6本ずつ花たばにして，花たばを作ります。6本ずつの花たばは，何たばできますか。
式 26÷6＝4あまり2　答え 4たば

3 シールが44まいあります。このシールを5まい使って，1まいのカードを作ります。カードは何まいできますか。
式 44÷5＝8あまり4　答え 8まい

4 荷物が19こあります。1回に7こずつ運びます。全部運び終わるまでに何回かかりますか。
式 19÷7＝2あまり5　2＋1＝3　答え 3回

P107

[10分]
ふりかえり　あまりのあるわり算②　名前　月　日

1 次のわり算の答えの，たしかめをしましょう。
(1) 30÷8＝3あまり6　たしかめ 8×3＋6＝30
(2) 61÷7＝8あまり5　たしかめ 7×8＋5＝61

2 次のわり算の答えが正しいかどうか，（　）の中にたしかめの式を書いて，まちがいがあれば正しい答えを□の中に書きましょう。
(1) 41÷6＝6あまり4　6×6＋4＝40　答え 6あまり5
(2) 23÷4＝6あまり1　4×6＋1＝25　答え 5あまり3

3 次のわり算で，わり切れる計算には○を，わり切れない計算には△を□にかきましょう。
(1) 32÷7 △　(2) 42÷6 ○　(3) 55÷6 △
(4) 71÷9 △　(5) 61÷8 △　(6) 81÷9 ○

4 リボンが52cmあります。1まいのしおりを作るのに，このリボンを8cm使います。しおりは何まいできますか。
式 52÷8＝6あまり4　答え 6まい

5 3年1組の人数は32人です。7人ずつではんを作ります。7人のはんはいくつできて，何人あまりますか。
式 32÷7＝4あまり4　答え 4つあまり4人

6 子どもが43人います。遊園地《ゆうえんち》で1台のコーヒーカップに5人ずつ乗ると，全員乗るのにコーヒーカップが何台いりますか。
式 43÷5＝8あまり3　8＋1＝9　答え 9台

P108

あまりのあるわり算（テスト）　名前　月　日

[知識・技能]
1 わり算をしましょう。(5×8)
(1) 8÷3　2あまり2
(2) 17÷5　3あまり2
(3) 27÷8　3あまり3
(4) 77÷8　9あまり5
(5) 30÷9　3あまり3
(6) 52÷6　8あまり4
(7) 40÷7　5あまり5
(8) 3÷4　0あまり3

2 次のわり算のたしかめをしましょう。(5×2)
(1) 19÷5＝3あまり4　5×3＋4＝19
(2) 51÷8＝6あまり3　8×6＋3＝51

[思考・判断・表現]
3 プチトマト15こを4人で同じ数ずつ分けます。1人分は何こで，何こあまりますか。(5×2)
式 15÷4＝3あまり3　答え 3こ　3こあまる。

4 バラの花が32本あります。7本で1たばにします。花たばは，何たばできて何本あまりますか。(5×2)
式 32÷7＝4あまり4　答え 4たば　4本あまる。

5 50cmのリボンを8cmずつ切ります。8cmのリボンは，何本できますか。(5×2)
式 50÷8＝6あまり2　答え 6本

6 荷物が，30こあります。1回に4こずつ運ぶことができます。何回で全部運び終わりますか。(5×2)
式 30÷4＝7あまり2　7＋1＝8　答え 8回

7 はばが52cmの本立てに，あつさが7cmのじてんを立てて，ならべます。何さつならべることができますか。(5×2)
式 52÷7＝7あまり3　答え 7さつ

P109

算数あそび　あまりのあるわり算①　名前　月　日

● 答えのあまりが3になる方を通ってゴールまで行きましょう。

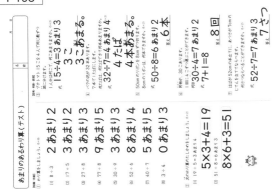

P110

算数あそび
あまりのあるわり算 ②

● 風船に色をぬりましょう。
答えのあまりが2には赤，4には黄，6には青，0には緑をぬりましょう。

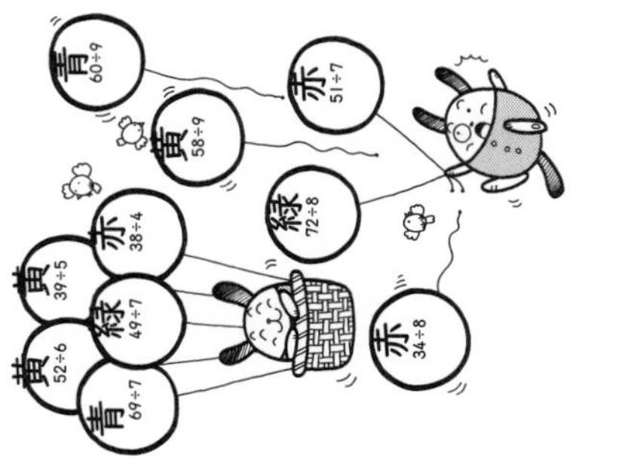

P111

10000より大きい数 (1)
一万の位までの数 ①

● 紙は全部《ぜんぶ》で何まいですか。

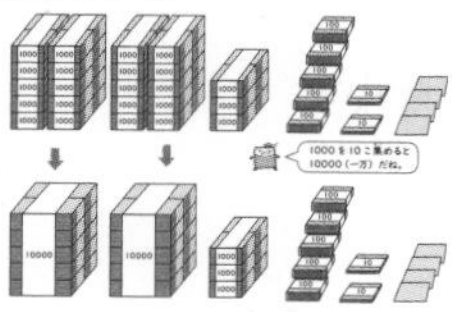

(1) 1万のたばはいくつできますか。 2 たば

(2) 紙のまい数を右の表に表しましょう。

一万の位	千の位	百の位	十の位	一の位
2	3	5	2	4

まい

(2) 一万を2こ，千を3こ，百を5こ，十を2こ，一を4こあわせた数を 23524 と書き，二万三千五百二十四 と読みます。

10000より大きい数 (2)
一万の位までの数 ②

● 次《つぎ》の数を □ に書きましょう。

10000 1000 100 10 1 が それぞれ いくつあるかな。

(1)

一万の位	千の位	百の位	十の位	一の位
6	2	5	4	3

(2)

一万の位	千の位	百の位	十の位	一の位
4	5	0	8	7

(3)

一万の位	千の位	百の位	十の位	一の位
4	3	0	0	9

(4)

一万の位	千の位	百の位	十の位	一の位
5	0	6	0	1

書けたら読んでみよう。

P112

10000より大きい数 (3)
一万の位までの数 ③

● 次《つぎ》の数を数字で書きましょう。

(1) 八万四千二百十五 84215
(2) 三万七千百三十三 37133
(3) 四万五千六百九 45609
(4) 六万四百九十八 60498
(5) 九万五百六 90506
(6) 二万二千一 22001
(7) 七万八百十 70810
(8) 五万八千四十 58040
(9) 三万五十 30050
(10) 二万七 20007

10000より大きい数 (4)
一万の位までの数 ④

1 次《つぎ》の数を □ に書きましょう。

(1) 一万を4こ，千を6こ，百を8こ，十を2こあわせた数 46820
(2) 一万を6こ，百を7こあわせた数 60700
(3) 10000を5こ，1000を3こあわせた数 53000
(4) 10000を1こ，100を9こ，1を4こあわせた数 10904

2 次の □ にあてはまる数を書きましょう。

(1) 39075は，一万を 3 こ，千を 9 こ，十を 7 こ，一を 5 こあわせた数です。
(2) 80029は，一万を 8 こ，十を 2 こ，一を 9 こあわせた数です。
(3) 46302の一万の位の数字は 4 で，十の位の数字は 0 です。

P113

10000より大きい数 (5)
千万の位までの数

1 次の □ にあてはまる数を書き，右の表に数字を書きましょう。

(1) 千が 10こで 一万
(2) 一万が 10こで 十万
(3) 十万が 10こで 百万
(4) 百万が 10こで 千万

10000 / 100000 / 1000000 / 10000000（10集める）

2 次の数を右の表に数字で書きましょう。

(1) 千万を3こ，百万を4こ，十万を6こ，一万を8こあわせた数
(2) 千万を5こ，十万を2こ，一万を9こあわせた数
(3) 千万を8こ，一万を7こあわせた数

	千万	百万	十万	一万	千	百	十	一
(1)	3	4	6	8	0	0	0	0
(2)	5	0	2	9	0	0	0	0
(3)	8	0	0	7	0	0	0	0

3 次の □ にあてはまる数を書きましょう。

(1) 40630000は，千万を 4 こ，十万を 6 こ，一万を 3 こあわせた数です。
(2) 20905000は，千万を 2 こ，十万を 9 こ，千を 5 こあわせた数です。

10000より大きい数 (6)

1 次《つぎ》の数を数字で書きましょう。

(1) 1000を20こ集めた数はいくつですか。 20000
(2) 1000を43こ集めた数はいくつですか。 43000
(3) 1000を60こ集めた数はいくつですか。 60000
(4) 1000を57こ集めた数はいくつですか。 57000
(5) 1000を98こ集めた数はいくつですか。 98000

2 次の数を数字で書きましょう。

(1) 34000は，1000を何こ集めた数ですか。 34 こ
(2) 72000は，1000を何こ集めた数ですか。 72 こ
(3) 91000は，1000を何こ集めた数ですか。 91 こ
(4) 45000は，1000を何こ集めた数ですか。 45 こ

P114

10000より大きい数 (7)

● □ にあてはまる数を書きましょう。

(1) 400000は，10000を 40 こ集めた数です。
また，1000を 400 こ集めた数です。
(2) 280000は，10000を 28 こ集めた数です。
また，1000を 280 こ集めた数です。
(3) 630000は，10000を 63 こ集めた数です。
また，1000を 630 こ集めた数です。
(4) 900000は，10000を 90 こ集めた数です。
また，1000を 900 こ集めた数です。
(5) 310000は，10000を 31 こ集めた数です。
また，1000を 310 こ集めた数です。

10000より大きい数 (8)

1 □ にあてはまる数を書きましょう。

(1) 590万 – 600万 – 610万 – 620万 – 630万
(2) 700万 – 800万 – 900万 – 1000万 – 1100万

2 下の数直線で1めもりの数と，㋐〜㋕にあてはまる数を書きましょう。

(1) 1めもり 10万　㋐ 70万　㋑ 270万（0，100万，200万，300万，400万，500万）
(2) 1めもり 1万　㋒ 100万　㋓ 109万（80万，90万，110万，120万，130万）
(3) 1めもり 100万　㋔ 4900万　㋕ 7000万（3000万，4000万，5000万，6000万，8000万）

P115

10000より大きい数 (9)

1 下の数直線について答えましょう。

（数直線：0，㋐，5000万，㋑）

(1) ㋐のめもりが表す数はいくつですか。 1000万
(2) ㋑のめもりが表す数はいくつですか。 1億
(3) 1000万を10こ集めた数を数字で書きましょう。
10000000 → 10こ集めた数 100000000
(4) 1億（100000000）は，99999999よりいくつ大きいですか。 1

2 □ にあてはまる不等号を書きましょう。

(1) 49999 < 50000
(2) 11000 < 100000
(3) 21000 > 20909
(4) 301000 > 300099
(5) 9000万 < 1億

10000より大きい数 (10)

1 下の数直線で，㋐〜㋗にあてはまる数を書きましょう。

(1) ㋐ 2033万　㋑ 2038万（2030万，2040万）
(2) ㋒ 4610万　㋓ 4650万（4600万，4700万）
(3) ㋔ 8700万　㋕ 9000万（8200万，9200万）
(4) ㋖ 1000万　㋗ 9000万（0，1億）

2 下の数直線で，㋐90万，㋑210万はどこですか。↑を書きましょう。

（数直線：0，100万，200万，300万）　㋐　㋑

P116

10000より大きい数 (11)

1 右の表は，ある競技場の土曜日と日曜日の入場者数です。
次の問いに答えましょう。

土曜日	8000人
日曜日	11000人

(1) あわせて何人ですか。
式 8000+11000=19000
答え 19000人

(2) ちがいは何人ですか。
式 11000−8000=3000
答え 3000人

2 次の計算をしましょう。

① 34000 + 8000 = 42000
② 53000 − 6000 = 47000
③ 28万 + 4万 = 32万
④ 40万 − 13万 = 27万
⑤ 5千 + 9千 = 1万4千
⑥ 12万5千 − 3千 = 12万2千

3 □ にあてはまる等号，不等号を書きましょう。

(1) 600万 − 50万 > 500万
(2) 28000 < 340000 − 70000

10000より大きい数 (12)

1 次《つぎ》の数を10倍，100倍，1000倍した数はいくつですか。

	数	10倍した数	100倍した数	1000倍した数
①	70	700	7000	70000
②	670	6700	67000	670000
③	2000	20000	200000	2000000
④	900	9000	90000	900000

2 次の数を10でわった数はいくつですか。

① 10 → 1
② 400 → 40
③ 770 → 77
④ 3000 → 300
⑤ 9500 → 950
⑥ 6830 → 683

P117

ふりかえり
10000より大きい数

1 次《つぎ》の数を数字で書きましょう。

① 五万三千百七十四 53174
② 九万四千八十 94080
③ 二千十一万六十五 20110065
④ 千六万千百一 10061101

2 □ にあてはまる数を書きましょう。

(1) 一万を4こ，百を1こ，十を8こあわせた数は 40180 です。
(2) 67203は，一万を 6 こ，千を 7 こ，百を 2 こ，一を 3 こあわせた数です。
(3) 千万を8こ，百万を9こ，十万を1こ，一万を6こ，千を4こ，百を2こ，一を7こあわせた数は 89164207 です。
(4) 10230955は，千万を 1 こ，十万を 2 こ，一万を 3 こ，百を 9 こ，十を 5 こ，一を 5 こあわせた数です。
(5) 1000を96こ集めた数は 96000 です。
(6) 820000は，1000を 820 こ集めた数です。
(7) 1000万を10こ集めた数は 100000000（1億）です。

3 次の数を10倍，100倍，1000倍した数と10でわった数はいくつですか。

	数	10倍した数	100倍した数	1000倍した数	10でわった数
①	80	800	8000	80000	8
②	530	5300	53000	530000	53

4 下の数直線で1めもりの数と，㋐〜㋕にあてはまる数を書きましょう。

(1) 1めもり 10万　㋐ 580万　㋑ 710万　㋒ 890万（600万，700万，800万，900万）
(2) 1めもり 100万　㋓ 7500万　㋔ 8300万　㋕ 1億（7000万，8000万，9000万）

5 □ にあてはまる不等号を書きましょう。

① 49851010 > 49850999
② 9900000 < 100000000

6 次の計算をしましょう。

① 360万 + 350万 = 710万
② 9000 + 5000 = 14000
③ 63万 − 25万 = 38万
④ 13000 − 5000 = 8000

（テストの文章題は，式5点，答え5点として，配点しています。）

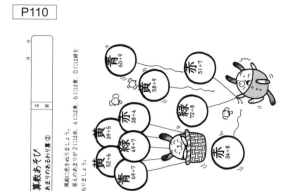

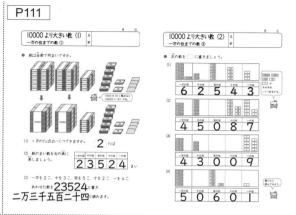

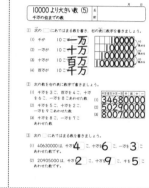

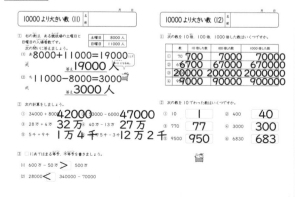

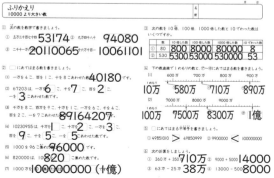

解答

児童に実施させる前に，必ず指導される方が問題を解いてください。本書の解答は，あくまでも１つの例です。

P118

10000より大きい数（テスト）

- ① (1) 7　(2) 千万の位
- ② (1) 7530000　(2) 17060000
- ③ ㋐ 7400万　㋑ 1億
- ④ (1) ＞　(2) ＞
- ⑤ (1) 509000　(2) 64万
- ⑥ (1) ㋐ 18　㋑ 8000　(2) ㋒ 2000　㋓ 96　㋔ 960　㋕ 1000000
- ⑦ 54000, 540000
- ⑧ 540

P119

算数あそび　10000より大きい数

● 数の大きい方を通ってゴールまで行きましょう。

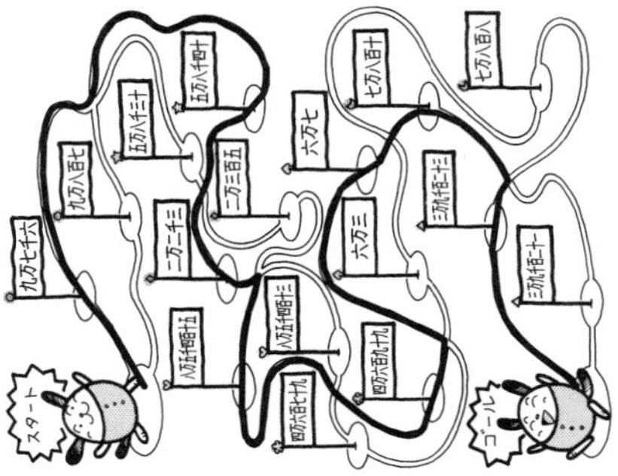

P120

かけ算・かける１けたの筆算 (1)　何十・何百のかけ算

- ① 10×8＝80　② 30×6＝180
- ③ 70×7＝490　④ 80×5＝400
- ⑤ 50×9＝450　⑥ 200×4＝800
- ⑦ 400×5＝2000　⑧ 600×3＝1800
- ⑨ 900×8＝7200　⑩ 300×4＝1200

かけ算・かける１けたの筆算 (2)　くり上がりなし

- ① 12×4＝48　② 32×3＝96　③ 40×2＝80　④ 11×6＝66
- ⑤ 13×3＝39　⑥ 43×2＝86　⑦ 22×4＝88　⑧ 30×3＝90
- ⑨ 11×9＝99　⑩ 21×4＝84

P121

かけ算・かける１けたの筆算 (3)　2けた×1けた（くり上がり1回/十の位へ）①

- ① 16×5＝80　② 23×4＝92
- ③ 18×3＝54　④ 49×2＝98
- ⑤ 13×7＝91　⑥ 12×8＝96

かけ算・かける１けたの筆算 (4)　2けた×1けた（くり上がり1回/十の位へ）②

- ① 15×4＝60　② 37×2＝74
- ③ 19×3＝57　④ 47×2＝94
- ⑤ 26×2＝52　⑥ 14×5＝70

P122

かけ算・かける１けたの筆算 (5)　2けた×1けた（くり上がり1回/十の位へ）③

- ① 16×4＝64　② 39×2＝78　③ 13×4＝52　④ 24×4＝96
- ⑤ 45×2＝90　⑥ 14×6＝84　⑦ 26×3＝78　⑧ 15×3＝45
- ⑨ 29×2＝58　⑩ 36×2＝72

かけ算・かける１けたの筆算 (6)　2けた×1けた（くり上がり1回/十の位へ）④

- ① 18×5＝90　② 25×2＝50　③ 16×6＝96　④ 46×2＝92
- ⑤ 38×2＝76　⑥ 17×5＝85　⑦ 27×2＝54　⑧ 19×4＝76
- ⑨ 17×3＝51　⑩ 15×4＝60

P123

かけ算・かける１けたの筆算 (7)　2けた×1けた（くり上がり1回/百の位へ）①

- ① 52×3＝156　② 64×2＝128　③ 20×6＝120
- ④ 71×6＝426　⑤ 62×4＝248　⑥ 81×9＝729
- ⑦ 30×5＝150　⑧ 54×2＝108

かけ算・かける１けたの筆算 (8)　2けた×1けた（くり上がり1回/百の位へ）②

- ① 42×3＝126　② 41×7＝287　③ 52×2＝104
- ④ 71×5＝355　⑤ 61×6＝366　⑥ 51×9＝459
- ⑦ 31×8＝248　⑧ 82×4＝328

P124

かけ算・かける１けたの筆算 (9)　2けた×1けた（くり上がり1回/百の位へ）③

- ① 42×4＝168　② 91×2＝182　③ 71×9＝639　④ 51×6＝306
- ⑤ 82×2＝164　⑥ 21×8＝168　⑦ 43×3＝129　⑧ 61×7＝427
- ⑨ 92×4＝368　⑩ 32×4＝128

かけ算・かける１けたの筆算 (10)　2けた×1けた（くり上がり1回/百の位へ）④

- ① 31×9＝279　② 62×3＝186　③ 81×8＝648　④ 91×7＝637
- ⑤ 53×3＝159　⑥ 72×2＝144　⑦ 41×8＝328　⑧ 63×3＝189
- ⑨ 84×2＝168　⑩ 52×4＝208

P125

かけ算・かける１けたの筆算 (11)　2けた×1けた（くり上がり2回）①

- ① 25×7＝175　② 66×3＝198
- ③ 57×6＝342　④ 74×4＝296
- ⑤ 84×8＝672　⑥ 96×7＝672

かけ算・かける１けたの筆算 (12)　2けた×1けた（くり上がり2回）②

- ① 22×6＝132　② 39×4＝156
- ③ 55×9＝495　④ 46×5＝230
- ⑤ 64×7＝448　⑥ 82×6＝492

（解答は，200～300%に拡大してお使い下さい。）

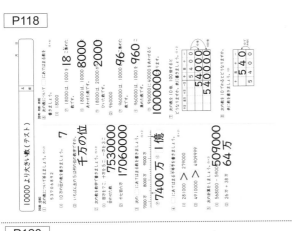

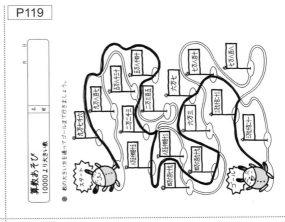

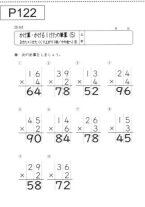

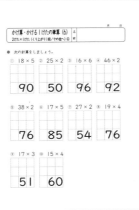

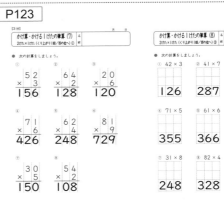

P126

かけ算・かける1けたの筆算 (13)
2けた×1けた（くり上がり2回）③
名前　　月　日

● 次の計算をしましょう。

① 83 × 6 = 498	② 22 × 5 = 110	③ 56 × 8 = 448	④ 38 × 7 = 266	
⑤ 48 × 5 = 240	⑥ 79 × 2 = 158	⑦ 47 × 3 = 141	⑧ 59 × 2 = 118	
⑨ 95 × 4 = 380	⑩ 87 × 8 = 696			

かけ算・かける1けたの筆算 (14)
2けた×1けた（くり上がり2回）④
名前　　月　日

● 次の計算をしましょう。

① 63 × 6 = 378	② 24 × 8 = 192	③ 93 × 6 = 558	④ 73 × 8 = 584
⑤ 64 × 3 = 192	⑥ 53 × 7 = 371	⑦ 37 × 4 = 148	⑧ 65 × 5 = 325
⑨ 85 × 9 = 765	⑩ 28 × 5 = 140		

P127

かけ算・かける1けたの筆算 (15)
2けた×1けた（くり上がり2回／たし算でもくり上がる）①
名前　　月　日

● 次の計算をしましょう。

① 84 × 6 = 504	② 16 × 9 = 144
③ 23 × 9 = 207	④ 45 × 7 = 315
⑤ 87 × 7 = 609	⑥ 67 × 8 = 536

かけ算・かける1けたの筆算 (16)
2けた×1けた（くり上がり2回／たし算でもくり上がる）②
名前　　月　日

● 次の計算をしましょう。

① 56 × 9 = 504	② 85 × 6 = 510
③ 79 × 4 = 316	④ 17 × 7 = 119
⑤ 34 × 9 = 306	⑥ 27 × 8 = 216

P128

かけ算・かける1けたの筆算 (17)
2けた×1けた（くり上がり2回／たし算でもくり上がる）③
名前　　月　日

● 次の計算をしましょう。

① 86 × 6 = 516	② 78 × 7 = 546	③ 49 × 9 = 441	④ 64 × 8 = 512
⑤ 39 × 8 = 312	⑥ 18 × 9 = 162	⑦ 86 × 6 = 516	⑧ 46 × 7 = 322
⑨ 76 × 4 = 304	⑩ 68 × 3 = 204		

かけ算・かける1けたの筆算 (18)
2けた×1けた（くり上がり2回／たし算でもくり上がる）④
名前　　月　日

● 次の計算をしましょう。

① 87 × 6 = 522	② 47 × 9 = 423	③ 27 × 8 = 216	④ 28 × 9 = 252
⑤ 64 × 8 = 512	⑥ 19 × 6 = 114	⑦ 69 × 3 = 207	⑧ 88 × 7 = 616
⑨ 37 × 9 = 333	⑩ 79 × 7 = 553		

P129

かけ算・かける1けたの筆算 (19)
2けた×1けた（くり上がり2回／たし算でもくり上がる）⑤
名前　　月　日

● 次の計算をしましょう。

① 25×9 = 225	② 48×9 = 432	③ 25×8 = 200	④ 68×6 = 408	⑤ 15×7 = 105
⑥ 67×3 = 201	⑦ 76×8 = 608	⑧ 39×8 = 312	⑨ 77×7 = 539	⑩ 35×9 = 315
⑪ 48×7 = 336	⑫ 88×6 = 528	⑬ 65×8 = 520	⑭ 38×6 = 228	⑮ 14×8 = 112
⑯ 72×7 = 504	⑰ 89×9 = 801	⑱ 67×3 = 201	⑲ 67×8 = 536	⑳ 57×9 = 513

かけ算・かける1けたの筆算 (20)
2けた×1けた（くり上がり2回／たし算でもくり上がる）⑥
名前　　月　日

● 次の計算をしましょう。

① 89×7 = 623	② 75×8 = 600	③ 58×9 = 522	④ 36×6 = 216	⑤ 24×9 = 216
⑥ 12×9 = 108	⑦ 69×8 = 552	⑧ 74×7 = 518	⑨ 26×8 = 208	⑩ 66×8 = 528
⑪ 29×4 = 116	⑫ 13×8 = 104	⑬ 26×9 = 234	⑭ 49×7 = 343	⑮ 38×6 = 228
⑯ 69×8 = 552	⑰ 78×9 = 702	⑱ 79×4 = 316	⑲ 87×7 = 609	⑳ 73×7 = 511

P130

かけ算・かける1けたの筆算 (21)
名前　　月　日

● 次の計算をしましょう。

① 94 × 3 = 282	② 89 × 9 = 801	③ 11 × 7 = 77	④ 87 × 7 = 609	⑤ 56 × 6 = 336
⑥ 53 × 4 = 212	⑦ 85 × 6 = 510	⑧ 21 × 5 = 105	⑨ 68 × 4 = 272	⑩ 48 × 2 = 96
⑪ 48 × 9 = 432	⑫ 19 × 5 = 95	⑬ 92 × 5 = 460	⑭ 27 × 9 = 243	⑮ 23 × 4 = 92
⑯ 51 × 6 = 306	⑰ 78 × 3 = 234	⑱ 39 × 8 = 312	⑲ 23 × 3 = 69	⑳ 42 × 3 = 126

かけ算・かける1けたの筆算 (22)
名前　　月　日

● 次の計算をしましょう。

① 74×7 = 518	② 71×6 = 426	③ 51×3 = 153	④ 36×9 = 324	⑤ 19×3 = 57
⑥ 96×7 = 672	⑦ 45×7 = 315	⑧ 41×2 = 82	⑨ 67×7 = 469	⑩ 66×8 = 528
⑪ 16×5 = 80	⑫ 83×4 = 332	⑬ 78×7 = 546	⑭ 99×9 = 891	⑮ 42×4 = 168
⑯ 68×3 = 204	⑰ 27×3 = 81	⑱ 52×5 = 260	⑲ 34×2 = 68	⑳ 29×6 = 174

P131

ふりかえり
かけ算・かける1けたの筆算 ①
名前　　月　日

● 次の計算をしましょう。

① 59 × 8 = 472	② 11 × 9 = 99	③ 39 × 9 = 351	④ 21 × 2 = 42	⑤ 81 × 9 = 729	⑥ 63 × 6 = 378	⑦ 37 × 2 = 74
⑧ 16 × 5 = 80	⑨ 79 × 4 = 316	⑩ 41 × 3 = 123	⑪ 46 × 2 = 92	⑫ 23 × 9 = 207	⑬ 33 × 3 = 99	⑭ 82 × 5 = 410
⑮ 71 × 6 = 426	⑯ 43 × 2 = 86	⑰ 74 × 6 = 444	⑱ 38 × 2 = 76	⑲ 52 × 4 = 208	⑳ 37 × 9 = 333	

P132

ふりかえり
かけ算・かける1けたの筆算 ②
名前　　月　日

● 次の計算をしましょう。

① 12 × 4 = 48	② 33 × 6 = 198	③ 45 × 2 = 90	④ 18 × 2 = 36	⑤ 46 × 7 = 322	⑥ 31 × 3 = 93	⑦ 63 × 2 = 126
⑧ 19 × 3 = 57	⑨ 86 × 7 = 602	⑩ 38 × 2 = 76	⑪ 43 × 4 = 172	⑫ 52 × 3 = 156	⑬ 26 × 5 = 130	⑭ 69 × 3 = 207
⑮ 13 × 3 = 39	⑯ 71 × 5 = 355	⑰ 58 × 3 = 174	⑱ 42 × 2 = 84	⑲ 67 × 8 = 536	⑳ 82 × 2 = 164	

P133

算数あそび
かけ算・かける1けたの筆算
名前　　月　日

● まん中の数とまわりの数でかけ算をして，答えを花びらに書きましょう。

P134

かけ算・かける1けたの筆算 (23)　3けた×1けた（くり上がりなし）①
名前　月　日

● 次の計算をしましょう。

① 421 × 2 = 842
② 111 × 6 = 666
③ 222 × 4 = 888
④ 213 × 3 = 639
⑤ 441 × 2 = 882
⑥ 144 × 2 = 288
⑦ 312 × 3 = 936
⑧ 121 × 4 = 484

かけ算・かける1けたの筆算 (24)　3けた×1けた（くり上がりなし）②
名前　月　日

● 次の計算をしましょう。

① 124 × 2　248
② 110 × 9　990
③ 332 × 3　996
④ 413 × 2　826
⑤ 112 × 4　448
⑥ 433 × 2　866
⑦ 221 × 4　884
⑧ 233 × 3　699

P135

かけ算・かける1けたの筆算 (25)　3けた×1けた（十の位へくり上がり）
名前　月　日

1 次の計算をしましょう。

① 427 × 2 = 854
② 139 × 2 = 278
③ 228 × 3 = 684
④ 119 × 5 = 595
⑤ 218 × 4 = 872

2 次の計算をしましょう。

① 113 × 5　565
② 229 × 3　687
③ 114 × 6　684
④ 429 × 2　858
⑤ 314 × 3　942

かけ算・かける1けたの筆算 (26)　3けた×1けた（百の位へくり上がり）
名前　月　日

1 次の計算をしましょう。

① 353 × 2 = 706
② 292 × 3 = 876
③ 182 × 3 = 546
④ 151 × 4 = 604
⑤ 483 × 2 = 966

2 次の計算をしましょう。

① 393 × 2　786
② 151 × 5　755
③ 241 × 4　964
④ 462 × 2　924
⑤ 252 × 3　756

P136

かけ算・かける1けたの筆算 (27)　3けた×1けた
名前　月　日

1 次の計算をしましょう。

① 211 × 8 = 1688
② 923 × 3 = 2769
③ 610 × 4 = 2440
④ 720 × 3 = 2160
⑤ 521 × 2 = 1042

2 次の計算をしましょう。

① 312 × 4　1248
② 410 × 5　2050
③ 812 × 4　3248
④ 422 × 3　1266
⑤ 310 × 6　1860

かけ算・かける1けたの筆算 (28)　3けた×1けた
名前　月　日

● 次の計算をしましょう。

① 642×2　1284
② 125×3　375
③ 210×7　1470
④ 452×2　904
⑤ 311×9　2799
⑥ 282×3　846
⑦ 138×2　276
⑧ 190×5　950
⑨ 941×2　1882
⑩ 219×4　876

P137

かけ算・かける1けたの筆算 (29)　3けた×1けた
名前　月　日

● 次の計算をしましょう。

① 916 × 6 = 5496
② 342 × 4 = 1368
③ 614 × 5 = 3070
④ 551 × 7 = 3857
⑤ 729 × 3 = 2187
⑥ 828 × 2 = 1656
⑦ 424 × 5 = 2120
⑧ 541 × 8 = 4328
⑨ 860 × 9 = 7740
⑩ 525 × 2 = 1050

かけ算・かける1けたの筆算 (30)　3けた×1けた
名前　月　日

● 次の計算をしましょう。

① 312×5　1560
② 517×2　1034
③ 629×2　1258
④ 583×3　1749
⑤ 713×4　2852
⑥ 460×6　2760
⑦ 268×5　1340
⑧ 541×5　2705
⑨ 890×7　6230
⑩ 914×3　2742

P138

かけ算・かける1けたの筆算 (31)　3けた×1けた（十の位が0，くり上がり2回）①
名前　月　日

● 次の計算をしましょう。

① 407 × 5 = 2035
② 607 × 6 = 3642
③ 902 × 8 = 7216
④ 306 × 7 = 2142
⑤ 605 × 2 = 1210
⑥ 409 × 8 = 3272
⑦ 507 × 3 = 1521
⑧ 703 × 6 = 4218
⑨ 904 × 4 = 3616
⑩ 806 × 7 = 5642

かけ算・かける1けたの筆算 (32)　3けた×1けた（十の位が0，くり上がり2回）②
名前　月　日

● 次の計算をしましょう。

① 403×5　2015
② 506×7　3542
③ 809×9　7281
④ 308×7　2156
⑤ 808×8　6464
⑥ 209×5　1045
⑦ 803×4　3212
⑧ 905×4　3620
⑨ 709×2　1418
⑩ 409×3　1227

P139

かけ算・かける1けたの筆算 (33)　3けた×1けた（千の位へくり上がり3回）①
名前　月　日

● 次の計算をしましょう。

① 469 × 3 = 1407
② 387 × 4 = 1548
③ 264 × 5 = 1320
④ 535 × 6 = 3210
⑤ 678 × 9 = 6102

かけ算・かける1けたの筆算 (34)　3けた×1けた（千の位へくり上がり3回）②
名前　月　日

● 次の計算をしましょう。

① 896 × 2　1792
② 236 × 7　1652
③ 329 × 8　2632
④ 483 × 4　1932
⑤ 724 × 5　3620

P140

かけ算・かける1けたの筆算 (35)　3けた×1けた（千の位へくり上がり3回）③
名前　月　日

● 次の計算をしましょう。

① 867 × 6 = 5202
② 789 × 7 = 5523
③ 979 × 8 = 7832
④ 698 × 9 = 6282
⑤ 998 × 6 = 5988

かけ算・かける1けたの筆算 (36)　3けた×1けた（千の位へくり上がり3回）④
名前　月　日

● 次の計算をしましょう。

① 767 × 7　5369
② 886 × 8　7088
③ 666 × 9　5994
④ 877 × 6　5262
⑤ 987 × 7　6909

P141

かけ算・かける1けたの筆算 (37)　3けた×1けた（千の位へくり上がり3回）⑤
名前　月　日

● 次の計算をしましょう。

① 923 × 8 = 7384
② 476 × 3 = 1428
③ 383 × 7 = 2681
④ 678 × 9 = 6102
⑤ 229 × 6 = 1374
⑥ 876 × 6 = 5256
⑦ 699 × 4 = 2796
⑧ 779 × 8 = 6232
⑨ 523 × 5 = 2615
⑩ 468 × 9 = 4212

かけ算・かける1けたの筆算 (38)　3けた×1けた（千の位へくり上がり3回）⑥
名前　月　日

● 次の計算をしましょう。

① 182×9　1638
② 969×7　6783
③ 225×8　1800
④ 888×9　7992
⑤ 548×3　1644
⑥ 383×4　1532
⑦ 676×8　5408
⑧ 387×6　2322
⑨ 442×5　2210
⑩ 724×7　5068

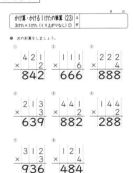

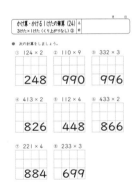

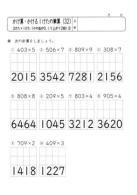

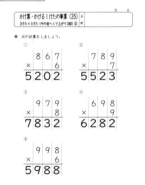

指導される方の作られた解答をもとに，本書の解答例を参考に児童の多様な考えに寄り添って○つけをお願いします。

解答

P142

チャレンジ
かけ算・かける１けたの筆算(39)

1 2，3，4の数字を□に１つずつ入れて，次の㋐，㋑にあった問題《もんだい》を作りましょう。
㋐ 答えがいちばん大きくなる問題　32×4=128
㋑ 答えがいちばん小さくなる問題　34×2=68

2 1，3，5の数字を□に１つずつ入れて，次の㋐，㋑にあった問題を作りましょう。
㋐ 答えがいちばん大きくなる問題　31×5=155
㋑ 答えがいちばん小さくなる問題　35×1=35

3 6，7，8の数字を□に１つずつ入れて，次の㋐，㋑にあった問題を作りましょう。
㋐ 答えがいちばん大きくなる問題　76×8=608
㋑ 答えがいちばん小さくなる問題　78×6=468

4 1，2，3，4の数字を□に１つずつ入れて，次の㋐，㋑にあった問題を作りましょう。
㋐ 答えがいちばん大きくなる問題　321×4=1284
㋑ 答えがいちばん小さくなる問題　234×1=234

5 2，3，4，5の数字を□に１つずつ入れて，次の㋐，㋑にあった問題を作りましょう。
㋐ 答えがいちばん大きくなる問題　432×5=2160
㋑ 答えがいちばん小さくなる問題　345×2=690

P143

ふりかえり
かけ算・かける１けたの筆算③

● 次の計算をしましょう。

① 468×3　1404	② 541×6　3246	③ 357×6　2142	④ 454×2　908	⑤ 823×3　2469
⑥ 169×5　845	⑦ 224×2　448	⑧ 506×9　4554	⑨ 126×3　378	⑩ 449×5　2245
⑪ 706×4　2824	⑫ 927×7　6489	⑬ 818×9　7362	⑭ 615×4　2460	⑮ 976×8　7808

P144

かけ算・かける１けたの筆算 (40)
文章題①

1 １こ439円のケーキを５こ買います。
代金《だいきん》はいくらですか。
式 439×5=2195
答え 2195円

2 子どもが６人います。
１人に28こずつあめを配《くば》ります。
あめは，全部《ぜんぶ》で何こいりますか。
式 28×6=168
答え 168こ

3 箱《はこ》が９こあります。
１つの箱にみかんがちょうど89こずつ入っています。
みかんは，全部で何こありますか。
式 89×9=801
答え 801こ

かけ算・かける１けたの筆算 (41)
文章題②

1 84円切手を６まい買います。
代金《だいきん》はいくらですか。
式 84×6=504
答え 504円

2 お茶《ちゃ》が675mL入った水とうが７本あります。
お茶は，全部《ぜんぶ》で何mLありますか。
式 675×7=4725
答え 4725mL

3 742cmのリボンが４本あります。
リボンの長さは，全部で何cmですか。
式 742×4=2968
答え 2968cm

P145

かけ算・かける１けたの筆算 (42)
文章題③（3つの数の計算）

1 1000円持って買いものに行きました。
399円のももを２つ買いました。
何円のこっていますか。
式 399×2=798
1000−798=202
答え 202円

2 １箱166まい入りのおり紙が３箱と，箱に入っていないおり紙が53まいあります。
おり紙は，全部《ぜんぶ》で何まいありますか。
式 166×3=498
498+53=551
答え 551まい

3 １こ85円のプリンが１箱に４こ入っています。
８箱買うと，何円になりますか。
式 85×4=340
340×8=2720
答え 2720円

かけ算・かける１けたの筆算 (43)
文章題④（4つの数の計算）

1 １ふくろ38こ入りのあめが７ふくろと，１ふくろ52こ入りのチョコ…どち…
式 38×7=266
52×6=312
312−266=46
答え チョコレートが46こ多い。

2 遊園地《ゆうえんち》の入園りょうは，おとなが840円で，子どもが380円です。…全部で何円になりますか。
式 840×4=3360
380×5=1900
3360+1900=5260
答え 5260円

3 １パック280mLのりんごジュースが８パックと…３パックあります。…か。
（例）
式 280×8=2240
750×3=2250
(2240+2250)−4000=490
答え 490mL

P146

かけ算・かける１けたの筆算 (44)
文章題⑤

1 １こ512円のケーキを６こ買います。
代金《だいきん》は何円ですか。
式 512×6=3072　答え 3072円

2 108円のペンを２本ずつ５人に配《くば》ります。
ペンの代金は，何円になりますか。
式 108×2×5=1080　答え 1080円

3 みかんが86こ入った箱《はこ》が３箱あります。
みかんは，全部《ぜんぶ》で何こありますか。
式 86×3=258　答え 258こ

4 115cmのテープが５本あります。
テープは，全部で何cmですか。
式 115×5=575　答え 575cm

5 子どもが６人います。えんぴつを１人に25本ずつ配ります。
えんぴつは，何本いりますか。
式 25×6=150　答え 150本

かけ算・かける１けたの筆算 (45)
文章題⑥

1 121円のパンを３こと，232円のケーキを１こ買います。
代金《だいきん》…
式 121×3+232=595　答え 595円

2 １さつ698円の本を９さつ買います。
代金は何円ですか。
式 698×9=6282　答え 6282円

3 バスが４台とまっています。１台のバスにお客《きゃく》さんが67人ずつ乗《の》っています。お客さんは，全部《ぜんぶ》で何人乗っていますか。
式 67×4=268　答え 268人

4 ３人が，１人350円ずつお金を出して，1000円の花たばを買いま…
式 350×3−1000=50　答え 50円

5 毎日43ページずつ，６日間本を読みました。
何ページ読みましたか。
式 43×6=258　答え 258ページ

P147

かけ算・かける１けたの筆算 (46)
問題作り①

● 次の式になるような問題《もんだい》を作って，答えをもとめましょう。

① 47×4
略
答え

② 89×6
略
答え

かけ算・かける１けたの筆算 (47)
問題作り②

● 次の式になるような問題《もんだい》を作って，答えをもとめましょう。

① 362×7
略
答え

② 25×6−30
略
答え

P148

ふりかえり
かけ算・かける１けたの筆算

1 １こ248円のおかしを８こ，180円の箱《はこ》に入れてもらいました。
全部《ぜんぶ》で何円になりますか。
式 248×8=1984
1984+180=2164
答え 2164円

2 125mLの牛にゅうパックが６パックあります。
牛にゅうは，全部で何mLありますか。
式 125×6=750
答え 750mL

3 ５人でバースデーケーキを１こ買います。
１人420円ずつはらいます。
バースデーケーキは，何円ですか。
式 420×5=2100
答え 2100円

4 63円切手を９まい買います。
代金《だいきん》は何円ですか。
式 63×9=567
答え 567円

5 はり金が352cmあります。
109cmずつ３本に切って使いました。
のこりは何cmですか。
式 109×3=327
352−327=25
答え 25cm

6 １ふくろにクッキーが58まい入っています。
７ふくろでは，クッキーは何まいになりますか。
式 58×7=406
答え 406まい

P149

かけ算・かける１けたの筆算（テスト）

【知識・技能】
1 筆算で計算をしましょう。(5×8)

(1) 23×3　69	(2) 15×6　90
(3) 60×8　480	(4) 19×8　152
(5) 46×9　414	(6) 753×8　6024
(7) 608×7　4256	(8) 389×6　2334

2 3，5，7，9の４つの数字を□に１つずついれて，次の㋐，㋑にあった問題を作りましょう。(5×2)
㋐ 答えがいちばん大きくなる問題　753×9=6777
㋑ 答えがいちばん小さくなる問題　579×3=1737

【思考・判断・表現】
3 １こ98円のりんごを４こ買います。
代金《だいきん》はいくらになりますか。(5×2)
式 98×4=392
答え 392円

4 １ふくろにクッキーを16こ入れます。
６ふくろ作るためには，何こクッキーがいりますか。(5×2)
式 16×6=96
答え 96こ

5 １こ138円のキウイフルーツを５こ買いました。1000円はらいました。
138×5=690
1000−690=310
答え 310円

6 500mLのジュース１本と350mLのジュースを３本買いました。
ジュースを全部で何mL買ったことになりますか。(5×2)
500+350×3=1550
答え 1550mL

7 はるかさんの学校は１年から３年までは95人…106…
95×3=285
106×3=318
式 285+318=603
答え 603人

（テストの文章題は，式５点，答え５点として，配点しています。）

解答　児童に実施させる前に，必ず指導される方が問題を解いてください。本書の解答は，あくまでも１つの例です。

P150

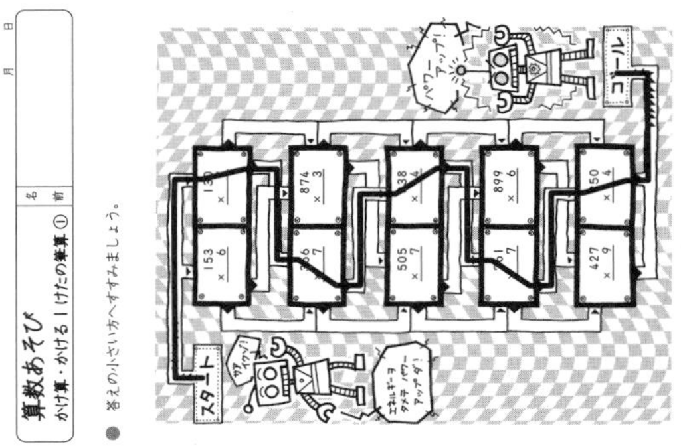
算数あそび
かけ算・かけるⅠけたの筆算①
● 答えの小さい方へすすみましょう。

P151

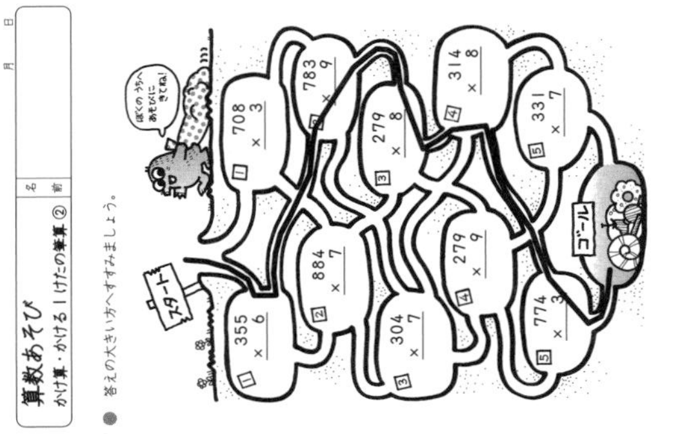
算数あそび
かけ算・かけるⅠけたの筆算②
● 答えの大きい方へすすみましょう。

P152

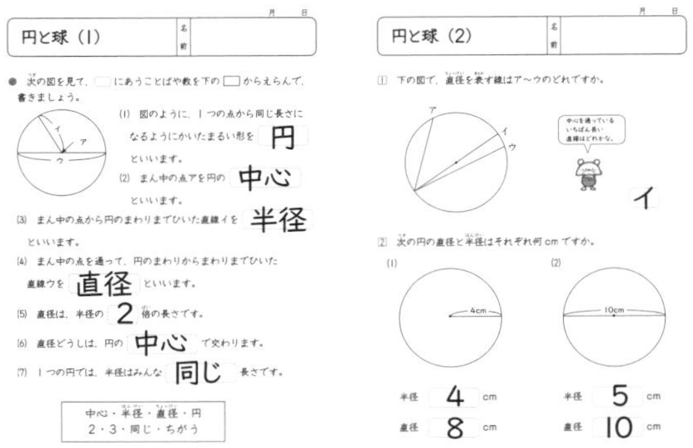
円と球（1）
● 次の図を見て，□にあうことばや数を下の□からえらんで，書きましょう。
(1) 図のように，１つの点から同じ長さになるようにかいたまるい形を 円 といいます。
(2) まん中の点アを円の 中心 といいます。
(3) まん中の点から円のまわりまでひいた直線イを 半径 といいます。
(4) まん中の点を通って，円のまわりからまわりまでひいた直線ウを 直径 といいます。
(5) 直径は，半径の 2 倍の長さです。
(6) 直径どうしは，円の 中心 で交わります。
(7) １つの円では，半径はみんな 同じ 長さです。
中心・半径・直径・円
2・3・同じ・ちがう

円と球（2）
① 下の図で，直径を表す線はア～ウのどれですか。 イ
② 次の円の直径と半径はそれぞれ何cmですか。
(1) 半径 4 cm　直径 8 cm
(2) 半径 5 cm　直径 10 cm

P153

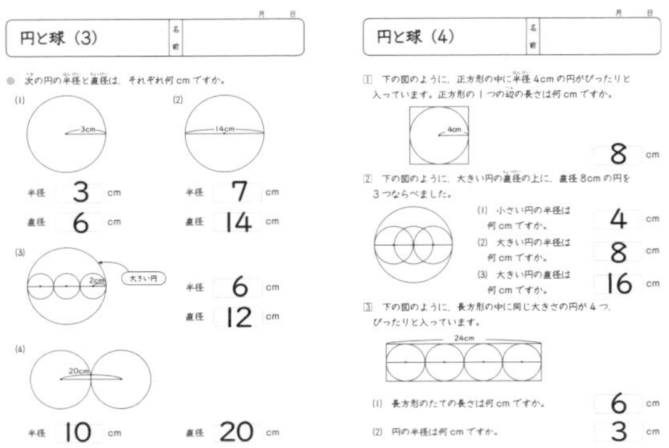
円と球（3）
● 次の円の半径と直径は，それぞれ何cmですか。
(1) 半径 3 cm　直径 6 cm
(2) 半径 7 cm　直径 14 cm
(3) 半径 6 cm　直径 12 cm
(4) 半径 10 cm　直径 20 cm

円と球（4）
① 下の図のように，正方形の中に半径4cmの円がぴったりと入っています。正方形の１つの辺の長さは何cmですか。 8 cm
② 下の図のように，大きい円の直径の上に，直径8cmの円を3つならべました。
(1) 小さい円の半径は何cmですか。 4 cm
(2) 大きい円の半径は何cmですか。 8 cm
(3) 大きい円の直径は何cmですか。 16 cm
③ 下の図のように，長方形の中に同じ大きさの円が４つ，ぴったりと入っています。
(1) 長方形のたての長さは何cmですか。 6 cm
(2) 円の半径は何cmですか。 3 cm

P154

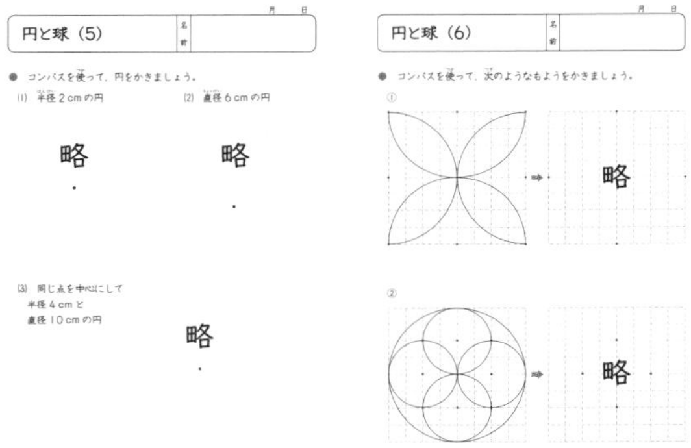
円と球（5）
● コンパスを使って，円をかきましょう。
(1) 半径2cmの円　略
(2) 直径6cmの円　略
(3) 同じ点を中心にして半径4cmと直径10cmの円　略

円と球（6）
● コンパスを使って，次のようなもようをかきましょう。
① 略
② 略

P155

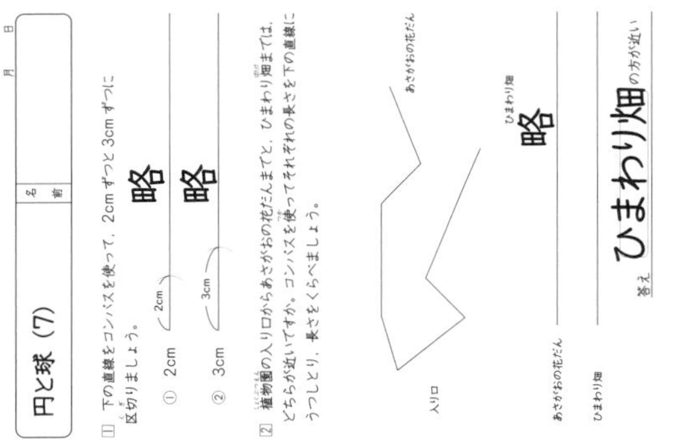
円と球（7）
① 下の直線をコンパスを使って，2cmずつと3cmずつに区切りましょう。
① 2cm　略
② 3cm　略
② 植物園の入り口からあさがおの花だんまでと，ひまわり畑までは，どちらが近いですか。コンパスを使ってそれぞれの長さを下の直線にうつしとり，長さをくらべましょう。
略
答え ひまわり畑の方が近い

P156

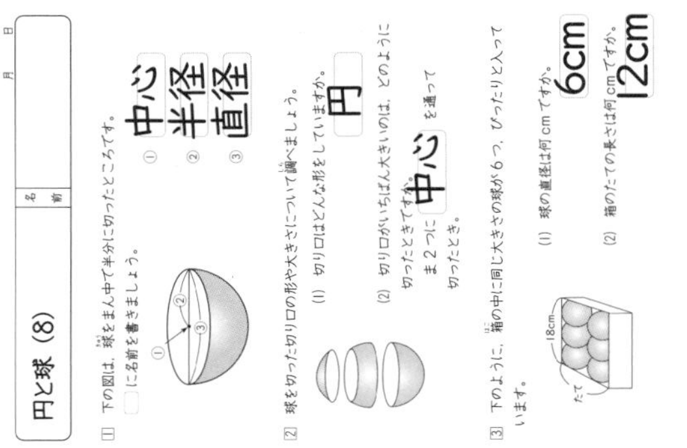
円と球（8）
① 下の図は，球をまん中で半分に切ったところです。□に名前を書きましょう。
① 中心
② 半径
③ 直径
② 球を切った切り口の形や大きさについて調べましょう。
(1) 切り口はどんな形をしていますか。 円
(2) 切り口がいちばん大きいのは，どのように切ったときですか。 球を２つに 中心 を通って切ったとき。
③ 下のように，箱の中に同じ大きさの球が６つ，ぴったりと入っています。
(1) 球の直径は何cmですか。 6cm
(2) 箱のたての長さは何cmですか。 12cm

P157

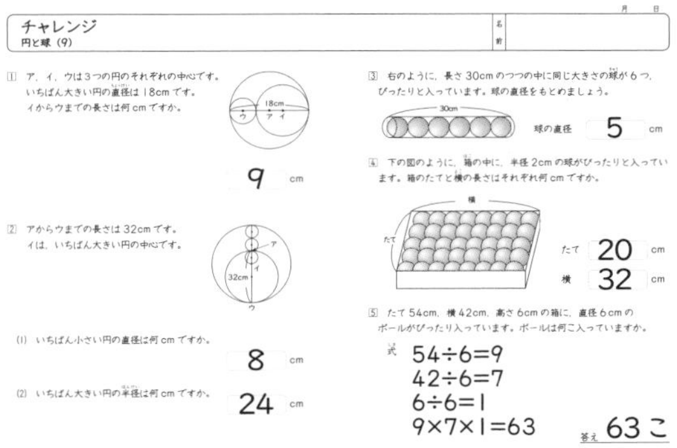
チャレンジ
円と球（9）
① ア，イ，ウは３つの円のそれぞれの中心です。いちばん大きい円の直径は18cmです。イからウまでの長さは何cmですか。 9 cm
② アからウまでの長さは32cmです。イは，いちばん大きい円の中心です。
(1) いちばん小さい円の直径は何cmですか。 8 cm
(2) いちばん大きい円の半径は何cmですか。 24 cm
③ ものように，長さ30cmのつつの中に同じ大きさの球が６つ，ぴったりと入っています。球の直径をもとめましょう。 球の直径 5 cm
④ 下の図のように，箱の中に，半径2cmの球がぴったりと入っています。箱のたてと横の長さはそれぞれ何cmですか。 たて 20 cm　横 32 cm
⑤ たて54cm，横42cm，高さ6cmの箱に，直径6cmのボールがぴったり入っています。ボールは何こ入っていますか。
式 54÷6=9
42÷6=7
6÷6=1
9×7×1=63
答え 63こ

　（解答は，200～300%に拡大してお使い下さい。）

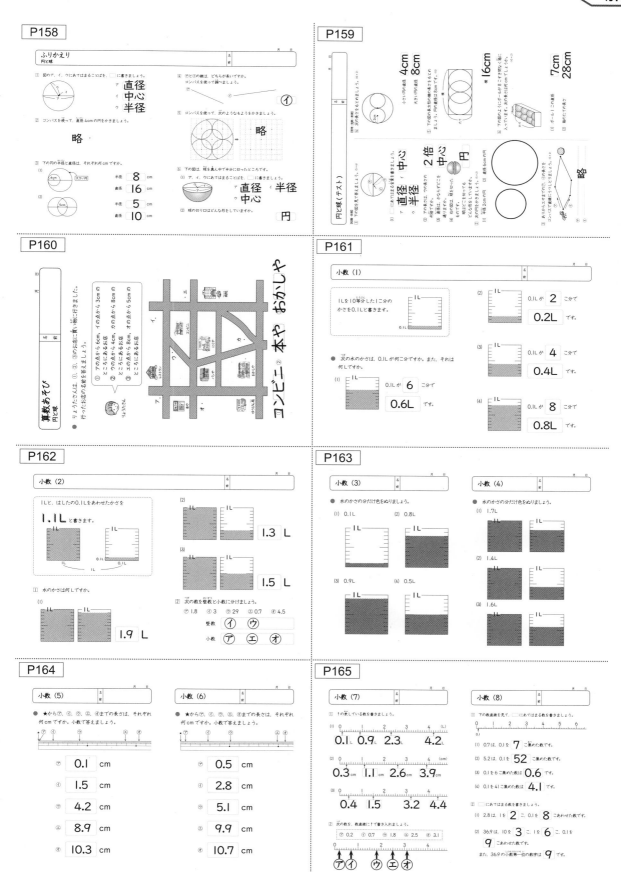

P158

ふりかえり 円と球　　月　日　名前

1 図のア、イ、ウにあてはまることばを、□に書きましょう。
ア 直径　イ 中心　ウ 半径

2 コンパスを使って、直径4cmの円をかきましょう。
略

3 下の円の半径と直径は、それぞれ何cmですか。
(1) 半径 8 cm　直径 16 cm
(2) 半径 5 cm　直径 10 cm

4 ㋐と㋑の線は、どちらが長いですか。コンパスを使って調べましょう。
㋑

5 コンパスを使って、次のようなもようをかきましょう。
略

6 下の図は、球を真ん中で半分に切ったところです。
(1) ア、イ、ウにあてはまることばを、□に書きましょう。
ア 直径　イ 半径　ウ 中心
(2) 球の切り口はどんな形をしていますか。
円

P159

円と球（テスト）　月　日　名前

[知識・技能]
1 下の図を見て答えましょう。
(1) □にあてはまる言葉を書きましょう。
ア 直径　イ 中心　ウ 半径
(2) アの長さは、ウの長さの何倍ですか。 2倍
(3) 球の直径は、かならずどこを通りますか。 中心
(4) 右の図は、球を切ったものです。球はどこを切っても、どんな形をしていますか。 円

2 次の円をかきましょう。
(1) 半径2cmの円　(2) 直径6cmの円

3 ありからエサまでの㋐、㋑の長さを、コンパスで直線にうつしとりましょう。
略

[思考・判断・表現]
4 次の長さをもとめましょう。
小さい円の直径 4cm
大きい円の直径 8cm

5 下の図の長方形の横の長さをもとめましょう。円の直径は8cmです。
横 16cm

6 下の図のようにボールが8こすき間なく箱に入っています。次の長さは何cmでしょう。
(1) ボール1この直径 7cm
(2) 箱のたての長さ 28cm

P160

算数あそび 円と球　月　日　名前

● りょうたさんは、①、②、③のお店に買い物に行きました。行ったお店の名前を答えましょう。

① アの点から6cm、イの点から3cmのところにあるお店
② ウの点から4cm、カの点から8cmのところにあるお店
③ エの点から8cm、オの点から5cmのところにあるお店

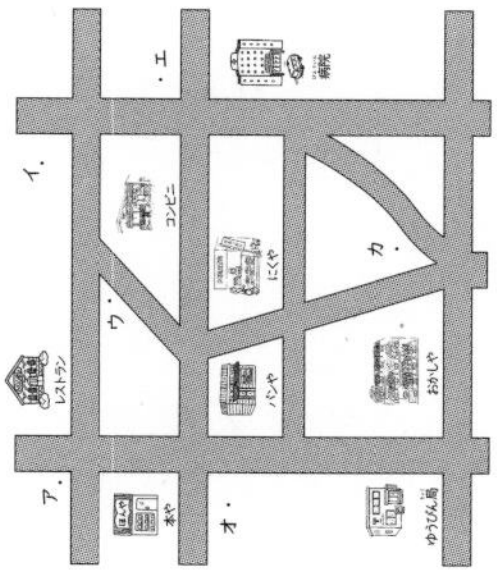

① コンビニ　② 本や　③ おかしや

P161

小数（1）　月　日　名前

1Lを10等分した1こ分のかさを0.1Lと書きます。

● 次の水のかさは、0.1Lが何こ分ですか。また、それは何Lですか。
(1) 0.1Lが 6 こ分で 0.6L です。
(2) 0.1Lが 2 こ分で 0.2L です。
(3) 0.1Lが 4 こ分で 0.4L です。
(4) 0.1Lが 8 こ分で 0.8L です。

P162

小数（2）　月　日　名前

1Lと、はしたの0.1Lをあわせたかさを 1.1L と書きます。

1 水のかさは何Lですか。
(1) 1.9 L
(2) 1.3 L
(3) 1.5 L

2 次の数を整数と小数に分けましょう。
㋐ 1.8　㋑ 3　㋒ 29　㋓ 0.7　㋔ 4.5
整数 ㋑ ㋒
小数 ㋐ ㋓ ㋔

P163

小数（3）　月　日　名前

● 水のかさの分だけ色をぬりましょう。
(1) 0.1L　(2) 0.8L　(3) 0.9L　(4) 0.5L

小数（4）　月　日　名前

● 水のかさの分だけ色をぬりましょう。
(1) 1.7L　(2) 1.4L　(3) 1.6L

P164

小数（5）　月　日　名前

● ★から㋐、㋑、㋒、㋓、㋔までの長さは、それぞれ何cmですか。小数で答えましょう。

㋐ 0.1 cm
㋑ 1.5 cm
㋒ 4.2 cm
㋓ 8.9 cm
㋔ 10.3 cm

小数（6）　月　日　名前

● ★から㋐、㋑、㋒、㋓、㋔までの長さは、それぞれ何cmですか。小数で答えましょう。

㋐ 0.5 cm
㋑ 2.8 cm
㋒ 5.1 cm
㋓ 9.9 cm
㋔ 10.7 cm

P165

小数（7）　月　日　名前

1 ↑の表している数を書きましょう。
(1) 0.1L　0.9L　2.3L　4.2L
(2) 0.3cm　1.1cm　2.6cm　3.9cm
(3) 0.4　1.5　3.2　4.4

2 次の数を、数直線に↑で書き入れましょう。
㋐ 0.2　㋑ 0.7　㋒ 1.8　㋓ 2.5　㋔ 3.1

小数（8）　月　日　名前

1 下の数直線を見て、□にあてはまる数を書きましょう。
(1) 0.7は、0.1を 7 こ集めた数です。
(2) 5.2は、0.1を 52 こ集めた数です。
(3) 0.1を6こ集めた数は 0.6 です。
(4) 0.1を41こ集めた数は 4.1 です。

2 □にあてはまる数を書きましょう。
(1) 2.8は、1を 2 こ、0.1を 8 こあわせた数です。
(2) 36.9は、10を 3 こ、1を 6 こ、0.1を 9 こあわせた数です。
また、36.9の小数第一位《しょうすうだいいちい》の数字は 9 です。

解答

児童に実施させる前に，必ず指導される方が問題を解いてください。本書の解答は，あくまでも１つの例です。

P166

小数 (9)

月　日　名前

1 下の数直線を見て大きさをくらべ，□に不等号《ふとうごう》を書きましょう。

① 2.9 < 3.1　② 2 > 1.7
③ 1.1 > 0.9　④ 1.2 < 2.1

2 下の数直線を見て大きさをくらべ，□に不等号を書きましょう。

① 6.6 > 5.9　② 4.9 < 5
③ 5.4 < 6.3　④ 7 > 6.6

3 1.9，2.3，1.2，0.9を，小さいじゅんにならべましょう。

0.9 < 1.2 < 1.9 < 2.3

小数 (10)

月　日　名前

1 お茶がポットに0.7L，コップに0.2L入っています。

(1) あわせて何Lですか。

式 0.7 + 0.2 = 0.9　答え 0.9L

(2) ちがいは何Lですか。

式 0.7 − 0.2 = 0.5　答え 0.5L

2 計算をしましょう。

① 0.3 + 0.5　0.8　② 0.1 + 0.8　0.9
③ 0.4 + 0.6　1　④ 0.7 + 0.9　1.6

3 計算をしましょう。

① 0.6 − 0.3　0.3　② 0.8 − 0.2　0.6
③ 1 − 0.4　0.6　④ 1.6 − 0.6　1

P167

小数 (11)　たし算①（くり上がりなし／あり）

月　日　名前

1 計算をしましょう。

① 3.2 + 4.5　7.7　② 8.3 + 1.6　9.9
③ 2.2 + 0.5　2.7　④ 4.6 + 4.2　8.8

2 計算をしましょう。

① 5.8 + 1.4　7.2　② 0.7 + 1.5　2.2

小数 (12)　たし算②

月　日　名前

● 計算をしましょう。

① 4 + 2.8　6.8　② 7.2 + 3　10.2
③ 3.4 + 5.6　9.0　④ 4.3 + 5.7　10.0
⑤ 1.2 + 0.8　2.0　⑥ 3.2 + 6.8　10.0

P168

小数 (13)　たし算③（くり上がりなし）

月　日　名前

● 計算をしましょう。

① 0.2 + 2.6　2.8　② 3.1 + 4.7　7.8　③ 2.5 + 2.4　4.9
④ 7.1 + 0.2　7.3　⑤ 3.5 + 1.3　4.8　⑥ 2.2 + 3.3　5.5
⑦ 8.1 + 0.7　8.8　⑧ 0.6 + 1.1　1.7　⑨ 5.2 + 2.4　7.6
⑩ 1.1 + 4.5　5.6

小数 (14)　たし算③（くり上がりあり）

月　日　名前

● 計算をしましょう。

① 2.3 + 3.9　6.2　② 4.5 + 2.9　7.4　③ 0.7 + 3.8　4.5
④ 5.8 + 1.5　7.3　⑤ 3.7 + 3.7　7.4　⑥ 4.3 + 0.8　5.1
⑦ 0.9 + 1.4　2.3　⑧ 3.8 + 0.8　4.6　⑨ 6.4 + 1.7　8.1
⑩ 5.4 + 0.7　6.1

P169

小数 (15)　たし算⑤

月　日　名前

● 計算をしましょう。

① 4 + 2.7　6.7　② 0.6 + 1.4　2.0　③ 1.8 + 3　4.8
④ 1.4 + 8.6　10.0　⑤ 0.9 + 8　8.9　⑥ 3.1 + 6.9　10.0
⑦ 5.5 + 1.5　7.0　⑧ 8.2 + 0.8　9.0　⑨ 5.2 + 1　6.2
⑩ 7.3 + 2.7　10.0

小数 (16)　たし算⑥

月　日　名前

● 計算をしましょう。

① 1.1 + 8.2　9.3　② 4.6 + 5.4　10.0　③ 4.3 + 3.9　8.2
④ 4.9 + 5.2　10.1　⑤ 8.2 + 0.8　9.0　⑥ 1.9 + 3.8　5.7
⑦ 5 + 0.9　5.9　⑧ 4.2 + 3.5　7.7　⑨ 3.6 + 6.8　10.4
⑩ 1.6 + 8.4　10.0

P170

小数 (17)　ひき算①（くり下がりなし／あり）

月　日　名前

1 計算をしましょう。

① 8.6 − 2.3　6.3　② 9.8 − 4.5　5.3
③ 7.7 − 2.6　5.1　④ 4.8 − 0.4　4.4
⑤ 9.2 − 0.8　8.4　⑥ 8.2 − 3.7　4.5

小数 (18)　ひき算②

月　日　名前

● 計算をしましょう。

① 7 − 3.2　3.8　② 4.6 − 1　3.6
③ 5.2 − 4.6　0.6　④ 10 − 4.8　5.2
⑤ 4.8 − 2.8　2.0　⑥ 6.3 − 5.4　0.9

P171

小数 (19)　ひき算③（くり下がりなし）

月　日　名前

● 計算をしましょう。

① 8.3 − 5.2　3.1　② 4.8 − 3.7　1.1　③ 1.6 − 0.4　1.2
④ 0.7 − 0.2　0.5　⑤ 8.4 − 3.1　5.3　⑥ 9.8 − 1.7　8.1
⑦ 8.3 − 7.2　1.1　⑧ 5.9 − 0.4　5.5　⑨ 7.8 − 6.5　1.3
⑩ 3.6 − 2.2　1.4

小数 (20)　ひき算④（くり下がりあり）

月　日　名前

● 計算をしましょう。

① 7.6 − 3.8　3.8　② 4.2 − 0.5　3.7　③ 1.1 − 0.9　0.2
④ 9.4 − 5.6　3.8　⑤ 2.2 − 0.3　1.9　⑥ 3.8 − 1.9　1.9
⑦ 8.1 − 3.9　4.2　⑧ 9.2 − 1.8　7.4　⑨ 6.6 − 2.8　3.8
⑩ 5.2 − 1.4　3.8

P172

小数 (21)　ひき算⑤

月　日　名前

● 計算をしましょう。

① 6 − 2.4　3.6　② 8.2 − 3.2　5.0　③ 6.4 − 5　1.4
④ 2.3 − 1.8　0.5　⑤ 10 − 4.9　5.1　⑥ 3.6 − 2.9　0.7
⑦ 1 − 0.9　0.1　⑧ 3.4 − 2.7　0.7　⑨ 7.8 − 6.9　0.9
⑩ 10 − 8.9　1.1

小数 (22)　ひき算⑥

月　日　名前

● 計算をしましょう。

① 4.5 − 3.6　0.9　② 3.6 − 2.4　1.2　③ 8.2 − 8　0.2
④ 5 − 1.9　3.1　⑤ 10 − 7.8　2.2　⑥ 9.3 − 4.5　4.8
⑦ 6.6 − 1.4　5.2　⑧ 6.1 − 4.3　1.8　⑨ 8.2 − 0.4　7.8
⑩ 9 − 8.9　0.1

P173

ふりかえり　小数①

月　日　名前

1 水のかさは，何Lですか。

(1) 0.7 L　(2) 1.2 L

2 下のますに，小数で表《あらわ》されたかさの分だけ色をぬりましょう。

(1) 0.4L　(2) 1.9L

3 ↑の表《あらわ》している数を書きましょう。

① 0.5cm　② 2.1cm　③ 3.4cm

4 □にあてはまる数を書きましょう。

(1) 0.6は，0.1を 6 こ集《あつ》めた数です。

(2) 3.8は，0.1を 38 こ集めた数です。

(3) 0.1を3こ集めた数は 0.3 です。

(4) 0.1を61こ集めた数は 6.1 です。

(5) 43.7は，10を 4 こ，1を 3 こ，0.1を 7 こあわせた数です。

また，43.7の小数第一位《しょうすうだいいちい》の数字は 7 です。

5 □に不等号《ふとうごう》を書きましょう。

① 0 < 0.9　② 8.8 > 8

（解答は，200 ～ 300%に拡大してお使い下さい。）

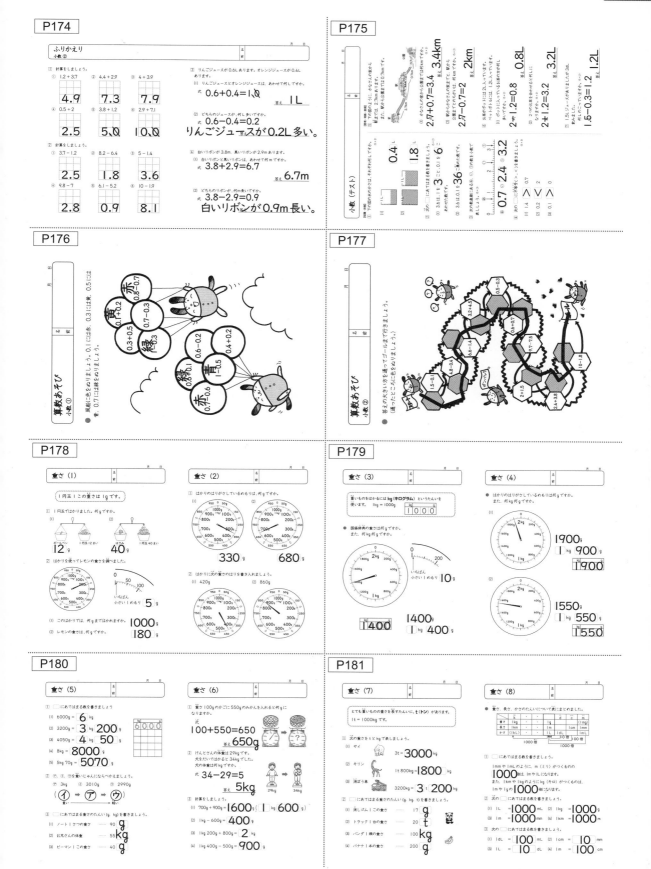

P174

ふりかえり 小数②

1 計算をしましょう。
① 1.2＋3.7　4.9
② 4.4＋2.9　7.3
③ 4＋3.9　7.9
④ 0.5＋2　2.5
⑤ 3.8＋1.2　5.0
⑥ 2.9＋7.1　10.0

2 計算をしましょう。
① 3.7－1.2　2.5
② 8.2－6.4　1.8
③ 5－1.4　3.6
④ 9.8－7　2.8
⑤ 6.1－5.2　0.9
⑥ 10－1.9　8.1

3 りんごジュースが0.6Lあります。オレンジジュースが0.4Lあります。
(1) りんごジュースとオレンジジュースは，あわせて何Lですか。
式 0.6＋0.4＝1.0　答え 1L
(2) どちらのジュースが，何L多いですか。
式 0.6－0.4＝0.2
答え りんごジュースが0.2L多い。

4 白いリボンが3.8m，黒いリボンが2.9mあります。
(1) 白いリボンと黒いリボンは，あわせて何mですか。
式 3.8＋2.9＝6.7　答え 6.7m
(2) どちらのリボンが，何m長いですか。
式 3.8－2.9＝0.9
答え 白いリボンが0.9m長い。

P175

小数（テスト）

【知識・技能】
1 下の図の水のかさは，それぞれ何Lですか。(5×2)
(1) 0.4L
(2) 1.8L

2 次の□にあてはまる数を書きましょう。(5×2)
(1) 3.6は，1を3こと，0.1を6こあわせた数です。
(2) 3.6は0.1を36こ集めた数です。

3 次の数直線にある㋐，㋑，㋒の数を小数で表しましょう。(5×3)
㋐ 0.7　㋑ 2.4　㋒ 3.2

4 次の□に不等号（＞，＜）を書きましょう。(5×3)
(1) 1.4 ＞ 0.7
(2) 0.2 ＜ 2
(3) 0.1 ＞ 0

【思考・判断・表現】
5 下の図のように，かなさんの家から駅までは，2.7kmあります。また，駅から公園までは0.7kmです。

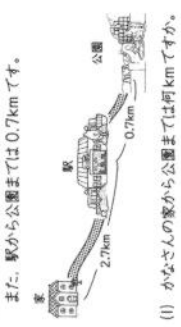

(1) かなさんの家から公園までは何kmですか。(5×2)
式 2.7＋0.7＝3.4　答え 3.4km
(2) 駅からかなさんの家までと，駅から公園までとのちがいは，何kmですか。(5×2)
式 2.7－0.7＝2　答え 2km

6 お茶がポットには2L入っています。ペットボトルには，1.2L入っています。
(1) ポットに入っているお茶の方が何L多いですか。(5×2)
式 2－1.2＝0.8　答え 0.8L
(2) 2つのお茶を合わせると何Lになりますか。(5×2)
式 2＋1.2＝3.2　答え 3.2L

7 1.5Lジュースがありましたが3dL飲みました。何Lのこっていますか。(5×2)
式 1.5－0.3＝1.2　答え 1.2L

P176

算数あそび 小数①

● 風船に色をぬりましょう。0.1には赤，0.3には黄，0.5には青，0.7には緑をぬりましょう。

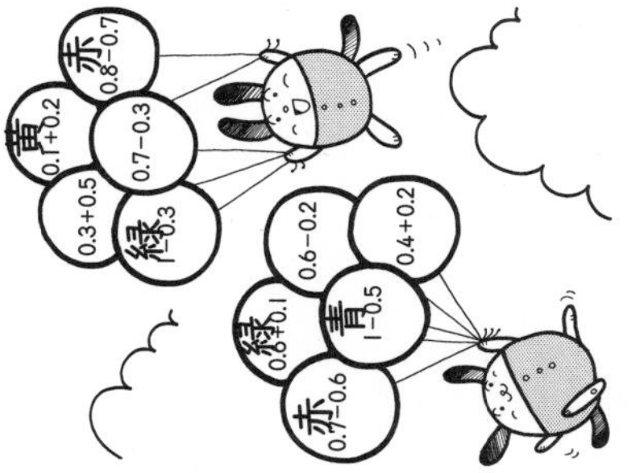

P177

算数あそび 小数②

● 答えの大きい方を通ってゴールまで行きましょう。（通ったところに色をぬりましょう。）

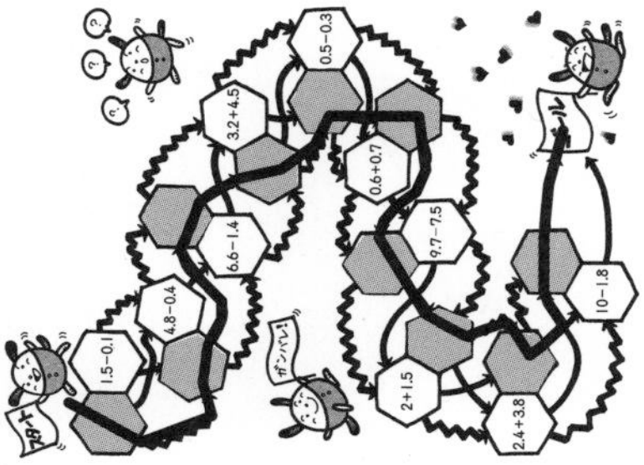

P178

重さ (1)

1円玉1この重さは1gです。

1 1円玉ではかりました。何gですか。
(1) ボールペン　1円玉12まい　12g
(2) はさみ　1円玉40まい　40g

2 はかりを使ってレモンの重さを調べました。
いちばん小さい1めもり 5g
(1) このはかりでは，何gまではかれますか。 1000g
(2) レモンの重さは，何gですか。 180g

重さ (2)

1 はかりのはりがさしているめもりは，何gですか。
(1) 330g
(2) 680g

2 はかりに次の重さのはりを書き入れましょう。
(1) 420g
(2) 860g

P179

重さ (3)

重いものをはかるにはkg（キログラム）というたんいを使います。 1kg＝1000g

● 国語辞典の重さは何gですか。また，何kg何gですか。
いちばん小さい1めもり 10g
1400g　1kg 400g

重さ (4)

● はかりのはりがさしているめもりは何gですか。また，何kg何gですか。
(1) 1900g　1kg 900g
(2) 1550g　1kg 550g

P180

重さ (5)

1 □にあてはまる数を書きましょう
(1) 6000g＝6kg
(2) 3200g＝3kg 200g
(3) 4050g＝4kg 50g
(4) 8kg＝8000g
(5) 5kg 70g＝5070g

2 ㋐，㋑，㋒を重いじゅんにならべかえましょう。
㋐ 3kg　㋑ 3010g　㋒ 2990g
（㋑ → ㋐ → ㋒）
重い　軽い

3 □にあてはまる重さのたんい（g，kg）を書きましょう。
(1) ノート1さつの重さ …… 90g
(2) お兄さんの体重 …… 55kg
(3) ピーマン1この重さ …… 40g

重さ (6)

1 重さ100gのかごに550gのみかんを入れると何gになりますか。
式 100＋550＝650　答え 650g

2 けんとさんの体重は29kgです。犬をだいてはかると34kgでした。犬の体重は何kgですか。
式 34－29＝5　答え 5kg

3 計算をしましょう。
(1) 700g＋900g＝1600g（1kg 600g）
(2) 1kg－600g＝400g
(3) 1kg 200g＋800g＝2kg
(4) 1kg 400g－500g＝900g

P181

重さ (7)

とても重いものの重さを表すたんいに，t（トン）があります。 1t＝1000kgです。

1 次の重さをtとkgで表しましょう。
(1) サイ 3t＝3000kg
(2) キリン 1t 800kg＝1800kg
(3) 消ぼう車 3200kg＝3t 200kg

2 □にあてはまる重さのたんい（g，kg，t）を書きましょう。
(1) 消しゴム1この重さ …… 17g
(2) トラック1台の重さ …… 20t
(3) パンダ1頭の重さ …… 100kg
(4) バナナ1本の重さ …… 200g

重さ (8)

● 重さ，長さ，かさのたんいについて表にまとめました。

	k				d	c	m
重さ	1kg			1g			(1mg)
長さ	1km			1m		1cm	1mm
かさ	(1kL)			1L	1dL		1mL

10倍　100倍　1000倍　1000倍

1 □にあてはまる数を書きましょう。
1mmや1mLのように，m（ミリ）がつくものの1000倍は，1mや1Lになります。
また，1kmや1kgのようにk（キロ）がつくものは，1mや1gの1000倍になります。

2 次の□にあてはまる数を書きましょう。
(1) 1L ＝1000mL　(2) 1kg ＝1000g
(3) 1m ＝1000mm　(4) 1km ＝1000m

3 次の□にあてはまる数を書きましょう。
(1) 1dL ＝100mL　(2) 1cm ＝10mm
(3) 1L ＝10dL　(4) 1m ＝100cm

（テストの文章題は，式5点，答え5点として，配点しています。）

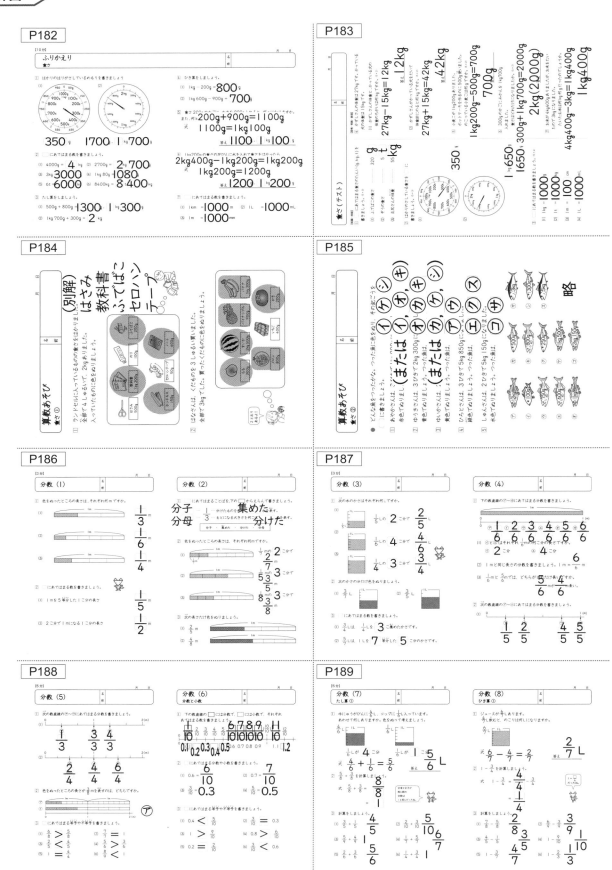

P182

【10分】 ふりかえり 重さ　名前　月　日

1 はかりのはりがさしているめもりを書きましょう。
(1) 350 g　(2) 1700 g　1 kg 700 g

2 □にあてはまる数を書きましょう。
(1) 4000g = 4 kg　(2) 2700g = 2 kg 700 g
(3) 3kg 3000 g　(4) 1kg 80g 1080 g
(5) 6t = 6000 kg　(6) 8400kg = 8 t 400 kg

3 たし算をしましょう。
(1) 500g + 800g = 1300 g　1 kg 300 g
(2) 1kg 700g + 300g = 2 kg

4 ひき算をしましょう。
(1) 1kg − 200g = 800 g
(2) 1kg 600g − 900g = 700 g

5 重さ200gのかごに，みかんを900g入れました。重さは何kg何gですか。
式 200g+900g=1100g
1100g=1kg100g
答え 1100 g　1 kg 100 g

6 1kg200gの重さのかびんに水を入れて重さをはかったら2kg400gでした。水は何gですか。
式 2kg400g−1kg200g=1kg200g
1kg200g=1200g
答え 1200 g　1 kg 200 g

7 □にあてはまる数を書きましょう。
(1) 1km = 1000 m　(2) 1L = 1000 mL
(3) 1m = 1000 mm

P183

重さ（テスト）　名前　月　日

1 □にあてはまる重さのたんい（g, kg, t）を書きましょう。
(1) ふでばこの重さ　320 g
(2) ぞうの重さ　5 t
(3) お兄さんの体重　55 kg

2 はかりのはりのさしている重さを書きましょう。
(1) 350 g
(2) 1 kg 650 g　1650 g

3 □にあてはまる数を書きましょう。
(1) 1kg = 1000 g
(2) 1t = 1000 kg
(3) 1m = 100 cm
(4) 1L = 1000 mL

4 かずしさんの体重は27kgです。かっている犬の体重は15kgです。
(1) かずしさんの体重と，かっている犬の体重のちがいは何kgですか。
27kg−15kg=12kg　答え 12kg
(2) かずしさんがかっている犬をだいて体重計にのると何kgですか。
27kg+15kg=42kg　42kg

5 小麦こが1kg200gありました。ホットケーキを作るのに500g使いました。のこっている小麦こは何gですか。
1kg200g−500g=700g　700g

6 300gのかごにみかんを1kg700g入れました。重さはあわせて何gですか。
300g+1kg700g=2000g　2kg(2000g)

7 お米が4kg400gありました。お米を3kg食べました。たいらお米は何kg何gになりましたか。
4kg400g−3kg=1kg400g　1kg400g

P184

算数あそび　重さ①　名前　月　日

1 ランドセルに入っているものの重さをはかりました。全部で4しゅるいで，2kgありました。入っていたものに色をぬりましょう。

(別解) はさみ
教科書
ふでばこ
セロハンテープ

2 はなさんは，くだものを3しゅるい買いました。全部で3kgでした。買ったくだものに色をぬりましょう。

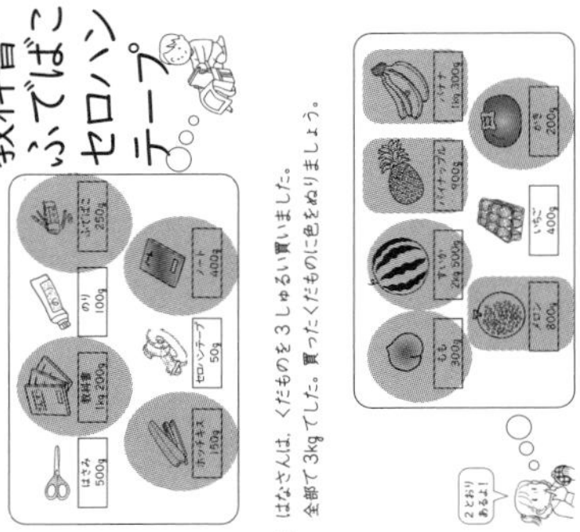

P185

算数あそび　重さ②　名前　月　日

● どんな魚をつったかな。つった魚に色をぬり，その記ごうを□に書きましょう。

1 あやかさんは，2ひきで1kg 200gの魚をつりました。赤色でぬりましょう。　イ　ケ　シ
2 ゆうきさんは，3びきで2kg 300gの魚をつりました。青色でぬりましょう。（または）イ　オ　キ
3 ゆいかさんは，3びきで…の魚をつりました。黄色でぬりましょう。（または）オ　カ　ケ　シ
4 ひろとさんは，3びきで5kg 850gの魚をつりました。緑色でぬりましょう。　ア　ウ　ク　ス
5 しゅんさんは，2ひきで5kg 150gになりました。水色でぬりましょう。　エ　ク　コ　サ

略

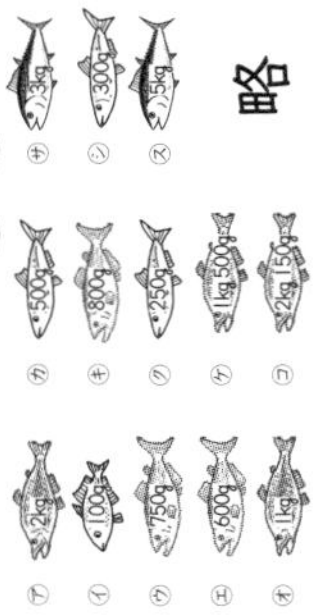

P186

【3分】 分数（1）　名前　月　日

1 色をぬったところの長さは，それぞれ何mですか。
(1) $\frac{1}{3}$ m
(2) $\frac{1}{6}$ m
(3) $\frac{1}{4}$ m

2 □にあてはまる数を書きましょう。
(1) 1mを5等分した1こ分の長さ　$\frac{1}{5}$ m
(2) 2こ分で1mになる1こ分の長さ　$\frac{1}{2}$ m

分数（2）　名前　月　日

1 □にあてはまることばを，下の□からえらんで書きましょう。
$\frac{1}{3}$ … 分けたものを 集めた 数を表す。 分子
… もとになる大きさを 分けた 数を表す。 分母
分子・集めた・分けた・分母

2 色をぬったところの長さは，それぞれ何mですか。
(1) $\frac{1}{7}$ m の 2 こ分で $\frac{2}{7}$ m
(2) $\frac{1}{5}$ m の 3 こ分で $\frac{3}{5}$ m
(3) $\frac{1}{8}$ m の 3 こ分で $\frac{3}{8}$ m

3 次の長さだけ色をぬりましょう。
(1) $\frac{2}{4}$ m
(2) $\frac{4}{8}$ m

P187

【3分】 分数（3）　名前　月　日

1 次の水のかさはそれぞれ何Lですか。
(1) $\frac{1}{5}$ Lの 2 こ分で $\frac{2}{5}$ L
(2) $\frac{1}{6}$ Lの 4 こ分で $\frac{4}{6}$ L
(3) $\frac{1}{4}$ Lの 3 こ分で $\frac{3}{4}$ L

2 次のかさの分だけ色をぬりましょう。
(1) $\frac{3}{7}$ L　(2) $\frac{3}{5}$ L

3 □にあてはまる数を書きましょう。
(1) $\frac{3}{4}$ Lは，$\frac{1}{4}$ Lを 3 こ集めたかさです。
(2) $\frac{5}{7}$ Lは，1Lを 7 等分した 5 こ分のかさです。

分数（4）　名前　月　日

1 下の数直線の㋐〜㋕にあてはまる分数を書きましょう。
㋐ $\frac{1}{6}$　㋑ $\frac{2}{6}$　㋒ $\frac{3}{6}$　㋓ $\frac{4}{6}$　㋔ $\frac{5}{6}$　㋕ $\frac{6}{6}$
(1) ④と㋓はそれぞれ $\frac{1}{6}$ mの何こ分の長さですか。
④ 2 こ分　㋓ 4 こ分
(2) 1mと同じ長さの分数を書きましょう。1m = $\frac{6}{6}$ m
(3) $\frac{1}{6}$ mと $\frac{5}{6}$ mでは，どちらがどれだけ長いですか。
$\frac{5}{6}$ mが $\frac{4}{6}$ m長い。

2 次の数直線の㋐〜㋓にあてはまる分数を書きましょう。
$\frac{1}{5}$　$\frac{2}{5}$　$\frac{4}{5}$　$\frac{5}{5}$

P188

【5分】 分数（5）　名前　月　日

1 次の数直線の㋐〜㋕にあてはまる分数を書きましょう。
(1) $\frac{1}{3}$　$\frac{3}{3}$　$\frac{4}{3}$
(2) $\frac{2}{4}$　$\frac{4}{4}$　$\frac{6}{4}$

2 色をぬったところの長さが $\frac{3}{8}$ mを表すのは，どちらですか。
㋐

3 □にあてはまる等号や不等号を書きましょう。
(1) $\frac{6}{8} > \frac{5}{8}$　(2) $\frac{7}{7} = 1$
(3) $\frac{2}{5} < \frac{4}{5}$　(4) $\frac{5}{6} > \frac{3}{6}$
(5) $1 = \frac{4}{4}$　(6) $\frac{8}{9} < 1$

分数（6） 分数と小数　名前　月　日

1 下の数直線の□には分数で，□には小数で，それぞれあてはまる数を書きましょう。
$\frac{1}{10}$　$\frac{2}{10}$　$\frac{3}{10}$　$\frac{4}{10}$　$\frac{5}{10}$　$\frac{6}{10}$　$\frac{7}{10}$　$\frac{8}{10}$　$\frac{9}{10}$　$\frac{10}{10}$　$\frac{11}{10}$　$\frac{12}{10}$
0.1　0.2　0.3　0.4　0.5　0.6　0.7　0.8　0.9　1　1.1　1.2

2 □にあてはまる分数や小数を書きましょう。
(1) $0.6 = \frac{6}{10}$　(2) $0.7 = \frac{7}{10}$
(3) $\frac{3}{10} = 0.3$　(4) $\frac{5}{10} = 0.5$

3 □にあてはまる等号や不等号を書きましょう。
(1) $0.4 < \frac{5}{10}$　(2) $\frac{3}{10} = 0.3$
(3) $1 > \frac{9}{10}$　(4) $0.8 > \frac{6}{10}$
(5) $0.2 = \frac{2}{10}$　(6) $\frac{3}{10} < 0.6$

P189

【5分】 分数（7） たし算①　名前　月　日

1 牛にゅうがびんに $\frac{4}{6}$ L，コップに $\frac{1}{6}$ L入っています。あわせて何Lありますか。色をぬって考えましょう。
$\frac{1}{6}$ Lが 4 こ分　$\frac{1}{6}$ Lが 1 こ分
式 $\frac{4}{6} + \frac{1}{6} = \frac{5}{6}$　答え $\frac{5}{6}$ L

2 $\frac{5}{8} + \frac{3}{8}$ を計算しましょう。
式 $\frac{5}{8} + \frac{3}{8} = \frac{8}{8} = 1$
分母と分子が同じ数の分数は1と同じだったね。

3 計算をしましょう。
(1) $\frac{3}{5} + \frac{1}{5} = \frac{4}{5}$　(2) $\frac{2}{10} + \frac{3}{10} = \frac{5}{10}$
(3) $\frac{5}{9} + \frac{4}{9} = 1$　(4) $\frac{1}{7} + \frac{5}{7} = \frac{6}{7}$
(5) $\frac{2}{6} + \frac{3}{6} = \frac{5}{6}$　(6) $\frac{1}{4} + \frac{3}{4} = 1$

分数（8） ひき算①　名前　月　日

1 ジュースが $\frac{6}{7}$ Lあります。$\frac{4}{7}$ L飲むと，のこりは何Lになりますか。
式 $\frac{6}{7} - \frac{4}{7} = \frac{2}{7}$　答え $\frac{2}{7}$ L

2 $1 - \frac{3}{4}$ を計算しましょう。
式 $1 - \frac{3}{4} = \frac{4}{4} - \frac{3}{4} = \frac{1}{4}$
1 = □ だったね。

3 計算をしましょう。
(1) $\frac{7}{8} - \frac{5}{8} = \frac{2}{8}$　(2) $\frac{6}{9} - \frac{3}{9} = \frac{3}{9}$
(3) $\frac{4}{5} - \frac{1}{5} = \frac{3}{5}$　(4) $1 - \frac{9}{10} = \frac{1}{10}$
(5) $1 - \frac{3}{7} = \frac{4}{7}$　(6) $1 - \frac{2}{3} = \frac{1}{3}$

P190

分数（9） たし算②

● 計算をしましょう。

① $\frac{2}{8}+\frac{3}{8}$ $\frac{5}{8}$　② $\frac{1}{3}+\frac{2}{3}$ 1
③ $\frac{2}{4}+\frac{1}{4}$ $\frac{3}{4}$　④ $\frac{1}{5}+\frac{3}{5}$ $\frac{4}{5}$
⑤ $\frac{7}{9}+\frac{2}{9}$ 1　⑥ $\frac{2}{6}+\frac{2}{6}$ $\frac{4}{6}$
⑦ $\frac{4}{7}+\frac{1}{7}$ $\frac{5}{7}$　⑧ $\frac{5}{9}+\frac{3}{9}$ $\frac{8}{9}$
⑨ $\frac{3}{10}+\frac{6}{10}$ $\frac{9}{10}$　⑩ $\frac{1}{2}+\frac{1}{2}$ 1
⑪ $\frac{2}{5}+\frac{1}{5}$ $\frac{3}{5}$　⑫ $\frac{3}{7}+\frac{2}{7}$ $\frac{5}{7}$
⑬ $\frac{1}{3}+\frac{1}{3}$ $\frac{2}{3}$　⑭ $\frac{5}{8}+\frac{2}{8}$ $\frac{7}{8}$
⑮ $\frac{2}{9}+\frac{4}{9}$ $\frac{6}{9}$　⑯ $\frac{7}{10}+\frac{2}{10}$ $\frac{9}{10}$
⑰ $\frac{2}{4}+\frac{2}{4}$ 1　⑱ $\frac{1}{6}+\frac{3}{6}$ $\frac{4}{6}$
⑲ $\frac{5}{10}+\frac{3}{10}$ $\frac{8}{10}$　⑳ $\frac{3}{5}+\frac{2}{5}$ 1

分数（10） ひき算②

● 計算をしましょう。

① $\frac{8}{10}-\frac{7}{10}$ $\frac{1}{10}$　② $1-\frac{1}{2}$ $\frac{1}{2}$
③ $\frac{3}{4}-\frac{2}{4}$ $\frac{1}{4}$　④ $\frac{5}{6}-\frac{3}{6}$ $\frac{2}{6}$
⑤ $1-\frac{7}{10}$ $\frac{3}{10}$　⑥ $\frac{7}{9}-\frac{4}{9}$ $\frac{3}{9}$
⑦ $\frac{6}{8}-\frac{1}{8}$ $\frac{5}{8}$　⑧ $\frac{5}{7}-\frac{4}{7}$ $\frac{1}{7}$
⑨ $1-\frac{3}{5}$ $\frac{2}{5}$　⑩ $\frac{2}{3}-\frac{1}{3}$ $\frac{1}{3}$
⑪ $\frac{4}{6}-\frac{2}{6}$ $\frac{2}{6}$　⑫ $\frac{3}{5}-\frac{1}{5}$ $\frac{2}{5}$
⑬ $\frac{7}{10}-\frac{5}{10}$ $\frac{2}{10}$　⑭ $1-\frac{1}{4}$ $\frac{3}{4}$
⑮ $\frac{6}{7}-\frac{5}{7}$ $\frac{1}{7}$　⑯ $\frac{4}{8}-\frac{2}{8}$ $\frac{2}{8}$
⑰ $\frac{8}{9}-\frac{6}{9}$ $\frac{2}{9}$　⑱ $\frac{2}{4}-\frac{1}{4}$ $\frac{1}{4}$
⑲ $1-\frac{1}{6}$ $\frac{5}{6}$　⑳ $\frac{4}{7}-\frac{3}{7}$ $\frac{1}{7}$

P191

分数（11） たし算③

1 $\frac{5}{8}$Lの牛にゅうと$\frac{3}{8}$Lの牛にゅうをあわせると，何Lになりますか。
式 $\frac{5}{8}+\frac{3}{8}=\frac{8}{8}=1$　答え 1L

2 ロープが何mかありました。$\frac{4}{7}$m切りとると，のこりは$\frac{2}{7}$mになりました。はじめにロープは何mありましたか。
式 $\frac{4}{7}+\frac{2}{7}=\frac{6}{7}$　答え $\frac{6}{7}$m

3 ひなさんは$\frac{3}{9}$mのリボンを持《も》っています。お姉さんのリボンは，ひなさんより$\frac{2}{9}$m長いです。お姉さんの持っているリボンは何mですか。
式 $\frac{3}{9}+\frac{2}{9}=\frac{5}{9}$　答え $\frac{5}{9}$m

4 水とうに$\frac{3}{6}$Lの水が入っています。さらに$\frac{2}{6}$Lの水を入れました。水は全部《ぜんぶ》で何Lになりましたか。
式 $\frac{3}{6}+\frac{2}{6}=\frac{5}{6}$　答え $\frac{5}{6}$L

分数（12） ひき算③

1 $\frac{1}{7}$kgのかごにみかんを入れて重《おも》さをはかると，$\frac{6}{7}$kgになりました。かごに入れたみかんは，何kgありますか。
式 $\frac{6}{7}-\frac{1}{7}=\frac{5}{7}$　答え $\frac{5}{7}$kg

2 1mのはり金を何mか切って使《つか》うと，のこりが$\frac{2}{5}$mになりました。何m切って使いましたか。
式 $1-\frac{2}{5}=\frac{3}{5}$　答え $\frac{3}{5}$m

3 $\frac{4}{8}$mの赤いリボンと，$\frac{6}{8}$mの白いリボンがあります。どちらが何m長いですか。
式 $\frac{6}{8}-\frac{4}{8}=\frac{2}{8}$　答え 白いリボンが$\frac{2}{8}$m長い。

4 $\frac{7}{10}$Lのしょう油のうち$\frac{3}{10}$Lつかいました。しょう油は何Lのこっていますか。
式 $\frac{7}{10}-\frac{3}{10}=\frac{4}{10}$　答え $\frac{4}{10}$L

P192

分数（13） たし算かな・ひき算かな①

1 午前中$\frac{5}{9}$km歩きました。午後は$\frac{4}{9}$km歩きました。あわせて何km歩きましたか。
式 $\frac{5}{9}+\frac{4}{9}=\frac{9}{9}=1$　答え 1km

2 リボンが1mあります。そのうち$\frac{4}{7}$mを妹にあげました。のこりは何mになりますか。
式 $1-\frac{4}{7}=\frac{3}{7}$　答え $\frac{3}{7}$m

3 ジュースが紙パックに$\frac{2}{6}$L入っています。びんのジュースは，紙パックのジュースより$\frac{4}{6}$L多く入っています。びんには何L入っていますか。
式 $\frac{2}{6}+\frac{4}{6}=\frac{6}{6}=1$　答え 1L

4 大きいびんにはりんごジャムが1dL，小さいびんにはいちごジャムが$\frac{4}{5}$dL入っています。ちがいは何dLですか。
式 $1-\frac{4}{5}=\frac{1}{5}$　答え $\frac{1}{5}$dL

分数（14） たし算かな・ひき算かな②

1 水とうとコップにあわせて1Lの麦茶があります。水とうには$\frac{8}{10}$L入っています。コップには何Lの麦茶が入っていますか。
式 $1-\frac{8}{10}=\frac{2}{10}$　答え $\frac{2}{10}$L

2 赤いテープが$\frac{3}{4}$mあります。青いテープは，赤いテープより$\frac{1}{4}$m長いです。青いテープは何mありますか。
式 $\frac{3}{4}+\frac{1}{4}=\frac{4}{4}=1$　答え 1m

3 ゆうとさんは，きのう牛にゅうを$\frac{4}{7}$L飲んで，今日はきのうより$\frac{1}{7}$L少なく飲みました。今日は何L飲みましたか。
式 $\frac{4}{7}-\frac{1}{7}=\frac{3}{7}$　答え $\frac{3}{7}$L

4 $\frac{5}{8}$kgのりんごを，$\frac{1}{8}$kgのかごにのせて重さをはかると，何kgになりますか。
式 $\frac{5}{8}+\frac{1}{8}=\frac{6}{8}$　答え $\frac{6}{8}$kg

P193

ふりかえり 分数

1 色をぬったところの長さや水のかさを分数で表《あらわ》しましょう。
(1) $\frac{3}{6}$m　(2) $\frac{4}{5}$L

2 次《つぎ》の数直線の㋐〜㋓にあてはまる分数を書きましょう。
㋐ $\frac{1}{10}$　㋑ $\frac{4}{10}$　㋒ $\frac{7}{10}$　㋓ $\frac{9}{10}$

3 □にあてはまる数を書きましょう。
(1) 1mを8等分《とうぶん》した5こ分の長さは，$\frac{5}{8}$mです。
(2) $\frac{3}{7}$mは，$\frac{1}{7}$mの 3 こ分の長さです。

4 計算をしましょう。
(1) $\frac{1}{4}+\frac{2}{4}$ $\frac{3}{4}$　(2) $\frac{2}{5}+\frac{3}{5}$ 1
(3) $\frac{4}{6}+\frac{1}{6}$ $\frac{5}{6}$　(4) $\frac{7}{9}-\frac{5}{9}$ $\frac{2}{9}$
(5) $1-\frac{1}{3}$ $\frac{2}{3}$　(6) $\frac{6}{7}-\frac{2}{7}$ $\frac{4}{7}$

5 □にあてはまる等号《とうごう》や不等号《ふとうごう》を書きましょう。
(1) $0.4 < \frac{5}{10}$　(2) $\frac{7}{10} > 0.6$　(3) $0.2 = \frac{2}{10}$
(4) $\frac{9}{10} > 0.7$　(5) $\frac{8}{10} = 0.8$

6 $\frac{8}{10}$mのはり金を2本に切ります。1本を$\frac{5}{10}$mにすると，もう1本は何mになりますか。
式 $\frac{8}{10}-\frac{5}{10}=\frac{3}{10}$　答え $\frac{3}{10}$m

7 マフラーをあんでいます。先週$\frac{3}{8}$mあみました。今週は先週より$\frac{1}{8}$m長くあめました。今週は何mあみましたか。
式 $\frac{3}{8}+\frac{1}{8}=\frac{4}{8}$　答え $\frac{4}{8}$m

8 1Lのりんごジュースと$\frac{8}{9}$Lのオレンジジュースがあります。どちらがどれだけ少ないですか。
式 $1-\frac{8}{9}=\frac{1}{9}$　答え オレンジジュースが$\frac{1}{9}$L少ない。

P194

分数（テスト）

【知識・技能】

1 □にあうことばを書きましょう。(5×2)
$\frac{1}{3}$ 1…線の上の数字を 分子 といいます。3…線の下の数字を 分母 といいます。

2 色のついた部分《ぶぶん》の長さやかさを分数で表《あらわ》しましょう。(5×2)
(1) $\frac{1}{5}$m　(2) $\frac{5}{6}$L

3 次の分数を色をぬって表しましょう。(5×2)
(1) $\frac{3}{4}$　(2) $\frac{2}{7}$

4 次の□にあう数字を入れましょう。(5×2)
(1) $\frac{5}{8}$Lは，$\frac{1}{8}$Lの 5 こ分
(2) 1mは，$\frac{1}{6}$mが 6 こ集《あつ》まった長さ

5 □に不等号《ふとうごう》（＞，＜）を書きましょう。(5×2)
(1) $\frac{3}{5} < \frac{4}{5}$　(2) $0.4 > \frac{3}{10}$

【思考・判断・表現】

6 $\frac{1}{5}$Lのジュースと$\frac{2}{5}$Lのジュースをいっしょにすると何Lになるでしょうか。(5×2)
式 $\frac{1}{5}+\frac{2}{5}=\frac{3}{5}$　答え $\frac{3}{5}$L

7 リボンが$\frac{8}{9}$mあります。$\frac{4}{9}$m使《つか》うと，何mのこりますか。(5×2)
式 $\frac{8}{9}-\frac{4}{9}=\frac{4}{9}$　答え $\frac{4}{9}$m

8 みら…入ります。ここ…ります。どちらが何L多く入りますか。(5×2)
式 $1-\frac{5}{6}=\frac{1}{6}$　答え ここなさんの方が$\frac{1}{6}$L多い。

9 ドレッシングを$\frac{2}{3}$dL使ったので，のこりは$\frac{1}{3}$dLになりました。はじめに，何dLあったのでしょうか。(5×2)
式 $\frac{1}{3}+\frac{2}{3}=1$　答え 1dL

10 あと$\frac{1}{8}$km歩いたら，1km歩いたことになります。今までに何km歩いているのでしょうか。(5×2)
式 $1-\frac{1}{8}=\frac{7}{8}$　答え $\frac{7}{8}$km

P195

算数あそび 分数①

● 答えの大きい方へすすみましょう。😵は通れません。

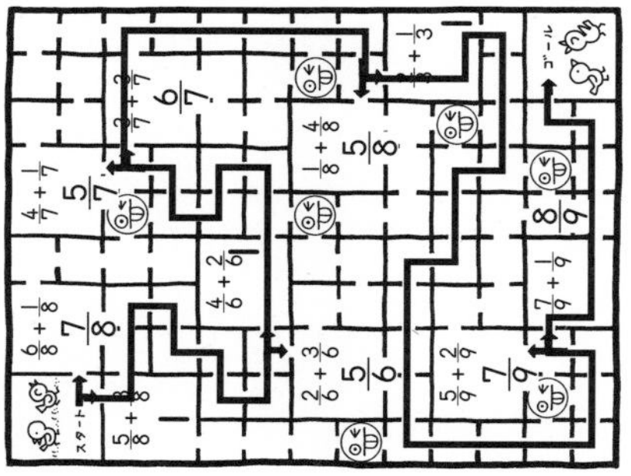

P196

算数あそび 分数②

● 答えの大きい方へすすみましょう。

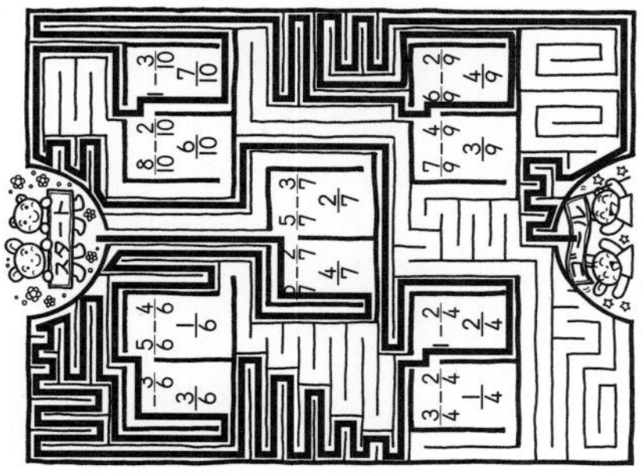

P197

□を使った式（1）

● わからない数を□として，たし算の式に表し，□にあてはまる数をもとめましょう。

子どもが16人で遊んでいます。何人か来たので全部で25人になりました。

はじめの数 16人　来た数 □人　全員の数 25人

式 16 ＋ □ ＝ 25（はじめの数）（来た数）（全員の数）
□ ＝ 25 − 16
□ ＝ 9

答え □の数は 9

□を使った式（2）

● わからない数を□として，ひき算の式に表し，□にあてはまる数をもとめましょう。

クッキーが21まいありました。何まいか食べたので，のこりが8まいになりました。

はじめの数 21まい　食べた数 □まい　のこりの数 8まい

式 21 − □ ＝ 8（はじめの数）（食べた数）（のこりの数）
□ ＝ 21 − 8
□ ＝ 13

答え □の数は 13

（テストの文章題は，式5点，答え5点として，配点しています。）

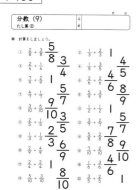

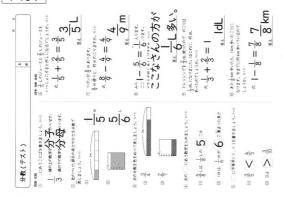

P198

□を使った式 (3)

● わからない数を□としてたし算の式《しき》に表《あらわ》し，□にあてはまる数をもとめましょう。

(1) 子どもが18人でおにごっこをしています。何人か来たので，全部《ぜんぶ》で27人になりました。

式 18 + □ = 27
□ = 27−18
□ = 9　答え 9人

(2) 車がちゅう車場に26台とまっています。何台か入ってきたので，全部で33台になりました。

式 26 + □ = 33
□ = 33−26
□ = 7　答え 7台

□を使った式 (4)

● わからない数を□としてひき算の式《しき》に表《あらわ》し，□にあてはまる数をもとめましょう。

(1) いちごが何こかありました。15こ食べたので，のこりが7こになりました。

式 □ − 15 = 7
□ = 15+7
□ = 22　答え 22こ

(2) ビー玉が何こかありました。妹に6こあげたので，のこりが19こになりました。

式 □ − 6 = 19
□ = 6+19
□ = 25　答え 25こ

P199

□を使った式 (5)

● わからない数を□としてたし算の式《しき》に表《あらわ》し，□にあてはまる数をもとめましょう。

(1) バスに13人乗《の》っています。次《つぎ》のバスていで何人か乗ってきたので，全部《ぜんぶ》で29人になりました。

式 13 + □ = 29
□ = 29 − 13
□ = 16　答え 16人

(2) 250gのさとうを重さ何gかの入れものに入れて，重さをはかると320gでした。

式 250 + □ = 320
□ = 320 − 250
□ = 70　答え 70g

(3) みかんが何こかありました。友だちから22こもらったので，みかんは全部で31こになりました。

式 □ + 22 = 31
□ = 31 − 22
□ = 9　答え 9こ

□を使った式 (6)

● わからない数を□としてひき算の式《しき》に表《あらわ》し，□にあてはまる数をもとめましょう。

(1) たまごが41こありました。何こか使《つか》ったので，のこりが33こになりました。

式 41 − □ = 33
□ = 41 − 33
□ = 8　答え 8こ

(2) バラの花が54本ありました。友だちに何本かあげたので，のこりは28本になりました。

式 54 − □ = 28
□ = 54 − 28
□ = 26　答え 26本

(3) おこづかいを持《も》って買いものに行きました。160円のパンを買うと，のこりは350円でした。

式 □ − 160 = 350
□ = 160 + 350
□ = 510　答え 510円

P200

□を使った式 (7)

● わからない数を□としてたし算の式《しき》に表《あらわ》し，答えをもとめましょう。

(1) □ + 18 = 36
□ = 36 − 18
□ = 18　答え 18人

(2) 110 + □ = 500
□ = 500 − 110
□ = 390　答え 390g

(3) 37 + □ = 56
□ = 56 − 37
□ = 19　答え 19まい

(4) □ + 160 = 330
□ = 330 − 160
□ = 170　答え 170円

(5) 81 + □ = 140
□ = 140 − 81
□ = 59　答え 59ページ

□を使った式 (8)

● わからない数を□としてひき算の式《しき》に表《あらわ》し，答えをもとめましょう。

(1) 173 − □ = 86
□ = 173 − 86
□ = 87　答え 87こ

(2) □ − 62 = 79
□ = 62 + 79
□ = 141　答え 141cm

(3) 500 − □ = 130
□ = 500 − 130
□ = 370　答え 370g

(4) 24 − □ = 17
□ = 24 − 17
□ = 7　答え 7人

(5) □ − 740 = 260
□ = 740 + 260
□ = 1000　答え 1000円

P201

□を使った式 (9)

● わからない数を□としてかけ算の式《しき》に表《あらわ》し，□にあてはまる数をもとめましょう。

(1) アイスクリームが同じ数ずつ入っている箱《はこ》が6箱あります。アイスクリームは全部《ぜんぶ》で42こです。

式 □ × 6 = 42
□ = 42÷6
□ = 7　答え 7こ

(2) 水が同じかさずつ入ったペットボトルが9本あります。水は全部で18Lです。

式 □ × 9 = 18
□ = 18÷9
□ = 2　答え 2L

□を使った式 (10)

● わからない数を□としてわり算の式《しき》に表《あらわ》し，□にあてはまる数をもとめましょう。

(1) リボンが何mかあります。4mずつ分けると，8人に分けることができました。

式 □ ÷ 4 = 8
□ = 4×8
□ = 32　答え 32m

(2) りんごジュースが15dLあります。何人かで同じかさずつ分けると，1人分は3dLになりました。

式 15 ÷ □ = 3
□ = 15÷3
□ = 5　答え 5人

P202

□を使った式 (11)

● わからない数を□としてかけ算の式《しき》に表《あらわ》し，□にあてはまる数をもとめましょう。

(1) おにぎりが同じ数ずつ入っているお皿《さら》が7皿あります。おにぎりは全部《ぜんぶ》で21こです。

式 □ × 7 = 21
□ = 21 ÷ 7
□ = 3　答え 3こ

(2) 1箱《はこ》にガムが8こずつ入っています。何箱か買うと，ガムは32こになりました。

式 8 × □ = 32
□ = 32 ÷ 8
□ = 4　答え 4箱

(3) 色紙を何まいか買いました。1まい5円だったので，30円はらいました。

式 5 × □ = 30
□ = 30 ÷ 5
□ = 6　答え 6まい

□を使った式 (12)

● わからない数を□としてわり算の式《しき》に表《あらわ》し，□にあてはまる数をもとめましょう。

(1) ジュースが何本かあります。9人で同じ数ずつ分けると，1人分は5本になりました。

式 □ ÷ 9 = 5
□ = 9 × 5
□ = 45　答え 45本

(2) お茶が40dLあります。何人かで同じかさずつ分けると，1人5dLずつになりました。

式 40 ÷ □ = 5
□ = 40 ÷ 5
□ = 8　答え 8人

(3) ロープが何mかあります。3mずつに切ると，3mのロープが6本できました。

式 □ ÷ 3 = 6
□ = 3 × 6
□ = 18　答え 18m

P203

□を使った式 (13)

● わからない数を□としてかけ算の式《しき》に表《あらわ》し，答えをもとめましょう。

(1) □ × 7 = 63
□ = 63 ÷ 7
□ = 9　答え 9こ

(2) 9 × □ = 36
□ = 36 ÷ 9
□ = 4　答え 4こ

(3) 8 × □ = 64
□ = 64 ÷ 8
□ = 8　答え 8箱

(4) □ × 7 = 21
□ = 21 ÷ 7
□ = 3　答え 3人

(5) □ × 5 = 30
□ = 30 ÷ 5
□ = 6　答え 6本

□を使った式 (14)

● わからない数を□としてわり算の式《しき》に表《あらわ》し，答えをもとめましょう。

(1) □ ÷ 8 = 6
□ = 8 × 6
□ = 48　答え 48本

(2) □ ÷ 4 = 5
□ = 4 × 5
□ = 20　答え 20本

(3) 16 ÷ □ = 8
□ = 16 ÷ 8
□ = 2　答え 2cm

(4) 63 ÷ □ = 7
□ = 63 ÷ 7
□ = 9　答え 9ページ

(5) □ ÷ 5 = 6
□ = 5 × 6
□ = 30　答え 30人

P204

□を使った式 (15)

● □にあてはまる数をもとめましょう。

(1) 15 + □ = 22
□ = 22 − 15
□ = 7

(2) 8 + □ = 26
□ = 26 − 8
□ = 18

(3) □ + 9 = 14
□ = 14 − 9
□ = 5

(4) □ + 17 = 31
□ = 31 − 17
□ = 14

(5) □ − 5 = 14
□ = 14 + 5
□ = 19

(6) □ − 16 = 17
□ = 17 + 16
□ = 33

(7) □ − 24 = 26
□ = 26 + 24
□ = 50

(8) 14 − □ = 9
□ = 14 − 9
□ = 5

(9) 34 − □ = 21
□ = 34 − 21
□ = 13

(10) 30 − □ = 25
□ = 30 − 25
□ = 5

□を使った式 (16)

● □にあてはまる数をもとめましょう。

(1) 5 × □ = 30
□ = 30 ÷ 5
□ = 6

(2) 8 × □ = 48
□ = 48 ÷ 8
□ = 6

(3) □ × 3 = 30
□ = 30 ÷ 3
□ = 10

(4) □ × 7 = 63
□ = 63 ÷ 7
□ = 9

(5) □ ÷ 5 = 7
□ = 7 × 5
□ = 35

(6) □ ÷ 6 = 7
□ = 7 × 6
□ = 42

(7) □ ÷ 4 = 16
□ = 16 × 4
□ = 64

(8) 28 ÷ □ = 4
□ = 28 ÷ 4
□ = 7

(9) 24 ÷ □ = 8
□ = 24 ÷ 8
□ = 3

(10) 54 ÷ □ = 6
□ = 54 ÷ 6
□ = 9

P205

ふりかえり □を使った式①

● わからない数を□として式《しき》に表《あらわ》し，答えをもとめましょう。

(1) □ + 19 = 36
□ = 36 − 19
□ = 17　答え 17人

(2) 500 − □ = 268
□ = 500 − 268
□ = 232　答え 232円

(3) 6 × □ = 42
□ = 42 ÷ 6
□ = 7　答え 7ふくろ

(4) □ − 30 = 280
□ = 30 + 280
□ = 310　答え 310dL

(5) 80 ÷ □ = 8
□ = 80 ÷ 8
□ = 10　答え 10人

ふりかえり □を使った式②

● わからない数を□として式《しき》に表《あらわ》し，答えをもとめましょう。

(1) 8 × □ = 72
□ = 72 ÷ 8
□ = 9　答え 9パック

(2) 53 + □ = 92
□ = 92 − 53
□ = 39　答え 39まい

(3) □ − 890 = 512
□ = 890 + 512
□ = 1402　答え 1402円

(4) □ ÷ 2 = 5
□ = 2 × 5
□ = 10　答え 10L

(5) □ × 7 = 28
□ = 28 ÷ 7
□ = 4　答え 4こ

（解答は，200 ～ 300%に拡大してお使い下さい。）

P206

□を使った式（テスト）

【知識・技能】
1 □にあてはまる数をもとめましょう。(5×10)

(1) 19＋□＝25　□＝25−19　□＝6
(2) □＋7＝24　□＝24−7　□＝17
(3) □−8＝5　□＝5＋8　□＝13
(4) □−17＝14　□＝14＋17　□＝31
(5) 16−□＝7　□＝16−7　□＝9
(6) 6×□＝42　□＝42÷6　□＝7
(7) 4×□＝40　□＝40÷4　□＝10
(8) □÷5＝4　□＝4×5　□＝20
(9) □÷8＝12　□＝12×8　□＝96
(10) 63÷□＝9　□＝63÷9　□＝7

【思考・判断・表現】
2 次の文のわからない数を□としてたし算の式に表し，□にあてはまる数をもとめましょう。(5×2)
200gのかごに，みかんを入れると重さは850gになりました。
200＋□＝850　答え 650

3 次の文のわからない数を□としてひき算の式に表し，□にあてはまる数をもとめましょう。(5×2)
おこづかいをいくらかもっていましたが，150円のおかしを買ったので，のこりは30円になりました。
□−150＝30　答え 180

4 次の文のわからない数を□としてかけ算の式に表し，□にあてはまる数をもとめましょう。(5×2)
アイスが同じ数ずつ入った箱《はこ》が3箱で，アイスは全部で18こです。
式 □×3＝18　答え 6

5 次の文のわからない数を□としてわり算の式に表し，□にあてはまる数をもとめましょう。(5×4)
(1) ジュースが16dLありました。何dLかずつ分けると，8人に分けることができました。
式 16÷□＝8　答え 2
(2) チョコボールが何こかあったので，4人に同じ数ずつ配《くば》ったら，1人に3こずつになりました。
式 □÷4＝3　答え 12

P207

かけ算・かける2けたの筆算 (1)
2けた×2けた（くり上がりなし）①
● 次の計算をしましょう。

① 32×11＝352　② 12×13＝156　③ 14×21＝294
④ 13×22＝286　⑤ 41×12＝492　⑥ 20×14＝280

かけ算・かける2けたの筆算 (2)
2けた×2けた（くり上がりなし）②
● 次の計算をしましょう。

① 32×21　672　② 31×12　372　③ 41×11　451
④ 21×20　420　⑤ 13×13　169　⑥ 23×11　253

P208

かけ算・かける2けたの筆算 (3)
2けた×2けた＝3けた（くり上がりあり）①
● 次の計算をしましょう。

① 15×12＝180　② 38×21＝798　③ 14×62＝868
④ 30×17＝510　⑤ 53×13＝689

かけ算・かける2けたの筆算 (4)
2けた×2けた＝3けた（くり上がりあり）②
● 次の計算をしましょう。

① 51×14　714　② 41×15　615　③ 16×40　640
④ 17×31　527　⑤ 26×23　598

P209

かけ算・かける2けたの筆算 (5)
2けた×2けた＝3けた（くり上がりあり）③
● 次の計算をしましょう。

① 45×19＝855　② 38×23＝874　③ 37×22＝814
④ 16×43＝688　⑤ 52×13＝676　⑥ 23×34＝782
⑦ 19×32＝608　⑧ 24×36＝864　⑨ 17×40＝680

かけ算・かける2けたの筆算 (6)
2けた×2けた＝3けた（くり上がりあり）④
● 次の計算をしましょう。

① 23×41　943　② 19×26　494　③ 33×17　561
④ 50×18　900　⑤ 34×24　816　⑥ 46×21　966
⑦ 17×42　714　⑧ 31×25　775　⑨ 35×16　560

P210

かけ算・かける2けたの筆算 (7)
2けた×2けた＝4けた ①
● 次の計算をしましょう。

① 43×61＝2623　② 82×19＝1558　③ 53×35＝1855
④ 62×74＝4588　⑤ 60×28＝1680　⑥ 92×36＝3312
⑦ 44×38＝1672　⑧ 54×27＝1458　⑨ 67×71＝4757

かけ算・かける2けたの筆算 (8)
2けた×2けた＝4けた ②
● 次の計算をしましょう。

① 61×54　3294　② 27×88　2376　③ 45×72　3240
④ 87×69　6003　⑤ 58×90　5220　⑥ 78×44　3432
⑦ 76×77　5852　⑧ 66×48　3168　⑨ 57×74　4218

P211

かけ算・かける2けたの筆算 (9)
2けた×2けた＝4けた ③
● 次の計算をしましょう。

① 56×78＝4368　② 99×65＝6435　③ 75×89＝6675
④ 55×98＝5390　⑤ 76×59＝4484　⑥ 88×90＝7920
⑦ 69×69＝4761　⑧ 57×85＝4845

かけ算・かける2けたの筆算 (10)
2けた×2けた＝4けた ④
● 次の計算をしましょう。

① 67×58　3886　② 95×67　6365　③ 86×97　8342
④ 56×98　5488　⑤ 77×96　7392　⑥ 80×79　6320
⑦ 79×55　4345　⑧ 65×85　5525

P212

かけ算・かける2けたの筆算 (11)
● 次の計算をしましょう。

① 33×42＝1386　② 67×85＝5695　③ 26×37＝962　④ 12×32＝384
⑤ 47×48＝2256　⑥ 24×43＝1032　⑦ 99×57＝5643　⑧ 42×34＝1428
⑨ 85×96＝8160　⑩ 11×10＝110　⑪ 62×48＝2976　⑫ 24×23＝552
⑬ 19×94＝1786　⑭ 77×95＝7315　⑮ 43×14＝602

かけ算・かける2けたの筆算 (12)
● 次の計算をしましょう。

① 45×32　1440　② 98×57　5586　③ 25×31　775　④ 68×75　5100
⑤ 19×37　703　⑥ 22×13　286　⑦ 28×72　2016　⑧ 97×78　7566
⑨ 42×35　1470　⑩ 93×57　5301　⑪ 14×21　294　⑫ 44×33　1452
⑬ 43×52　2236　⑭ 80×46　3680　⑮ 85×75　6375

P213

ふりかえり
かけ算・かける2けたの筆算 ①
● 次の計算をしましょう。

① 68×96　6528　② 15×43　645　③ 82×61　5002　④ 13×21　273　⑤ 26×37　962　⑥ 41×22　902　⑦ 19×26　494
⑧ 73×90　6570　⑨ 25×33　825　⑩ 89×78　6942　⑪ 44×52　2288　⑫ 11×44　484　⑬ 37×16　592　⑭ 29×93　2697
⑮ 56×95　5320　⑯ 34×12　408　⑰ 28×19　532　⑱ 64×85　5440　⑲ 13×15　195　⑳ 95×66　6270

（テストの文章題は，式5点，答え5点として，配点しています。）

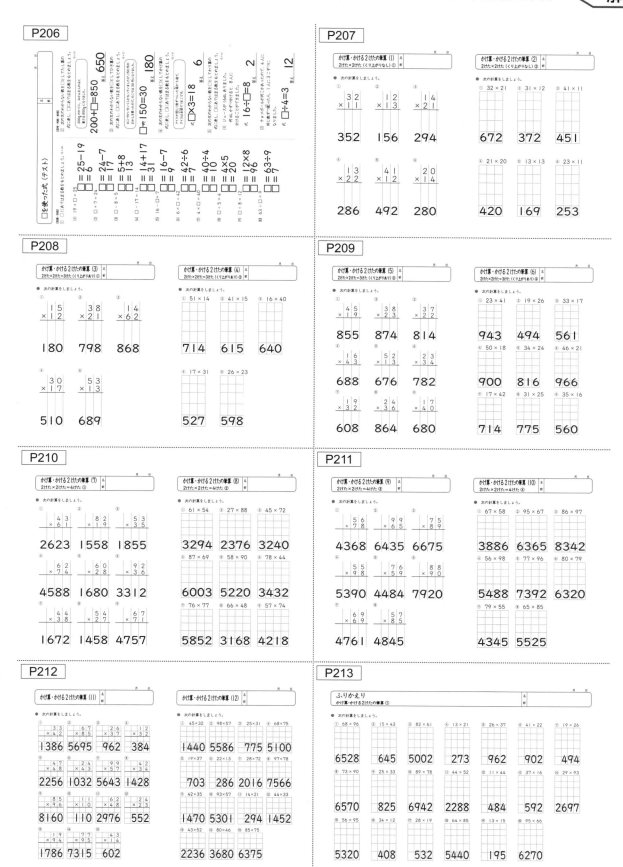

解答

児童に実施させる前に，必ず指導される方が問題を解いてください。本書の解答は，あくまでも１つの例です。

P214

かけ算・かける２けたの筆算 (13)　名前　月　日
3けた×2けた＝4けた ①

次の計算をしましょう。

① 435 × 21 = 9135
② 123 × 52 = 6396
③ 330 × 14 = 4620
④ 213 × 25 = 5325

かけ算・かける２けたの筆算 (14)　名前　月　日
3けた×2けた＝4けた ②

次の計算をしましょう。

① 133 × 44 = 5852
② 240 × 35 = 8400
③ 442 × 13 = 5746
④ 242 × 14 = 3388

P215

かけ算・かける２けたの筆算 (15)　名前　月　日
3けた×2けた＝5けた ①

次の計算をしましょう。

① 512 × 35 = 17920
② 441 × 30 = 13230
③ 325 × 42 = 13650
④ 553 × 54 = 29862

かけ算・かける２けたの筆算 (16)　名前　月　日
3けた×2けた＝5けた ②

次の計算をしましょう。

① 434 × 53 = 23002
② 550 × 24 = 13200
③ 342 × 43 = 14706
④ 255 × 52 = 13260

P216

かけ算・かける２けたの筆算 (17)　名前　月　日
3けた×2けた＝5けた ③

次の計算をしましょう。

① 163 × 82 = 13366
② 758 × 24 = 18192
③ 610 × 39 = 23790
④ 247 × 85 = 20995

かけ算・かける２けたの筆算 (18)　名前　月　日
3けた×2けた＝5けた ④

次の計算をしましょう。

① 914 × 26 = 23764
② 518 × 37 = 19166
③ 449 × 36 = 16164
④ 384 × 90 = 34560

P217

かけ算・かける２けたの筆算 (19)　名前　月　日
3けた×2けた＝5けた ⑤

次の計算をしましょう。

① 689 × 86 = 59254
② 677 × 68 = 46036
③ 996 × 97 = 96612
④ 866 × 79 = 68414

かけ算・かける２けたの筆算 (20)　名前　月　日
3けた×2けた＝5けた ⑥

次の計算をしましょう。

① 979 × 68 = 66572
② 868 × 67 = 58156
③ 799 × 88 = 70312
④ 687 × 78 = 53586

P218

かけ算・かける２けたの筆算 (21)　名前　月　日
3けた(十の位が0)×2けた ①

次の計算をしましょう。

① 806 × 23 = 18538
② 506 × 48 = 24288
③ 903 × 82 = 74046
④ 107 × 72 = 7704

かけ算・かける２けたの筆算 (22)　名前　月　日
3けた(十の位が0)×2けた ②

次の計算をしましょう。

① 704 × 75 = 52800
② 604 × 48 = 28992
③ 409 × 93 = 38037
④ 308 × 84 = 25872

P219

かけ算・かける２けたの筆算 (23)　名前　月　日
3けた(十の位が0)×2けた ③

次の計算をしましょう。

① 809 × 97 = 78473
② 908 × 66 = 59928
③ 706 × 68 = 48008
④ 808 × 99 = 79992

かけ算・かける２けたの筆算 (24)　名前　月　日
3けた(十の位が0)×2けた ④

次の計算をしましょう。

① 909 × 69 = 62721
② 608 × 98 = 59584
③ 709 × 76 = 53884
④ 606 × 88 = 53328

P220

かけ算・かける２けたの筆算 (25)　名前　月　日
3けた×2けた ①

次の計算をしましょう。

① 678 × 96 = 65088
② 143 × 22 = 3146
③ 309 × 87 = 26883
④ 826 × 30 = 24780
⑤ 608 × 27 = 16416
⑥ 158 × 39 = 6162
⑦ 998 × 78 = 77844
⑧ 249 × 98 = 24402

かけ算・かける２けたの筆算 (26)　名前　月　日
3けた×2けた ②

次の計算をしましょう。

① 786 × 86 = 67596
② 716 × 24 = 17184
③ 808 × 49 = 39592
④ 904 × 76 = 68704
⑤ 213 × 31 = 6603
⑥ 875 × 61 = 53375
⑦ 198 × 45 = 8910
⑧ 689 × 79 = 54431

P221

ふりかえり　名前　月　日
かけ算・かける２けたの筆算 ②

次の計算をしましょう。

① 114 × 22 = 2508
② 879 × 96 = 84384
③ 608 × 29 = 17632
④ 312 × 23 = 7176
⑤ 784 × 56 = 43904
⑥ 668 × 97 = 64796
⑦ 195 × 28 = 5460
⑧ 875 × 39 = 34125
⑨ 826 × 34 = 28084
⑩ 908 × 26 = 23608

（解答は，200 ～ 300%に拡大してお使い下さい。）

P222

かけ算・かける2けたの筆算 (27)　文章題 ①　名前　月　日

1 駅の階だんは27だんあります。
31日毎日上ると，あわせて何だんになりますか。
式　27×31=837
答え　837だん

2 38人乗りのバスが19台あります。
全部で何人乗ることができますか。
式　38×19=722
答え　722人

3 1こ82円のシュークリームを65こ買います。
代金はいくらですか。
式　82×65=5330
答え　5330円

かけ算・かける2けたの筆算 (28)　文章題 ②　名前　月　日

1 毎日66ページずつ本を読みます。
31日では，本を何ページ読むことができますか。
式　66×31=2046
答え　2046ページ

2 長いリボンを切って，98cmのリボンを15本作ります。
長いリボンは，何cmいりますか。
式　98×15=1470
答え　1470cm

3 遊園地の入園りょうは1人699円です。
35人分の代金は，いくらですか。
式　699×35=24465
答え　24465円

P223

かけ算・かける2けたの筆算 (29)　文章題 ③　名前　月　日

1 1こ278円のマドレーヌを26こ買います。
全部でいくらですか。
式　278×26=7228
答え　7228円

2 1つの花たばに花を27本ずつ使います。
花たばを18たば作るには，花は何本いりますか。
式　27×18=486
答え　486本

3 560mLのお茶が48本あります。
全部で何mLありますか。
式　560×48=26880
答え　26880mL

4 1クラス36人におり紙を36まいずつ配るには，おり紙は何まいいりますか。
式　36×36=1296
答え　1296まい

5 工作で作品を1つ作るのに，ひもが96cmいります。
作品を16こ作るには，ひもは何cmいりますか。
式　96×16=1536
答え　1536cm

かけ算・かける2けたの筆算 (30)　文章題 ④　名前　月　日

1 子どもがたてに29人ずつ，横に18列ならんでいます。
子どもは，全部で何人いますか。
式　29×18=522
答え　522人

2 1さつ598円の本を20さつ買います。
全部で何円ですか。
式　598×20=11960
答え　11960円

3 毎日牛にゅうを250mLずつ飲みます。
77日で何mLですか。
式　250×77=19250
答え　19250mL

4 1人38羽ずつおりづるを作ります。
46人で作ると，おりづるは何羽できますか。
式　38×46=1748
答え　1748羽

5 19まい入りのクッキーの箱が26箱あります。
クッキーは，全部で何まいありますか。
式　19×26=494
答え　494まい

P224

かけ算かな・わり算かな (1)　文章題 ①　名前　月　日

1 1こ216円のペンを48本買うと，全部でいくらになりますか。
式　216×48=10368
答え　10368円

2 クッキーが56まいあります。
7人で同じ数ずつ分けると，1人分は何まいになりますか。
式　56÷7=8
答え　8まい

3 12本入りのペットボトルの箱が27箱あります。
全部で何本ありますか。
式　12×27=324
答え　324本

4 タクシーのりばに30人ならんでいます。1台のタクシーに4人ずつ乗ります。全員が乗るには，タクシーは何台いりますか。
式　30÷4=7 あまり 2
7+1=8
答え　8台

5 18Lの水を2Lずつペットボトルに入れます。
2L入りのペットボトルは，何本できますか。
式　18÷2=9
答え　9本

かけ算かな・わり算かな (2)　文章題 ②　名前　月　日

1 おに… 25÷7=3 あまり 4 …つ配ります。
1人…
式　
答え　3こ あまり 4こ

2 リボンが50cmあります。
8cmずつ切ると，8cmのリボンは何本作れますか。
式　50÷8=6 あまり 2
答え　6本

3 1さつ108円のノートを56さつ買います。
全部でいくらになりますか。
式　108×56=6048
答え　6048円

4 あめが70こあります。1ふくろに9こずつ入れます。
9こ入りのふくろは，何ふくろできますか。
式　70÷9=7 あまり 7
答え　7ふくろ

5 子どもが18人います。おかし代として，1人92円ずつ集めます。全部でいくらになりますか。
式　92×18=1656
答え　1656円

P225

かけ算・かける2けたの筆算（テスト）　名前　月　日

【知識・技能】
1 筆算で計算をしましょう。(5×10)

(1) 23×32	736	(2) 60×12	720
(3) 58×63	3654	(4) 37×48	1776
(5) 83×49	4067	(6) 26×84	2184
(7) 27×85	2295	(8) 87×76	6612
(9) 243×35	8505	(10) 785×95	74575

【思考・判断・表現】
2 1こ98円のりんごを25こ買います。
代金はいくらになりますか。(5×2)
ひっ算
98×25=2450
答え　2450円

3 1人におり紙を48まいずつくばります。
42人にくばるには，おり紙は何まいいりますか。(5×2)
ひっ算
48×42=2016
答え　2016まい

4 28人がテープを使って工作をします。1人が1m45cmずつ使います。テープは何m何cm必要ですか。(5×2)
ひっ算
145×28=4060
答え　40m60cm

5 遠足にかかるひ用は1人あたり650円です。
73人では全部で何円になりますか。(5×2)
ひっ算
650×73=47450
答え　47450円

6 1箱348円のおかしを26人分と980円のお茶の箱を買いました。…
348×26=9048
9048+980=10028
答え　10028円

P226

算数あそび　かけ算・かける2けたの筆算 ①　名前　月　日

● 答えの大きい方へすすみましょう。

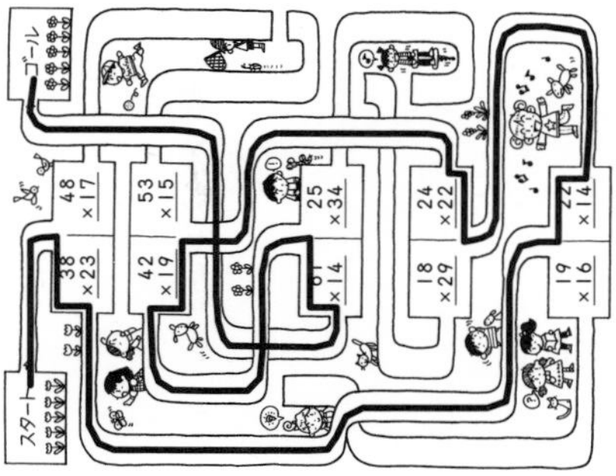

P227

算数あそび　かけ算・かける2けたの筆算 ②　名前　月　日

● 答えの大きい方へすすみましょう。

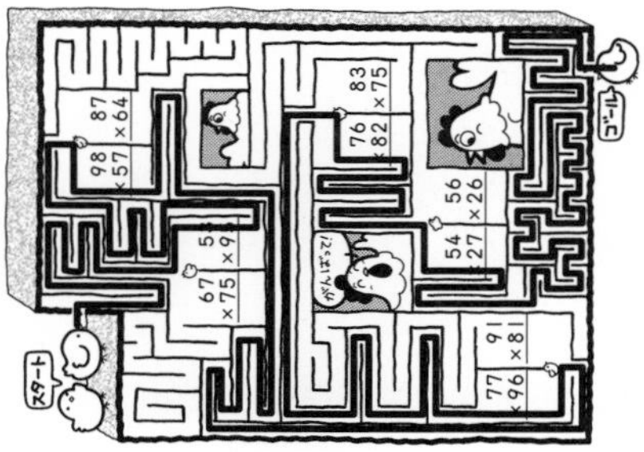

P228

算数あそび　かけ算・かける2けたの筆算 ③　名前　月　日

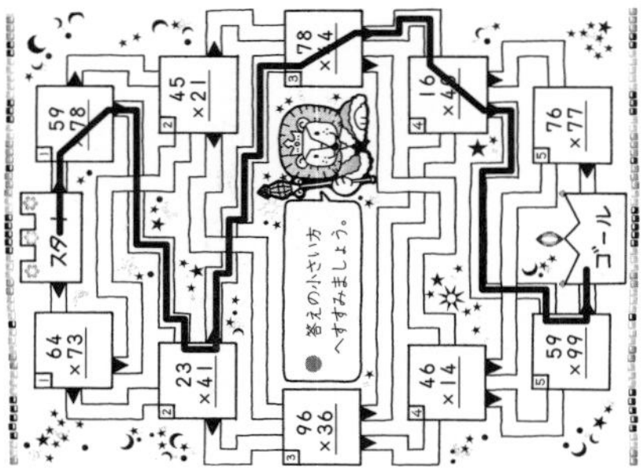

P229

算数あそび　かけ算・かける2けたの筆算 ④　名前　月　日

● 答えの小さい方へすすみましょう。

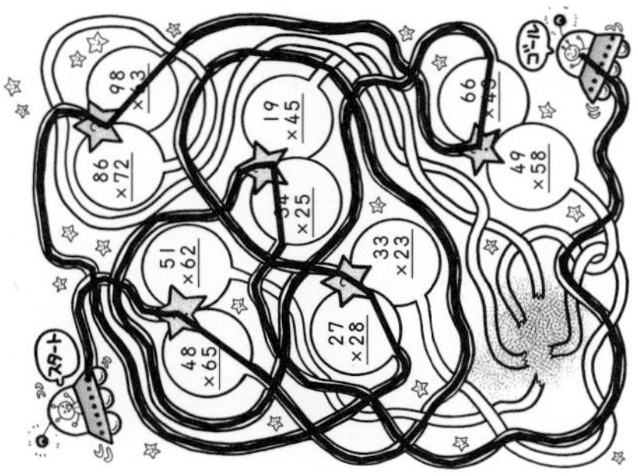

児童に実施させる前に，必ず指導される方が問題を解いてください。本書の解答は，あくまでも１つの例です。

P230

倍の計算（1）
倍にあたる数を求める

月　日　名前

1　13cm の青いテープがあります。白いテープは，青いテープの5倍の長さです。白いテープは何 cm ですか。

式　13×5=65

答え　65cm

2　お茶が 12L あります。水はお茶の 6 倍のかさです。水は何 L ありますか。

式　12×6=72

答え　72L

3　まりえさんは，シールを 34 まい持っています。お姉さんは，まりえさんの 3 倍持っています。何まい持っていますか。

式　34×3=102

答え　102 まい

倍の計算（2）
倍を求める

月　日　名前

1　48cm の赤いテープと，8cm の黒いテープがあります。赤いテープの長さは，黒いテープの長さの何倍ですか。

式　48÷8=6

答え　6 倍

2　いちごが 21 こ，りんごが 7 こあります。いちごの数は，りんごの数の何倍ですか。

式　21÷7=3

答え　3 倍

3　けんたさんは 9 才で，おじいさんは 72 才です。おじいさんの年れいは，けんたさんの年れいの何倍ですか。

式　72÷9=8

答え　8 倍

P231

倍の計算（3）
もとにする数を求める

月　日　名前

1　黄色と茶色のテープがあります。黄色のテープの長さは茶色のテープの長さの 6 倍で 42cm です。茶色のテープの長さは何 cm ですか。

式　42÷6=7

答え　7cm

2　体育館《たいいくかん》で子どもが遊んでいます。男の子の人数は，女の子の人数の 4 倍で 32 人です。女の子は何人いますか。

式　32÷4=8

答え　8 人

3　えん筆とボールペンがあります。えん筆の数は，ボールペンの本数の 5 倍で 30 本です。ボールペンは何本ありますか。

式　30÷5=6

答え　6 本

倍の計算（4）

月　日　名前

1　高さが 24cm だったひまわりが，夏休みが終わると 7 倍の高さになりました。何 cm になりましたか。

式　24×7=168

答え　168cm

2　さけのおにぎりが 6 こ，こんぶのおにぎりが 54 こあります。こんぶのおにぎりの数は，さけのおにぎりの数の何倍ですか。

式　54÷6=9

答え　9 倍

3　あやめさんのお母さんは 40 才で，あやめさんの年れいの 5 倍です。あやめさんは何才ですか。

式　40÷5=8

答え　8 才

P232

倍の計算（5）

月　日　名前

● □にあてはまる数を式を書いてもとめましょう。

(1)

式　12×3=36

(2)
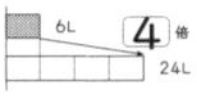

式　24÷6=4

(3)
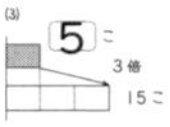

式　15÷3=5

倍の計算（6）

月　日　名前

● □にあてはまる数を式を書いてもとめましょう。

(1)

式　6×8=48

(2)
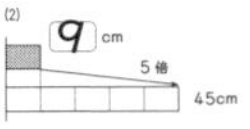

式　45÷5=9

(3)
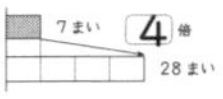

式　28÷7=4

P233

倍の計算（テスト）

月　日　名前

［知識・技能］

1　□にあてはまる数を式を書いて求めましょう。(5×10)

(1) 14こ　3倍　42こ
式　14×3=42

(2) 8cm　4 倍　32cm
式　32÷8=4

(3) 4L　5 倍　20L
式　20÷4=5

(4) 3 まい　6 倍　18 まい
式　18÷6=3

(5) 6 L　8 倍　48L
式　48÷8=6

［思考・判断・表現］

2　赤いチューリップが 4 本，黄色いチューリップが 12 本さいています。黄色いチューリップは，赤いチューリップの何倍さいていますか。(5×2)

式　12÷4=3

答え　3 倍

3　きのうミニトマトが 6 こできました。今日は，きのうの 4 倍できました。今日できたミニトマトは何こですか。(5×2)

式　6×4=24

答え　24 こ

4　アサガオのツルが，先日はかったときの 5 倍の 45cm になっていました。先日のアサガオのツルは何 cm だったのでしょうか。(5×2)

式　45÷5=9

答え　9cm

5　キウイフルーツは 80 円でした。メロンはその 7 倍のねだんでした。メロンのねだんはいくらですか。(5×2)

式　80×7=560

答え　560 円

6　やよいさんは 9 さいで，お母さんは 36 さいです。お母さんの年れいは，やよいさんの何倍ですか。(5×2)

式　36÷9=4

答え　4 倍

P234

三角形と角（1）

月　日　名前

1　次の三角形は，何という三角形ですか。

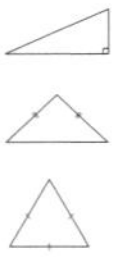

(1) 直角のかどのある三角形
直角三角形

(2) 2 つの辺の長さが等しい三角形
二等辺三角形

(3) 3 つの辺の長さがどれも等しい三角形
正三角形

2　下の図の①と②の三角形の辺の長さを□の中に書きましょう。

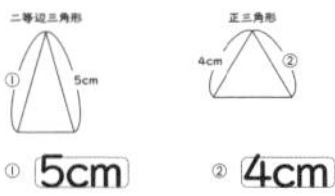

① 5cm　② 4cm

三角形と角（2）

月　日　名前

● コンパスを使って，二等辺三角形と正三角形を見つけましょう。

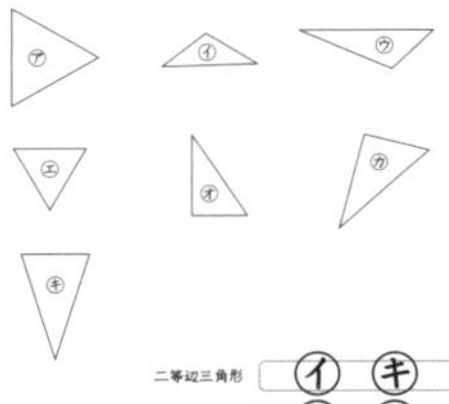

二等辺三角形　イ　キ

正三角形　ア　エ

P235

三角形と角（3）

月　日　名前

● コンパスを使ってかきましょう。

(1) 辺の長さが 3cm, 6cm, 6cm の二等辺三角形

略

(2) 辺の長さが 5cm の正三角形

略

P236

三角形と角（4）

月　日　名前

● 次の円とその中心を使って，二等辺三角形と正三角形をかきましょう。

(1) 辺の長さが 3cm, 3cm, 4cm の二等辺三角形

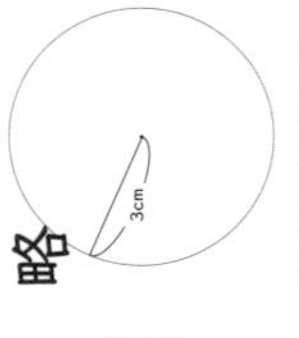

略

(2) 1 辺の長さが 3cm の正三角形

略

(3) 辺の長さが 2cm, 2cm, 3cm の二等辺三角形

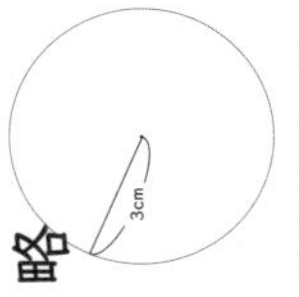

略

(4) 1 辺の長さが 4cm の正三角形

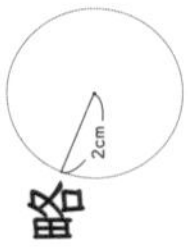

略

P237

三角形と角（5）

月　日　名前

● 次の□にあてはまることばを下の□からえらんで書きましょう。

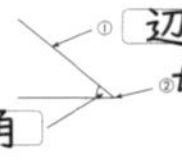

① 辺

② ちょう点

③ 角

・角を作っている辺の開きぐあいを ④ 角の大きさ といいます。

・二等辺三角形の 2 つの角の大きさは ⑤ 同じ です。

・正三角形の ⑥ 3つの角 の大きさは同じです。

角・辺・ちょう点・3 つの角・角の大きさ・同じ

三角形と角（6）

月　日　名前

1　三角じょうぎの かどの形を調べて，記号で答えましょう。

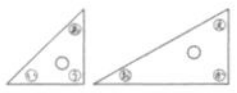

(1) いちばんとがっている かど
お

(2) 直角になっている かど
う　か

2　下の角の大きさをくらべて，大きいじゅんに番号をつけましょう。

5　2　3　1　4

三角じょうぎで調べよう。

3　2 まいの三角じょうぎをならべてできた下の三角形の名前を□に書きましょう。

(1) 正三角形

(2) 二等辺三角形

(3) 二等辺三角形（直角二等辺三角形）

（解答は，200 〜 300%に拡大してお使い下さい。）

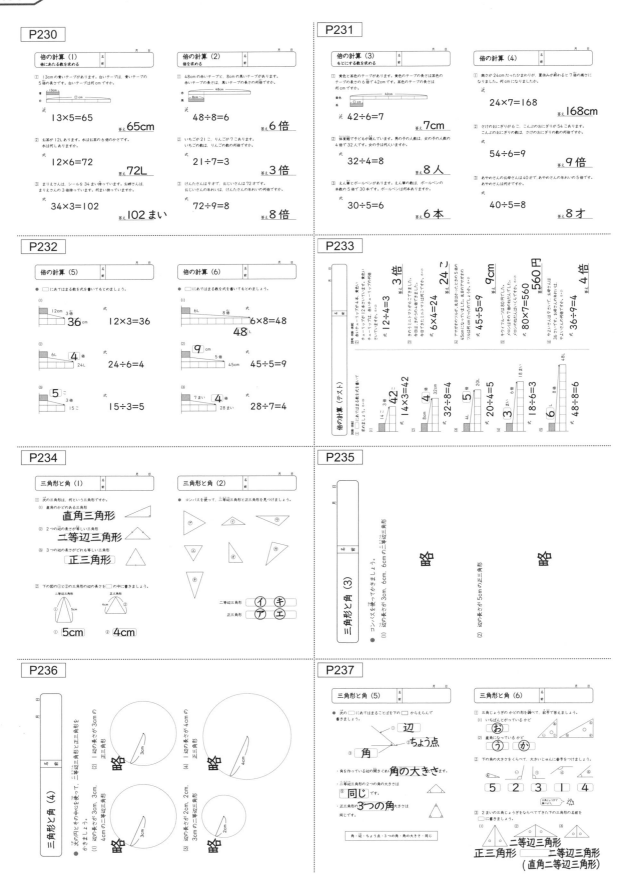

P238

三角形と角 (7)
チャレンジ
名前　月　日

1 下の図の円は半径《はんけい》3cm で，円の中心は点アです。

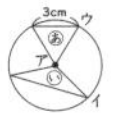

① アイとアウの長さは，それぞれ何 cm ですか。
アイ 3cm　アウ 3cm

② あといは，それぞれ何という三角形ですか。
あ 正三角形　い 二等辺三角形

2 下の図の 2 つの円は，どちらも半径 4cm で，円の中心は点アと点ウです。

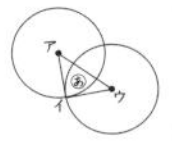

① アイとイウの長さは，それぞれ何 cm ですか。
アイ 4cm　イウ 4cm

② あは，何という三角形ですか。
二等辺三角形

3 下の図の 2 つの円は，どちらも半径 5cm で，円の中心は点アと点イです。

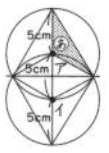

① あは，何という三角形ですか。
二等辺三角形

② 二等辺三角形《にとうへんさんかくけい》は，全部《ぜんぶ》でいくつありますか。
8つ

③ 正三角形は，全部でいくつありますか。
4つ

P239

ふりかえり
三角形と角
名前　月　日

1 次《つぎ》の三角形は，何という三角形ですか。
(1) 2 つの辺《へん》の長さが等《ひと》しい三角形
二等辺三角形
(2) 3 つの辺の長さがどれも等しい三角形
正三角形

2 コンパスを使《つか》って，二等辺《にとうへん》三角形と正三角形を見つけましょう。

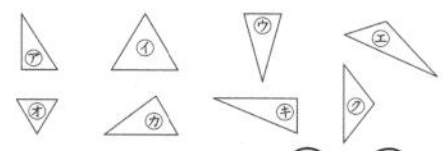

二等辺三角形　ウ，ク
正三角形　イ，オ

3 コンパスを使ってかきましょう。
(1) 辺の長さが 2cm の正三角形
略
(2) 辺の長さが 2cm，4cm，4cm の二等辺三角形
略

4 次《つぎ》の ①〜⑥の □ にあてはまることばを書きましょう。
① 辺　② ちょう点　③ 角
・角を作っている辺の開きぐあいを ④ 角の大きさ といいます。
・二等辺三角形の 2 つの角の大きさは ⑤ 同じ です。
・正三角形の 3 つの角の大きさは ⑥ 同じ です。

5 下の角の大きさをくらべて，大きいじゅんに番号をつけましょう。
あ 2　い 3　う 1

6 2 まいの三角じょうぎをならべました。
二等辺三角形には○を，正三角形には△をかきましょう。
(1) ○　(2) △
(3) ○　(4) ○

P240

三角形と角（テスト）
名前　月　日

【知識・技能】
1 次の三角形は何という三角形でしょうか。(5×2)
(1) 3 つの辺《へん》の長さがみんな同じ三角形
正三角形
(2) 2 つの辺の長さが同じ三角形
二等辺三角形

2 次の㋐〜㋔にあてはまることばを □ からえらんで □ に書きましょう。(同じ言葉を 2 回使ってもよい) (5×5)
㋐ ちょう点　㋑ 辺　㋒ 角
・上の図のように，1 つの点から出ている 2 本の直線が作る形を ㋓ 角 といいます。
・角を作っている辺の開《ひら》きぐあいを ㋔ 角の大きさ といいます。
角 ・ 角の大きさ ・ 辺 ・ ちょう点

3 下の角の大きさをくらべて，小さいじゅんにならべましょう。(5)
あ → う → い → え

4 コンパスを使って次の三角形をかきましょう。(5×2)
(1) 辺の長さが 3cm,3cm,5cm の二等辺三角形
(2) 辺の長さが 4cm の正三角形
略

【思考・判断・表現】
5 三角定規を 2 まい下のようにならべました。それぞれ何という三角形ができましたか。(10×3)
二等辺三角形
(直角二等辺三角形)
二等辺三角形
正三角形

6 下の円は半径《はんけい》5cm で，点アは円の中心です。(10×2)

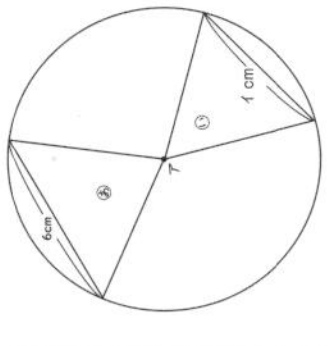

(1) あの三角形は何という三角形ですか。
二等辺三角形
(2) いの三角形では，イが何 cm になれば正三角形になりますか。
5cm

P241

算数あそび
三角形と角 ①
名前　月　日

● 正三角形に黄色，二等辺三角形に水色をぬりましょう。

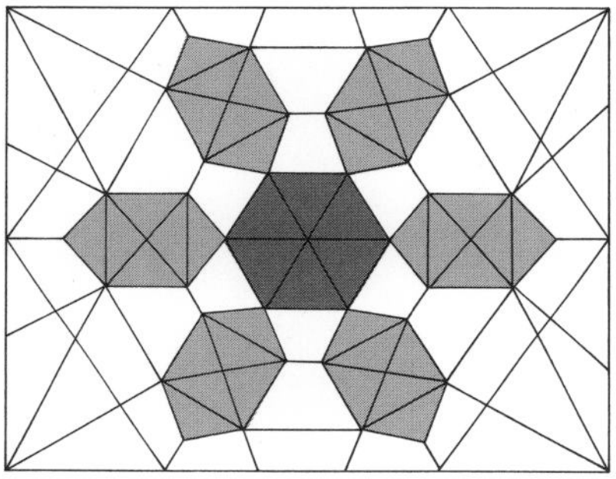

P242

算数あそび
三角形と角 ②
名前　月　日

● 正三角形に紫色，二等辺三角形に黄緑色をぬりましょう。

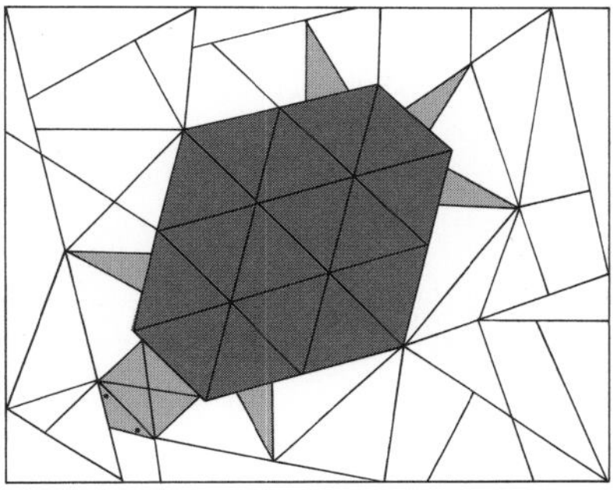

P243

ぼうグラフと表 (1)
名前　月　日

● 3年 1 組で，すきなくだものの絵を 1 まいずつかきました。
「正」の字を使《つか》って，くだものごとに数を調《しら》べましょう。

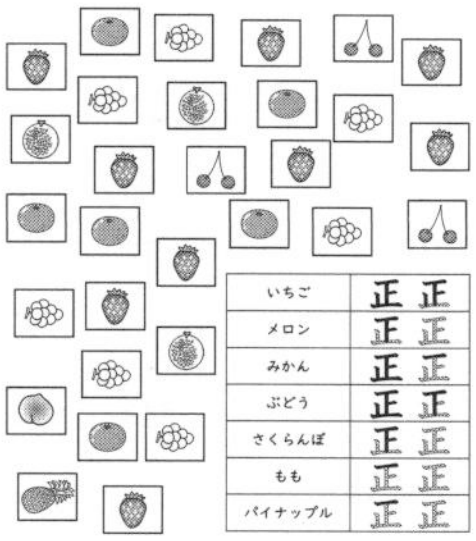

いちご	正 正
メロン	正 正
みかん	正 正
ぶどう	正 正
さくらんぼ	正 正
もも	正 正
パイナップル	正 正

ぼうグラフと表 (2)
名前　月　日

● 「正」の字を使《つか》ってすきなくだものを調《しら》べて，㋐の表に整理《せいり》しました。

㋐

いちご	正 下
メロン	下
みかん	正 一
ぶどう	正 T
さくらんぼ	下
もも	一
パイナップル	一

その他 T

(1) すきな人が少ないくだものは，まとめて「その他」とします。
「その他」には，どんなくだものが入りますか。
もも　パイナップル

(2) ㋐の表の「正」の字を数字になおし，㋑の表に書きましょう。
また，合計も書きましょう。

(3) すきな人がいちばん多いくだものは何ですか。
いちご

㋑ すきなくだもの調べ

くだもののしゅるい	いちご	メロン	みかん	ぶどう	さくらんぼ	その他	合計
すきな人の数 (人)	9	3	6	7	3	2	30

P244

ぼうグラフと表 (3)
名前　月　日

● すきなくだもの調《しら》べの表《ひょう》を下のぼうグラフに表《あらわ》しましょう。

すきなくだもの調べ

くだもののしゅるい	いちご	メロン	みかん	ぶどう	さくらんぼ	その他	合計
すきな人の数 (人)	9	3	6	7	3	2	30

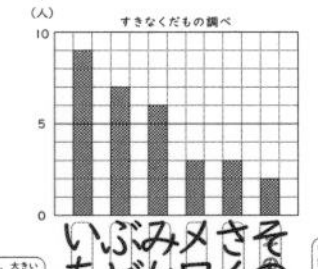

「しゅるい」は，大きいじゅんにかくとわかりやすいね。
「その他」は，数が多くてもさいごにかくよ。

(1) □ にくだもののしゅるいを書きましょう。
(2) それぞれのくだもののすきな人の数にあわせて，ぼうをかきましょう。

ぼうグラフと表 (4)
名前　月　日

● 下のグラフは，先月，学校でけがをした人が，どこでけがをしたかを調《しら》べて表《あらわ》したものです。

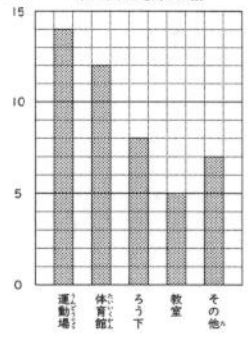

けがをした場所と人数

(1) グラフの 1 目もりは何人を表していますか。
1 人

(2) いちばんけがをした人数が多い場所はどこですか。
運動場

(3) 次《つぎ》のそれぞれの場所でけがをした人は何人ですか。
① 運動場 14 人
② 体育館 12 人
③ ろう下 8 人
④ 教室 5 人
⑤ その他 7 人

P245

ぼうグラフと表 (5)
名前　月　日

● 下の表《ひょう》は，3 年 2 組ですきなスポーツを調《しら》べたものです。
表をぼうグラフに表《あらわ》してみましょう。

すきなスポーツ調べ

しゅるい	サッカー	野球《やきゅう》	ドッジボール	テニス	その他
人数 (人)	8	6	13	2	3

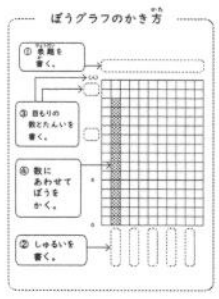

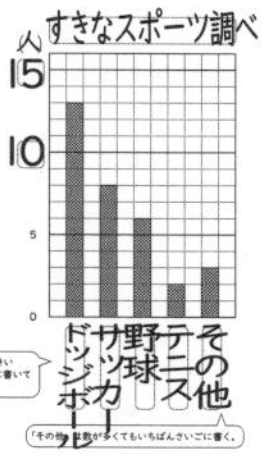

① 表題を書く。
③ 目もりの数とたんいを書く。

「その他」は数が多くてもいちばんさいごに書く。

ぼうグラフと表 (6)
名前　月　日

● 3 年生の組ごとのすきなきゅう食《しょく》を調べました。

すきなきゅう食（1 組）

しゅるい	人数 (人)
カレーライス	12
やきそば	7
ハンバーグ	9
その他	2
合計	(30)

すきなきゅう食（2 組）

しゅるい	人数 (人)
カレーライス	13
やきそば	10
ハンバーグ	6
その他	3
合計	(32)

すきなきゅう食（3 組）

しゅるい	人数 (人)
カレーライス	10
やきそば	5
ハンバーグ	12
その他	5
合計	(32)

(1) 上の表《ひょう》の ( ) に，合計の人数を書きましょう。
(2) それぞれの組ごとに表《あらわ》した 3 つの表を，1 つの表に整理《せいり》します。
下の表の ( ) にあてはまる人数を書きましょう。

3 年生のすきなきゅう食

しゅるい ＼ 組	1 組	2 組	3 組	合計 (人)
カレーライス	(12)	(13)	(10)	(35)
やきそば	(7)	(10)	あ (5)	(22)
ハンバーグ	(9)	(6)	(12)	い (27)
その他	(2)	(3)	(5)	(10)
合計	(30)	(32)	(32)	(94)

(3) 上の表のあ，いは，何を表す数ですか。
あ 3 組で やきそば のきゅう食がすきな人の数
い 学年で ハンバーグ のきゅう食がすきな人の合計

(4) カレーライス・やきそば・ハンバーグの合計の中で，いちばん人数が多いのは何ですか。
カレーライス

（テストの文章題は，式 5 点，答え 5 点として，配点しています。）

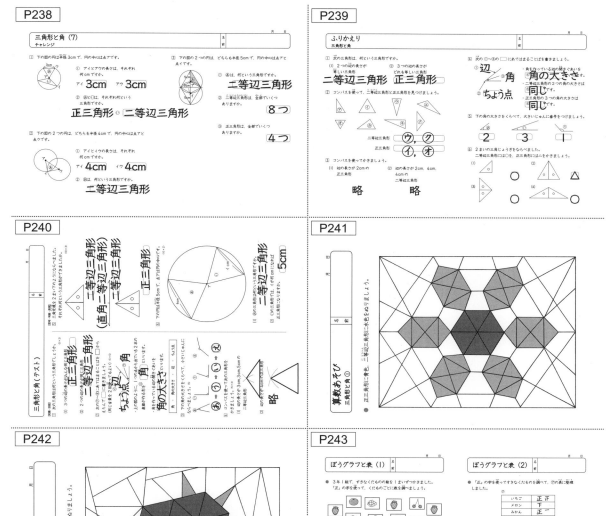

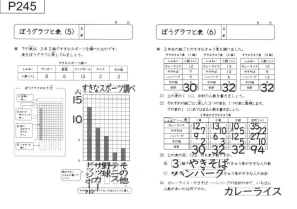

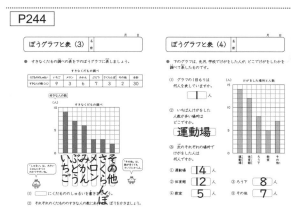

解答

児童に実施させる前に，必ず指導される方が問題を解いてください。本書の解答は，あくまでも１つの例です。

P246

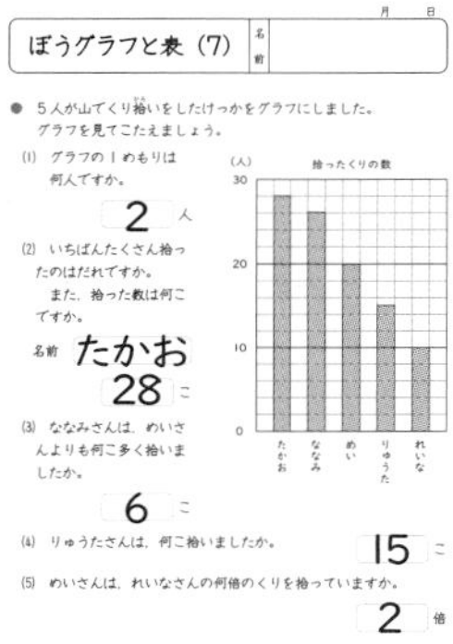
ぼうグラフと表（7）
● ５人が山でくり拾いをしたけっかをグラフにしました。グラフを見てこたえましょう。
(1) グラフの１めもりは何人ですか。　2 人
(2) いちばんたくさん拾ったのはだれですか。また，拾った数は何こですか。　名前 たかお　28 こ
(3) ななみさんは，めいさんよりも何こ多く拾いましたか。　6 こ
(4) りゅうたさんは，何こ拾いましたか。　15 こ
(5) めいさんは，れいなさんの何倍のくりを拾っていますか。　2 倍

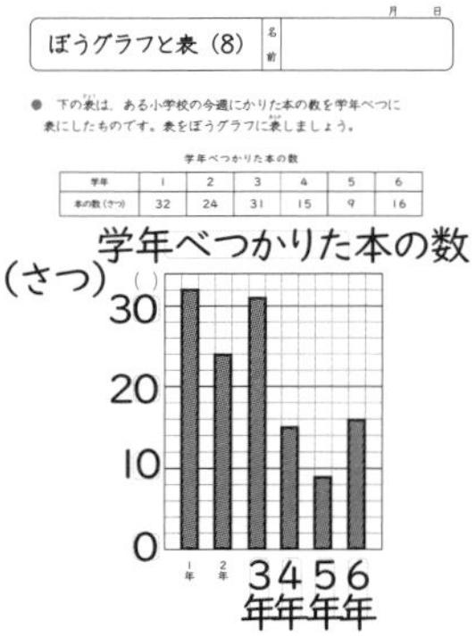
ぼうグラフと表（8）
● 下の表は，ある小学校の今週にかりた本の数を学年べつに表したものです。表をぼうグラフに表しましょう。

学年	1	2	3	4	5	6
本の数（さつ）	32	24	31	15	9	16

P247

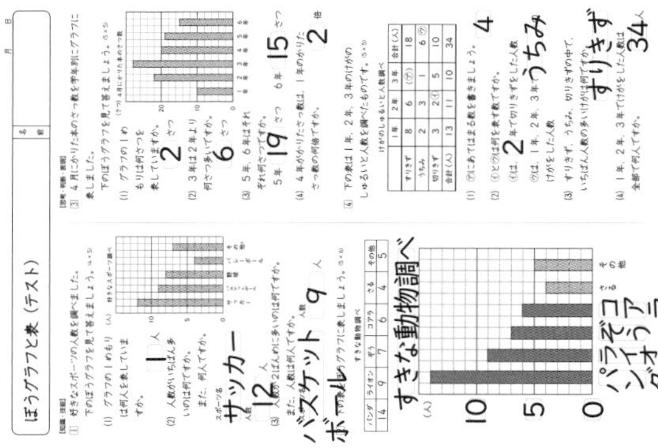
ぼうグラフと表（テスト）

P248

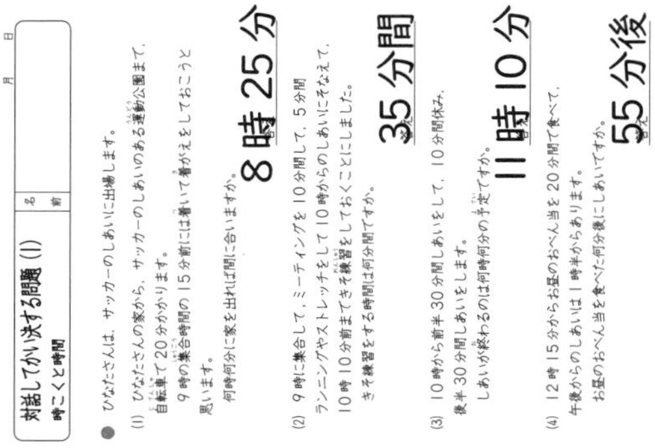
対話して解決する問題（1）　時こくと時間
● ひなたさんは，サッカーのしあいに出場します。
(1) ひなたさんの家から，サッカーのしあいのある運動公園まで，自転車で20分かかります。9時の集合時間の15分前には着いて着がえをしておこうと思います。何時何分に家を出れば間に合いますか。　8時25分
(2) 9時に集合して，ミーティングを10分間して，5分間ランニングやストレッチをして10時からのしあいにそなえて，10時10分前まで練習をしておくことにしました。練習をする時間は何分間ですか。　35分間
(3) 10時から前半30分間しあいをして，10分間休み。後半30分間しあいをします。しあいが終わるのは何時何分の予定ですか。　11時10分
(4) 12時15分からお昼のおべん当を20分間で食べて，午後からのしあいは1時半からあります。お昼のおべん当を食べた何分後にしあいですか。　55分後

P249

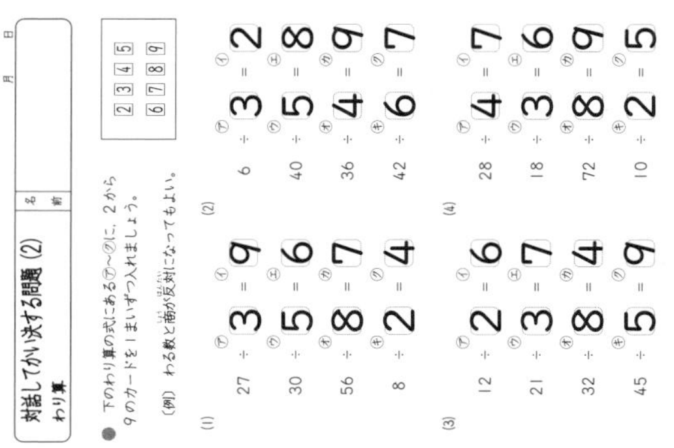
対話して解決する問題（2）　わり算
● 下のわり算の式にあるア〜クに，2から9のカードを1まいずつ入れましょう。
2 3 4 5 6 7 8 9
（例）わる数と商が反対になってもよい。
(1) 27÷3＝9　30÷5＝6　56÷8＝7　8÷2＝4
(2) 6÷3＝2　40÷5＝8　36÷4＝9　42÷6＝7
(3) 12÷2＝6　21÷3＝7　32÷8＝4　45÷5＝9
(4) 28÷4＝7　18÷3＝6　72÷8＝9　10÷2＝5

P250

対話して解決する問題（3）　3けたのたし算・ひき算
● ゆうこさんは，1000円を持って買い物に行きました。「お客さんが来られるから，デザートになるくだものを買って来て」とお母さんにたのまれたのです。くだもの屋さんへ行くと次のようなくだものがならんでいました。
カット パイナップル 248円　もも 1パック 528円　なし 1パック 358円　カット すいか 395円　いちご 1パック 472円　いよかん 1パック 496円
(1) 式 395＋496＝891　1000−891＝109　答え 891円 おつりは109円
(2) 1000−528＝472　パイナップル，なし，いちご
(3) 式 248＋358＋395＝1001　答え 買えない

P251

対話して解決する問題（4）　長い長さ
● 上田さんの家族はA駅に着いてから，美術館と動物園へ行って，レストランで食事をして，駅に帰る計画を立てました。歩いて移動します。いちばん短い道のりで歩くと，何km何m歩くことになりますか。

式 120＋400＋270＋250＋420＋200＋130＋200＋420＋180＋250＋120＝3090
答え 3km90m

P252

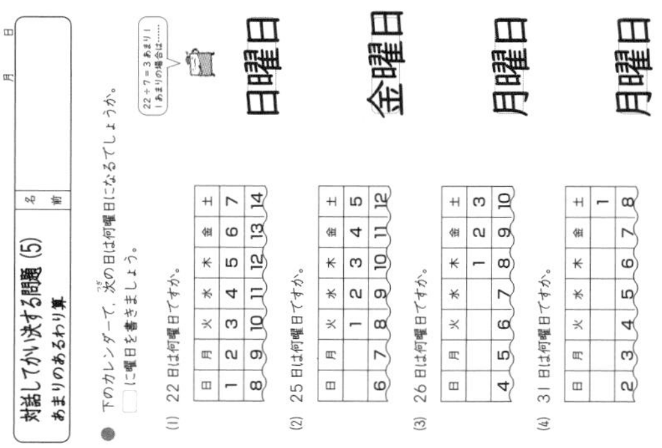
対話して解決する問題（5）　あまりのあるわり算
● 下のカレンダーで，次の日は何曜日になるでしょうか。□に曜日を書きましょう。
(1) 22日は何曜日ですか。　日曜日
(2) 25日は何曜日ですか。　金曜日
(3) 26日は何曜日ですか。　月曜日
(4) 31日は何曜日ですか。　月曜日

P253

対話して解決する問題（6）　10000より大きい数
● 0 1 2 3 4 5 6 7 8 9 の10まいのカードから8まいを使って，次の4けたのたし算やひき算の問題を作りましょう。
(1) 答えがいちばん大きくなるたし算の問題を作りましょう。　（例）9753＋8642
(2) 答えがいちばん小さくなるたし算の問題を作りましょう。　（例）1046＋2357
(3) 答えがいちばん小さくなるひき算の問題を作りましょう。　（例）6012−5987
(4) 答えがいちばん大きくなるひき算の問題を作りましょう。　9876−1023

（解答は，200 〜 300%に拡大してお使い下さい。）

P254

対話してかい決する問題 (7)　名前　月　日
小数

● 二階《にかい》だてかん光バスで青山寺へ行きます。

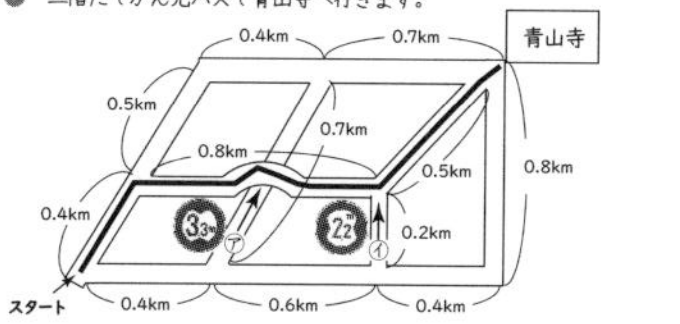

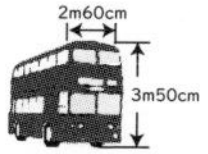

㋐ 高さが 3.3m より高い車は通れません。
㋑ はばが 2.2m より広い車は通れません。

アは，バスの高さが高いので，通れません。
イは，バスのはばが広いので，通れません。
どこを通って行くのがいちばん近いですか。
いちばん近い道のりに線をひいて，道のりは何 km かをもとめましょう。

式　0.4+0.8+0.5=1.7

答え 1.7km

P255

対話してかい決する問題 (8)　名前　月　日
重さ

● けんじさんは，朝食に 6 まい切りの食パンを 2 まい，お昼はうどんを 1 ぱい，夜はお茶わん 2 はいのごはんを食べました。
それぞれのえいようを表にまとめました。
(それぞれ目安《めやす》になるりょうです。表のたんいは g です。)

	たんぱくしつ	ししつ	炭水化物《たんすいかぶつ》	食物せんい
6 まい切り食パン 2 まい	10.6	4.8	59.8	2.8
うどん 1 ぱい	6.5	0.9	49.6	1.8
ごはんお茶わん 2 はい	7.6	1	111.4	1

けんじさんは，食パン 2 まい，うどん 1 ぱい，お茶わん 2 はいからえいようそはそれぞれ何 g とることができましたか。
(いっしょに食べたおかずなどはふくんでいません。)

㋐ たんぱくしつ (体の肉や血《ち》，体のきほんをつくるえいようそ)
式　10.6+6.5+7.6=24.7　答え 24.7g

㋑ ししつ (エネルギーのもとになる)
式　4.8+0.9+1=6.7　答え 6.7g

㋒ 炭水化物
式　59.8+49.6+111.4=220.8　答え 220.8g

㋓ 食物せんい (べんぴやガンなどをふせぐ)
式　2.8+1.8+1=5.6　答え 5.6g

P256

対話してかい決する問題 (9)　名前　月　日
分数

● 下の 2 つのうちで正しいのはどちらでしょうか。
正しい方の記号《きごう》に○をつけて，その理由《りゆう》を書きましょう。

(1) $\frac{1}{2}$ m はどちらですか。

(ア)
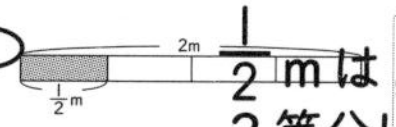

イ
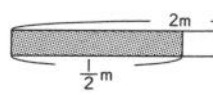

理由　$\frac{1}{2}$ m は，1m を 2 等分した 1 つ分の長さだから。

(2) $\frac{1}{3}$ m はどちらですか。

ウ
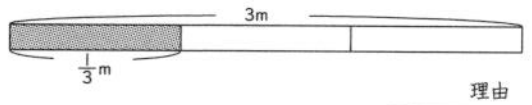

(エ)
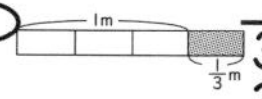

理由　$\frac{1}{3}$ m は，3 つ分で 1m になる長さだから。

P257

対話してかい決する問題 (10)　名前　月　日
□を使った式

● 下の A ～ F の場面《ばめん》を，わからない数を□として式《しき》に表《あらわ》すと㋐～㋕のどれになりますか。線でつなぎましょう。

A　1 つのグループは 3 人ずつです。それが，何グループかあるので，みんなで 12 人になります。 ― ㋒ 3 × □ = 12
B　12 人が同じ人数ずつ何グループかに分かれると 3 人ずつになりました。 ― ㋐ 12 ÷ □ = 3
C　何人かいます。3 人ずつでグループに分かれると 12 グループになりました。 ― ㋑ □ ÷ 3 = 12
D　何人かいます。12 グループに分かれると 3 人ずつになりました。 ― ㋓ □ ÷ 12 = 3
E　何人かで遊《あそ》んでいました。そこへ 3 人かやってきたので 12 人になりました。 ― ㋕ □ + 3 = 12
F　何人かで遊んでいました。3 人帰ったので 12 人になりました。 ― ㋔ □ − 3 = 12

㋐ 12 ÷ □ = 3
㋑ □ ÷ 3 = 12
㋒ 3 × □ = 12
㋓ □ ÷ 12 = 3
㋔ □ − 3 = 12
㋕ □ + 3 = 12

P258

対話してかい決する問題 (11)　名前　月　日
かけ算

● 0 1 2 3 4 5 6 7 8 9 の 10 まいのカードから 5 まいを使《つか》って，次《つぎ》の問題《もんだい》を作りましょう。

(1) 答えがいちばん大きくなるかけ算の問題を作って計算しましょう。

$$875 \times 96 = 84000$$

(2) 答えが 2 番目に大きくなるかけ算の問題を作って計算しましょう。

$$965 \times 87 = 83955$$

(3) 答えがいちばん小さくなるかけ算の問題を作って計算しましょう。

$$234 \times 10 = 2340$$

(4) 答えが 2 番目に小さくなるかけ算の問題を作って計算しましょう。

$$235 \times 10 = 2350$$

P259

対話してかい決する問題 (12)　名前　月　日
三角形と角

● 下の図の中に三角形はいくついくつあるでしょう。
(大きさはちがってもいいです。)

(1)
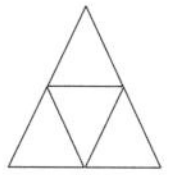
5 こ

(2)
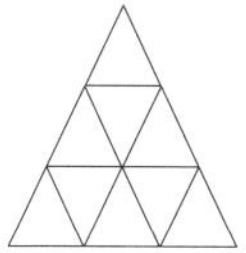
13 こ

(3)
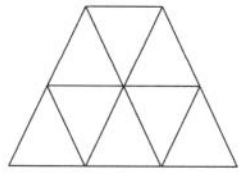
10 こ

(4)
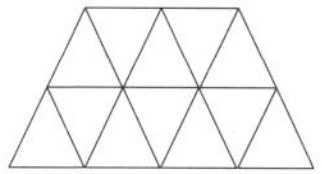
16 こ

P260

対話してかい決する問題 (13)　名前　月　日
ぼうグラフと表

● あるクラスの二学期《にがっき》の読書調《しら》べを表《ひょう》にすると，下のようになりました。

読書調べ(9月～12月)　(さつ)

しゅるい＼月	9月	10月	11月	12月	合計
物語《ものがたり》	8	12	14	10	44
じてん	5	6	4	8	23
でん記	4	7	5	3	19
その他《た》	3	8	4	2	17
合　計	20	33	27	23	103

上の表をぼうグラフに表《あらわ》します。
9 月と同じように，10 月～ 12 月をぼうグラフに表しましょう。

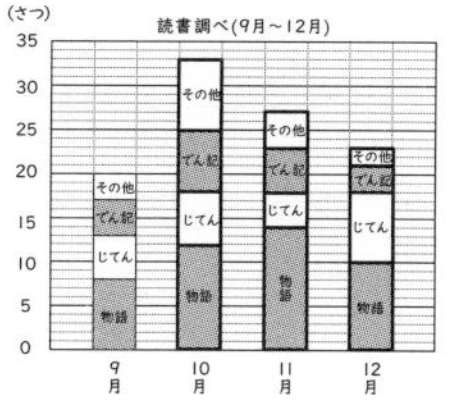

P261

プログラミング (1)　名前　月　日

● 下の図のようになるには，どうつたえればいいですか。
□にあてはまることばを右の□からえらんで書きましょう。

(1) ● △ ○
下のだんに 白い丸 を入れます。
まん中に 白い三角形 を入れます。
上のだんに 黒い丸 を入れます。
(白い丸 / 黒い丸 / 白い三角形)

(2) ◎ ▲ ■
下のだんに 黒い四角形 を入れます。
上のだんに 二重丸 を入れます。
まん中に 黒い三角形 を入れます。
(二重丸《にじゅうまる》 / 黒い三角形 / 黒い四角形)

(3) □ ★ ○
上のだんに 白い四角形 を入れます。
まん中に 黒い星形 を入れます。
下のだんに 白い丸 を入れます。
(白い丸 / 白い四角形 / 黒い星形)

(4) ☆ ◎ ■
上のだんに 白い星形 を入れます。
下のだんに 黒い四角形 を入れます。
まん中に 二重丸 を入れます。
(二重丸 / 白い星形 / 黒い四角形)

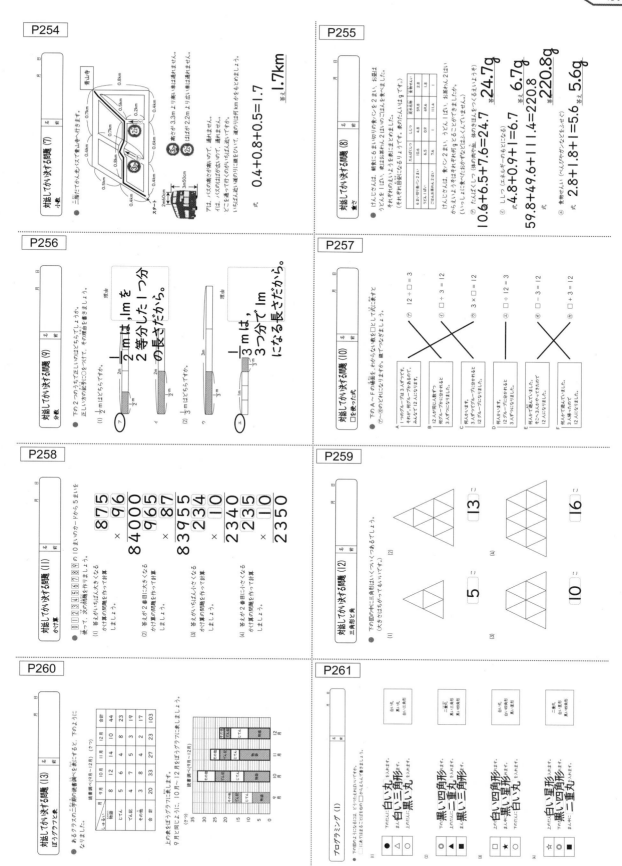

児童に実施させる前に，必ず指導される方が問題を解いてください。本書の解答は，あくまでも１つの例です。

P262

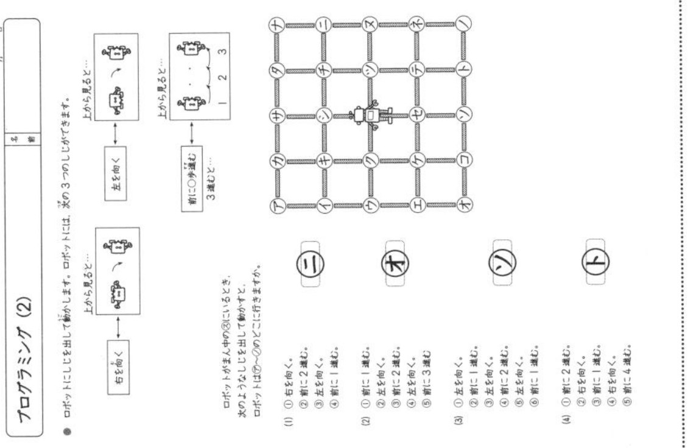

P263

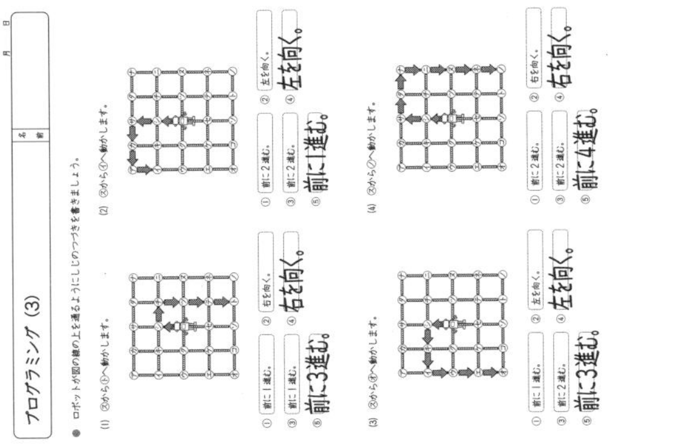

P264

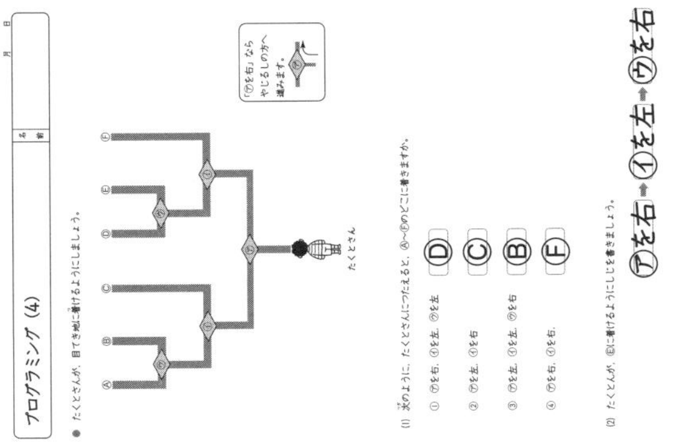

P265

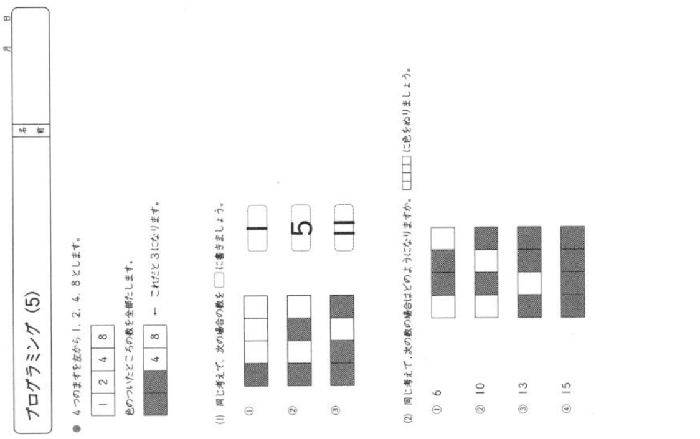

P266

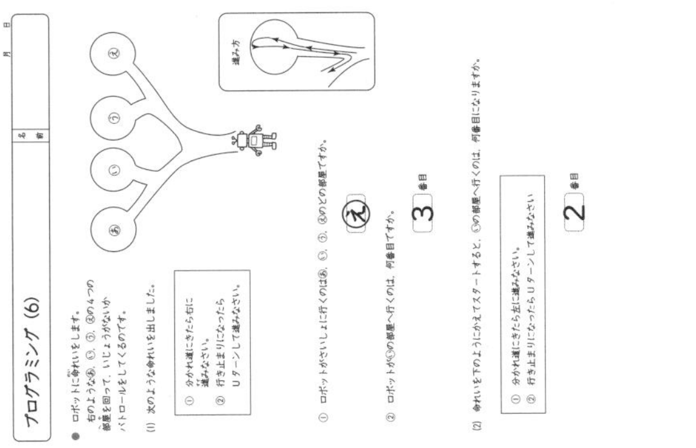

P267

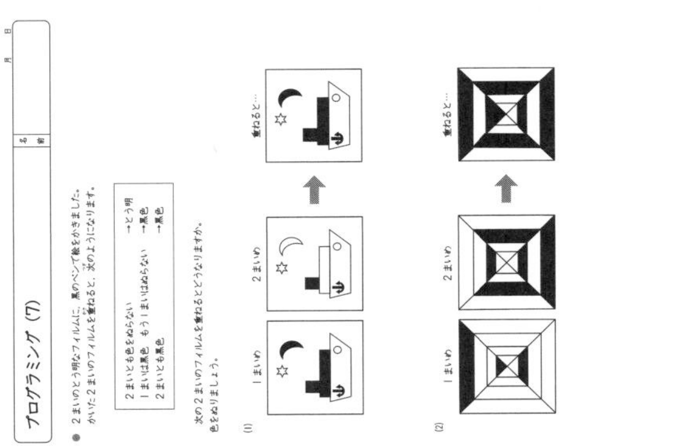

P268

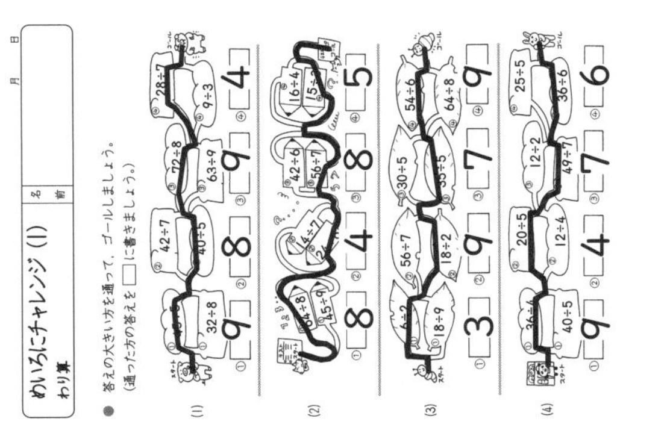

P269

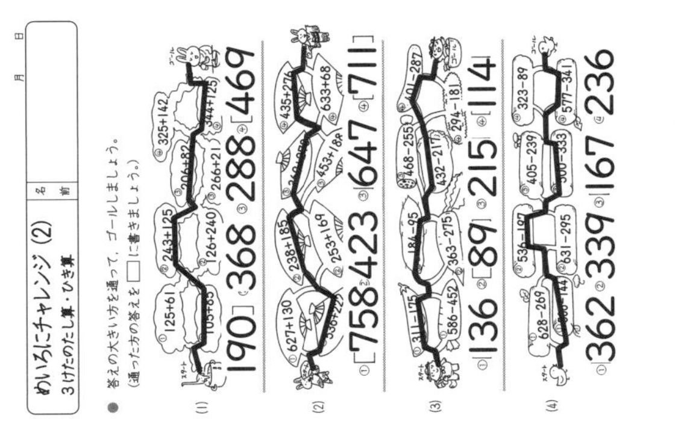

　(解答は，200 ～ 300%に拡大してお使い下さい。)

P270

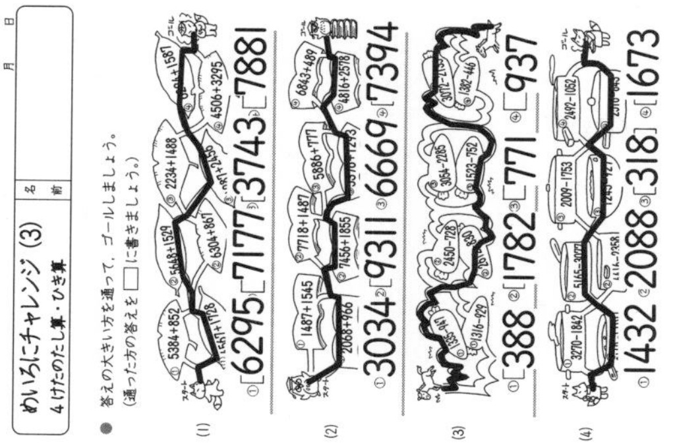

P271

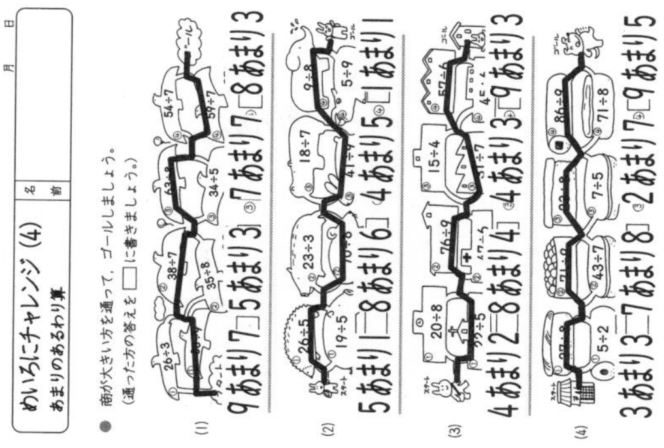

P272

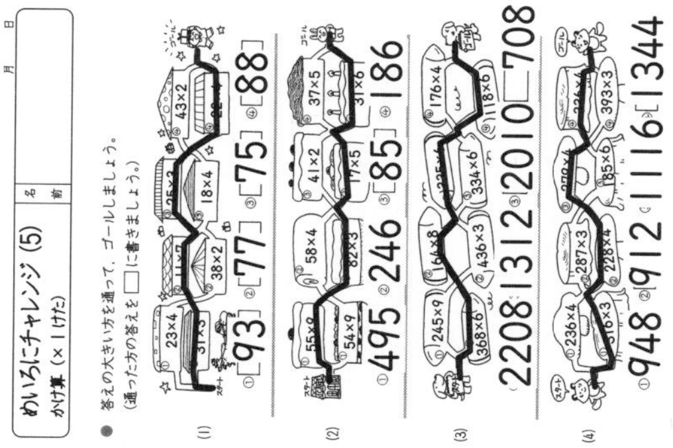

P273

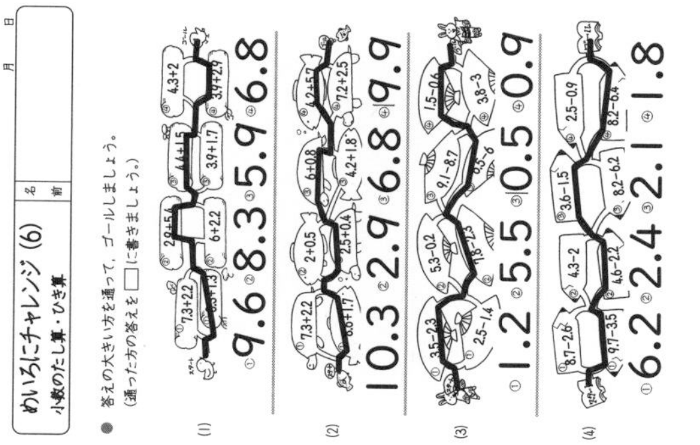

P274

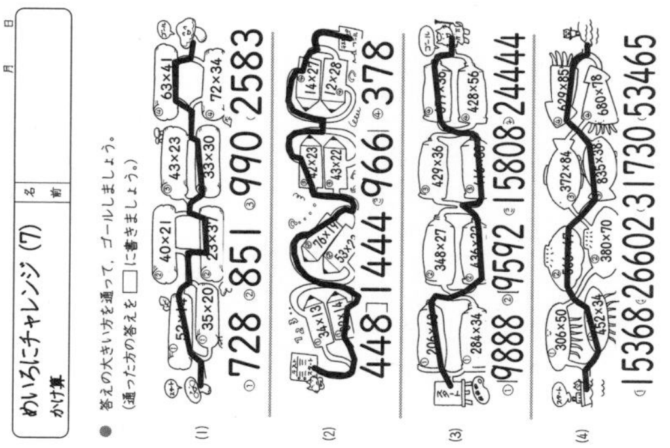

P275

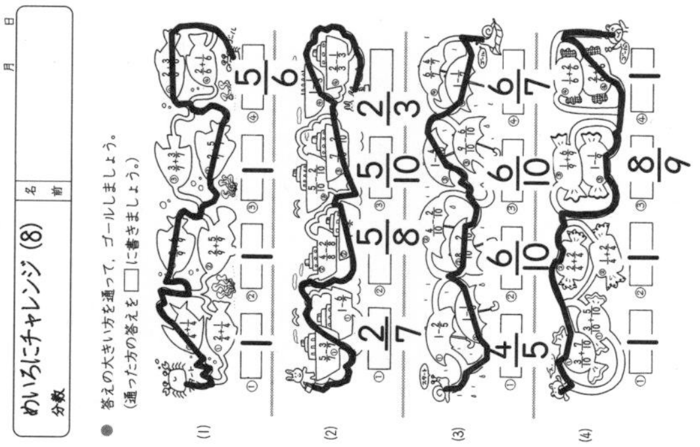

P276

計算に チャレンジ (1)
あまりのあるわり算 ①　名前　月　日

● □にあてはまる数字を右の□からえらんで，式をかんせいさせましょう。
右の□の中で，1つだけあまる数字を下の（ ）に書きましょう。

① 29 ÷ 3 = 9 あまり 2
② 11 ÷ 4 = 2 あまり 3
③ 58 ÷ 7 = 8 あまり 2
④ 27 ÷ 5 = 5 あまり 2
⑤ 9 ÷ 2 = 4 あまり 1
⑥ 30 ÷ 4 = 7 あまり 2
⑦ 47 ÷ 7 = 6 あまり 5
⑧ 89 ÷ 9 = 9 あまり 8

2
4
4
7
9
13
27
58
89
9

1つだけあまる数（13）

計算に チャレンジ (2)
あまりのあるわり算 ②　名前　月　日

● □にあてはまる数字を右の□からえらんで，式をかんせいさせましょう。
右の□の中で，1つだけあまる数字を下の（ ）に書きましょう。

① 22 ÷ 5 = 4 あまり 2
② 64 ÷ 7 = 9 あまり 1
③ 41 ÷ 9 = 4 あまり 5
④ 18 ÷ 4 = 4 あまり 2
⑤ 27 ÷ 7 = 3 あまり 6
⑥ 39 ÷ 8 = 4 あまり 7
⑦ 20 ÷ 9 = 2 あまり 2
⑧ 38 ÷ 9 = 4 あまり 2

2
4
7
8
9
18
27
30
38
41

1つだけあまる数 30

P277

計算に チャレンジ (3)
分数のたし算　名前　月　日

● 右の答えになるように□の中から分数をえらんで，式をかんせいさせましょう。

① $\frac{1}{5}+\frac{2}{5}=\frac{3}{5}$
② $\frac{2}{6}+\frac{2}{6}=\frac{4}{6}$
③ $\frac{3}{4}+\frac{1}{4}=1$
④ $\frac{1}{3}+\frac{1}{3}=\frac{2}{3}$
⑤ $\frac{1}{9}+\frac{5}{9}=\frac{6}{9}$
⑥ $\frac{4}{8}+\frac{4}{8}=1$
⑦ $\frac{1}{6}+\frac{1}{6}=\frac{2}{6}$
⑧ $\frac{3}{8}+\frac{4}{8}=\frac{7}{8}$
⑨ $\frac{2}{5}+\frac{2}{5}=\frac{4}{5}$
⑩ $\frac{2}{9}+\frac{7}{9}=\frac{9}{9}$

$\frac{2}{5}$	$\frac{1}{3}$
$\frac{4}{8}$	$\frac{1}{5}$
$\frac{4}{8}$	$\frac{4}{8}$
$\frac{2}{6}$	$\frac{1}{3}$
$\frac{5}{9}$	$\frac{2}{5}$
$\frac{2}{6}$	$\frac{1}{6}$
$\frac{1}{9}$	$\frac{3}{4}$
$\frac{3}{8}$	$\frac{2}{5}$
$\frac{1}{6}$	$\frac{1}{4}$
$\frac{2}{9}$	$\frac{7}{9}$

計算に チャレンジ (4)
分数のひき算　名前　月　日

● 右の答えになるように□の中から分数をえらんで，式をかんせいさせましょう。

① $\frac{5}{6}-\frac{4}{6}=\frac{1}{6}$
② $\frac{6}{7}-\frac{1}{7}=\frac{5}{7}$
③ $\frac{6}{8}-\frac{4}{8}=\frac{2}{8}$
④ $\frac{4}{4}-\frac{1}{4}=\frac{3}{4}$
⑤ $\frac{7}{9}-\frac{2}{9}=\frac{5}{9}$
⑥ $\frac{6}{10}-\frac{5}{10}=\frac{1}{10}$
⑦ $\frac{2}{2}-\frac{1}{2}=\frac{1}{2}$

$\frac{7}{9}$	$\frac{6}{7}$
$\frac{4}{6}$	$\frac{6}{8}$
$\frac{4}{4}$	$\frac{2}{2}$
$\frac{1}{2}$	$\frac{2}{9}$
$\frac{4}{8}$	$\frac{5}{6}$
$\frac{1}{7}$	$\frac{6}{10}$
$\frac{1}{4}$	$\frac{5}{10}$

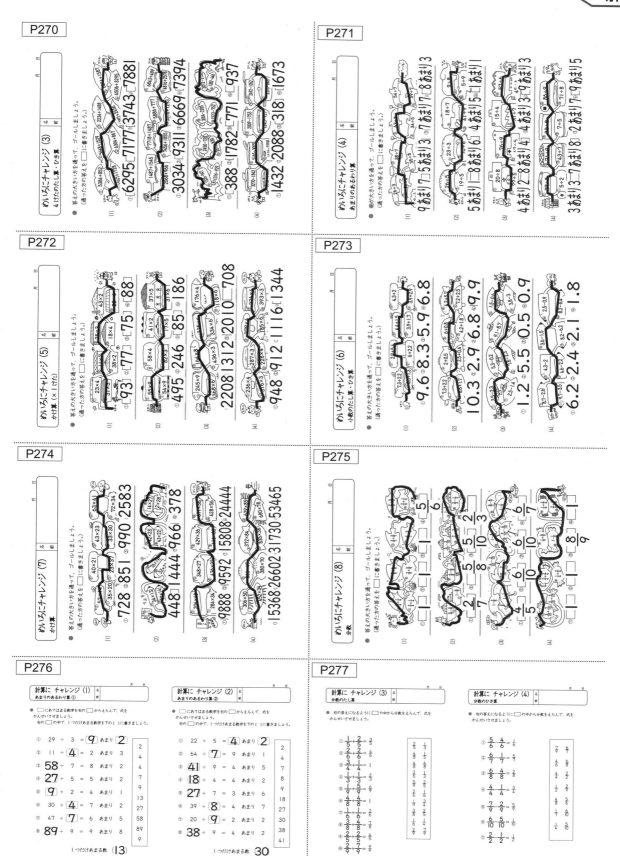

編者
原田　善造　学校図書教科書編集協力者
わかる喜び学ぶ楽しさを創造する教育研究所・著作研究責任者
元大阪府公立小学校教諭

コピーしてすぐ使える
3分 5分 10分で できる　算数まるごと３年

2020年 4 月 2 日　初刷発行
2023年 11 月 10 日　第 3 刷発行

企画・編著：原田　善造（他 12 名）
執筆協力者：新川　雄也・山田　恭士
編集協力者：岡崎　陽介・田中　稔也・南山　拓也
イ ラ ス ト：山口　亜耶・白川　えみ 他
発　行　者：岸本　なおこ
発　行　所：喜楽研（わかる喜び学ぶ楽しさを創造する教育研究所）
〒604-0854　京都府京都市中京区二条通東洞院西入仁王門町 26-1
TEL　075-213-7701　　FAX　075-213-7706
HP　https://www.kirakuken.co.jp
印　　刷：株式会社イチダ写真製版

ISBN 978-4-86277-299-2　Printed in Japan